TANZ DER DIMENSIONEN

Remote Viewing in Deutschland

Manfred Jelinski

Tanz der Dimensionen

Remote Viewing in Deutschland

Für meine Kinder.
Herzlichen Dank auch an alle, die mich unterstützt haben.

Bücher über Remote Viewing vom selben Autor::

Remote Viewing – das Lehrbuch Teil 1, AAA, 2001, 220 S.
Remote Viewing – das Lehrbuch Teil 2, AAA, 2003/08, 210 S.
Remote Viewing – das Lehrbuch Teil 3, AAA, 2004, 230 S.
Remote Viewing – das Lehrbuch Teil 4, AAA, 2007, 290 S.
Schritte in die Zukunft, Manfred Jelinski, AAA, 2002, 220 S.
Sportwetten mit Remote Viewing, AAA, 2009, 170 S.
Remote Viewing in Theorie und Praxis, AAA, erscheint 2015

Erhältlich über den Buchhandel und den RV-Store: www.remoteviewing.de

Manfred Jelinski
Tanz der Dimensionen

5. Auflage 2015

1. Auflage Mai 2000 im Kopp Verlag, Rottenburg
2. Auflage 2002 und
3. Auflage 2006 ebenda
4. überarbeitete und erweiterte Auflage 2008 im Ahead and Amazing Verlag, Ostenfeld

Satz und Layout: Indigo Kid und Bürodienstleistungen Rose Rauch, Rosenfeld
Umschlaggestaltung: Indigo Kid und Druck & Sache, Pemmering/A.Steinmann

Druck und Bindung: PRESSEL Digitaler Produktionsdruck, Remshalden
Printed in Germany

ISBN (Print): 978-3-933305-15-2
ISBN (E-Book): 978-3-933305-92-3

Ahead and Amazing Verlag, Jelinski GbR, Magnussenstr. 8, 25872 Ostenfeld
www.aheadandamazing.de

Für unsere Kinder, um es zu erklären.
Falls sie so alt werden, dass sie es verstehen.
Falls wir nicht so alt werden, um es selbst erklären zu können.

Manfred Jelinski

Vor allem

Ein Vorwort in eigener Sache

Dieses Buch beinhaltet die persönlichen Erlebnisse von drei Jahren meines Lebens. Aufgeschrieben habe ich sie in einem Viertel dieser Zeit. Es fiel mir gelegentlich schwer, mich in die Stimmungen und Erkenntnisstände früherer Zeitpunkte zu versetzen, aber ich habe versucht, alles so wahrheitsgetreu wie nur möglich zu erzählen.

Dieses Buch ist also kein Roman, sondern in der Hauptsache ein autobiografischer Tatsachenbericht. Darüber hinaus habe ich versucht, durch Extrapolation von Fakten weiterführende Diskussionen in grenzwissenschaftlichen und philosophischen Bereichen anzuregen.

Vieles hat sich im Laufe dieser Zeit verändert. Möglich, dass ich in einem weiteren Jahr, nach noch mehr Erlebnissen und Erkenntnissen, wieder einen anderen Standpunkt einnehmen werde. Die Schlussfolgerung von heute ist der Irrtum von morgen.

Deshalb ist Wahrheitstreue und Ehrlichkeit eines Reports für mich oberstes Gebot. Die Fakten in ihrem zeitlichen Kontext bewahren bedeutet, zu jeder Zeit die Freiheit zu haben, sich kritisch und von neuem eine Beurteilung zu ermöglichen. Dies war mein oberstes Bemühen. Es ist keine wissenschaftliche Arbeit, eher die Grundlage dazu. Aber es war ein spannendes Stück Leben. Es war das Abenteuer, sich bewusst zu werden, wie man hineingerissen wird in den

Tanz der Dimensionen

Manfred Jelinski im August 1999

Zehn Jahre später

Ein Vorwort für die neue Ausgabe

Man sollte meinen, dass ein zehn Jahre altes Buch, besonders ein Sachbuch, so veraltet ist, dass man es beruhigt vom Markt nehmen kann. Warum dann diese Neuauflage, diesmal im eigenen Verlag?

Die Antwort ist vielschichtig, trotzdem aber verblüffend einfach.

Als Erstes gilt es festzustellen, dass in diesen zehn Jahren kein Buch über Remote Viewing erschienen ist, das "Tanz der Dimensionen" ersetzen könnte. Das hört sich hochtrabend an, gibt aber nur die Meinung vieler Leser wieder (und ich hatte wirklich viel Feedback gerade zu diesem Buch!). Dieses Buch regte an, selbst Remote Viewing zu lernen und änderte allgemein die Art und Weise, PSI einzuschätzen. Im Nachhinein muss ich zugeben, dass uns damals wirklich eine Menge Erfahrung um die Ohren geschlagen wurde, denn wie sagte Stefan Klemenc, der aufgrund dieses Buches vom Schamanismus zu Remote Viewing kam und heute selbst sehr erfolgreich diese Methode trainiert: "In diesem Buch sind alle Aspekte, die einem später begegnen, schon einmal angesprochen." Mit Verwunderung stellte ich fest, dass er Recht hatte.

Mein Bemühen, kritisch, ehrlich, wissenschaftlich und umfassend über Remote Viewing und die darin enthaltenen Möglichkeiten zu berichten, erwies sich als der passendste Ansatz, auch wenn er nicht gerade komfortabel für mich war.

In den USA gab und gibt es selbstverständlich mehrere Publikationen, die man wegen des Tiefgangs durchaus empfehlen kann. Was ihnen jedoch ganz allgemein fehlt, ist der Blick aufs Private: Was kann man mit Remote Viewing erleben, wenn man eben NICHT im Geheimdienst und in der Armee diente? Mit diesem Erlebnisraum blieb dieses Buch einzigartig. Und natürlich wollten die Leser nach mehreren Büchern über die frühen Tage in den geheimen Einheiten auch wissen, was ihnen hier und heute und in Deutschland mit Remote Viewing blühen kann.

So verkaufte sich das Buch über die Jahre hinweg so gut, dass der Kopp-Verlag zweimal nachdrucken musste. Bevor es wieder soweit war, telefonierte ich mit dem Inhaber über die Möglichkeiten, nach all diesen Jahren dieses Buch zu überarbeiten, zum Beispiel um die Geschehnisse dieser Zeit in die angesprochenen Themen einzuflechten. Denn dieses Buch handelt sehr viel von der Zukunft und wie man sie erfahren kann. Na schön, fragt sich allmählich der Leser, wie wurde sie denn schließlich erfahren? Was ist denn aus den Sessions und Spekulationen geworden?

In dieser überarbeiteten Ausgabe möchte ich versuchen, zu jedem Kapitel aus heutiger Sicht inhaltlich kurz Stellung zu nehmen. Nach einigem Nachdenken habe ich diese Kommentare hinten angefügt.

Wer will, kann das Buch ganz genau so lesen, wie es im Jahr 2000 aus der Druckerei kam. (Natürlich aus Gründen der leidigen Rechtschreibung durchkorrigiert.)

Man kann aber auch sofort erfahren, was ich aus zehn Jahren Entfernung dazu zu sagen habe, indem man hinten nachschlägt. Ich werde allerdings nicht soweit gehen, auch alle Inhalte von "Schritte in die Zukunft" einzuarbeiten, auch wenn dieses Buch sozusagen die Fortsetzung von "Tanz der Dimensionen" darstellt, denn hier handelt es sich um ein ganz anderes Thema und wirklich eine andere Zeit. Aber wenn es wieder etwas nachzutragen gibt, werde ich es so bald wie möglich einarbeiten, weshalb nun das Buch auch im eigenen Verlag erscheint, wo es in solchen Fällen weniger logistische Probleme gibt

Ich denke, so können nicht nur die anstehenden Sachfragen etwas befriedigt werden, auch der Unterhaltungswert sollte zunehmen.

Aber sehen Sie selbst!

Manfred Jelinski im Juli 2008

Inhalt

in aller Kürze

Inhalt

Im Überblick

schiefen Turm von Pisa – „Piek mal rein, lebt es?“ – Ausgewählt sein ist ungerecht – Was nicht auf den Postkarten ist – Wie sieht der weiße Hai wirklich aus – Reisen in die Vergangenheit und Zukunft – Also doch keine Katastrophe? – Wie kontaminiert man die Matrix – Einstein ist eine Schnecke – Remote Viewer im Erfahrungsaustausch – „Wart Ihr skeptisch?“ – Merkwürdige Übereinstimmungen.

5. Die Bestrafung des Leichtsinns (April bis September 1997)
Das Meiser-Target – Remote Viewing im Gehirn-Labor – Seitensprünge in der Matrix – Das erste Remote Viewer-Treffen – Im Zentrum des Wirbelsturms – Daneben ist eben vorbei – Hammerharte Nackenschläge – PSI-Agenten unerwünscht – Nur aus Fehlern lernt man – Begegnung in der Bastelecke – „Wir sind hier Praktiker!“ – Ein paar erhellende Puzzlestücke – Schizophrenie im Alltag – Wie das RV-Protokoll funktioniert – Mönche und Schamanen – Wenn alles egal ist – AOLs vom Untergang.

6. Das Schwert des Zufalls (Frühling und Sommer 1997)
Zähe Bewegungen auf dem Videomarkt – Die große Pleite – Sintflut auf Bestellung? – Warnungen hinter vorgehaltener Hand – Der Schmusekater stirbt – Der Blitz des Zauberlehrlings – Verschwörungstheorien und Sekten – Ein bisschen viel Zufall – Die Wand aus Gummi – Wen würden Sie fragen? – Rote Plastikkästen in der Wüste – Alle wissen alles, nur wir nicht – Wir hören auf – siebenundzwanzigeinhalb Grad vorbei – Dimensionstheorien für Remote Viewer – Hallo, sagt das Feld zum Feld.

7. Begegnungen der 5. Art (August 1997)
Targets from Outer Space – Bauten auf dem Mond? – Uri Gellers UFO-Werkstatt — Fußballfelder können fliegen – Warum geheim, wenn lächerlich? – Die Weltraumfahrten des Ingo Swann – UFOS sind physikalisch real – Der Krieg gegen die NASA – Das Embargo der ungeliebten Menschheit – Besuch bei der Galaktischen Föderation – Eisenhower und die Men in Black – Aliens und Science-Fiction-Autoren – Die ewige Arche Noah – Ein weihnachtlicher Terrorist – Fast Walkers und abgeschossene Raumsonden — Was in den Ringen des Saturn versteckt ist – Joe, der erste Mann auf dem Mars – Wir besuchen die Cydonia-Region – Unglaubliche Voraussagen – Im Strudel der Emotionen – Wo kommt dieses Reptil her? – Wenn Frauen Löffel biegen – Die Lichter von Obernzell – Parallele Welten – Der Zufall als Freund

8. Die Gnade der Gewöhnlichkeit
(Herbst/Winter 1997, Anfang 1998)
Was heißt hier Begabung? – Barbara bei der Marine – PSI-Forscher stehen im Regen – Die CIA täuscht alle – Die illustre Gesellschaft der Unbegabten – Der See des Ungewissen – Ich teste unsere Sekretärin – Das Geheimnis der zehn Krakel – Ein Versuch mit Hindernissen – PSI-Agent, nein danke! – Dürfen wir

das können? – Das auserwählte Volk – Strom für den Mond – Der Bewusstseinsstand des eigenen Erlebens – Die galoppierende Gertie – Viele Worte sind noch keine Information – In drei Sekunden zur Realität – Die Schatzkarte des kleinen Jon – Lyn Buchanan ist überrascht – Sheldrake im Ungewissen – Die Resonanz mit dem Universum – Live on Stage: das geomantische Dutzend – Mary stürzt ab – Raumkapseln und Büstenhalter – Sandra räumt auf – Alles Hochbegabte?

9. Die Zeit der Katastrophen (Sommer/Herbst 1998)

Die 98er-Hysterie – Ist Hellsehen Quatsch? – Dem Weltuntergang auf der Spur – Der Einschlag in Grönland – Was alles herunterkommt – Der Schuss vor den Bug – Das Jahr der Katastrophen – Atombombe auf Südkorea – Der dritte Weltkrieg fand schon statt – PSI als Warninstrument – Armageddon 98 – Hellseher: hilflos in der Matrix – Karin Nagel hatte doch recht – Fantasie und Wirklichkeit – Abrechnung mit 1998

10. Auf der Fährte der Zukunft (Winter 1998)

„Business As Usual", was heißt das, Herr Buchanan? – Der Einschlag in die Nordsee – Langeweile auf der Hallig – Zuviel Katastrophen zum Überleben? – McMoneagle weiß es auch – Die Erdbeben der Zukunft – Der permanente Weltkrieg – Der Sprung in der Wahrscheinlichkeit – Die NATO räumt auf – Das Szenario heißt jetzt 1999 – Die virtuelle Jahrtausendwende – Voraussagen mit Verfallsdatum – Dr. Doom will es genau wissen – Mögliche Wahrscheinlichkeiten und parallele Universen – Der Plan der Schöpfung – Schwarze Löcher in der Matrix – Immer wieder die Amerikaner

11. Neue Abenteuer von PSI FORCE-5

(Herbst 1997 bis Sommer 1999)

Geheimhaltung oder Datenschutz? – Der Spaß aus Fort Meade – Aus Spaß wird Ernst – Der Absturz von Amelia Earhart – Der verlorene Tresorschlüssel – Remote Viewer sehen anders – Vermisste Kinder und was man sich an den Hals holen kann – Der Diebstahl, den es nicht gab – Die Macht der Emotionen – Was ist real? – Die Matrix nimmt es sehr genau – Was tat K. am 15. Juni? – Coole Geschäftsleute – Der Hubschrauberabsturz für UPN – Courtney Brown an Bord der „Columbia" – Das gewisse Kribbeln

12. Jenseits von Gut und Böse (Frühling 1999)

Ein Ausflug ins Nichts – Was der Matrix egal ist – Zahlen, Schrift und Dollarzeichen – Spekulieren oder Wetten? – Lotto, Toto und anderer Unsinn – Dialog mit der Zukunft – Das Zeitparadoxon – Das Universum ist unendlich – Was ist Böse, was ist Gut? – Der Kampf gegen die Zunahme der Entropie – Das arme Mädchen und der Prinz – Auch die Bibel hat recht – Tod auf Probe – Die Seele ist überall – Die optimalen Koordinaten des Seins – Interventionen in höheren

Prolog

Die Stühle von Area 51

August 1997. Unsere Familie machte Urlaub auf der Hallig Hooge und wir hatten einen herrlichen, sonnigen Tag verbracht. Die Kinder waren ins Bett gefallen und sofort eingeschlafen. Wir allerdings unterhielten uns noch etwas und kamen auch auf die Area 51 zu sprechen. Meine Frau war der Meinung, man müsste tatsächlich einmal nachsehen, wo man die Stühle hingebracht habe. Welche Stühle? Nun, die Stühle, auf denen sich die Beobachter der Geheimbasis ausgeruht hatten; einer Geheimbasis, deren offenkundige Existenz von der amerikanischen Regierung noch immer geleugnet wird.

Wie alle ernsten Geschichten hat auch Area 51 ihre amüsanten Momente. Da kommen also Neugierige aus aller Herren Länder, besonders Deutschland und Japan und untersuchen vor Ort. Sie kraxeln auf die umliegenden Berge, bewaffnet mit Fernrohren, Fotoapparaten und Klappstühlen, um einen Blick auf das zweiundvierzig Kilometer entfernte Geheimnis zu erhaschen. Und danach muss man sich ausruhen. Natürlich wurde man auch beobachtet und wehe dem, der sich außer Sichtweite seiner Stühle begab, weil er vielleicht zu faul war, sie wieder hinunter und wieder heraufzuschleppen. Am nächsten Tag waren sie nämlich weg. „Ich wüsste gern, wo diese Stühle hingekommen sind“ formulierte Andreas von Rétyi, durch seine Bücher und Fotos einer der bekanntesten aller dort unwillkommenen Besucher.

„Ich hab sie“ , sagte meine Frau plötzlich und richtete sich im Bett auf. „Willst du wissen, wo die Stühle sind?“

„Na gut“ , gab ich zurück, weil ich wusste, dass nun sowieso nicht mehr an Schlaf zu denken war. „Also, wo sind sie?“

„Sie stehen in einer großen Halle. Einfach so aneinander gelehnt an der Wand. Nicht viele. So etwa acht bis zehn. Es ist eine sehr große Halle, sehr hoch. Oben kommt Licht herein. Sie hat einen riesigen Eingang, große Tore und eine kleinere Tür. Von dort kommt man in kleinere Nebengebäude."

„Was ist sonst noch in der Halle. Sieh dich um." Wir waren, ehe wir uns versahen, in eine Remote Viewing Session geraten. Ganz ohne Protokoll. Aber wahrscheinlich war der Einstieg gewesen, dass meine Frau unbedingt wissen wollte, wo diese Stühle hingekommen waren und ihre geistigen Fühler ausgestreckt hatte, solange, bis sie sie hatte. Meine Frau, die Hexe, na ja, das kannte ich ja schon. Es landeten ja fast ausnahmslos nur Frauen auf dem Scheiterhaufen.

Diese Sitzung erinnerte mich sehr stark an die Herangehensweise, die Joe McMoneagle beschrieben hatte. Und andere Viewer der frühen Tage. Da war zum Beispiel diese Frau, die, ebenfalls auf dem Bett sitzend, genauso ins Leere starrend, in weit entfernten Gegenden herumstöberte … Ihr Name war Hella Hammid, erinnerte ich mich, und gesehen hatte ich sie in einem Film im NDR, Jahre zuvor.

„Die Halle sieht verlassen aus. Leer. Nur diese Stühle. An der Decke laufen so Gerüste entlang. So für Transporte."

„Laufkatzen."

„Ja, so irgendwie. Aber sonst ist alles leer."

„Gut. Wozu diente die Halle. Was war früher dort. Geh mal zurück."

„Moment. Früher … ja, da ist was. So ein riesiges Ding. Schwarz. Fliegt. Sieht merkwürdig aus. Kantig. Sehr komisch, ungewöhnlich."

„Erinnert mich an die F 117. Der erste echte Stealth-Jagdbomber. Groß, schwarz, kantig und flog tatsächlich." (Spätestens im Golfkrieg hat es jeder mitbekommen.) Ich überlegte. Wie geht man weiter. Das Problem ist immer, den Viewer möglichst optimal herumzuschicken. Optimal heißt: soviel nützliche Informationen in so kurzer Zeit wie möglich. Zielkontakt strengt außergewöhnlich an. Nach einer halben Stunde ist man fix und fertig.

„Erzähl mir mehr. Was ist drum herum."

„Betriebsamkeit. Viele Leute, sie haben dunkelblaue Monturen an, nein, nicht so richtig dunkel, ein schönes Blau. Sie schieben fahrbare Leitern an das Ding. Es riecht komisch. Nicht wie Benzin oder Öl."

„Kerosin?"

„Was ist das?"

„Flugzeugtreibstoff. Eher wie Petroleum."

„Keine Ahnung. Irgendwie schon wie Treibstoff, aber fremd. Und da ist noch ein anderer Geruch, wie verbrannter Gummi."

„Kann ja sein. Wenn was warm wird, stinkt es auch. Motoren

werden auch warm. Was ist sonst noch los? Sieh dich um."

„Die Tore stehen offen. Große Tore. Das Ding soll rausgeschafft werden. Diese Halle ist die Letzte in einer Reihe von so vier oder fünf nebeneinander."

„Gut. Jetzt komm mal in die Gegenwart zurück."

„Moment. So, jetzt bin ich da. Was soll ich machen?"

„Geh mal nach vorn. In die Zukunft. Geht das?"

„Schwierig. Da ist was vor. Muss mich dagegendrücken. Kann man auswölben, schwer, aber geht. Wirklich schwer. Braucht man Kraft."

„Gut, geh mal mindestens ein Jahr vorwärts. Ist da was anders?"

„Ja, da ist was. Die Halle wird wieder benutzt. Da steht so ein rundes Ding. Auch ziemlich groß, aber nicht ganz so groß wie das schwarze Ding. Ganz rund und weiß. Es steht aber nicht. Es schwebt irgendwie. Soll ich mal zeichnen?"

Ich fischte einen Block herbei. „Hier."

Sie zeichnete eine Fliegende Untertasse. Hätte man sich schon denken können.

„Es ist hell. Die Halle ist jetzt weiß gestrichen, sieht wie neu aus. Die Stühle stehen jetzt nicht mehr da. Die sind in einem Nebengebäude. Durch die kleine Tür da durch und weiter, in einem Abstellraum. Könnte ich zeichnen." „Was ist mit Leuten, sind da Menschen?"

„Ja, um das Ding herum. Sie sind jetzt aber weiß gekleidet. Alles ist so hell."

„Schau dich um. Nimm dir die Leute durch. Ist da einer, der über den Sinn der Sache am besten Bescheid weiß. Der eine leitende Funktion hat?"

„Hm. Moment. Ja, da vorn steht einer. Ich schau so schräg von oben herab, wie immer. Er steht von mir aus vor dem runden Ding."

„Was denkt er?"

„Er ist zufrieden. Es ist fertig. Es funktioniert. Er hat sozusagen gesiegt. Es war nicht einfach, aber jetzt ist es geschafft."

„Was ist alles geschafft? Erzähl mehr. Wozu ist es gut?"

„Es fliegt. Moment, jetzt dreht er sich um. Er bemerkt mich. Er ist nur halb."

„Nur halb? Was halb?"

„Halb menschlich. Er sieht ganz menschlich aus, aber er ist es nur halb"

„Halb was noch? Roboter, mechanisch?"

„Nein, ganz lebendig. Halb Alien, fremd, nicht von hier. Er grinst mich an. Er ist überrascht, dass ich da bin, aber nicht verwundert. Ich habe Angst."

„Sag ihm *Hallo!*"

„Nein, ich will nicht. Ich habe Angst. Hol mich da weg. Er ist nicht unfreundlich. Aber hol mich da weg. Es erschreckt mich. Alle dort sind so wie er, nein, nicht alle, aber die meisten. Hol mich raus."

„Okay. Gehen wir. Dreh dich um. Da sind doch die Tore. Sind sie offen?"

„Ja der Hangar ist offen. Ich habe Angst."

„Geh jetzt raus. Du trittst ins Sonnenlicht. Es ist warm, nicht wahr?"

„Ja, ziemlich. Heiß sogar."

„Ja das ist da so. Vor dir ist eine ebene Fläche. Der Salzsee. Geh darauf zu und verschwinde. Löse dich auf. Es muss für ihn aussehen, als ob du dich in Luft auflöst."

„Ich versuche es. Ich will weg da."

„Flieg einfach weiter. Du verlässt das Gelände. Flieg nach Tucson. Das ist nicht so weit."

„Okay. Da ist eine Stadt. Eine große Stadt. Breitet sich ins Land aus. Ziemlich zersiedelt. Es ist heiß. Dampf ist überall, Wasserdampf."

„Ja, das ist da so. Sie hatten letztens 42 Grad Celsius."

„Es ist heißer. Viel heißer. Plastik verformt sich. Ich bin vor so einem Laden. Man hat eine gelbe Folie ins Schaufenster gespannt. Gegen die Sonne. Und da sind Rollladen aus Plastik. Und eine gelbgestreifte Markise. Alles verformt sich, schmilzt. Wann schmilzt Plastik?"

„So bei hundert Grad. Kommt drauf an."

„Es schmilzt und fängt an, zu brodeln. Qualmt so ein bisschen, aber brennt nicht. Glas zerspringt. Wann zerspringt Glas? Komisch. Alles ist sonst in Ordnung. Aber alles verlassen."

„Verlassen?"

„Ja, keine Menschen da. Keine Leichen, nix. Keine Menschen. Alles Wasser verdampft."

„Du bist immer noch in der Zukunft?"

„Ja, Zukunft. Nächstes Jahr oder so. Keine Ahnung."

„Gut. Geh mal zurück. Zurück zu dem Zeitpunkt, wo die Leute noch da sind."

„Moment, das ist nicht weit. Bin da. Der Mann verlässt den Laden. Er schließt ihn ab. Keine Panik. Er geht, weil es sein muss. Alle verlassen die Stadt. Man hat ihnen gesagt, dass sie gehen müssen. Sie sollen wiederkommen können. Der Mann bedauert es, hat aber keine Angst. Alles läuft geordnet."

„Gut. Geh mal wieder in die Zukunft. Da, wo es heiß ist."

„Moment. Dauert immer etwas. Gut. Bin da. Aber beeil dich. Ich werde müde."

„Schön. Geh mal hoch. So hoch, dass du die Stadt übersehen kannst."

„Bin da."

„Kannst du sehen, wieweit die Hitze geht? Reicht sie sehr weit?"

„Hm. Es ist noch etwas weiter. Über das Stadtgebiet hinaus. Es ist so zersiedelt. Ja, es geht noch weiter. Aber dann hört es auf."

„Geh mal weiter. Hört es wirklich auf, wird es kühler?"

„Ja, es wird langsam kühler. Es ist immer noch warm, aber man kann leben. Jetzt wird es noch kühler."

„Okay, dreh dich um. Geh wieder zurück. Wieder auf die Hitze zu."

„Moment. Dauert etwas. Ich werde müde."

„Bist du wieder in der Hitze? Geh weiter. Was passiert?"

„Es wird wieder kühler. Es ist wie ein Streifen."

„Gut. Geh hoch und schau nach, wie breit der Streifen ist."

„Nicht sehr breit. Also breiter als die Stadt. Kann man nicht so genau sagen."

„Fünfzig Kilometer?"

„Kann sein. Vielleicht auch hundert. Breiter als die Stadt und ihre Ausläufer."

„Wie verläuft der Streifen?"

„So schräg nach Norden rüber, Nordwesten, und Südosten."

„Okay. Geh mal nach Nordwesten, den Streifen entlang. Was siehst du?"

„Seen. Das Wasser kocht."

„Weiter. Kommen nicht irgendwann Eisberge?"

„Nein. Sie schmelzen. Das Wasser ist heiß."

„Siehst du ein Ende?"

„Hm. Ja, irgendwo da vorne …"

„Gut. Dreh dich um. Geh wieder zurück, wo du hergekommen bist."

„Bin wieder über der Stadt."

„Gut. Geh jetzt nach Südosten."

„Da kommt noch viel Land. Alles heiß. Dann kommt Wasser."

„Der Atlantik. Flieg drüber."

„Land. Wüste. Da war immer Wüste. Der Streifen geht weiter."

„Geh mit dem Streifen. Was kommt dann?"

„Wüste. Dann … ist das Indien? Sieht aus wie Indien, was ich so auf Bildern gesehen habe. Alles verbrannt irgendwie. Tote überall. Ich will aufhören."

„Weiter, weiter! Noch ein Bisschen. Hört das nicht auf mit der Hitze?"

„Da kommt eine Küstenlandschaft. Flüsse. Andere Menschen. Andere Art von Menschen."

„Kambodscha, Vietnam?"

„Keine Ahnung. Bin so schlecht in Erdkunde."

„Ist es dort immer noch heiß?"

„Nein, nicht ganz so. Die Leute baden. Sie verstehen nicht, was los ist. Sie baden im warmen Wasser. Sie sind fröhlich."

„Okay, und weiter. Was passiert?"

„Es ist zu Ende. Nicht mehr heiß."

„Gut, noch eins."

„Ich bin müde."

„Noch eins. Geh nochmal zurück auf dem Streifen. Bis zur Wüste."

„Na gut. Bin da."

„Schau nach Norden. Gibt es noch ein heißes Gebiet, noch so einen Streifen?"

„Hm. Ein Stück weit. Da ist eine große Stadt."

„Algier?"

„Keine Ahnung. Es war heiß hier. Der Streifen ist kühler. Älter. Hier war es früher heiß."

„ Okay, nun noch weiter, nach Norden. Ist da noch ein heißes Gebiet?"

„ Nein."

„Okay, und jetzt noch mal umdrehen. Nach Süden. Über die Streifen hinweg. Ist da noch mal so was?"

„Warte. Es dauert jetzt. Ich will aufhören. Nein, da ist nichts. Nichts was ich jetzt sehe."

„Okay, komm nach Hause. Geh jetzt in der Zeit wieder zurück. Du bist jetzt Heute. Du sitzt hier im Bett. Alles ganz weit weg. Lass es los. Du bist hier."

„Mm. Bin hier. – Was war das? Das war aber nicht Remote Viewing, oder?"

„Wir haben kein Protokoll gemacht. Es war wie gleich hinein in die

Stage 6. Aber du hattest doch Kontakt, oder? Wie war es?"

„Genau so, wie in Stage 6. Fühlte sich genauso an. Kein Unterschied. Können aber natürlich alles AOLs sein."

„Könnten, sicher. Aber deine Angaben decken sich mit anderen Sessions. Erinnerst du dich? Sieht aus, als wärst du in so etwas wie den *sun flares* gelandet, die Ed Dames für die nächsten Jahre ankündigt. Und auch andere Angaben. Matthias zum Beispiel hat für das Verlagsgebäude unseres Freundes zu einem Jahresende die Schließung angekündigt. Da kommt ein Brief und dann räumen sie alles zusammen und das Gebäude steht dann leer. Fanden wir sehr komisch.

Und dann deine erste Haus-Session. Unser Haus im Frühling 2000. Es war außergewöhnlich warm, wie am Mittelmeer. Wenn im Atlantik das Wasser aufgeheizt wird, bringt es der Golfstrom hoch. Es wird hier warm. Kein direkter *sun flare* vielleicht. Aber es wird ungewöhnlich warm. Und so andere Details aus unseren Explorationssessions passen auch. Wirklich merkwürdig."

Es war tatsächlich eine merkwürdige Session. Vielleicht hatte meine Frau, ohne den Schutz des Protokolls, nur in einer möglichen, aber unwahrscheinlichen Zukunft herumgestöbert. Vielleicht entsprang alles nur ihrer Fantasie. Aber als ich später ihre Angaben auf dem Globus, der unser Wohnzimmer um einen Staubfänger mehr bereichert, nachverfolgte, lief es mir kalt über den Rücken. Ihre Angaben ließen sich wirklich zu einer gebogenen Spur über den Erdball von Alaska bis Vietnam zusammensetzen. Eine Spur, einem Stück Bahnkurve ähnlich, die von draußen aus dem Weltall auf die Erde gezeichnet zu sein schien, denn sie glich in Richtung und Krümmung fatal der Linie, die ich in einem anderen Zusammenhang schon einmal gesehen hatte. Es sah aus wie die Linie, die der Kernschatten der Sonnenfinsternis am 12. August 1999 über die Erde ziehen würde. Natürlich mit dem Unterschied, dass die Linie meiner Frau erheblich weiter südlich verlief …

Die Meister der Matrix

1. Kapitel

Ich will nicht sagen, dass es jetzt einfacher ist. Wir haben viel erlebt in den letzten zwei Jahren. Vielleicht ein wenig zu viel. Ich liege nachts oft wach oder habe die verrücktesten Träume. Es ist atemberaubend. Die Fernsehprogramme, die ich im letzten Jahr sah, kann ich an einer Hand abzählen. Das tägliche Leben schlägt deren Unterhaltungswert um Längen.

Vielleicht sollten Sie jetzt nicht weiterlesen. Zu vielen Dingen, die ich erzählen möchte, haben mir manche gesagt: „Ich bin nicht sicher, ob man das wissen darf!"

Wenn Sie doch weiterlesen, sitzen Sie mit im Boot. Willkommen im Club!

Vieles wird Ihnen aber auch nur den „Kicher-Effekt" eintragen, wenn Sie es weitererzählen wollen. Das ging schon den Leuten so, die diese Sache mal erfunden haben. Und vielleicht tröstet es Sie: Auch heute stehen Sie damit nicht allein. Uns jedenfalls ist das Kichern längst vergangen.

Natürlich können Sie alles für erstunken und erlogen halten. Das gestehe ich Ihnen gerne zu. Damit kommt man in der sogenannten Realität auch erheblich besser zurecht.

Wie ich selbst in diese Angelegenheit hineingeraten bin, kann ich auch jetzt noch nicht schlüssig erklären. Und, um es gleich vorwegzunehmen, ich habe auch keine Ahnung, wie ich hier wieder herauskomme und ob ich es überhaupt will.

Es hätte auch jemand anders treffen können. Hat es aber nicht.

Ich bin verheiratet, Vater zweier Kinder. Also ganz normale Verhältnisse.

Sicher, ich mache Filme und meine Frau hat sehr viel fürs Fernsehen produziert, aber für mich ist z. B. Brötchen backen genauso exotisch. Und dass wir uns gern mal einen Vortrag anhören, auch aus diesen sogenannten grenzwissen-schaftlichen Bereichen, kann auch nicht die

Ursache sein. Aber der Reihe nach. Vielleicht bekommt man so die Geschehnisse am besten in den Griff.

Im Herbst 1996 war die Welt noch in Ordnung.

UFOs waren eben UFOs, also unidentifiziert. Propheten konnte man ausschließlich wegen ihrer literarischen Qualitäten genießen und Hellseher hatten die unüberprüfbare Magie der Kristallkugel auf ihrer Seite. Man konnte wunderbar fantasieren und spekulieren - ein jeder in seinem eigenem Buch.

Das änderte sich für uns von einem Tag zum andern.

Meine Frau und ich betreiben eine kleine Videoproduktionsfirma, in der bewusst immer Freiraum für das Neue, Ungewöhnliche, Grenzen Durchbrechende gehalten wird.

Wir interessieren uns für Grenzwissenschaften, Phänomene, UFOs; dachten aber nie daran, diesen Bereichen mal einen Film zu widmen. Wir wussten alle wichtigen Themen schon in sicheren Händen.

Bis zu jenem denkwürdigen Abend im September 1996. Vielleicht noch ein „Zufall", aus dem später Mythen werden: Es war am Freitag, den 13. Das Hamburger UFO-Forum hatte geladen, ein bis dato unbekannter junger Mann referierte zum ersten Mal über seine soeben absolvierte Ausbildung in der PSI-TECHNIK des amerikanischen Militärs, dem sogenannten REMOTE VIEWING.

Er hatte in Beverly Hills in der Firma PSITECH von ED DAMES die Methode des TECHNICAL REMOTE VIEWING erlernt. Der junge Mann, der sich als Thomas Tankiewicz vorstellte, behauptete, jetzt könne man mithilfe des TECHNICAL REMOTE VIEWING alles erfahren, was man wissen möchte – zielgerichtetes Hellsehen für jedermann sozusagen. Jeder kann es lernen und nach kurzer Zeit erstaunlich perfekt anwenden.

Wir hörten halb gespannt, halb belustigt zu. Technische Fernwahrnehmung! Ins Deutsche übersetzt, hörte sich der Begriff fast an wie eine Geheimwaffe aus dem Dritten Reich, ein Gebiet, auf dem die Spekulation schon die tollsten Blüten trieb. Doch je länger ich zuhörte, desto unsicherer wurde ich. Sollte da tatsächlich etwas dran sein? Sollten es die Amerikaner tatsächlich geschafft haben, die übersinnlichen Kräfte zugänglich und nutzbar zu machen? Natürlich mal wieder die Amis, dachte ich, typisch. Pumpen da einfach ein paar Millionen Dollar in ein Forschungsprojekt und schaffen es tatsächlich. Die Welt ist – wie immer – ungerecht.

Auch die anderen Mitglieder des Auditoriums fühlten sich unangenehm berührt, und der Vortragende geriet unter heftigen Beschuss. Zur Besänftigung der UFO-Interessierten führte er einige Ergebnisse dieser hellsichtigen Überprüfungsmethode an. Zum Beispiel, warum die russische Mars-Sonde PHOBOS- 2 plötzlich versagt habe. Da sei vom Marsboden etwas aufgestiegen, so eine Art Robot- Späher, hätte sich der Sonde genähert und sie einer Überprüfung unterzogen. Diese Prozedur sollte bei der Sonde zu einem Kurzschluss geführt haben. Wie wir wissen, ist ja Tand alles Werk von Menschenhand, also nichts aufregend Neues, aber immerhin eine interessante Variante.

Auch dass die meisten UFO-Insassen Zeitreisende aus unserer Zukunft seien, konnte man ja noch hinnehmen. Leider begann Thomas Tankiewicz am Ende seines Vortrages ein paar heilige Kühe des präastronautischen Bereiches zu schlachten und südamerikanische Felsanomalien als natürlich entstandene Formationen zu entlarven. Ein Tumult brach los. Die vorgestellte Hellseh-Methode wurde angemessen demontiert. „100 Prozent korrekte Daten aus dem kollektiven Unterbewusstsein!" – einfach lächerlich!

Und dann noch die Vorstellung, ausgerechnet der amerikanische Geheimdienst (CIA, NSA, DIA usw.) hätte:

- Funktionierende Psi-Methoden entwickelt und angewandt,
- sie aus der Geheimhaltung entlassen und
- auch noch Ausländer und gerade Deutsche darin ausgebildet bzw. deren Ausbildung nicht mit allen Mitteln verhindert.

Sie müssen zugeben, das alles klingt sehr unglaubwürdig. Vor allem wenn man bedenkt, dass die Forschung in dieser Sache zum großen Teil vom Geheimdienst bezahlt wurde.

Ich ließ es mir jedoch nicht nehmen, anschließend Tom Tankiewicz bei einem Bier etwas genauer zu befragen. Wenn einem in solchen Situationen etwas hilft, so ist das eine gesunde Querfeldeinbildung. Ich habe unter anderem neben Maschinenbau auch Psychologie studiert. Früher hielt man das für eine abartige Kombination, heute setzt sich immermehr die Erfahrung durch, dass gerade ungewöhnliche Bildungsgänge hilfreich sind auf dem Weg der Erkenntnis. Nach etlicher Zeit und sehr vielen Fragen meinerseits wuchs in mir der Verdacht, tatsächlich, es könnte funktionieren. Es gab diverse inhaltliche und methodische Details, die mir bisher in dieser Kombination und im Zusammenhang mit PSI oder ASW nicht bekannt waren, aber plötzlich einen völlig neuen Sinn ergaben.

Es schien mir, als hätte man Erkenntnisse aus unterschiedlichen Wissensgebieten auf einer fundamentalen Ebene verknüpft, auf grundsätzliche Einzelheiten zurückgegriffen, alles kleingehackt, alphabetisiert, sei auf westliche Weise zum Ursprung der Dinge vorgedrungen, entseelt, aber wirkungsvoll. Später sollte ich meine Bestätigung dafür bekommen, als wir uns mehr mit der Produktion von Filmen auf der Basis chinesischer Philosophie beschäftigten. Nur: Die Chinesen hätten es anders gemacht. Nicht so mechanistisch.

Die Veranstaltung neigte sich dem Ende zu. Längst war man in der UFO- Club-Runde zu den wirklich wichtigen Themen zurückgekehrt. Gibt es tatsächlich außerirdische Basen auf dem Mond? Verbirgt sich hinter dem Saturn, geschützt

durch dessen Größe und die Reflexion der Ringe, vielleicht ein riesiges Mutterschiff der Aliens?

„Das können wir alles nachschauen", sagte unser Referent, „Remote Viewing kann das aufklären."

Man lächelte betreten. Ich war verwirrt. Genau ein halbes Jahr später führten wir genau diese Recherche durch. DIE RINGE DES SATURN - Anomalien und Alien-Konstruktionen zum gegenwärtigen Zeitpunkt.

Aber das konnte ich in diesem Moment ja noch nicht wissen. Wir, meine Frau und ich, verließen die Gaststätte. Es war kurz vor Mitternacht, aber ich war hellwach. „Willst du jetzt noch fahren?", fragte sie.

„Natürlich", gab ich zurück, „jetzt erst recht."

Wir hatten eigentlich vorgehabt, zum alljährlichen Medienfestival nach Osnabrück zu fahren, und dieser Vortrag lag einfach nur „auf dem Weg", weshalb wir ihn kurzerhand mitgenommen hatten. Zufällig, wirklich rein zufällig. Und dieser Zufall änderte einiges. Aber, wie wir wissen, es gibt keinen Zufall.

So aufgekratzt, wie ich jetzt war, schien es mir eine gute Idee, trotz der späten Stunde gleich weiterzufahren und nicht die Nacht in Hamburg zu verschlafen. Wir machten uns also auf den Weg.

Lange Autofahrten hatten wir schon immer damit verkürzt, alltägliche Probleme genauso wie auch die Frage, was der Sinn des Lebens sei, bis auf die Grundmauern herunterzudiskutieren. Das unterhält ungemein. Ich erinnere mich, auf einem langen, landschaftlich eintönigen Weg nach Berlin durch brandenburgische Felder die komplexe Theorie der Seelenkonfiguration als entscheidende Waffe des Universums gegen die drohende Entropie bunt und detailliert entwickelt zu haben.

Wir waren wirklich erstaunt, als wir schon kurz nach dem verhinderten universalen Armageddon die Abfahrt nach Berlin erreichten.

Unser Gespräch an diesem Abend aber unterschied sich erheblich von denen früherer Fahrten. Es sollte auch nicht das Letzte bleiben. Wir nutzen auch heute noch jede Möglichkeit dieser Art, Geschehenes zu rekapitulieren. Vielleicht wären wir sonst längst durchgedreht.

„Na, gut", begann meine Frau in ihrer unnachahmlichen Art. "Was bedeutet das jetzt für uns?"

„Da gibt es wie immer zwei Möglichkeiten. Erstens: Wir entschließen uns, alles für Quatsch zu halten und vergessen die Sache."

„Wie langweilig."

„Sehe ich auch so. Nehmen wir also bis auf weiteres einfach mal an, es sei etwas dran. Dann habe ich aber ein paar sehr schwerwiegende Einwände."

„Genau. Sprich weiter."

Ich habe es immer gehasst, anderer Leute Schlussfolgerungen auszusprechen. Den einzigen Spaß, den man dabei haben kann, ist, etwas völlig Absurdes vorzubringen, etwas, das sich der andere nicht im Traum vorgestellt hat. An diesem Abend ließ sich diese belebende Diskongruenz allerdings nicht herstellen. Wir waren ziemlich einer Meinung.

Sollte diese Technik des Hellsehens tatsächlich funktionieren, gab es irgendwo einen gewaltigen Haken.

„Gut. Wir nehmen spaßhalber an, diese PSI-Technik funktioniert und wurde erfolgreich vom CIA und anderen Geheimdiensten angewandt."

„Gegen Ghaddafi und im Golfkrieg zur Auffindung von Saddam Husseins Geheimwaffen."

„Muhammad G. lebt. Nur seine Tochter kam bei dem amerikanischen Bombenangriff um. Er selbst war nicht anwesend. Das hätten diese REMOTE VIEWER „sehen" müssen. Aber gut, immerhin war es sein Haus, das getroffen wurde. Und im Irak hat man keine Geheimwaffen gefunden. Nur lächerlichen alten Sowjet-Schrott."

„Du vergisst die B-Waffen-Labors. Hochvirulente Krankheitskeime, Milzbrand und Ähnliches. Außerdem soll er spaltbares Material besitzen, genug, um eine Atombombe zu bauen. Man sucht heute noch nach den Produktionsstätten."

„Dann waren die REMOTE VIEWER wirklich nicht erfolgreich. Vieles blieb unbewiesen."

„Es blieb vielleicht einfach nur geheim. Die Informationen wurden nicht rausgelassen. Dann aber hätten sie dieses REMOTE VIEWING auch nicht rauslassen dürfen. Immer vorausgesetzt, es funktioniert."

„Es gab den Freedom-of-Information-Act (FOIA-), diese gesetzlich verankerte Freiklage-Möglichkeit von Geheimakten, mittels derer auch viele UFO-Akten freigegeben werden mussten, und es gab natürlich Fehleinschätzungen, Kompetenzgerangel, Einsparungen. Man hat das Projekt geschlossen und dann hat dieser Ed Dames das Wissen um die Methode aus eigenem Antrieb in die Öffentlichkeit gebracht."

„Dann hat es entweder nicht funktioniert oder die Amis sind doof und ihre Verwaltung und Armee ein Sauhaufen."

„Das ist das Problem in einer Demokratie, dass viele mitreden dürfen."

„Die Geheimdienste unterliegen nicht vielen demokratischen Grundregeln. Vielleicht war es etwas anderes. Eine Panne. Oder noch besser: Es war Absicht."

„Absicht?"

„Ed Dames war schon vorher beim Geheimdienst. Das ist mir beim Vortrag vorhin sehr wohl aufgefallen. Einmal Geheimdienst, immer Geheimdienst. Man lässt keinen Geheimdienstler einfach so gehen. Vorzeitiger Ruhestand ohne Schweigeverpflichtung! Völlig unmöglich! Vielleicht sollte er die Methode verbreiten, damit die Amerikaner als Volk einen Vorteil haben."

„Spätestens bei der Ausbildung dieser Deutschen hat er dann den nächsten Fehler gemacht!"

„Oder auch nicht ..."

Wie man sieht, kamen wir hier durch reine Diskussion und Spekulation nicht weiter. Erst erheblich später, nach dem Studium verschiedener Bücher, Videos, Interviews und natürlich im Rahmen eigener Erfahrungen lichtete sich dieser Nebel weitgehend, wenngleich einige Details wohl nie ganz geklärt werden können.

Sehr aufwändig recherchiert wurde die Geschichte des REMOTE VIEWING und damit auch das (offizielle) Ende des Projektes von Jim Schnabel, einem amerikanischen Journalisten, der schon früher durch vorzügliche Bücher zu spektakulären Themen bekannt geworden war ("Dark White" und "Round in Circles") ... 1995 machte er sich zusammen mit dem Regisseur und Gewinner des Grierson Award, Bill Eagles, im Auftrag der BBC daran, das Geheimnis des erfolgreichsten PSI-Forschungs- und Anwendungs(!) - Projektes seit Menschengedenken aufzudecken. Das Ergebnis war ein Buch (“Geheimwaffe Gehirn” 1997, Bettendorff) und ein Video (“The Real X- Files”, TransVision).

Jim Schnabel stieß in das Zentrum der Geschehnisse vor; interviewte und filmte Ingo Swann, den Vater des Remote Viewing-Protokolls, der sonst der Öffentlichkeit nur durch seine Bücher (zum Thema: “Remote Viewing- The Real Story”) und Gemälde zur Verfügung steht. Jim Schnabel ging aber noch weiter. Er ließ sich selbst zum PSI-Agenten ausbilden, erst bei Ingo Swann und danach bei Ed Dames, der mittlerweile ein Ausbildungsprogramm für die von ihm weiterentwickelte Methode namens "Technical RV" anbot. Danach musste Schnabel erstaunt feststellen, dass er diesen Agenten-Job auch ganz gut ausfüllen könnte, wenn er wollte. Aber offensichtlich ließ er die Finger davon. Er beschränkte sich auf viele weitere Interviews mit den wichtigsten Leuten von damals wie etwa Mel Riley, Ingo Swann, Lyn Buchanan, Gen. Thomsen, Ed Dames und viele andere, eine Ansammlung illustrer RV-Persönlichkeiten, die später in keinem Film mehr versammelt werden konnten. Einige gaben danach keine Interviews mehr.

Natürlich merkt man seinem Buch wie auch dem Film den Überblick des Wissenden an, der aus der eigenen Erfahrung die Sicherheit im Umgang mit dieser schwierigen Thematik schöpft.

Seiner Darstellung nach kann man die Schließung des REMOTE VIEWING- Projektes als Folge von Fehleinschätzungen verstehen.

Als man Anfang der siebziger Jahre das Projekt am STANFORD RESEARCH CENTER, kurz SRI, in Kalifornien startete, beschäftigte man sich naturgemäß mit natürlich begabten Personen, um das PSI-Phänomen zu erforschen. Damit war zwar nicht gesagt, dass außersinnliche Fähigkeiten ausschließlich an solche „Medien“ gebunden seien, man verschaffte sich aber mindestens einen messtechnischen Vorteil mit Leuten, die „es“ ohnehin konnten.

Deshalb war Ingo Swanns Ansatz so revolutionär, eine Methode entwickeln zu wollen, die jedem normalen Sterblichen den Zugang zu seinen PSI-Fähigkeiten ermöglichen sollte. Der Autor und Maler Swann, selbst mittelmäßig paranormal begabt, drang hier auf ein Territorium vor, das dessen Inhaber, die „natural Psychics“, auf ewig elitär besetzt glaubten. Swann hatte Erfolg, und so arbeiteten Mitte der 80er Jahre im zweiten, ausschließlich militärischen REMOTE VIEWING-Projekt in Fort Meade sowohl natürlich Begabte als auch ganz normale GIs wie z.B Ed Dames zunächst friedlich nebeneinander. Im Laufe der Zeit reklamierten Swann und sein methodischer Verwalter Dames den höheren Trefferanteil bei Projekten für sich, ja, sie gingen sogar soweit zu behaupten, dass auch die „Medien“ mit dieser künstlichen Methode noch effizienter sein würden. Diese wiederum fühlten sich dadurch in ihrer Berufsehre angegriffen und reagierten typisch, wie jemand, dem man ordentlich auf den Schlips tritt. Man liegt sicher nicht sehr falsch in der Annahme, dass hier schon der Keim zum heutigen Zerwürfnis zwischen Ed Dames und vielen „alten Hasen“ aus der Zeit von Fort Meade gelegt wurde.

Natürlich trugen auch die laufenden Erkundungsaufträge mit ihren größtenteils sehr unangenehmen Inhalten zum schlechten Betriebsklima bei. Man sagt zwar, dass ein REMOTE VIEWER nur Daten aus dem Unterbewussten ausliest, deutsche VIEWER aber inzwischen aus eigener Erfahrung mit Recht behaupten können, dass ein Stück des Mordes, Flugzeugabsturzes oder Kriegsgeschehens doch hängen bleibt und einen unter Umständen noch Tage verfolgt. Auch Lyn Buchanan, einer der langjährigen Viewer von Fort Meade bestätigte das in einem Interview mit Art Bell im März 1997. Der Viewer ist dann fix und fertig und oft tagelang nicht einsatzbereit.

Neben diesen ständigen Querelen machte auch der „Kicher-Effekt“ den nicht sehr zahlreichen Unterstützern des Projektes zu schaffen. Daran hat sich auch bis heute nicht viel geändert. Wer will schon gern öffentlich zugeben, dass er zu einem Wahrsager geht? Besonders im Zusammenhang mit Spitzenpolitikern sind solche Meldungen von der Boulevardpresse schon immer genüsslich breitgetreten worden und mit der persönlichen Unfähigkeit dieses Politikers (z. B. Reagan widerfuhr dies) gern verknüpft worden. In den letzten Jahren befanden sich auf Unterstützung von General Stubblebine und General Thomson, den militärischen Leitern des Projektes, auch mehr Tarotleger, Astrologen und natürliche Hellseher als echte REMOTE VIEWER im PROJEKT STARGATE; dem letzen in Fort Meade. Die späteren DIA-Chefs der Einheit, Jack Verona und Dick D`Amato, hatten diesen Umstand auch eher unterstützt, als ihm entgegengewirkt. Als es nach Ende des Kalten Krieges darum ging, unnötige Kostgänger von nun erheblich gekürzten Budgets zur Strecke zu bringen, war auch das REMOTE VIEWING Projekt darunter. Es fragte dann auch keiner, auf welcher wie immer gearteten Wirtschaftlichkeitsrechnung diese Entscheidung getroffen wurde, entscheidend war, welches Lager gerade federführend war.

Schon 1987 begann das Projekt zu wackeln, weil der neue Verteidigungssekretär Frank Garlucci eine Kürzung des Verteidigungshaushaltes um 33 Milliarden Dollar erwartete. Immer wieder kamen Inspektoren, immer wieder gab es abfällige Berichte, besonders den Ray Hyman-Report, der auf wenigen Daten beruhte, auf ausgewählt unwichtigen Unterlagen. Ausscheidende oder in den Ruhestand versetzte Viewer wurden nicht mehr ersetzt.

Im Jahre 1994 sperrte sich die CIA dann dagegen, das Projekt weiterzufinanzieren und beauftragten eine *neutrale Consultingfirma* mit einem Gutachten. Der Präsident dieser Firma, des American Institutes for Research, war David Goslin und dieser gehörte als erklärter Skeptiker nicht zu den Unterstützern solchen Humbugs wie RV. Er holte den alten Hyman Report wieder hervor. 1995 wurde STARGATE offiziell eingestellt.

Ed Dames, der seit 1983 als Monitor, Analytiker und auch als Viewer in Fort Meade tätig war, sah dies offenbar kommen, reichte 1991 seinen vorläufigen Ruhestand ein und gründete schon 1988 seine private REMOTE VIEWER-Firma PSI TECH, mit der er die Methode in die Öffentlichkeit brachte.

Und genau das ist der Punkt, der mir persönlich heute noch bedenklich erscheint. So sehr die Darstellung verschiedener Quellen über die persönlichen Intrigen und offiziellen Fehleinschätzungen gegen Ende des Projektes auch logisch und nachvollziehbar erscheint, aber im Jahr 1988 war das Projekt noch streng geheim und auch ein Herr Dames hätte sich darüber nicht hinwegsetzen können ... es sei denn, er hatte Schützenhilfe von ganz oben. Und damit sind wir wieder am Anfang unserer Diskussion...

Und diese ging in dieser bemerkenswerten Septembernacht auf der Autobahn A1, ein gutes Stück westlich von Hamburg, unvermindert weiter.

„Also nehmen wir an, es war ein faux pas. Man hat den tatsächlichen Wert dieser wissenschaftlichen Errungenschaft nicht erkannt, und das Geheimnis ist also unters Volk geraten. Mittlerweile müsste man doch erkannt haben, dass man einen Fehler gemacht hat!“

„Ja, das ist die Frage. Ich meine, ob man es schon erkannt hat und wer „man“ ist.“

„Das bedeutet, dass eines Tages dann die MÄNNER IN SCHWARZ vor der Tür stehen." Was ich an meiner Frau liebte, waren ihre klugen, realitätsorientierten Schlussfolgerungen. Von ihrem Äußeren mal abgesehen.

„Vielleicht. Fragt sich, bei wem alles. Wie viel hat dieser Major Dames inzwischen ausgebildet. Wieweit hat es sich verbreitet? Finden sie alle? Kommen sie zu jedem? Vielleicht auch zu uns, wenn wir uns mehr damit beschäftigen?"

„Dann würde ich aber gern vorher wissen, wie so was funktioniert. Psychotechniken hätte man doch eher den Russen zugetraut. Na, was sagt deine Halbbildung?" Unsere ehelichen Auseinandersetzungen erhalten Ihre Würze oft durch den Umstand, dass meine Frau auch studiert hat, und zwar sehr erfolgreich. Um es hier gleich vorwegzunehmen: erfolgreicher als ich.

„Ja, es wäre wirklich interessant zu erfahren, wie so eine Hellseh-Methode funktioniert. Soweit ich mich erinnere, war in dem Vortrag von einem bestimmten Ablauf die Rede, sozusagen ein Protokoll. Und sie gehen durch verschiedene *STAGES*. Als wir nachher mit diesem Typen, der den Vortrag hielt, zusammensaßen, habe ich einiges nachgefragt. Ich denke, sie haben den Vorgang eines PSI-Effektes in Partikel zerlegen können, sozusagen atomisiert, alphabetisiert, eben westlich-wissenschaftlich sich die Natur angeeignet, und dann aus den Einzelteilen den Vorgang wieder aufbauend, PSI oder was immer es ist, wiederholbar gemacht. So hat man es mit anderen Techniken auch gemacht."

Wir fuhren mittlerweile an Bremen vorbei. Ich war noch keine Spur müde.

„Na gut, und woher kommen dann die Informationen? Wenn es also keine Telepathie ist, wenn sie nicht in Trance verfallen, was *sehen* sie dann, was ist das, was sie da anzapfen, das *kollektive Unbewusste*?"

„Ja, gute Frage. Dieser Typ im Vortrag nannte es die Matrix, aber ich denke, das ist nur so ein hypothetisches Konstrukt, so ein Name, den man etwas gibt, um damit umgehen zu können. Wahrscheinlich wissen sie es selbst nicht."

„Aber, egal wie es heißt, es gibt irgendsowas, ein Informationsfeld meinetwegen, immer vorausgesetzt natürlich, diese Methode funktioniert."

„Es erinnert mich stark an Sheldrake, ein Informationsfeld. *Morphogenetisches Feld* nennt er es, natürlich auch nur so ein Hilfsbegriff. Keiner weiß so richtig was los ist, aber *Feld* ist ein schöner Begriff. Es gibt ja eine ganze *Feldtheorie*, eine Verkettung völlig unanschaulicher Vorstellungen, mit Magnetfeldern in der Physik hat das nicht mehr viel gemein. Früher hätte man wohl Äther dazu gesagt."

„Bei Sheldrake ist es ein überall vorhandenes Feld, zu dem wir Zugang haben oder das uns beeinflusst. Er entwickelte diesen Begriff aus Versuchen, in denen Personen an einem Ort etwas schneller und fehlerfreier lernten oder ausführen konnten, wenn vorher andere Personen an einem anderen Ort dieses einstudierten, ohne dass diese beiden Gruppen voneinander wussten oder in Verbindung standen."

„Oder eben doch. Das *kollektive Unbewusste* nach C.G.Jung impliziert auch, dass alle Menschen miteinander in Verbindung stehen, dazu braucht man eigentlich keine Feldvorstellung. Das ist dann telepathische Kommunikation.

Dann kann man auch gut verschiedene Orte beschreiben, an denen sich der Hellsichtige eben nicht befindet, wohl aber ein anderer Mensch."

Wie ich später nachlesen konnte, hatte man das Projekt REMOTE VIEWING, also Fernwahrnehmung, im SRI 1972 tatsächlich auf dieser Basis gestartet.

Da waren Leute in die Umgebung des Institutes ausgeschwärmt und andere „Viewer", die daheimgeblieben waren, sollten beschreiben, was „die da draußen" sahen, bzw. in welcher Umgebung sie sich befanden. Diese Versuche waren so erfolgreich, dass die Quantenphysiker(!) Hal Puthoff und Russel Targ, die das Experiment leiteten, anschließend das CIA interessieren konnten. Mit der überzeugenden Wiederholbarkeit des Versuchs kam das ganze Projekt dann in Gang.

„Diese Vorstellung vom kollektiven Unbewussten ist ja sehr schön und einleuchtend. Was macht man aber, wenn an dem Ort, den man sehen will, kein Mensch anwesend ist und auch niemals war?"

Gute Frage. Die PHOBOS-2-Sonde im Marsorbit war ja bekanntermaßen unbemannt.

„Vielleicht kommt man ja auch in das kollektive Unbewusste von Aliens?"

„Es war eine Robotsonde, die da vom Mars aufgestiegen sein soll."

„Vielleicht kommt man auch in das kollektive Unbewusste von Robotern!"

„Dann heißt das aber nicht mehr kollektives Unbewusstes, würde ich mal sagen. Dann kann ich auch mal reinfühlen, wie es meiner Kaffeemaschine heute Morgen geht. Ob sie gut drauf ist, ob es ihr Spaß macht, Kaffee aufzubrühen. Ob sie sozusagen heiß darauf ist ..."

„Ohne Quatsch, ich kannte mal eine Frau, die war Stewardess bei der Air France, also kein Job für Spinner, die behauptete immer, ihre Fernseher hätte eine Seele. Keiner konnte ihr das ausreden. Ich für meinen Teil vermutete, dass sie die Geräte lediglich nicht bedienen konnte."

„Gut, dann nennen wir es also Feld. Oder meinetwegen Matrix. Dann würde mich wirklich interessieren, wie die Informationen da hineingegeben werden, damit man sie dort lesen kann."

„Sagtest du *hineingegeben*?"

„Ja, irgendwie müssen die doch abgelegt werden. Damit sie dann da sind, wo man sie braucht."

„Das impliziert, dass man auf die Informationen in dieser Matrix Einfluss nehmen kann ... Moment, mir kommt da grad ein Gedanke, wenn ... also man könnte diese Eingabe von Informationen auch ändern, oder?"

„Wie meinst du das?"

„Also gut, fangen wir mal ganz einfach an. Wenn ich also hier nach Osnabrück fahre, gebe ich eine Information in die Matrix ein, die dann so ein REMOTE VIEWER lesen kann."

„Hört sich umständlich ausgedrückt an. Aber meinetwegen, ja."

„Gut. Ich beschließe jetzt einfach, wir fahren nicht nach Osnabrück. Das ändert doch dann die Matrix, nicht wahr?"

„Untersteh dich, jetzt umzukehren. Wir sind fast da."

„Natürlich nicht. Aber nehmen wir es einfach mal an. So theoretisch. Also dann gibt es in der Matrix die Information, dass ich nach Osnabrück fahren wollte, aber umgekehrt bin."

„Richtig. Aber was hat das ..."

„Moment. Wenn ich jetzt aber verhindern könnte, dass die Information, ich hätte die Fahrt abgebrochen, in die Matrix übernommen würde, stände da doch nur, ich fahre nach Osnabrück und das wäre dann nicht mehr richtig. Die Matrix hätte eine falsche Information."

„Das ist aber nur theoretisch, denn du könntest diese Informationseingabe nicht verhindern!"

„Gut, ich nicht. Sag mir jetzt eines: Wer, meinst du, kontrolliert die Matrix?"

Wir fuhren eine Weile schweigend durch die Nacht. Auf einem Schild erschien Osnabrück als nächste Abfahrt.

„Weißt du, dass das alles Blödsinn ist? Sehr unterhaltend zwar, aber völlig frei erfunden."

„Wir hatten uns darauf geeinigt, einfach mal vorauszusetzen, REMOTE VIEWING funktioniert und es gibt eine Matrix. Dann lass es uns zu Ende denken."

„Gut, aber jetzt hebt es ab." Meine Frau ist gar nicht so restriktiv. Natürlich wollte sie den Faden auch zu Ende spinnen. Und immer, wenn wir in späteren Zeiten an das Ende dieses Gesprächs dachten, stellten wir fest, dass die hier angedachten Inhalte immer noch aktuell waren. Wir konnten später weder grundsätzlich etwas Neues hinzufügen noch das Thema als hinfällig zu den Akten legen oder gar einen Gegenbeweis auftreiben- so sehr wir es uns auch gewünscht hätten.

„Nehmen wir doch mal zur Kenntnis: Vor fast 25 Jahren haben die Amis ein erfolgreiches technisches Hellseherprojekt gestartet. Sie hatten Zeit und Geld. Es soll schon Anfang der 80er Jahre perfekt funktioniert haben. Was, zum Teufel, haben sie dann in den letzten 10 Jahren erforscht?"

„Aha, eine neue Verschwörungstheorie."

„Auf jeden Fall glaube ich nicht, dass hier alle Details an die Öffentlichkeit gelangt sind. Addiere einfach einen Faktor X zu dem dazu, was uns Tom Tankiewicz erzählt hat, und das war schon revolutionär genug. Und jetzt weiter: Wir sind uns doch immer noch einig, dass der Mensch nicht die Krone der Schöpfung in diesem Universum sein kann?!" Ich spielte damit auf ein früheres Gespräch an, dessen Ergebnis es war, dass wir nach allem Wissen und Gewissen die Existenz außerirdischer Intelligenzen nicht so einfach vom Tisch wischen konnten.

„Du kannst froh sein, dass du so eine kluge Frau hast, die dir immer noch zuhört."

„Gar keine Frage, denn jetzt wird`s spannend: Wenn es also UFOs gibt, wenn darin Aliens sitzen, sind sie uns weit voraus. Auch auf diesem Gebiet. Was werden sie also in die Matrix eingeben?"

„Hm. Hört sich nicht gut an."

„Ich will das jetzt nicht weiter ausmalen. Ich habe noch was anderes, über das wir in diesem Zusammenhang mal nachdenken sollten. Was weißt du über das HAARP-Projekt?“

„Was du auch weißt. Die Amerikaner haben ein ganzes Tal mit einem Antennenwald zugebaut und wollen damit die Ionosphäre aufheizen.“

„Und das Ganze soll eine große Rolle in der Kommunikation während eines zukünftigen Krieges spielen. Selbst bei völliger Funkstörung soll hiermit noch eine Verständigung mit Armeeeinheiten auf der ganzen Welt gewährleistet sein. Trotz Ende des Kalten Krieges und trotz Mittelstop durch den Kongress hat man munter weitergebaut, als sei der Teufel hinter ihnen her. Wozu? Und was meinst du, kann man damit senden?“

„So ziemlich alles, was du möchtest. Meinetwegen wird damit auch die Matrix aufgeheizt und/oder die um die Erde schwirrenden Aliens in ihren UFOs gegrillt. So, und nachdem wir uns nun eine wunderbare neue Folge der *X-Akten* ausgedacht haben, verpasse bitte nicht die Ausfahrt, die wir nehmen müssen.“

„Wie Sie wünschen, Scully.“

Wir fuhren in Osnabrück ein, suchten einen schönen Parkplatz in der Nähe des Medienfestivals und legten uns schlafen. Dafür brauchten wir nicht weit zu laufen, denn wir fahren ein Wohnmobil. Und eigentlich konnten wir jetzt auch recht gut schlafen, denn wir hatten festgestellt, dass es dieses REMOTE VIEWING eigentlich nicht geben dürfe, dass wir ohnehin keine Möglichkeit haben, die Funktionsweise zu begreifen, die Richtigkeit von Informationen zu überprüfen und wahrscheinlich diese Methode auch nicht lernen dürfen. Und wenn, dann sind uns dort andere uneinholbar weit voraus und wollen uns sowieso nur manipulieren und uns zum friedlichen Alltag eines bloß nicht aufmuckenden Konsumenten bekehren.

Ein wunderbarer Einstieg in das Thema, der uns also auch sofort wieder an den Anfang katapultiert hatte. Deshalb legten wir alle Überlegungen dazu erstmal zur Seite und erfreuten uns an völlig irdischer Medienkunst. Mit einer Ausnahme: Wir schickten dem Herrn, der diesen Vortrag gehalten hatte, eine E- mail: „Wer kontrolliert die Matrix?“.

Das Ganze erinnerte mich an einen Science Fiction-Roman, den ich in meiner Jugend gelesen hatte: *Die Meister der Galaxis.* Aber ich hatte nicht das Gefühl, jetzt selbst in so einen Roman verstrickt zu sein. Noch nicht.

Deshalb brachen wir unsere Bemühungen um RV auch erstmal ab.

Der Himmel fällt herab

2. Kapitel

Der Durchbruch in der PSI-Forschung ereignete sich 1982. Natürlich bemerkte es niemand, außer einer handverlesenen Gruppe von Geheimdienstbeamten. Ein Vorgang wie aus dem Bilderbuch. Während weltweit gestandene Akademiker an wohlsituierten parapsychologischen Forschungsinstituten ihre Versuchspersonen mit der Frage quälten, ob sie jetzt Herz- oder Kreuz-As aufdecken sollten, legte Ingo Swann eine Methode vor, die die PSI-Fähigkeit jedes Menschen stimulieren sollte. Er nannte diese Methode *Coordinate Remote Viewing*, kurz CRV. Damit sollte es möglich sein, nur nach Kenntnis von Koordinaten jeden Ort auf der Erde beschreiben zu können, ohne dort körperlich anwesend zu sein.

Die Vorführung von „Remote Viewing" überzeugte die CIA und fortan wurden auch damit die Fortschritte der Russen im Kriegsgerätebau wie auch abgestürzte eigene Flugzeuge „nachgeschaut" .

Natürlich gab es eine Vorgeschichte. Schon im Jahr 1972 machten sich die Physiker Harold Puthoff und Russel Targ am renommierten SRI-Forschungsinstitut daran, die Geheimnisse von Telepathie und Hellsehen zu entschlüsseln. Zunächst arbeiteten sie mit natürlich PSI-Begabten, sogenannten „Psychics" . Sie ließen andere Mitarbeiter in die weitere Umgebung des Instituts ausschwärmen und die „Daheimgebliebenen" beschrieben deren Aufenthaltsorte derart genau, dass die CIA das erste Mal aufmerksam wurde.

Zu jener Zeit war man durch heiße Agentenberichte bei den amerikanischen Geheimdiensten von der Angst befallen, die Russen hätten PSI-Agenten mit unglaublichen Fähigkeiten. So fielen die Bemühungen von Targ und Puthoff natürlich auf fruchtbaren Boden, und die Forschungsetats waren auf Jahre gesichert. Einer der am SRI tätigen medial Begabten setzte es sich in den Kopf, Hellsehen von den Formschwankungen der natürlichen Psychics zu befreien und möglicherweise auch völlig Unbegabte damit auszustatten.

Er hatte Erfolg. Er „belauschte" seine eigenen inneren Vorgänge, wenn er wiedermal hellsichtig war, und entwickelte so nach und nach ein Standardprotokoll, das dann tatsächlich von normalen GIs zur paranormalen Informationsbeschaffung angewandt werden konnte.

Einer der ersten in der Gruppe der „normalen“ Auszubildenden war Edward Dames, genau jener Major, den Michael Hesemann, ein deutscher Herausgeber einer Zeitschrift für UFOs und grenzwissenschaftliche Phänomene im Dezember 1994 in New York traf und zu einem Auftritt beim „Dialog mit dem Universum“ -Kongress in Deutschland der vom 26. bis 29. Oktober 1995 stattfand, überredete. Der Auftritt von Ed Dames überzeugte mehrere Anwesende, sich in Amerika in *Technical Remote Viewing* ausbilden zu lassen, und so kam Remote Viewing dann nach Deutschland.

Zu dieser Zeit war das staatliche Remote Viewing-Projekt aus wirtschaftlichen Gründen gerade aufgelöst worden, und der FOIA-Vorgang hatte die Geheimhaltung überwunden (FOIA= Freedom of Information Act). Besonders Russel Targ, einer der Initiatoren des Projektes am SRI, hatte sich dafür stark gemacht. Er benötigte, wie er berichtete, „sechzehn Monate, zwei Kongressmitglieder und einen Senator“, um letztlich die Geschichte erzählen zu dürfen, „wie die Amerikaner zwanzig Jahre lang erfolgreich PSI-Spionage betrieben hatten.“ 1998 erschien dann sein Buch „Miracles of Mind“.

Die zuletzt beschäftigten Remote Viewer schickten sich an, sich mit dieser Methode selbstständig zu machen. Parapsychologische Detektivarbeit und Industriespionage schienen ein verlockendes Mittel, den Lebensunterhalt nicht zu ärmlich zu gestalten. Zumal man wußte, dass Russel Targ schon viel früher mittels Remote Viewing erfolgreich an der Börse spekuliert und zusammen mit Keith Harary neunmal hintereinander den Silberkurs richtig vorausgesagt hatte.

Ed Dames grundete eine Remote Viewing Dienstleistungsfirma, die er sinnigerweise PSI TECH nannte und in der auch frühere PSI-Spione wie David Moorehouse („Psychic Warrior“) und Lyn Buchanan mitarbeiten sollten. Aber dieser Plan scheiterte schließlich, wie so vieles in der RV-Geschichte, an der Individualität der einzelnen Remote Viewer. Lyn Buchanan gründete ein eigenes Institut, in dem diese Methode gelehrt wird, und verbreitete im Frühjahr 1998 auf einer speziellen Website sein Erstaunen darüber, wie schnell in neuerer Zeit Remote Viewing gelernt werden kann. Was in den achtziger Jahren noch viele Monate dauerte, wird jetzt erwiesenermaßen in wenigen Wochen gelernt und benutzt, war seine verblüffende Erfahrung. Die

Dauer des Trainings bei Ed Dames betrug für die Deutschen genau zehn Tage. Aber das war bereits 1996.

Was uns anbelangte, verging nach unserer ersten Begegnung mit Remote Viewing im September 1997 mehr als ein Monat, ohne dass wir dieses Thema erneut aufgriffen. Zum einen hatten wir genug im alltäglichen Ablauf unserer Firma zu tun, zum anderen war auch alles gesagt, was wir zu diesem Zeitpunkt zum Thema sagen konnten.

Am 19. Oktober, diesmal einem Samstag, besuchten wir wieder eine Vortragsveranstaltung in Hamburg. Unnötig, an dieser Stelle besonders hervorzuheben, wer uns dort wieder über den Weg lief. Groß, schlank, sportlich und schwarz gekleidet, Mädels passt auf, so einen gutaussehenden Geheimagenten kriegt man nicht alle Tage. Für uns war Toms Aussehen eher kein Indiz für die Funktionsfähigkeit einer Methode. Allerdings: Wie hatte so ein PSI-Spion schon auszusehen? Keine Ahnung. So waren Jim Schnabel beispielsweise oder zu ihrer Zeit McMoneagle, Mel Riley, Ed Dames und viele andere auch ganz attraktive junge Burschen. Fotos lügen ja bekanntlich nicht.

Und wie das eben so ist, man kennt sich wieder, man kommt ins Gespräch, das Gespräch hat einen hohen Unterhaltungswert. Ist es da nicht ganz normal, wenn man so aus Spaß erwähnt, dass man doch mal einen Film über Remote Viewing machen könnte? Wo man nun schon eine Produktionsfirma hat, das wäre doch von unschätzbarem Vorteil. Man könnte doch prima vor der Kamera den Beweis für das Funktionieren dieser PSI-Methode antreten – „Remote Viewing: Der Beweis" sozusagen. Das würde bestimmt auch für uns recht spannend werden.

Und so leichthin, wie wir das sagten, war auch Tom Tankiewicz sofort einverstanden, was schon erstaunlich ist, denn normalerweise lassen sich solche Gurus nicht so leicht in die Karten schauen. Doch damit kam die Lawine ins Rollen.

Ein paar Besprechungen, ein bisschen Organisation vorab, dann trafen wir uns am 15. Dezember in den Räumen eines mit Tom befreundeten Lederkonfektionshändlers. Diese waren zwar schön groß und ungestört, lagen leider aber an einer Hauptstraße. „Man kann nicht alles haben, das Glück **und** den Sonnenschein", sagte meine Frau immer in ihrer erfrischenden Art, also suchten wir nicht länger nach anderen Räumen, denn zum falschen Zeitpunkt wählerisch zu sein, hat schon ganz andere Unternehmen letztlich scheitern lassen.

Zumal es zu diesem Zeitpunkt nicht ganz einfach war, einen Termin zu finden, an dem **drei** deutsche Remote Viewer Zeit hatten. Und damit lernten wir auch die beiden anderen Personen kennen, die mit Tom T. dann das sogenannte ISFR (Institute for Survival Techniques and Future Research) betreiben sollten. Wir erfuhren, dass es wohl insgesamt zehn Deutsche waren, die im letzten Jahr nach Beverly Hills in Kalifornien fuhren, um die Methode des Technical Remote Viewing zu lernen.

Als sie zurückkehrten, waren sie zwar um zirka fünfzehntausend Deutschmark ärmer, hatten diese recht stattliche Summe jedoch für die Erkenntnis eingetauscht, dass es schon lange nicht mehr nur um die Erforschung des Paranormalen geht, sondern längst um deren präzise Anwendung.

„Auf dem Rückflug nach Deutschland wagte ich nicht mehr, meine Sonnenbrille abzusetzen. Ich hatte Angst, als PSI-Agent erkannt zu werden!" gestand später lachend einer dieser schnell Entschlossenen, nämlich Tom Tankiewicz.

Ein anderer war Gunther Rattay, der heute selbst Remote Viewer ausbildet. Er nahm Kontakt zu den anderen deutschen TRV-Trainees von Ed Dames auf, da er der Ansicht war, dass nur gemeinsam mit anderen die aus dieser Ausbildung zwangsläufig folgenden Ereignisse und Veränderungen bewältigt werden konnten. Leider erklärten sich nur zwei zur Zusammenarbeit bereit, die anderen blieben übers ganze Land verstreut, vereinzelt und vereinsamt.

Lothar Rapior während seines Remote Viewing-Trainings bei Ed Dames, rechts Joni Dureff

„Als ich zurückkam, sah ich nicht mehr Menschen auf den Straßen, sondern nur noch Informationslieferanten der kosmischen Matrix", gab er uns gegenüber zu.

Auch Lothar Rapior, einer der ersten beiden Deutschen, die von Ed Dames ausgebildet wurden, erlebte das „Wunder von Remote Viewing" am eigenen Leib; leider war eines seiner letzten Trainingsziele sein zukünftiges Selbst im Jahr 2000, das dort unglücklicherweise nicht mehr am Leben war.

„Ich sah mich als Opfer einer riesigen Flutwelle, vermutlich in Kalifornien, wo meine Kinder leben. Seitdem versuche ich sie zum Umzug von dort in sicherere Gebiete zu bewegen."

Und mit diesem Satz waren wir schon in dem Problemfeld gelandet, für das Remote Viewing prädestiniert scheint und dort auch einige Verwirrung angerichtet hat: die Vorausschau der Zukunft und die Abwendung eines ungünstigen Schicksals. Selbst in dem Namen, den sich diese drei Remote Viewer für ihr gemeinsames Institut gaben, tauchte dieser alte Menschheitswunsch auf: Institut für Überlebenstechniken und Zukunftsforschung.

Die volle Härte der daraus folgenden Ereignisse machte auch uns später erheblich zu schaffen, als wir uns mit den schrecklichsten *geviewten* Zukunftsprognosen herumschlagen mussten; an jenem trüben Dezembertag 1996 in Hamburg jedoch wollten wir erstmal wissen, was an diesen selbst ernannten PSI-Spionen dran war. Sie wollten es uns schließlich beweisen.

Gunther Rattay bei unserer Ausbildung: die Timeline als Stage- 6- Tool

Ich verlor an diesem Tag zunächst einmal den Kontakt mit dem Thema. Wenn man ganz allein eine Dreikameratechnik aufbauen muss, denn mehr Personal hätte diese sogenannten „Remote Viewing-Sessions" gestört, dann hat man wirklich ausreichend zu tun. Zumal die eine Kamera ästhetisch gleitende Fahrten auf Schienen aufnehmen sollte, diese mussten auch zuvor gelegt werden; dann fehlte noch das Licht und beim Einstellen der Kameras kämpfte ich noch mit der Frontwand des Raumes, die durch einen großen Spiegel repräsentiert wurde. Der Raum, in dem wir drehten, war offenbar der Anproberaum des Lederhändlers.

Solchermaßen beschäftigt, entgingen mir völlig die Einzelheiten der folgenden Sessions. Das Einzige, das ich mitbekam, war, dass die drei *Viewer* stapelweise schönes weißes Papier bekritzelten und ziemlich verstört vor sich hin murmelten.

Wir erfuhren später, dass diese erste Session lediglich der Überprüfung diente, ob man dieses Hellsehen noch konnte. Hier wurde nur ein *Trainingstarget*, wie Remote Viewer es nennen, benutzt. Jemand, der an dem Vorgang unbeteiligt ist, sucht vorher ein Bild aus und steckt es in einen undurchsichtigen Umschlag. Das Bild soll jeweils so genau wie möglich beschrieben werden. Nach Ende der Session kann anhand des Bildes oder sogar in der Realität die Leistung des *Viewers* sehr genau kontrolliert werden.

Das erste, das mir auffiel, war, dass unsere Versuchspersonen als Ergebnis ihrer „Session" den Begriff **Brücke** herausbekamen, nicht aber den Namen dieser Brücke, denn sie lagen durchaus richtig, erstaunlicherweise, wie ich zugeben musste. Das Target war: „die Elbbrücken in Hamburg".

Hier lernten wir gleich eine Eigenart des Remote Viewing kennen: die Identifikation des Zielgebietes ist schwierig; die Namen, die die angepeilten Orte von den Menschen bekommen hatten, schienen dieser informierten *Matrix* ziemlich egal zu sein. Wobei man nicht vergessen darf, dass es auch verschiedene Sprachen gibt. Welcher Name ist der „Richtige", welche Sprache universell? Ein deutliches Manko dieser PSI-Methode, wie mir schien, denn selbst bei den Propheten neueren Datums tauchten genauere Ortsangaben auf, zum Beispiel: „Ich sehe Prag, die Goldene Stadt in Trümmern, dem Erdboden gleich" (Alois Irlmeier und Sybille v. Prag). Oder war der Seher hier nur einer Assoziation aufgesessen?

Wie dem auch sei, jedenfalls wurde die Trainingsaufgabe für gelöst erklärt, und man machte sich an das derzeit laufende Projekt: „die nächste globale Katastrophe". Ein schönes Thema.

Wieder wurde stapelweise Papier beschriftet, während ich versuchte, diesen Vorgang einigermaßen verständlich auf Video zu dokumentieren. Nach Abschluss dieser Sessions erlaubte ich mir die Frage, was denn so herausgekommen wäre.

„Nichts Gutes", antwortete Lothar Rapior, „wenn ich mir das hier so ansehe, wird das ganz schön schlimm für die Menschheit! "

„Also, welche Prognosen gibt es denn für die nächste Zeit und wann treten die Ereignisse ein? "

Leider bekam ich keine eindeutige Antwort. Erdbeben, Überschwemmungen, Hungerkatastrophen und sogar Einschläge größerer Himmelskörper standen nach Meinung dieser Remote Viewer an, wahrscheinlich alles gleichzeitig. Eben das, was man aus den Prophezeiungen für einen zünftigen Weltuntergang so kennt. Beginnen sollte es 1997 und im Jahr darauf sollte dann die Hölle los sein, und zwar auf der ganzen Erde. Zu der Zeit, da ich dieses hier niederschrieb, war 1998 mittlerweile auch schon fast vorbei. Gewiss gab es eine Menge Katastrophen, und wenn man es genau betrachtete, mehr und Schlimmere als in vergangenen Jahren, aber der allgemeine Untergang blieb uns erspart.

Wie dies alles zusammenhängt, wie man diese Widersprüche erklären und damit umgehen kann, erfuhren wir erst viel später. Deshalb möchte ich an dieser Stelle auch noch nicht darauf eingehen.

Immerhin gab es an jenem Drehtag im Dezember 1996 „Ergebnisse". Dass wir nun aber vom Funktionieren dieses „Technical Remote Viewing" überzeugt gewesen wären, davon kann gar keine Rede sein. Eine **Brücke** hatten sie *erraten*, na schön, aber daraus kann man noch keinen Film machen, das überzeugt keinen; das ist kein Beweis. Und was diese katastrophalen Voraussagen anbelangt, da reihten sie sich vollständig in diese ganze Endzeit-Hysterie ein, die sich wiedermal zum Jahrtausendwechsel sozusagen zwangsläufig eingestellt hat.

Außerdem ließen sich die Ergebnisse nicht überprüfen, und sollten sie eintreffen, dann brauchten wir auch den Film darüber nicht mehr.

Bei unserer nächsten Besprechung brachten meine Frau und ich deshalb unsere mangelnde Befriedigung zum Thema „Überzeugungskraft von Videoaufnahmen" vor. Allgemein machte sich auch schnell die Einsicht breit, dass es einen richtigen, nachvollziehbaren Beweis vor der Kamera geben musste. Und dieser Beweis musste zwangsläufig die wichtigsten Kriterien eines wissenschaftlichen Versuchs aufweisen, sonst war er nicht glaubhaft. Natürlich war uns klar, dass wir eine vollständige Laborsituation nicht würden errichten können; der Versuch sollte aber so unbeeinflusst wie möglich ablaufen. Hier tun sich die moderne Psychologie und Soziologie ohnehin schwer. Man kann das tägliche Leben nicht im Labor darstellen, da es zu komplex ist und die nötigen Datenmengen in ihrer ganzen lebendigen Fülle von keinem Computer berücksichtigt, verarbeitet oder dargestellt werden können. Und wenn man versucht, dieser Komplexität durch Aufsplitterung in kontrollierbare Klein-und Kleinstvorgänge beizukommen, muss man feststellen, dass das tatsächliche Geschehnis leider mehr ist als die Summe von Einzelergebnissen. Diese Vorgänge wurden schon zur Zeit meines Studiums heiß diskutiert, was in der Tat gelegentlich dazu führte, dass ein Studium aus Frust über die ungenügende Alltagsverträglichkeit der Wissenschaft abgebrochen wurde.

Wir planten also einen möglichst kontrollierten Feldversuch. Es war in Kauf zu nehmen, dass noch andere Personen im Raum anwesend sein würden, beispielsweise ich, da ich ja die Kameras bedienen musste. Damit sich aber meine Beeinflussung in Grenzen hielte, durfte ich nichts von der Aufgabenstellung wissen.

Nun wollten wir aber gerade dadurch, dass wir als Fragesteller selbst die Aufgabe bestimmten, verhindern, dass sich noch ein Dritter einschaltete, der möglicherweise mit diesen Remote Viewern insgeheim kollaborierte. Was also war zu tun?

Ich schlug mehrere Aufgaben vor, aus denen per Zufall eine ausgewählt werden sollte. Das setzten wir dann konkret so um: Ich wählte sieben Ziele aus, die ich schon einmal gefilmt hatte und von denen leicht ein Foto beziehungsweise Videoausdruck herzustellen war. Diese Fotos wurden jedes in einen undurchsichtigen Umschlag gesteckt, so wie man es am SRI schon in den siebziger Jahren zu Beginn des Projektes gemacht hatte. Die Umschläge sahen alle gleich aus und wurden auch zugeklebt, sodass selbst ich nach kurzer Zeit keinen Überblick über die Verteilung der Bilder mehr hatte.

Mit diesem Päckchen *Targets* machten wir uns auf den Weg nach Hamburg. Für den 17. Januar 1997 ließ sich ein Aufnahmetermin organisieren: Der Raum war frei, die drei Viewer hatten Zeit und wir Leute gefunden, bei denen wir unsere Kinder unterbringen konnten. Alles nicht so einfach.

Grundsätzlich klappte aber fast alles. Morgens um zehn Uhr warteten wir nur noch auf Lothar Rapior, der aus Frankfurt eingeflogen kommen sollte. Das fiel aber der launischen Natur zum Opfer (ein Zeichen?); seine Maschine hatte vereiste Tragflächen und musste erst startbereit getaut werden. Diesen Verzug konnten wir uns aber nicht leisten und so beschlossen wir gemeinsam, das Risiko mit **nur zwei** beteiligten Viewern zu wagen.

Und so ging ein jeder an seinen Platz, ich machte die Kameras klar und Tom Tankiewicz sprach um 10.45 Uhr zu Gunther Rattay jene legendären Worte, die nachher den Auftakt unseres Filmes darstellen sollten:

„Hier sind sieben Umschläge, darin sind Bilder, aber keiner weiß mittlerweile mehr, was in welchem Umschlag ist. Du wählst jetzt einen aus, ich vergebe die Koordinaten und wir müssen herausfinden, was auf dem Bild ist. Zeit ist bis heute Abend. “

Hinzuzufügen ist lediglich, dass ihnen auch der gesamte Pool, aus dem sie nun ein Bild wählten, unbekannt war.

„Ich such‘ euch was Schönes aus“, hatte ich verkündet und eine bunte Mischung an Videoausdrucken zusammengestellt: eine Autobahnbrücke, ein Flusstal, ein chinesisches Restaurant, unseren Kater namens Singer, die drei Windmühlen an unserem Dorfeingang, die Schiffswerft am Hafen.

Der weitere Ablauf erfolgte wie immer: Die beiden Viewer setzten sich hin und kritzelten jeder einen Stapel Papier voll. Alles völlig unspektakulär. Die Kameras liefen, und ich setzte mich schließlich nach draußen auf den Flur zu meiner Frau.

„Irgendwie ist das völlig langweilig, was die da machen. Wenn jetzt nicht irgendwas wirklich Ungewöhnliches passiert, lassen wir die Produktion sterben. Ist ja noch nicht viel, was wir investiert haben.“

„Nun, immerhin haben sie eine Aufgabe, die sie lösen müssen. Und da wird man dann sehen. Heute Abend spätestens müssen sie etwas sagen.“

„Ja, aber das ist total öde. Da passiert nix, keine Action, wie soll man das aufbereiten. Und die Aufgaben sind auch alle so normal, da gibt es kein aufregendes Originalmaterial, Verfolgungsjagden, Katastrophen oder irgendein Kampfgeschehen. Die Zuschauer werden einschlafen!“

„Werden sie nicht. Jedenfalls nicht die, die sich dafür interessieren. Und außerdem kannst du das interessant aufbereiten. Als ich damals für RTL …“ Noch so ein heißes Eisen. Die Art der Aufbereitung von

Themen im Fernsehen hatte mir noch nie zugesagt und immer wieder zu leidenschaftlichen Diskussionen zwischen uns geführt. Auch wenn wir jetzt eine Neuauflage davon vermeiden konnten, später, bei der Endproduktion des Films, holte uns die Problematik hautnah wieder ein. Denn es passierte wirklich nichts.

Die Zeit verstrich, der Stapel beschriebenen Papiers erhöhte sich zusehends. Es wurde Nachmittag. Ich war gerade beim Kassettenwechsel.

„Hast du überhaupt eine Ahnung, was die sich ausgesucht haben, ich meine, welches Bild in dem ausgewählten Umschlag steckt?"
Meine Frau kam gerade mal wieder aus dem Versuchszimmer.

„Nee, keine Ahnung, vielleicht die Brücke, was weiß ich. Kann man nicht interpretieren, was ich so gesehen habe."

„Na, dann geh mal jetzt rein und schau dir an, was der Tom da zeichnet. Aber vergiss nicht, die Kamera anzuschalten."

Das war natürlich ein Scherz, denn bis auf die nötigen Kassettenwechsel liefen die Kameras immer, damit wir auf keinen Fall etwas Wichtiges verpassten. Ich ging aber trotzdem hinein, schon, weil mich meine Frau so merkwürdig ansah. Eine der Kameras ließ sich leicht vom Stativ nehmen und als Handkamera benutzen. Ich hatte dieses zwischendurch immer mal wieder getan, um mit wechselnden Perspektiven für die spätere Bearbeitung eine größere Auswahl zu haben.

So also auch jetzt und ich ließ die Kamera über Toms Schulter schauen. Er zeichnete gerade etwas, das wie eine Landkarte, mindestens aber wie ein Lageplan aussah. Einige Passagen der Aufnahme, die ich jetzt machte, konnte ich später schlichtweg deshalb wegwerfen, weil ich zitterte.

Natürlich kam mir dieser Lageplan bekannt vor. Auf dem Gelände, das hier etwas verzerrt dargestellt wurde, war ich schon viele Male gewesen, hatte ich Stunden von Film-und Videomaterial produziert.

Tom legte noch ein zweites Blatt an das erste und zeichnete weiter, wenig später noch ein drittes. Die Ausfallstraße nach Flensburg, die Abzweigung ins Gewerbegebiet, das Gelände mit Teichen und Kunstgegenständen, zwei Gebäuden und davor liegendem Parkplatz, alles stimmte mit einigen kleinen Ungenauigkeiten. Man hätte sich am Originalort prima orientieren können. So also war das mit den PSI-Agenten.

Tom zeichnete aber weiter, immer weiter. Längst hatte er die

Grenzen des von mir bezeichneten Zielgebiets überschritten. Jetzt folgte ein riesiger Gebäudekomplex gegenüber. Eine verglaste Eingangshalle, komische Vorsprünge und Autos auf dem Parkplatz.

Wie gesagt, meine Hände begannen, zu zittern. Die neue Digitalkamera, die ich benutzte, konnte zwar ein bißchen Wackelei mit ihrem eingebauten Kleincomputer wieder herausrechnen, aber das, was ich ihr hier zumutete, war zu viel. Ich produzierte also, was mich immer am meisten ärgerte, verwackelte Aufnahmen. Und das nur, weil dieser Bursche da vor mir tatsächlich ein PSI-Spion war.

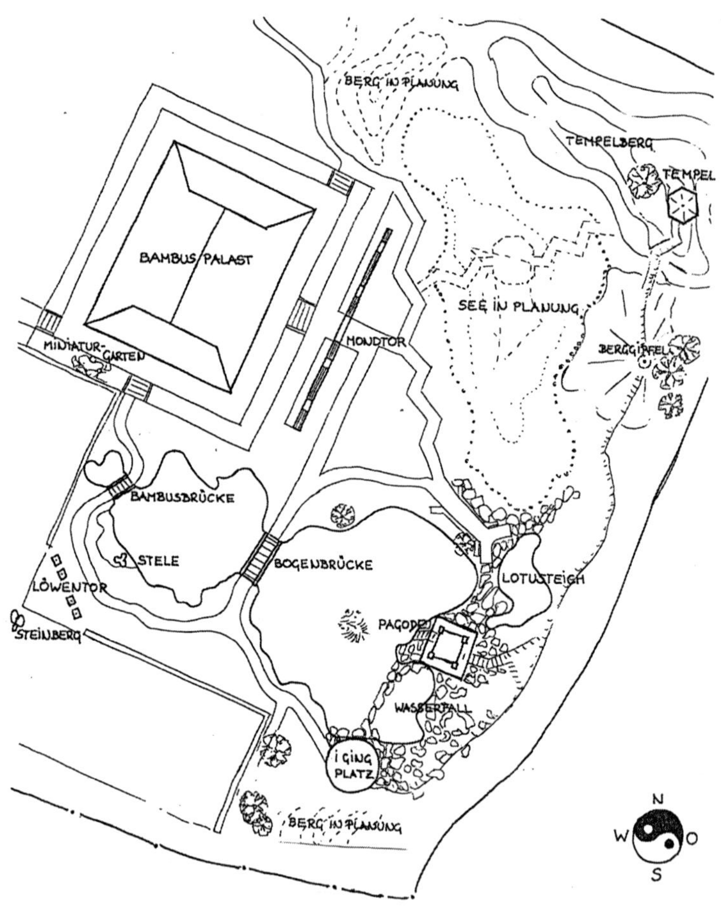

Der China-Garten in der Realität – und auf den folgenden Seiten aus der Sicht der Remote Viewer

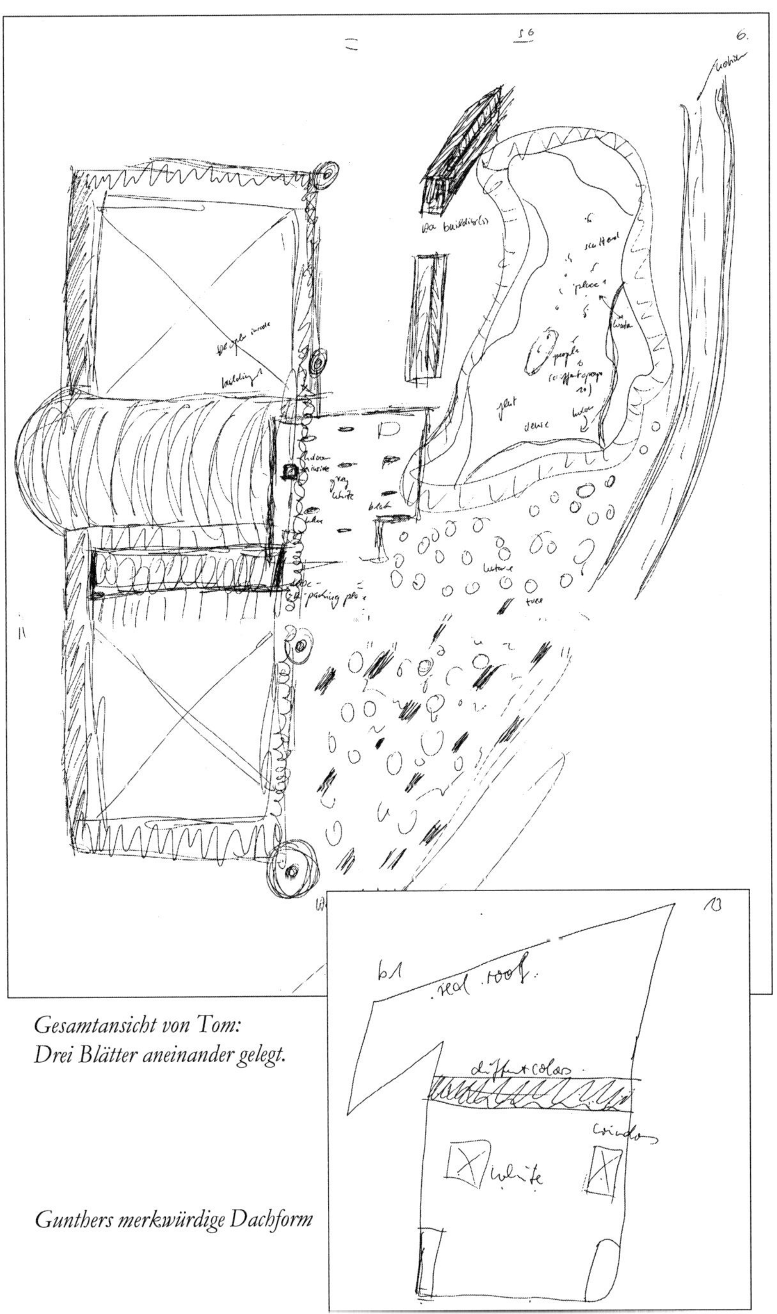

Gesamtansicht von Tom:
Drei Blätter aneinander gelegt.

Gunthers merkwürdige Dachform

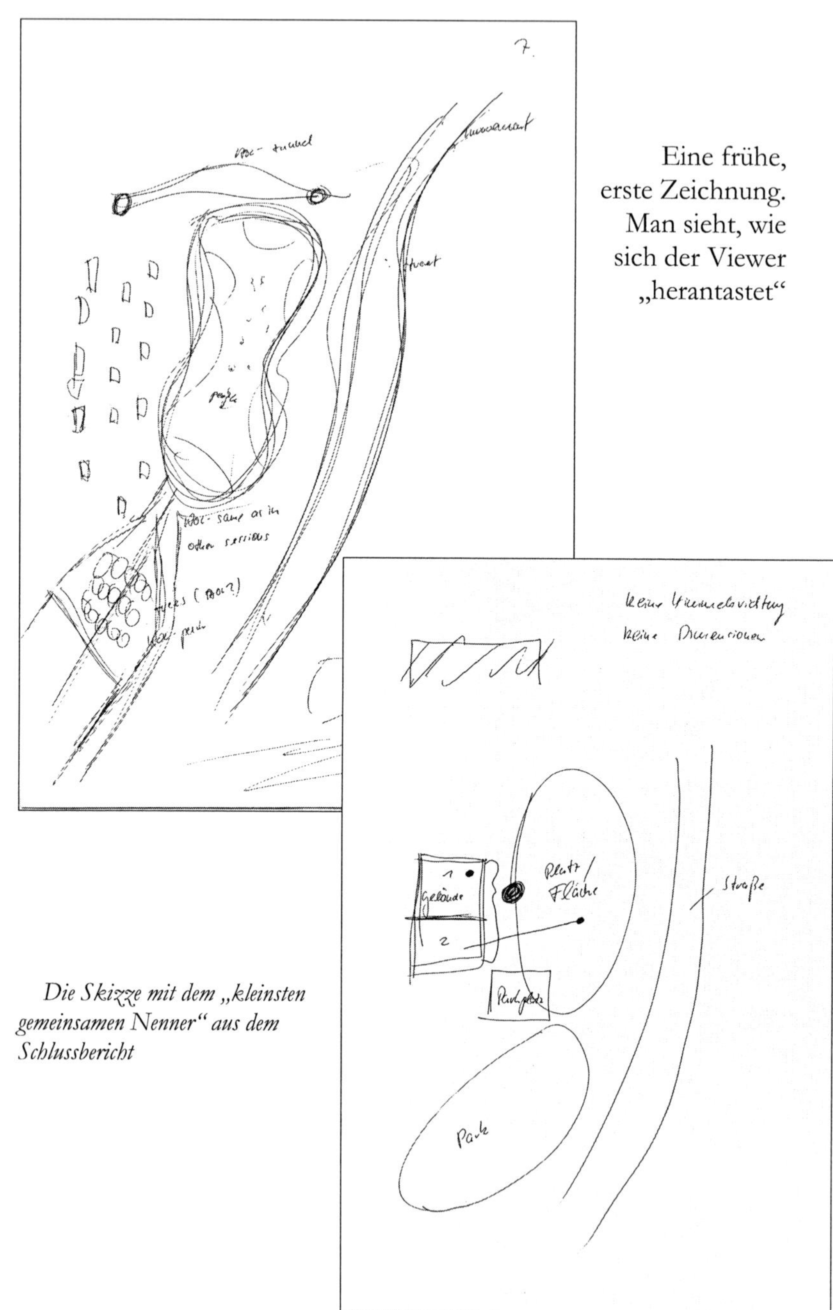

Eine frühe, erste Zeichnung. Man sieht, wie sich der Viewer „herantastet“

Die Skizze mit dem „kleinsten gemeinsamen Nenner“ aus dem Schlussbericht

Also gut, es funktionierte offenbar tatsächlich. Selbst das angrenzende Plaza-Einkaufzentrum war verblüffend genau abgebildet. Ehrlich gesagt, ich hatte nicht damit gerechnet, nur so ein gewisses Magendrücken hatte mich den ganzen Tag begleitet. Jetzt aber passierte, was die Gallier am meisten fürchteten: Mir fiel der Himmel auf den Kopf. Wenn das alles stimmte, und es sah sehr danach aus, was sollte man dann von Ihren Zukunftssessions über die globale Katastrophe halten? Hier passierte etwas, das es nicht geben durfte.

Tom beendete dann auch bald die Session, schob die Papiere von sich und sagte etwas unsicher: „Keine Ahnung, was das ist. Ich hoffe, ich war *on target.* Aber ich denke, irgendwie ist das alles nicht so verkehrt."

Vor Beginn dieses Versuchsablaufs hatte er mir noch erklärt, dass er diesem Ereignis selbst eine immense Wichtigkeit zubilligte. „Wenn wir es nicht rauskriegen, können wir diese Methode und unsere ganze Ausbildung in den Müll kippen. Es ist die Entscheidung, ob wir überhaupt weitermachen."

Wenn man bedenkt, dass die beiden Viewer hier unter dieser nervlichen Belastung gearbeitet haben, dazu noch vor laufenden Kameras, konnte einem das Ergebnis schon die Beine wegschlagen, auf die man seine sichere Weltsicht gestellt hatte. Vor allen Dingen, wenn man bedachte, dass es ja **nur zwei** Viewer waren und sie auch nicht viel Zeit hatten …

Ich brummelte also etwas von „… dann müßt ihr noch die Zusammenfassung schreiben, nicht wahr, und dann drehen wir noch die Auflösung", und verließ eilig den Raum.

„Das musst du dir ansehen", sagte ich draußen. „Ich glaube, wir haben jetzt ein ziemliches Problem. Es sieht aus, als hätten sie es rausgekriegt."

„Hab ich dir ja gesagt. Also machen wir jetzt einen Film über etwas, das tatsächlich unglaublich aber wahr ist. Haben wir doch so gewollt."

„Ja, aber das ist genau das Problem. Vielleicht wäre es besser gewesen, eine große Blase um Nichts zu machen. Erinnerst du dich an den Film, für den sie eigentlich nichts anderes als eine alte Zeichnung, zwei oder drei alte ›Zeugen‹ und altes Wochenschau-Material hatten. Mithilfe einer Schauspieltruppe gab es dann eine dreiviertel Stunde Spekulation über ›Fliegende Untertassen als Geheimwaffe Hitlers‹. So etwas ist einfacher. Das Gute daran ist, dass man **weiß**, dass die Geschichte nicht stimmt und sie deshalb das eigene Weltbild nicht vom Sockel stürzt. Wahrheiten wurden schon immer abgelehnt bis bekämpft. Damit handelt man sich nur Probleme ein.“

Damals ahnte ich noch nicht, wie wahr diese Aussage ist und wie sehr wir davon betroffen werden würden.

Zunächst öffnete sich erstmal die Tür zum Versuchszimmer und unsere beiden Viewer stellten fest, dass sie für die Auflösung bereit seien. In der Zwischenzeit war auch unser dritter Remote Viewer, Lothar Rapior, eingetroffen, zu spät, um an dieser Aufgabe noch mitzuwirken.

Die Beiden hatten eine Zusammenfassung gemacht, ein gemeinsames Statement, das die Erkenntnisse ihrer Sessions repräsentierte. Hier waren alle Einzelheiten zusammengefasst, die von beiden *geviewt* worden waren und in dieser mehrfachen Übereinstimmung des Auftretens für relevant gehalten wurden.

Tom setzte sich zurecht und begann. Ich zitiere den Text hier vollständig, weil er ein gutes Beispiel für solch eine Zusammenfassung eines Remote Viewing-Projektes ist.

„Es handelt sich bei der Zielvorgabe um ein Stadt-Szenario. In deren Zentrum befindet sich eine Fläche, die vereist ist (gefrorener See) oder es regnet. Neben dieser Fläche befindet sich eine Straße, die von Autos in beiden Richtungen befahren wird. An die Fläche und die Straße grenzt etwas Parkähnliches an, mit Bäumen, Natur, Büschen. Eine Art Weg kreuzt den Park. Zum Zeitpunkt der Aufnahme befinden sich keine Menschen dort. Spiegelverkehrt zur Straße befindet sich eine Parkplatz-Struktur. Grundfarbe ist grau beziehungsweise schwarz. Es befinden sich Autos dort, eines ist schwarz und eines ist blau. Der Parkplatz schneidet die Fläche.

Auf der Fläche oder daran angrenzend befinden sich ein oder zwei Gebäude, die näher beschrieben werden können, neben weiteren Gebäudestrukturen rundherum. Menschen gehen (hinein) und verlassen das Gebäude. Die vorherrschenden Aktivitäten sind: warten, schnell erledigen, geschäftlicher oder offizieller Natur. Weitere Aspekte sind: sehen, kaufen, woanders hingelangen. Unterhalb oder innerhalb des Objektes scheint dieses möglich zu sein.

Die Fläche ist von Menschen gefüllt, die grundsätzlich von folgenden Emotionen erfüllt sind: angenehm, glücklich, freudig, kreativ, (es gibt dort) Inspiration, auch lernen als Oberbegriff. G2: ängstlich, verwundert. G3: hektisch, Stress, Zeitnot.

Es gibt den Aspekt einer Ausstellung (Betrachten, Malen). Das Gebäude ist 1994 ungefähr fertiggestellt worden."

Er zitierte dann noch ein paar Einzelheiten aus den Sessions, zum Beispiel der gleichzeitig mit dem Freizeitaspekt auftretende Regierungsaspekt (auf den er sich keinen Reim machen konnte) mit der Information, dass er sie zwar nennen möchte, wegen einmaligen Auftretens aber nicht als gesichert ansehen könnte. Ich sagte nichts, hielt nur die Kamera fest. Oder hielt ich mich an ihr fest?

Nun wollten wir die Jungs auch nicht länger auf die Folter spannen. Tom öffnete den Umschlag. Ein fremdartiges Gebäude befand sich auf dem Foto. Das Ziel war der Bambuspalast im Gewerbegebiet von Husum nahe der Nordsee. Hier war ein Chinese dabei, sich seinen Lebenstraum zu erfüllen, einen Garten nach Kriterien der chinesischen Philosophie zu erbauen, einen sogenannten Feng-Shui-Garten. *Feng Shui* (sprich: Fung Schoi oder Fung Schué) ist das Ergebnis Jahrtausende währender Naturbeobachtung, die in Landschaftsplanung und Heimgestaltung einmündete.

Dieser Garten hat eine Größe von elftausend Quadratmetern und enthält Teiche, Brücken, Tempel und natürlich diverse Wege und sorgfältig bepflanzte Beete, in denen ab und an auch Statuen von Vögeln und andere Objekte zu finden sind. Noch befindet er sich im Bau, wird kreativ gestaltet und immer mehr Besucher wandeln auf den merkwürdig gewundenen, zickzackenden Wegen, staunend und bewundernd. Viele kommen vom nahegelegenen Einkaufzentrum, einige von der Kongresshalle herüber.

Wir verglichen die Details mit den Erkenntnissen der Viewer. Schon dass sie überhaupt eine Landschaft, einen Garten mit Gebäuden und anderen Einzelheiten beschrieben hatten, grenzte an ein Wunder oder einen sehr unwahrscheinlichen Zufall. Es hätte schließlich alles Mögliche sein können. Darüber hinaus waren aber die Übereinstimmungen so überwältigend, dass wir beschlossen, bei einem Ortstermin die Viewer mit dem Original-Zielgebiet ihrer Sessions zu konfrontieren. Wie von mehreren amerikanischen PSI-Spionen beschrieben-und wie wir selbst später feststellen konnten, ein auch für den beteiligten Viewer ein immer wieder tiefgehendes Erlebnis.

Die Chronologie unserer Erlebnisse mit Remote Viewing bescherte uns aber in diesem Moment das Zusammenpacken unseres Equipments. Ich weiß noch, welche Mühe ich hatte, alles halbwegs ordentlich einzuordnen, während ich genauso aufgewühlt vom Ergebnis unseres Versuchs war wie auch die anderen. Alle redeten unaufhörlich durcheinander. Ich glaube, nur der Umstand, dass wir nach einem Tag mit Keks-und Kaffee-Ernährung ausgehungert und abgeschlafft waren, verhinderte ein substanzielles Chaos.

Später, im Restaurant, hatten sich die ersten Wellen etwas gelegt, aber die Bedeutung für unser bisher ganz normales Leben gab natürlich jedem Satz selten emotionale Tiefe.

Ich kann mich noch gut erinnern, welche Themen wir diskutierten.

Nach der Unglaublichkeit des Vorgangs stand natürlich die Frage im Raum, wie wir diese Erlebnisse anderen Leuten glaubhaft machen könnten.

Als Bürger eines Industriestaates, eines Landes der aufgeklärten westlichen Welt und mit wissenschaftlicher Universitätsbildung war uns sofort klar, dass dies ein hartes Brot werden würde. Auf der einen Seite gibt es eine Flut von Publikationen, in denen eine unübersehbare Anzahl von Menschen steif und fest behaupten, Übersinnliches erlebt zu haben oder schlichtweg nur einem UFO begegnet zu sein; auf der anderen Seite kann man öffentlich sich in keinster Weise zu einer Akzeptanz dieser Vorgänge bekennen, ohne sich der Lächerlichkeit preiszugeben. Der „Kicher-Effekt", von Jim Schnabel genüsslich kolportiert. Darunter hatten schon die amerikanischen Remote Viewer zu leiden. Es blieb also nichts anderes übrig, als davon auszugehen, zunächst einmal in diesen esoterisch genannten Zirkeln unser Glück zu versuchen. Wir gingen noch davon aus, dass unsere sorgfältige Dokumentation und der Versuch, eine neutrale, laborähnliche Situation herzustellen, uns helfen würden. Weit gefehlt! Im besten Fall gab es die Aufforderung, es doch wieder und wieder vor immer neuen Zeugen zu beweisen und selbst dann gab es Kopfschütteln und den Ausruf „Glaub' ich nicht!" Als wolle man nicht wahrhaben, was man sah und hörte, was aber nicht sein darf. Wie gesagt, das wussten wir damals noch nicht.

Unser Gespräch drehte sich an jenem Abend nach dem Versuch auch eher um andere Themen. Nun, da wir überzeugt waren, dass Remote Viewing funktioniert, jedenfalls bei diesen Personen auf Anhieb funktioniert hatte, wollten wir mehr wissen.

Kann es jeder lernen?

Die Antwort hatte etwas von Radio Eriwan an sich. Für die Generationen, denen dieser Begriff nicht mehr geläufig ist, soviel zur Nachhilfe: Zu Zeiten der sozialistischen Sowjetrepubliken wurde ein fiktiver Sender in der kaukasischen Stadt Eriwan für seine schlitzohrigen Antworten, warum es gerade im Sozialismus so schlecht ginge, berühmt. Die Antworten begannen alle mit „im Prinzip ja…“ , nämlich, dass etwas funktionierte. Leider gab es dann aber die widersinnlichsten Engpässe, zum Beispiel dass einer Autofabrik in dem einen Jahr die Räder zugeteilt waren, im nächsten des Fünfjahresplanes aber erst die Motoren. Eine hübsche Allegorie, die leider den Zusammenbruch des Sozialismus auch nicht überlebt hat

Hier also lautete die Antwort: im Prinzip kann jeder Remote Viewing lernen. Kostet aber siebentausend D-Mark.

Aha. Gute Antwort. Kann also doch nicht jeder lernen. Elite wollte schon immer unter sich sein. Macht also vierzehntausend Mark für uns beide zusammen. Damals fanden wir diesen Betrag noch eine ungeheuerliche, ja absolut freche Summe. Später erfuhren wir, dass in anderen Bereichen, nicht nur in esoterischen, zum Beispiel in der Industrie, Managerausbildung etc. weitaus teurere Kurse angeboten werden. Und in denen man meiner Meinung nach erheblich weniger fürs Leben lernt. (Die aber steuerlich absetzbar sind.) Doch davon später mehr. Soviel nur an dieser Stelle: nach diesem Training sollte der Interessierte wirklich Remote Viewing können, selbstständig und vollständig. Die Praxis zeigt leider, dass das zwar vom vermittelten Lernstoff richtig ist, die Lernkurve eines Menschen aber eher dazu verdammt, dass man sich den Stoff in kleinen Portionen, am besten über ein Jahr verteilt, zuführt. Mit viel Übung dazwischen. Und nicht alles hintereinander in einer Woche.

Nun gut, ein anderes Thema, solange wir nicht selbst *nachschauen* konnten: Also, was hatten Remote Viewer denn schon herausgefunden? Zum Beispiel über unsere Zukunft?

Die Antworten waren nicht so präzise, wie wir gehofft hatten. Einsehbar war allerdings, dass man die Zukunft als veränderlich betrachten muss. Deshalb müssen nicht alle Vorhersagen stimmen.

Also auch nicht besser als die üblichen Wahrsager? Doch, im Prinzip schon. (Aha.) Aber man muss seine Vorhersagen von Zeit zu Zeit überprüfen. Weil durch zwischenzeitliche Entscheidungen Änderungen vor sich gegangen sein könnten, die zum Zeitpunkt der Prognose noch nicht feststanden. Wenn ich zum Beispiel am Morgen per Zufall einen anderen Weg zur Arbeit wähle als sonst, sind auch die Geschehnisse des Tages mindestens für mich selbst verändert. Viele kleine Veränderungen führen große nach sich. Das Ergebnis ist eine andere Zukunft. Deshalb muss die Zeitlinie (engl. *Timeline*) immer wieder überprüft werden.

Nun haben mir viele Interessenten und Skeptiker von Remote Viewing inzwischen immer wieder die Frage gestellt, warum wir das dann verdammt nochmal nicht tun und warum wir nicht sofort Veränderungen einleiten, wenn uns etwas nicht gefällt.

Auch eine gute Frage, um deren Antwort ich mich ebenfalls eine Weile bemühen musste. Also gut, jeden Tag mehrere Sessions auf die Zukunft. Ein irrsinniger Arbeitsaufwand! Es bedeutet aber auch, mehrmals am Tage eine Stunde ohne die geringste Störung zum V*iewen* frei zu haben. Völlig illusorisch, zumal wenn man selbstständig tätig ist. Und Kinder hat. Und so weiter.

Aber, selbst wenn man diese Möglichkeiten ausschöpfte, könnte man sicher sein, dass die Änderungen, die man daraufhin einleitet, richtig sind? Also wieder *nachschauen*, immer wieder alles überprüfen. Ich verwende in diesem Zusammenhang gern das zwar hinkende, aber bildlich schöne Beispiel der Schallplatte.

Nehmen wir an, wir befinden uns mitten in einem Lied, und es gefällt uns nicht. Vielleicht sehen wir auch vor uns ein Schmutzkorn oder einen Kratzer kommen, was ja die Qualität der Darbietung stören würde. So beschließen wir, lieber die Rille zu wechseln, in eine andere zu springen. Möglicherweise kommen wir an der Störung dann vorbei, wenn der Kratzer oder der Dreckfleck nicht zu groß für unser Sprungvermögen sind. Vielleicht befinden wir uns dann in einem anderen Musikstück. Vielleicht gefällt es uns auch. Dumm, wenn nicht. Noch dümmer, wenn die Schallplatte des Lebens dann schneller zu Ende ist.

Wie das Beispiel zeigt, sollte man sich dieses „Rillenspringen“ gut überlegen.

An dieser Stelle wandte meine Frau gern ein, dass das Beispiel einer Vinylschallplatte zu altertümlich sei. Heute werden doch fast nur noch CDs abgespielt. Dem muss ich entgegenhalten, dass eine CD ebenfalls „Rillen“ hat, auch wenn sie nicht mehr so mechanisch ausgeformt sind. Deshalb könnte ich für dieses Beispiel auch die CD nehmen. Vorsicht! Jetzt wird es noch ungemütlicher! Eine CD hat nämlich am Anfang ein **Inhaltsverzeichnis**, ohne das man dieses Speichermedium gar nicht abspielen könnte. Hierbei fällt mir die Geschichte von der Frau ein, die den tatsächlichen Absturz des Flugzeuges, das sie nehmen wollte, voraussah. Sie flog nicht und blieb am Leben. Leider kam sie eine Woche später bei einem Autounfall ums Leben … Und damit erhebt sich die Frage, ob man nicht auch dieses Inhaltsverzeichnis ändern müsste … hoffentlich nicht, obgleich mir inzwischen auch dieses möglich erscheint.

Begeben wir uns also vorerst herunter von der spekulativen Ebene und haken wir uns wieder in unser Gespräch ein, dass wir nach dem mindestens für uns spektakulären Beweis für das Funktionieren von Remote Viewing (RV) führten.

Also, was kann man nun Praktisches mit dieser Methode anstellen?

Man kann zum Beispiel Unfälle aufklären. An dieser Stelle wird gern der TWA-Flug 800 vom 17. 7.1996 angeführt, für dessen Absturz lange Zeit keine Erklärung gefunden werden konnte. Es gab Spekulationen über einen Funken in einem fast leeren Treibstofftank bis hin zu einem unbeabsichtigten Abschuss durch die Fehlfunktion einer amerikanischen Luftabwehrrakete oder gar einer geheimen Laserkanone.

Zu diesem Problem meldete sich Ed Dames mit seiner RV-Dienstleistungsfirma PSI TECH. Er ließ auch einige seiner alten Kollegen aus dem militärischen Projekt von Fort Meade an diesem Problem arbeiten, zum Beispiel David Moorehouse, Paul Smith und Mel Riley.

Das Ergebnis seiner Untersuchungen schickte er an das NTSB (National transporting safety board), die den Fall untersuchten. Nach seinen Angaben sollte die Explosion durch eine Kraftstoffpumpe ausgelöst worden sein, die durch ihre Fehlfunktion Funken erzeugte. Etwas später konnte man in der Zeitschrift „Esotera" lesen, dass man sogar einen gewissen Uri Geller zur Auffindung einer Kraftstoffpumpe engagiert hatte, die da irgendwo auf dem Meeresboden liegen musste. Offiziell wird ja immer gern abgestritten, dass man sich mit solchem paranormalen „Hexenkram" abgibt. Wenn man auf die Erkenntnisse von Remote Viewern keinen Wert legte, warum suchte man nun eine Kraftstoffpumpe? Offiziell war von diesem Teil nie die Rede gewesen. Solche Meldungen lassen auf eine etwas andere Einstellung zum Übersinnlichen schließen. Uri Geller selbst soll ja, so hört man, nach seinem Abtritt aus den Fernsehshows sich endlich ums richtige Geldverdienen gekümmert haben, denn durch Fernsehshows kann man nicht besonders reich werden, jedenfalls nicht so wie er. Die Regenbogenzeitschrift *Gala* musste noch 1998 als Beweis Gellers Autopark vorstellen und kolportierte gern seine Einkünfte durch das übersinnliche Aufsuchen von Ölquellen. Oder Erzadern. Oder…

Unsere drei Viewer berichteten uns von einer Wassersuche in

Namibia, bei einem ihnen persönlich bekannten Farmer. In der dortigen trockenen Steppenlandschaft ist Wasser ein wertvolles Gut. Die Viewer erzählten, dass sie problemlos eine Bohrstelle für einen Brunnen gefunden hatten, die man vorher jahrelang vergeblich mit konventionellen Methoden gesucht hatte.

Ehrlich gesagt, erschienen mir diese Anwendungen von Remote Viewing etwas zu alltäglich. Da hatte man nun eine übersinnliche Methode, die funktionierte, und was kam dabei heraus? Eine defekte Kraftstoffpumpe und ein Brunnen in Afrika. Selbst Ölquellen suchen ist ein mühsames Geschäft. Jeder halbwegs im Leben stehende Mensch würde doch sofort beginnen, über schnelles Geld nachzudenken. Also: was ist mit Glücksspielen? Lotto, Toto, Roulette?

„Geht nicht!" gaben unsere drei PSI-Agenten etwas kleinlaut zu. Ja, warum denn nicht?

„Wir haben es mal probiert", erzählte Gunther Rattay. „Ich habe mal den Menschen geviewt, der in der folgenden Ziehung der Lottozahlen einen Haupttreffer landete. Ich habe seinen Tippschein abgezeichnet, in dem Moment, in dem er die Gewissheit hatte, sechs Richtige zu haben. Leider habe **ich** mit diesem Tippschein nicht gewonnen. Keine Ahnung, warum. Vielleicht bin ich in eine andere Wahrscheinlichkeit geraten. Zukunft ist ja veränderbar, wie leicht kann da so eine kleine Kugel auch mal anders rollen."

Aber da war doch mal … die schon erwähnte Geschichte mit den Silberoptionen.

Diese wurde selbst in der Fernsehreihe „Die Erde, der Himmel und die Dinge dazwischen" erzählt. Der Autor Eichelbeck nahm sich schon des öfteren derart interessanter Themen an. Die Sendung lief bereits 1991 im NDR, als noch alles streng geheim war. Da hatten sich also einer der Begründer des Remote Viewing Projektes am SRI, nämlich der Quantenphysiker Russel Targ und einer der derzeitigen Spitzenviewer Keith Harary an der Börse versucht. Mit einer in dieser Fernsehfolge nicht näher erläuterten Methode versuchten sie 1982 Voraussagen auf dem Warenterminmarkt. Es wurde extra eine Firma namens „Delphi Inc." für diesen Service gegründet. In einem Zeitraum von drei Monaten sollen sie neunmal von Donnerstag auf Montag den Preis für Silber auf fünfundzwanzig Cent genau vorausgesagt haben. Silber deshalb, weil sein Preis an der Börse immer großen Schwankungen unterworfen ist. Siebenmal wurden diese Voraussagen für eine erfolgreiche Transaktion benutzt und die Beteiligten gaben vor der Kamera zu, erstens eine hübsche Stange Geld verdient zu haben, und zweitens das mit einer übersinnlichen Technik vollbrachte zu haben. Plötzlich (1983) aber funktionierte die Methode nicht mehr. Man stand vor einem Rätsel. Auch wir rätselten darum herum. War das vielleicht nur eine Schutzbehauptung? Jim Schnabel gibt in seinem Buch die Ansicht zum Besten, dass nach diesen neun richtigen Voraussagen zwei falsch „geraten“ wurden und deshalb der Investor „absprang“.

Dann berichtet er allerdings noch von einer Aktion „mit Happy End“:

„Mitte der achtziger Jahre engagierten sich Puthoff und seine Frau Adrienne für die Finanzierung einer Privatschule in Menlo Park. Als sich herausstellte, dass dem Etat kurz vor Beginn des neuen Schuljahres fünfundzwanzigtausend Dollar fehlten, schlug Puthoff vor, das Geld durch eine Variante des von Targ und Harary erfundenen Silberoptionsgeschäftes zu beschaffen.“

Puthoff konnte also auf den Erfahrungen seiner Vorspekulanten aufbauen und brachte tatsächlich innerhalb eines Monats das benötigte Geld auf. Was weiter geschah, verrät uns Schnabel nicht, vielleicht hat er es von Puthoff auch nicht erfahren. Vielleicht war er ja auch nur klug genug, im Wissen darum, dass er ja immer noch nur ein „Zauberlehrling“ war, den Besen rechtzeitig in die Ecke zu stellen, bevor zum Beispiel Erfolgsdruck und Erwartungshaltungen die PSI-Vorgänge zu stark beeinflussten. Dass das durchaus einen Hintergrund hat, haben wir selbst später erfahren dürfen. Es scheint tatsächlich so zu sein, dass gerade die Konzentration auf die PSI-Funktion diese unmöglich macht. Die Chinesen empfehlen zum Erreichen paranormaler Ziele, vorher den Geist zu einer „leeren Fläche“ zu machen. Mit westlichen Worten: es muss einem egal sein. Und das ist wohl oft am schwierigsten zu erreichen.

Damals nahmen wir also enttäuscht zur Kenntnis, „Glücksspiel geht nicht“. Was sonst gehen könnte, musste also gründlich überlegt werden. Vielleicht waren da unsere drei Viewer schon etwas weiter.

So kamen wir zur nächsten Frage.

„Was wollt **ihr** denn mit der Methode anstellen?“

„Da gibt es viele Möglichkeiten. Wir können Privatpersonen und Institutionen unsere Dienste anbieten. Wir können in der Forschung arbeiten. Und wir wollen andere Leute in dieser Technik ausbilden.“

Es stellte sich heraus, dass jeder seine eigenen Vorstellungen davon hatte. Hier hatten sich drei Persönlichkeiten zusammengefunden, wie sie unterschiedlicher kaum sein konnten.

Lothar, der „weltumsegelnde“ Lufthansa-Steward, heute in New York, morgen in Bombay, hatte sich, vielleicht zum Ausgleich für diese „ungeerdete“ Tätigkeit, mehrere spirituelle Ausbildungen angedeihen lassen. Ihm ging es natürlich auch darum, die eigene Spiritualität mit einer neuen Methode weiterentwickeln zu können. Des Weiteren war er hochinteressiert, seinen Anteil mit Remote Viewing in der Forschung zu leisten. Während der letzten Jahre seines Umherjettens hatte er Verbindungen zu Forschern auf der ganzen Welt geknüpft und sah die Möglichkeiten von RV beispielsweise in der Bekämpfung von Krankheiten wie Aids oder Krebs.

Tom Tankiewicz, damals noch Herausgeber einer grenzwissenschaftlichen Zeitschrift, befand sich wohl schon zeitlebens auf Schatzsuche. Waren es vorher immer die Schätze wissenschaflicher Erkenntnisse an vorderster Front gewesen, tauchten nun neue archäologische Entdeckungen im Sichtbereich des Möglichen auf: die Arche Noah oder der Heilige Gral. Erstere war von ihm schon während der Ausbildung angepeilt worden (und er ist sicher, das sie existiert), letzterer ist natürlich mit der Problematik der Definition behaftet. Was **ist oder war** überhaupt der Heilige Gral? Ein wirkliches Instrument, ein Gerät, vielleicht ein Kristallschädel oder ein Wissen, eine Vorgehensweise oder –weisheit? Das könnte zum Beispiel auch Remote Viewing sein.

Gunther schließlich, der Entwickler von Computersystemen und –anwendungen, sah sich einen wichtigen Schritt voran auf dem Weg der Entwicklung der menschlichen Potenziale, der Beherrschung der Materie durch den Geist. Das hatte für ihn nicht so sehr den spirituellen Aspekt, der Lothar am Herzen lag, er war eher der Techniker, obwohl ihm die anderen Bereiche durchaus nicht fremd waren. Später nahm er deshalb noch Optimierungskurse in anderen parapsychologischen Methoden, die ihn in seiner Ansicht weiter bestärkten. Um sich hier in aller Kürze darunter etwas vorstellen zu können: Schnelllesen ist beispielsweise ein Optimierungslehrgang, bessere Entschlussfähigkeit durch trainierte intuitive Analyse eine andere Möglichkeit. Hier sehen wir, welche Einflüsse die offiziell so geschmähten Wissensbereiche tatsächlich haben, denn genau solche Methoden sind Inhalt von schon angesprochenen teuersten Managerkursen. Auch wir machten später unsere eigenen Erfahrungen mit der Entwicklung der Intuition, in diesem Fall mittels Remote Viewing, und erfuhren in einem Gehirnforschungslabor, wo die Grenze des Erforschten heute tatsächlich verläuft. Außer in auflagenschwachen Fachzeitschriften und sehr engen Zirkeln ist dies völlig unbekannt; der Normalbürger tippt sich immer noch bezeichnend an die Stirn, wenn diese Möglichkeiten erwähnt werden. Zeitschriften wie etwa „Spektrum der Wissenschaft“ oder „PM“, die einen größeren Interessentenkreis ansprechen, lassen dieses Wissen höchstens bröckchenweise heraus. Bloß niemanden beunruhigen!

Beim Stichwort *beunruhigen* fiel mir wieder ein, dass wir schon früher darüber diskutiert hatten, ob Remote Viewing überhaupt **zugelassen** wird. Wieder tauchte das Bild von den „Men in Black“ auf, das uns auch später nicht verlassen sollte, sosehr Tom auch versuchte, uns zu beruhigen. Wir hatten schließlich erfahren, dass diese PSI-Technik tatsächlich funktionierte! Darf das denn sein? Ich habe noch immer Probleme, mir das vorzustellen, auch wenn ich nicht in der DDR aufgewachsen bin.

Irgendwann endete auch dieser Abend. Man kann nicht alles auf einmal klären; wir hatten einen unglaublichen Höhenflug hinter uns und waren erklärlicherweise erschöpft. Außerdem hatten wir noch einen längeren Nachhauseweg vor uns. Mindestens aber verabredeten wir uns zu einem Ortstermin. Wir wollten unsere Viewer mit dem Ziel ihres geistigen Ausflugs in der Realität und körperlich konfrontieren. Sie sollten mit ihren Sessionaufzeichnungen in der Hand an Ort und Stelle die Einzelheiten ihrer Ermittlungen vergleichen können. Ich hatte schon flüchtig einige atemberaubende Details erkannt. Vielleicht kam ich doch noch zu spannenden Aufnahmen, wenngleich die filmische *action* wohl keine Schießereien oder Autoverfolgungsjagden beinhalten würde. Wir jagten hier schließlich nur die pure Information, aber ist das nun weniger aufregend? Ganz im Gegenteil! Das war doch der pure Agentenstoff und die *action* konnte ja noch kommen! (Seien wir doch mal ehrlich: Spaß macht das doch nur, wenn es anderen passiert. Das eigene Leben hätte man doch gern etwas weniger gefährlich! Aber manchmal steckt man unversehens mittendrin. Aufhören? Was, jetzt schon?)

Also trafen wir uns am 8. Februar in Husum am Eingang zum chinesischen Garten, der das Restaurant „Bambuspalast“ umschließt. Während ich Gunther und Tom noch mit Mikrofonen verkabelte, reckten sie schon mit Ah! und Oh! die Köpfe in Richtung Garten.

„Na, was soll denn das?“, dachte ich noch damals, „Ich denke, die waren schon mal hier, wenn auch nur im Geiste!"

Wir sollten bald herausfinden, dass der Viewer in einer guten Session tatsächlich **keine Ahnung** hat, was er da ausspioniert. Die Gegenüberstellung wird für ihn deshalb immer zu einem tiefgehenden Erlebnis. Selbst so „langgediente" Viewer wie beispielsweise Joe McMoneagle, der einige Zeit in Fort Meade der Hauptakteur war, beschreibt in seinem Buch „Mind Trek" diese Konfrontation als immer wieder höchst beeindruckend, besonders, wenn er die Zukunft eines Ortes beschrieben hatte. Natürlich war er erst einmal verlacht worden, denn der beschriebene Ort sah ja noch ganz anders aus. Ein Jahr später war dann aber der Parkplatz da, oder der Glasbetonbau anstelle der Baracke …

In unserem Fall war es unter anderem die „merkwürdige Dachform", die Gunther aufgezeichnet hatte, und die sich akkurat mit der Realität deckte. Diese aufwärts geschwungenen Ecken einer Pagode sind in hiesigen Bereichen schon sehr unüblich.

Längere Zeit standen Gunther und Tom auf der *Bogenbrücke*, einer traditionell mit ungleichen Stufen gestalteten Teichüberquerung mit kreisförmigem Durchfluss. Die Wasserflächen, die Bepflanzung, die Kunstgegenstände, alles rückte plötzlich an seinen Platz. Es ist ein wenig so, als wenn man nachts aus der U-Bahn kommt, in ein bekanntes Gebiet aber mit falscher Nord-Südorientierung.

Obwohl die Gegend bekannt ist, hat man ein völlig falsches Gefühl. Dann dreht es sich einmal im Kopf, fast wird einem schlecht dabei, und plötzlich stimmt alles (wieder).

Nachdem sie sich also „orientiert" hatten, wurden selbst sie durch die Details verblüfft.

Ich erinnere mich noch gut an die Szene, wie Gunther und Tom, die Session-Aufzeichnungen in der Hand, an jenem trüben Februartag im Garten standen und abwechselnd hierhin und dorthin zeigten. Sie entdeckten ständig neue Details, die sie bereits aufgezeichnet hatten. Ich hatte größte Schwierigkeiten, ihnen mit der Kamera zu folgen, zumal der Wind uns tüchtig zerzauste und ihnen die Worte von den Lippen riß.

Gleich anfangs stellten sie fest, dass beide die Lage der B 200, die von Husum nach Flensburg führt, richtig „gesehen" hatten. Sie führt an der südöstlichen Breitseite vorbei. Auf der anderen Seite liegt der Riesenkomplex des Plaza-Einkaufszentrums. In den Teichen, die ein chinesischer Garten zwangsläufig aufzuweisen hat, entdeckten sie auch die Springbrunnen, große Fischskulpturen, die in den Sessions aufgetaucht waren neben all den anderen >Exponaten und Ausstellungsaspekten<, die hier >verstreut< herumstanden. Der von Tom angeführte gleichzeitige Erholungs- und Regierungsaspekt neben den Kunst-und Kreativitätseindrücken erklärte dann der Inhaber des Restaurants „Bambuspalast“: das Gasthaus ist strikt traditionell gebaut im konfuzianischen Stil eines chinesischen >Herrschaftshauses<.

Auch im Innern des Gebäudes waren viele Kunstwerke zu entdecken. Im >pyramidenartigen< Obergeschoß (Tom) mit merkwürdiger >pagodenartiger Dachform< (Gunther) befindet sich ein Rundum-Gemälde einer chinesischen Landschaft, in der man von rechts nach links aus dem ländlichen Bauernbereich über städtische Zonen schließlich zum Kaiserpalast kommt; man kann hunderte von Menschen bei ihren alltäglichen Verrichtungen beobachten. Ein beeindruckendes Panorama.

Vorher hatten unsere beiden Viewer noch einen Blick zum Plaza-Center hinüber riskiert, das Tom inklusive der glasüberkuppelten Eingangshalle und den vorstehenden Gerüsten völlig richtig aufgezeichnet hatte. Irgendwann merkten wir alle, wie >kalt und windig< es tatsächlich war, und Gunther hatte Gelegenheit, seine Eindrücke aus der Session „Essensgeruch“ und „heißes Fett“ zu überprüfen. Was aber machten die beiden, während wir anderen den ehrlich erarbeiteten Hunger stillten? Sie versuchten, dem Restaurantbesitzer Suen Bao-Shan, Remote Viewing zu vermitteln, während er sie in die Grundlagen von Daoismus, Konfuzionismus und Feng Shui einzuführen versuchte. Dabei wurde auch langsam klar, was die unterirdischen Richtungs- und Flussaspekte aus den Sessions bedeuteten, die wir alle nicht verstanden hatten und deshalb gern fallen gelassen hätten: ein Feng-Shui-Garten muss nicht nur äußere Kriterien aufweisen, sondern auch sich nach der Lage unterirdischer Kraftströme wie zum Beispiel Wasseradern richten.

Wir waren beinahe noch mehr beeindruckt als kurz nach der Session.

Danach versuchten wir in weiteren Interviews (Lothar war auch noch eingetroffen) außer den grundsätzlichen Fragen über Entstehung, Funktion und bisherige Erfolge der Methode auch herauszubekommen, wie sie selbst ganz persönlich mit diesen neuen Perspektiven fertig wurden. Beim ersten Interview damals im Dezember hatten wir uns schon solche provokanten Sprüche wie „der

Detektiv in mir wird aktiviert“ (Tom) und „ich sehe kein Fernsehen mehr, das hier ist die wahre Akte X“ (Lothar) anhören müssen.

Der Chinagarten in der Anfangsphase seines Baus. Schon fertig: das Restaurant, der Parkplatz und vorn die Straße.

Ortstermin mit Tom und Gunther im Chinagarten, Überprüfung der Session an der Realität.

Gunther hatte eine „merkwürdige Dachform" in der Session.

Überall auf dem Gelände standen Kunstwerke

Deshalb hatte meine Frau jetzt auch Fragen bereit wie:

- Hat sich dein Leben seitdem verändert?
- Meinst du, du hast jetzt besondere Fähigkeiten?
- Fühlst du dich auserwählt?
- Welches Denkmodell erklärt die Methode am besten?

Ich habe versucht, eine Zusammenfassung der Interviews zu erstellen, die sehr genau auf den wörtlichen Aussagen der drei Remote Viewer basiert.

Tom: „Ich lebe bewusster, ich habe nicht mehr so eine großzügige Zeitplanung... Technical Remote Viewing hat mir gezeigt, speziell auch die Informationen über unsere Umweltveränderungen und unsere Zukunft ... dass Zeit das Kostbarste ist, das es überhaupt gibt. Dass man jede Minute, jede Sekunde bewußt leben sollte. Das habe ich vorher nicht gemacht. Man bekommt eine unheimliche Fokussierung auf das, was wichtig ist ... Es erschreckt die Leute, wenn man ihnen sagt, was man jetzt als wichtig erachtet und was nicht, und in welch kurzen Zeiträumen man Ziele realisieren muss. Nicht, dass man das große Geld machen wollte ... natürlich wollen wir Geld verdienen und die Informationen, die wir erarbeiten, nach draußen verkaufen, damit wir weitere Forschung machen können. Damit das finanziert ist, was wir machen. Ich will nicht die anderen Menschen überzeugen, ich will kein Messias sein. Ich will das Wissen den Menschen zur Verfügung stellen, die sich damit auseinandersetzen wollen. Wir müssen diese Technik anwenden, um uns weiterzuentwickeln."

Gunther: „Ich möchte ergänzen: Es sieht ja so aus, als ob sehr gravierende Umweltprobleme in der Zukunft auf unsere Gesellschaft zukommen werden, dass es wirklich neue Wege, neue Methoden braucht, um diese Probleme zu lösen. Ich kann mir vorstellen, dass Technical Remote Viewing eine Methode ist, um diese komplexen Schwierigkeiten wie Überschuldung der Länder, Lebensmittelknappheit, Armut, Krankheit und so weiter anzugehen und global zu lösen."

Lothar: „Dazu kommt der Faktor Zeit, das muss noch einmal gesagt werden. Eines unserer Projekte ist das Jahr 1998. In diesem Projekt gibt es einige Punkte, die uns überzeugen, die wir in unserer Arbeit hier und jetzt sehr klar und deutlich tun müssen."

Tom: „Es gibt neben den Katastrophenszenarien für 1998/99 auch eine Menge Hoffnung. Ich sehe in vielen Bereichen unserer Welt einen großen Bewusstseinswandel stattfinden. Für mich sieht es so aus, dass sich unsere Zukunft mittlerweile minütlich ändert, durch die enorm vielen Prozesse, die parallel stattfinden. Ich möchte mit TRV herausfinden, wie wir unsere Zukunft positiver gestalten können; wie wir Dinge abwenden können, nicht zuzulassen, dass sie passieren."

Lothar: „Ganz wichtig ist, dass uns nicht der Titel ›Remote Viewer‹ abhebt von anderen Menschen in der Veranlagung von besonderen psychischen Fähigkeiten, sondern Remote Viewer heißt, etwas auszuüben, was jeder tun kann, wenn er es gelernt hat."

Gunther: „Es ist so, dass der Verstand nachvollziehen kann, was passiert ist, das heißt, es gibt konkrete Ergebnisse, aber man ist trotzdem jedes Mal wieder erstaunt und fasziniert, wenn man die Ergebnisse sieht. Es scheint, dass der Verstand hinnimmt, dass es diesen Weg gibt, aber jedes Mal von neuem überrascht ist, dass die Methode funktioniert.

Tom: „Ich habe nicht das Gefühl, auserwählt zu sein. Viele Menschen gehen zu einem Meister, um Dinge zu lernen. Ich habe nicht den Drang, so ein Meister zu sein oder mich einem anzuschließen. Das liegt daran, dass ich die Dinge gern für mich selbst überdenke und überarbeite, und ich glaube, dass das eine der wichtigsten Aufgaben ist, die wir in unseren Leben haben. Bei aller Spiritualität darf man das Handeln nicht vergessen. Ich verurteile Menschen, die sich rein ihrem spirituellen Wachstum hingeben aber nicht akzeptieren, dass sie in einer realen, dreidimensionalen Welt leben, in der sie agieren, die sie begreifen, ja, die sie meistern müssen. Dass sie einen Beitrag dazu leisten müssen, damit hier etwas passiert und nicht auf das gelobte goldene Zeitalter zu warten und zu sagen, das ist meine Zeit! Wir leben hier und jetzt und jeder muss für sich selbst erkennen, wer er ist und was er tun kann.

Niemand muss besondere Fähigkeiten haben, um Technical Remote Viewing zu erlernen. Man muss nur viel Erfahrung haben, um es weiterzugeben. Ich glaube nicht, dass wir hier alte Fähigkeiten der Menschen wieder entdecken, sondern dass wir hier neue Fähigkeiten erschließen. Zur Zeit ist es eine technische Fähigkeit, die Abarbeitung eines Protokolls, aber es soll einmal eine intuitive Fähigkeit werden."

Gunther: „Was mich am meisten überrascht hat, ist, mit wie wenig Aufwand diese Fähigkeit zu aktivieren ist. Für mich persönlich ist der Eindruck entstanden, dass die Fähigkeit in jedem schlummert und mit nur geringem Schulungsaufwand aktiviert werden muss und dann in einer hohen Qualität zum Tragen kommt. Es ist einfach nur, dass man das >*gewusst wie*< vermittelt bekommen muss und diese Informationsquelle dann hinterher für eigene Fragen anzapfen kann.

Das Unterbewusstsein des Menschen ist in der Lage, auf eine höhere Informationsquelle zuzugreifen. Tatsache ist, dass wir eine Art Intuition in uns haben, die dafür sorgt, dass wir in speziellen Situationen Informationen bekommen, die wir nicht gelernt haben. Situationen, auf die wir nicht vorbereitet sind, in denen es aber darum geht, richtig zu handeln. Die Remote Viewing Methode benutzt diesen Weg, professionalisiert ihn sozusagen, so dass man diesen Informationsfluss in einer Session aktivieren kann und Informationen zu beliebigen Fragen und Aufgabenstellungen erhalten kann.

Seit meinem Training hat sich ein Stück weit mein Weltbild verändert, weil ich vor dem Training auch nicht konkret daran glauben konnte, dass man Informationen von außerhalb des eigenen Geistes bekommen kann. Seit ich dies weiß, bin ich mir sicher, dass es sehr viele geistige Kräfte gibt, die wir zu anderen Zeiten, in anderen Jahrtausenden, vielleicht einmal beherrscht haben, die aber nicht mehr praktiziert wurden. Remote Viewing ist sicher eine Methode, auch andere geistige Kräfte mobilisieren zu können. Remote Viewing zeigt, dass man Kräfte mobilisieren kann, wenn man nur weiß, wie es geht. Wenn es andere geistige Fähigkeiten gibt, dann werden wir sie auch aktivieren können.

Natürlich benutze ich diese Technik jetzt auch häufig, um Informationen für meine eigenen Interessen zu erzeugen, aber ich habe mir auch vorgenommen, diese Methode entsprechend zu verbreiten.

Natürlich bin ich nicht auserwählt. Es ist eine Methode, die bei jedem funktioniert, das heißt, jeder ist auserwählt, der diese Methode erlernt. Ich denke, es gehört eine gewisse Portion Neugier dazu, sich für diese Methode zu entscheiden, und da wird es immer Leute geben, die das nicht interessiert. Ich habe mich immer für Technik, Zukunftsthemen interessiert, und RV ist eben eine wissenschaftliche Methode, mit der man im Bereich Technik, im Bereich Medizin, Zukunftsforschung eine ganze Menge hilfreiche Informationen generieren kann und deshalb ist es aus meiner Sicht eher eine Art Werkzeug als ein spirituelles Geschenk."

Lothar: „Es gibt etwas, das uns umgibt und uns alle durchfließt, in dem alle Informationen enthalten sind, alles, was jemals passiert ist, alle Handlungen, die jemals ausgeführt wurden, alle Gedanken, die jemals gedacht wurden, alle Emotionen, die jemals gelebt wurden. Sie scheinen wie in einer großen Chronik aufgezeichnet zu sein. Und sie vergehen auch nicht. Sie scheinen jederzeit ansprechbar zu sein. Durch den TRV-Prozess haben wir einen Weg über die sechs Stufen, wiederholbar an diese Informationen zu gelangen.

Und es sind wirklich **alle** Informationen, die da verfügbar sind. Es gibt die unter Remote Viewern bekannte Geschichte, was passiert, wenn man das Oval Office des amerikanischen Präsidenten viewt. Da kommen zunächst einmal diese groben Teile, der Schreibtisch, verschiedene Sachen, die im Raum sehr auffällig verteilt sind, und dann dieser Mensch selbst. Faszinierend ist dabei, dass nicht nur die äußere Form dieser Gegenstände oder des Menschen selbst kommen, sondern Remote Viewing führt uns wesentlich weiter. Wir können auch den Gemütszustand dieses Menschen erkennen. Wir können auch erkennen, was denkt dieser Mensch, ist er überhaupt anwesend mit seinen Gedanken, hat er vielleicht selbst ein eigenes Ziel, das er gerade durchdenkt und bearbeitet. Das ist auf der einen Seite faszinierend, auf der anderen Seite scheint es Angst zu machen, dass man so in einen Menschen hinein remote-viewen kann.

Es kommt immer dann die Frage auf, darf man so etwas machen, in andere Menschen hineinfühlen, hineinsehen, mit ihren Augen sehen, mit ihren Ohren hören. Man beginnt, mehr noch als sonst über sich nachzudenken. Mein Leben hat sich, seit ich Technical Remote Viewing gelernt habe, sehr verändert. Es hat mir eine Bestätigung gegeben, dass sich in mir Fähigkeiten befinden, von denen ich gewusst habe und die durch das TRV deutlicher geworden sind. Remote Viewing zeigt nicht, dass jemand auserwählt ist. Es zeigt nur, was wir alle könnten. Man kann Sprachen erlernen, dazu gibt es eine Grundfähigkeit und auf diese Weise haben wir auch die Möglichkeit, TRV zu lernen und auszuüben, wenn wir es wollen. Dazu muss man kein besonderer Mensch sein.

Ich persönlich benutze Remote Viewing, um meine Beziehung zur Schöpfung zu erfragen. Bin ich eine einsame Seele im All oder gibt es einen intelligenten Plan dahinter. Ich habe herausgefunden, dass wir nicht allein sind, dass wir einen Beistand haben."

Gunther: „Ich denke, dass wir diese Methode anwenden können und müssen. Wenn man sieht, wie in gesellschaftlichen Bereichen Wahrheit und Lüge nicht mehr auseinanderzuhalten sind, bedarf es einer Methode, Wahrheit zu erkennen. Es ist eine in dieser Hinsicht wirksame Methode und deshalb sollte sie auch von allen Menschen angewandt werden."

Tom: „Wenn man dieses *Training* macht, erkennt man, oh mein Gott, ich kann nichts verbergen vor niemandem, auch nicht vor einem übergeordneten Schöpfungsprinzip. Meine Handlungen und Gedanken sind verfügbar für jeden anderen."

Gudrun: „Wie sieht denn eine Gesellschaft aus, in der alle Remote Viewer sind?"

Gunther: „Bei breitflächiger Anwendung von RV wird es notwendigerweise eine Veränderung geben, weil es eine ganz andere Art der Zusammenarbeit zwischen den Menschen geben wird. Die Menschen werden nicht mehr so sehr ihren eigenen Vorteil herausarbeiten auf Kosten der Nachteile für andere Personen. Sie werden zusammenarbeiten müssen, weil sie von zukünftigen Problemen erfahren und Anstrengungen machen müssen, um diese Probleme zu bewältigen. Und sie werden mit TRV erkennen, dass die einzige Möglichkeit, die es da gibt, die Zusammenarbeit ist."

Tom: „Ich denke, dass wir dann nicht mehr von TRV sprechen werden, sondern dass es generell einen Sprung in unserer Evolution geben wird, die uns andere Dimensionen erschließt. Daraus folgt, dass wir auch einen ganz anderen Informationsaustausch haben werde, eine ganz andere Kommunikation."

Gunther: „Wir Menschen sind schon immer in einem Kosmischen Ablauf eingebunden gewesen, den wir heute nur ansatzweise durch Religion und historisch übermittelte Informationen begreifen können. Hier wird TRV eingreifen und den Stellenwert einer Zukunftsgesellschaft bestimmen."

Tom: „Wir können mit dieser Methode nicht mehr vermuten oder abwägen, wir wissen definitiv. Wir können uns gewisse Fragen beantworten und müssen mit diesen Antworten dann auch leben."

Diese ganzen Implikationen und Hochrechnungen erschienen mir selbst mehr und mehr einem Science-Fiction-Film entlehnt, nicht einem Dokumentarfilm. Natürlich waren die Schlussfolgerungen in ihrer Konsequenz richtig, wenn dieses Remote Viewing wirklich so exakt funktionieren würde. Dann fiel mir ein, dass sie dies uns gerade bewiesen hatten. Aber, wie meine Frau auch gleich einhakte, ist das nicht höchst euphemistisch? Lügt man sich hier nicht in gutem Glauben in die eigene Tasche? Nach meiner Meinung und nach aktueller Lage der Dinge müsste sich die geschilderte Szenerie für eine Zukunftsgesellschaft ganz anders darstellen. Es könnte sich natürlich nicht eine freie Entfaltung all jener Möglichkeiten ergeben, sondern deren Unterdrückung würde sofort aus politischen und wirtschaftlichen Motiven betrieben werden müssen, damit es auf keinen Fall dorthin kommen kann. Informationsunterdrückung wegen unbequemer Inhalte war ja schon immer der Grund für Entführung, Mord und Kriegserklärung gewesen. Da stand uns noch einiges bevor, und ich wandte mich schaudernd meiner kleinkarierten Beschäftigung zu, aus dem aufgenommenen Material einen verständlichen Film zu machen.

Natürlich, wie es in einer Dokumentarfilmproduktion so ist, man entdeckt bei der Auswertung des Materials, dass man eigentlich noch dieses oder jenes gerne hätte oder ein paar wichtige Bilder schlichtweg vergessen hat. Das führte zu einem weiteren Drehtag in Hamburg, der unter anderem auch Bilder vor Ort für die Elbbrücken-Session liefern sollte. Jetzt war es für mich schon nichts Neues mehr, als Tom, während wir so auf der Brücke standen, auf die Zeichnungen zeigte und sagte, dass diese oder jene Details auch in den Sessions aufgetaucht waren. Dann aber fuhren wir noch hinauf auf den Dachgarten eines nahegelegenen Hotels, um die Brücke aus der Vogelperspektive aufnehmen zu können.

Es durchflutete mich heiß und kalt. Was ich durch den Sucher sah, war im Prinzip das Ideogramm Lothars nach der Bewegungsübung … die stilisierte Brücke mit der kreisförmigen Auffahrt. Als ich Tom davon in Kenntnis setzte, sagte er, das könne gar nicht sein. „Das Ideogramm ist eine Stage-1-Zeichnung. Es ist aber erst ab Stage 3 möglich, Strukturen zu zeichnen."

Lieber Tom, dem möchte ich hier und heute immer noch widersprechen. Erstens war das angesprochene Ideogramm Lothars Reaktion auf die Bewegungsübung nach Stage 4: „Hundert Meter über dem Target sollte etwas sichtbar sein!". Da hatte Lothar seine erste Stage 3 längst hinter sich. Außerdem widerspricht es nicht der Ansicht, dass wir uns das Ideogramm sozusagen als zweidimensionale Projektion eines mehrdimensionalen Bildes in der Matrix vorstellen können. Wo ist das Problem? So oder so, das Ideogramm besteht aus Informationen des Zielgebiets und ist als eine Art überhöhte Skizze zu betrachten. Dieses Ideogramm ähnelte sogar verblüffend einer Zusammenstellung von Archetypen, und wenn wir uns zum Beispiel das Zeichen für „Berg" ansehen, ist das auch eine bildliche Darstellung desZielgebiets.

Ich denke, es ist vielleicht überhaupt nicht erstaunlich, dass solch eine Skizze so real sein kann wie hier, besonders wenn die angekündigte Sichtweise tatsächlich die Perspektive ist (hundert Meter über dem Target), aus der die Brücke genauso aussieht. Und das beweist auch meine Filmaufnahme vom Hotelhochhaus. Inzwischen, mehr als zwei Jahre nach diesem Erlebnis, habe ich mehrere Remote Viewer bereits in Stage 1 ein Ideogramm abliefern sehen, das starke

Ähnlichkeit mit dem Zielgebiet hatte. Mittlerweile denke ich, man muss diese Unglaublichkeiten einfach akzeptieren, zumal, wenn man jeden Tag damit umgeht.

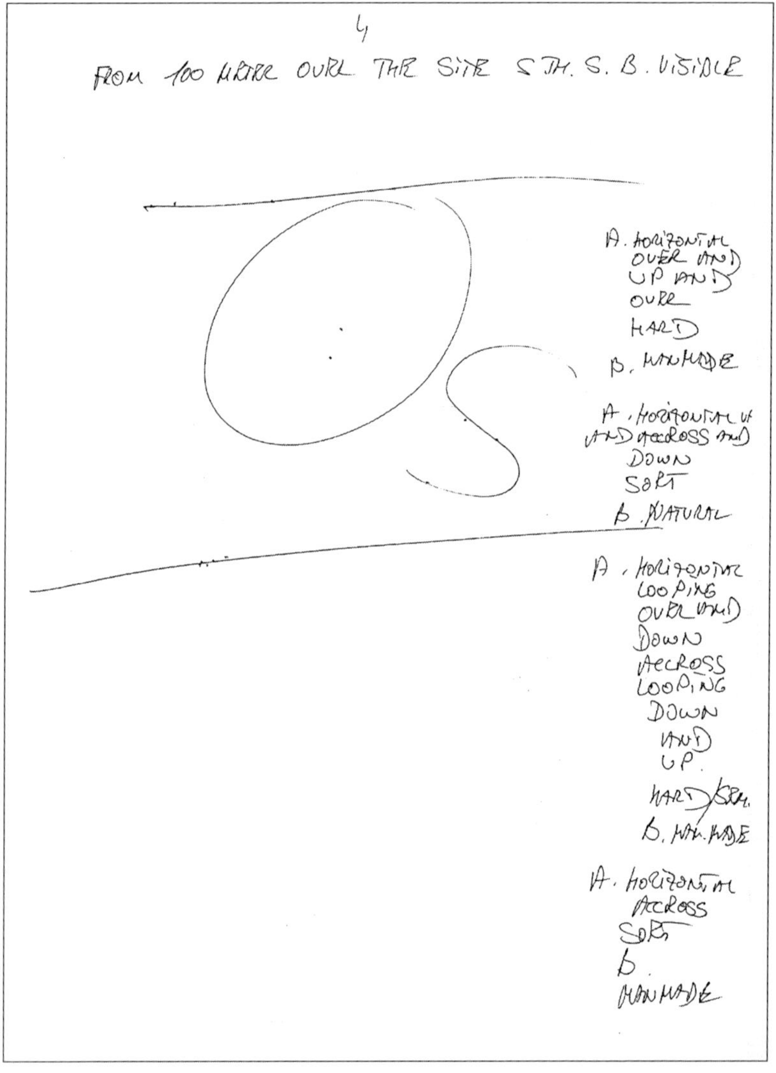

Lothars Ideogramm in der Bewegungsübung ...

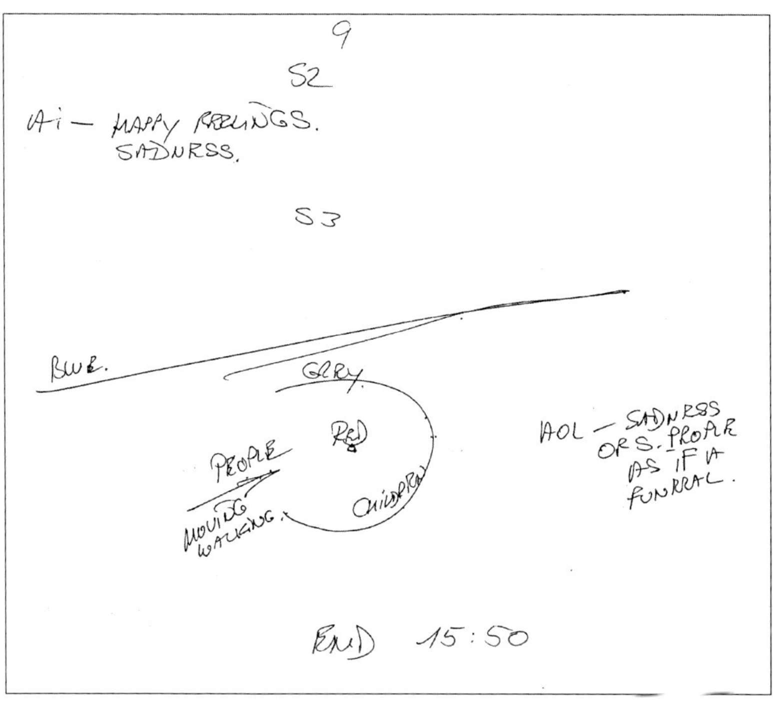

... und die Stufe-drei-Zeichnung dazu. Die Brücke hat eine schlaufenförmige Auffahrt, so wie eine Autobahn

Die Propheten der Apokalypse

3. Kapitel

Im Februar 1997 hätten wir noch die Gelegenheit gehabt, von dem anfahrenden Remote Viewing-Zug abzuspringen. Wenn man es genau besieht, gab es jedoch nie die Alternative, aufzuhören. Wir haben uns oft über diesen Vorgang der Entscheidungsfindung unterhalten. Oberflächlich betrachtet hat man ja immer zwei Möglichkeiten, wenn man an einer Weggabelung steht.

Da stehen also zwei Wegweiser. Auf dem einen steht: Schluss mit dem Ganzen, nicht weiter einsteigen und den Rest vergessen. Ein ruhiges Leben führen, aber immer im Hintergrund die nagende Frage, ob man nicht etwas Wichtiges verpasst hätte.

Auf dem anderen Wegweiser steht eindeutig, dass es Schwierigkeiten geben wird, wenn man hier entlang geht. Aber auch neue Erkenntnisse, Aufregungen, und Gefahren; auf jeden Fall nicht das Bedauern, seine Neugier nicht gestillt zu haben.

Welchen Weg würden Sie wählen? Wir jedenfalls waren einfach zu neugierig. Deshalb gab es eigentlich keine freie Wahl. »Curiosity kills the cat«, sagt der Engländer, Neugier bringt die Katze um.

Die Zeit, die ich mit der Fertigstellung des ersten Films über Remote Viewing „Das Ende aller Geheimnisse" verbrachte, kollidierte in zweifacher Hinsicht mit dem Wunsch nach einem friedlichen Leben.

Zum einen wurde mir durch das Verarbeiten des gedrehten Materials an jedem Tag von neuem um die Ohren gehauen, dass PSI funktioniert. Zum anderen war es die Zeit, als der Jahrhundert-Komet Hale-Bopp unübersehbar den Himmel kreuzte. Er erschien wie der Stern von Bethlehem, aber statt eines Kindes wurden uns reichlich Untergangsfantasien geboten, die ausreichten, mehr als nur diesem einen Planeten den Garaus zu machen. Solche Voraussagen kamen von allen Fraktionen der Hellseherei. Auch von Remote Viewern.

Und da wir wussten, dass RV funktioniert, musste da also etwas dran sein.

Wir hatten zwei kleine Kinder, und das Letzte, was man dann hören möchte, sind Geschichten über die bevorstehende Apokalypse.

Wenige Monate zuvor hatten wir uns einen Internet-Zugang eingerichtet und so konnten wir das Getümmel auf seinem heftigsten Schauplatz verfolgen: den Websites der elektronischen Wanderprediger.

Da gab es zum Beispiel die Homepage eines gewissen Courtney Brown. Bis zu diesem Moment hatten wir eigentlich gedacht, die Bezeichnung für diese neue Art des Hellsehens sei *Technical Remote Viewing*. Jetzt erfuhren wir, dass dies nur eine Spielart eines inzwischen ausufernden Feldes mit dem Sammelnamen *Remote Viewing* war, wenngleich vielleicht die effizienteste.

Courtney Brown bediente sich des *Scientific Remote Viewing*, verfügte über ein eigenes Remote-Viewing-Institut, das „Farsight Institute“ (wie sinnig!), und bildete auch Remote Viewer aus; schon über hundert zu dieser Zeit, wie er verlauten ließ. Courtney Brown kann man mit Recht als eine der schillerndsten Figuren der amerikanischen RV-Szene bezeichnen.

Gelernt hat er sein Handwerk bei Ed Dames, was aber inzwischen von keinem der beiden mehr erwähnt wird. Courtney Brown ist natürlich an der Hervorhebung der eigenen Errungenschaften interessiert, auch wenn er immer noch respektvoll von seinem alten Monitor spricht und Ed Dames war sauer über die Eigenmächtigkeiten seines Eleven und klagte seinen Namen aus Browns Buch „Cosmic Voyage“ (deutsch bei Knaur: „Kosmische Begegnung“) heraus. Das war durchaus möglich, denn Dames selbst hatte nie etwas veröffentlicht, wo sein und Browns Name im Zusammenhang standen. Somit konnte er auch nicht über den Zitatweg festgenagelt werden.

Dabei hatte alles so schön angefangen. Einer der ersten, der Ed Dames nach seinem Army-Abschied mit dem Wunsch, Remote Viewing zu lernen, begegnete, war Courtney Brown, der sich wie Dames brennend für UFOs interessierte und hier hatte ein Topf tatsächlich einen Deckel gefunden.

Gemeinsam viewten sich die beiden, von einer Welle der ersten Begeisterung getragen, durch sämtliche UFO-Geheimnisse. Diese gemeinsamen Sessions klingen noch einigermaßen glaubhaft. Wenn aber Courtney Brown sich allein zu Hause hinsetzte und in frontloaded Solosessions, also mit vorherigem Wissen um das Zielgebiet, auf eigene Faust Jesus und dem „galaktischen Rat“ nachspürte, fühlt man doch mehr als nur einen Hauch von Fantasy den Raum durchwehen. Als

Courtney Brown sich Dames' Methode auch noch aneignete und sie mit einigen Änderungen als die seine präsentierte (SRV = Scientific Remote Viewing), war der Ofen endgültig aus bei dem hochdekorierten Major im vorzeitigen Ruhestand. Die Geschichte dieser beiden ist auch reich an pikanten Details. Es wird gern kolportiert, dass Ed Dames mal mit seinem alten Freund eine Landung schwangerer Marsianerinnen in der Mojavewüste erwartet haben soll. Diese Geschichte ist natürlich eine unberechtigte Vermengung verschiedener Ereignisse und weitgehend aus der zweifelhaften Mars-Geschichte Courtney Browns entlehnt. Aber sie passt so gut zu der alten Geschichte aus Fort Meade, als einmal die dort arbeitenden Remote Viewer ihrem außerirdisch interessierten Monitor Ed Dames in einer UFO-Session als Target Santa Claus, den Weihnachtsmann auf seinem Rentierschlitten, untergejubelt hatten. Ein fremder Eindringling, vielleicht sogar ein Alien mit rotem Anzug und merkwürdigem Fahrzeug! Und erst der bioenergetische Antrieb! Kein Wunder, dass Ed Dames einen roten Kopf bekam.

Leider waren mir alle diesbezüglichen Details im Januar 1997 noch nicht bekannt und auch viele Erkenntnisse, die sich leider immer erst hinterher einstellen. Auch fiel es sowohl mir als auch meiner Frau schwer, eine distanzierte, geschweige denn humoristische Sicht der Geschehnisse zu erhalten. Der Komet Hale-Bopp beherrschte den Nachthimmel und das Internet. ER war ja auch von den Sehern angekündigt worden: das Mahnmal vor der großen Katastrophe.

Das begann schon mit der BILD-Zeitung. Hier entdeckte man plötzlich die dritte Botschaft von Fatima in Portugal, wo drei kleinen Kindern 1917 die Jungfrau Maria erschienen sein soll und ihnen die russische Revolution, den zweiten Weltkrieg und das jüngste Gericht vorausgesagt haben soll. Natürlich konnte man auch die bekannten Sagen der Hopi-Indianer nicht außen vorlassen, für die auch, nun Vorsicht mit der Formulierung! „ein glänzender Stern das Ende *dieser Art von Welt* markiert". Ja, was ist denn „diese Art" von Welt? Die haben wir doch durch unsere ökologischen Desaster längst hinter uns gelassen! Natürlich fällt dazu den Christen immer die Offenbarung des Johannes ein, die wurde schon zur ersten Jahrtausendwende nach Geburt des Konzeptes des Nazareners zur Einleitung der öffentlichen Selbstgeißelung zitiert. Die Bild-Zeitung weiß aber immerhin, dass nur ein Drittel der Menschheit dieser Erde vernichtet werden wird (12.3.97)! Das wurde aber schon seit langem beispielsweise der Aids-

Krankheit zugeschrieben.

Der Büchermarkt konnte sich die Gelegenheit auch nicht entgehen lassen. Es ist unglaublich, was man an Literatur zu „Prophezeiungen zur Jahrtausendwende" bekommen kann; und selbst an Nostradamus haben sich die Interpreten gleich dutzendweise mit einer garantiert zutreffenden **eigenen** Entschlüsselungsmethode zu schaffen gemacht.

Mit anderen Worten, das Thema wurde totgeritten. Und **eigentlich** hätte man sich nun keine Gedanken mehr zu machen brauchen, hätten da nicht unsere Erfahrungen mit Remote Viewing im Raum gestanden und der berechtigte Verdacht, dass Hellsehen machbar ist und von natürlichen Medien auch mit Erfolg durchgeführt wurde. Irgendwann wurde uns auch van Helsings „Buch 3" zugesteckt, eine fleißige Zusammenstellung aller möglichen Katastrophenvisionen mit einem Register von hundert Sehern. Wir erfuhren dann auch vom „Spiegel", dass das ein sehr zweifelhafter Autor sei, aber wer ist das nicht in diesem Gewerbe? Jedenfalls erheiterte uns dieses gestandene Nachrichtenmagazin eins ums andere mal mit selbst gemachtem Blödsinn, beispielsweise, dass Akupunktur wirkungsloser Hokuspokus sei. Wo ich doch meinen Heuschnupfen nach jahrzehntelangem, wirkungslosem Pillenschlucken endlich mit diesem chinesischen Blödsinn in den Griff bekommen hatte …

Wie dem auch sei, die Auflistung in diesem Buch ist beeindruckend und die Zeichen am Himmel manifestierten sich auch dort – vor der großen Katastrophe. Natürlich haben sich viele Voraussagen inzwischen erfüllt, neben vielen anderen sei der bekannte amerikanische Seher Edgar Cayce genannt, der eine erhebliche Trefferrate aufwies. Ein natürlicher Remote Viewer, so schien uns. Mich persönlich beeindruckte eine Vision von Veronika Lueken von Bayside aus Amerika, die seit 1971 ihre Bilder der Zukunft verbreitet. Just in dieser Zeit hatte ich selbst einen Klartraum, der sich mit ihren Visionen deckt. Mit dem Unterschied, dass ich damals in meinem Zimmer stand und aus dem Fenster nach Westen sehend, ganz ähnliche Bilder wahrnahm (wir haben in unserem jetzigen Haus kein Fenster mehr nach Westen):

„… ich sehe, wie der Himmel ganz leuchtend rot, fast orange … orangerot wird. Und das Licht ist so leuchtend, dass es meinen Augen weh tut. Und ich sehe diese enorme Kugel … und während sie schneller über den Himmel saust, löst sich ein Teil von ihr ab … die Sonne, sie ist ein Feuerball und die Kugel, von der ich rede, ist ein anderer Feuerball. Und ein Teil hat sich vom Ball gelöst und er fällt auf die Sonne, und es entsteht eine Explosion und alles ist wie gelähmt ..."

Und natürlich fällt auch ein Stück auf die Erde, und zwar ins Wasser, und es gibt eine riesige Flutwelle.

Die Verbindung zu Hale-Bopp ist immer wieder unübersehbar. Und nicht nur, dass dieser Komet immer wieder Gasausbrüche hatte, seinen Kurs änderte, was angeblich „ganz normal" sein sollte, er brach dann auch auseinander. Jedenfalls war das auf immer neueren Fotos diverser Sternwarten und Amateurastronomen zu sehen, die ihre Bilder ins Internet stellten, inklusive unserer geliebten NASA.

Beliebt war auch die Homepage eines gewissen Art Bell, die wir immer wieder gern oder ungern, wie man's nimmt, aufsuchten, denn dort fand man ständig die aktuellen Links zu den Webseiten der auf diesem Gebiet einschlägigen Fachleute und Privatforscher. Eigentlich hatte Art Bell einmal mit einer amerikaweiten, von Ost- bis Westküste zu hörenden nächtlichen Fünf-Stunden-Mystery-Radiosendung angefangen. Mit fortschreitendem Interesse an seinen Themen und Verbreitung des Internets bot er bald auch Informationen von und Verbindungen zu seinen Talkshow-Gästen an, auf einer Homepage, die offenbar jede Suchmaschine kannte. Kein Wunder, wenn wir oft zu Gast waren.

Bei Art Bell tobte Anfang 1997 die Kometen-Kontroverse.

Als alle Welt ihre Fernrohre auf den Jahrtausend-Kometen gerichtet hatte, passierte, was passieren musste: in den Fotografien entdeckte man nicht nur ein mysteriöses „rechtes Auge", sondern auch einen zweiten festen Körper, sozusagen einen „Begleiter". Ein Amateur-Astronom namens Chuck Shramek (von dem auch bald Kinderfotos „Begeisterter Junge bastelt Fernrohr!" ausdruckbar waren) hatte die Bilder geschossen, und bald gab es auch andere *leaked* Fotos des Begleiters aus dem Irgendwo.

Die Amerikaner sind zu bewundern. Was tun sie in solch einem Moment?

Sie machen ein Preisausschreiben für den schönsten Namen für diesen Begleiter, veröffentlichen Gedichte und expressionistische Bilder zum Thema und kreieren auch gleich noch einen kleinen Trickfilm, den sich jeder Internet-Benutzer herunterladen kann: der Komet kommt, spaltet sich auf, ein Teil trifft die Erde, na ja, nicht so schlimm, aber der andere Teil trifft den Mond und der stürzt dann auch auf die Erde ... das war's, Blitz, Explosion, Ende. Halt, nicht ganz: dann grinste uns noch ein Mandelaugen-Alien an.

Wir waren bald jeden Tag zu Gast auf dieser Seite.

Der Gewinner der Namensgebung war „Hail Mary“ (Heil Maria!), ein nettes Wortspiel mit Hale-Bopp. Wir lächelten etwas gezwungen. Denn mittlerweile hatten sich Remote Viewer in das Geschehen eingeschaltet: eben jener erwähnte Courtney Brown und der Altmeister des Weltuntergangs, Dr. Doom alias Ed Dames selbst. Eine bemerkenswerte Kontroverse begann.

Beginnen wir bei Courtney Brown. Die Informationen zu seinem Farsight Institute ließen erkennen, dass er am engagiertesten mit Remote Viewing an die Öffentlichkeit ging. Er machte Ausbildungen mit acht Leuten gleichzeitig und hatte auch schon ein Buch auf dem Markt. UFO-Zeitschriften in verschiedenen Ländern zitierten ihn.

Er viewte den Hale-Bopp-Begleiter und stellte seine Sessions ins Internet.

Es war das erste Mal, dass ich fremde Sessions begutachten konnte. Leider musste ich sie kritiklos hinnehmen, denn außer, dass sie funktioniert, wusste ich zu diesem Zeitpunkt noch zu wenig über die RV-Methode, um mir selbst eine Meinung bilden zu können. Natürlich eignet man sich generell im Laufe der Jahre einen gewissen Abstand zu persönlichen Aussagen an, aber hier gab es sehr definitive Äußerungen zum Thema „Hale-Bopp-Begleiter. Widerstand ist zwecklos, so schien es.

„Farsight Professional 1 bis 4: Hale Bopp“ – das klingt doch überzeugend. Hier hatten wir es endlich mit Ergebnissen **professioneller** Remote Viewer zu tun. Welche Qualität musste dahinterstehen, wo die uns bekannten Deutschen, die uns schon ungemein überzeugt hatten, gerade erst **anfingen**, mit der Methode umzugehen.

„Beachten Sie bitte: alle SRV-Sessions werden blind durchgeführt. Der Viewer hat keine Ahnung von dem Target, bis die Session vorbei ist.“ So begann jedes Protokoll, und das klingt sehr souverän.

Michael Lindemann, Nachrichtenredakteur bei CNI, interviewte die Vizepräsidentin des Farsight Institutes, Prudence Calabrese, Doktor der Physik und Haupt-Viewerin von Courtney Brown am 30. November 1996.

Mit ihr im Programm waren Whitley Strieber und Courtney Brown. Sowohl Strieber als auch Bell bestätigten beide, dass es sogar **fünf** Fotos des Hale-Bopp-Begleiters von ausgezeichneter Qualität gäbe, die allerdings zurückgehalten worden wären, um das Internet nicht noch mehr aufzuheizen. Auch andere Beweise wurden von Prudence

Calabrese angesprochen, und dann beschrieb sie den Kometen aus der Sicht des Farsight Institutes, aha, dachten wir, aus der Sicht der allwissenden Remote Viewer also.

„Es scheint da ein begleitendes Objekt zu geben, es ist sphärisch, abgerundet, größer als die Erde und hohl. Es sieht aus, als sei es sowohl natürlich als auch künstlich, eine Kombination aus Planet und Raumschiff. Es sendet Licht aus, oder Energie oder Ähnliches und Signale. Unser astronomischer Gewährsmann bestätigte einen zweimaligen Empfang von diesem Objekt. (Tatsächlich behaupteten auch andere Radioastronomen, geordnete Signale empfangen zu haben.)"

„Haben Remote Viewer auch die Anwesenheit von Leben feststellen können?" fragte Lindemann nach.

„Das Objekt scheint selbst in gewisser Hinsicht empfindungsfähig zu sein. Aber da ist eine Gruppe von Lebewesen mit diesem Objekt verknüpft, das anscheinend eine Mission hat, die direkt auf die Erde gerichtet ist und worin auch so etwas wie Bewusstsein/Bewusstwerdung enthalten ist."

Michael Lindemann ging nun auf Ed Dames ein und fragte nach seiner Ansicht zu dieser Darstellung des kommenden Ereignisses von „kosmischen Dimensionen", die zwar nicht mit dem Kometen direkt verknüpft sein sollen, aber sehr schnell eintreten würden. Auf der anderen Seite hätte Brown in seinem Buch ja nur einen langsamen Untergang der Menschheit beschrieben, nicht so einen plötzlichen.

„Wir sind überzeugt, dass eine Art „großes Ereignis" passieren wird, wenigstens innerhalb der nächsten vier Jahre. Wir haben das Gefühl, dass es viel früher eintreten wird. Wir können nicht genau sagen, wie sich dieses Ereignis auswachsen wird, oder ob es eine Art Katastrophe beinhaltet. Wir meinen, dass eine etwaige Katastrophe eher einen sozialen Ursprung hat, und das ist genauso unnötig -- und dass es möglicherweise Wege gibt, diese Katastrophe abzuwenden, soweit es Bürgerkrieg oder ähnliches gibt. Wir haben den starken Eindruck, dass, was immer diese außerirdische Gegenwart ist, sie uns nicht verletzen möchte, ja, dass sie extrem vorsichtig ist, (uns) keinen Schaden zuzufügen."

„Was würden sie als die unmittelbar nötigen Schritte, um die Öffentlichkeit vorzubereiten, ansehen? Besonders bei Abwesenheit angemessener Führung durch die Regierung?"

„An dieser Stelle der Entwicklungen ist es wichtig, sich bewusst zu werden, dass es andere Gruppen von Lebewesen dort draußen gibt, anders als wir es sind, so dass es dann nicht einen größeren Schock gibt. Wir müssen beginnen, unsere allgemeine Aufmerksamkeit und unseren Bewusstseinsstand anzuheben, weil das der einzige Weg für einen effizienten Kontakt ist. Diese Lebewesen denken auf einem anderen Niveau als wir. Wir wissen aus unseren Remote Viewing-Daten, dass sie nicht linear denken, so wie wir. Sie scheinen in ›Denk-Ballungen‹ alles auf einmal zu durchdenken. Wir meinen, dass es wichtig für die menschliche Rasse ist, sich mehr um Meditation, Sicht nach innen, zu kümmern und nicht so sehr Ängste herumzutragen. Wir denken, dass die menschliche Rasse dieses Ereignis gut überstehen wird. Es wird ein paar Anfangsprobleme geben, aber die Dinge werden sich einfahren, die Leute werden sich daran gewöhnen, weil Menschen generell schnell alle Arten von Veränderung adaptieren."

„Wie bald, meinen Sie, werden wir unleugbare Beweise bezüglich Hale-Bopp haben?"

„Ich hoffe, dass dieser Astronom, mit dem wir in Kontakt stehen, sie diese Woche herausgeben wird. Er gab uns diesbezügliche Hinweise. Aber es gibt Gerüchte in der Astronomen-Szene, dass, wenn er es nicht tut, es in den nächsten Wochen andere übernehmen werden. Anscheinen sind so viele verschiedene Teleskope und Radioteleskope auf Hale-Bopp gerichtet, jeder versucht, die Beweise zu untermauern. Ich bin sicher, dass bald etwas geschehen wird. Wir vom Farsight Institut verfolgen so viele Hinweise, wie wir können. Und jede Information, die wir bekommen, werden wir unverzüglich ins Internet stellen."

Vielleicht hätte sie dieses nicht sagen, vielleicht hätten sie das nicht tun sollen. Denn damit gaben sie den Schlüssel zum Waffenschrank für ihren Abschuss frei, sozusagen. Die vagen Aussagen aus dem Interview, die man noch im üblichen Rahmen der prophetischen Warnung hätte akzeptieren können, wurden hier durch Details ergänzt, wie sie schon immer gern von Gegnern und Skeptikern wollüstig ausgeschlachtet wurden.

So konnte man in diesen „professionellen" Sessions lesen, dass der Begleiter des Kometen nicht nur ein gesteuertes Raumfahrzeug darstellt, sondern, dass dieses auch marsianische Technik sei, ein Projekt, das diese mit Hilfe der Greys, (unserer beliebtesten Aliens, deren Abbild man mittlerweile in jedem Kaugummiautomaten bekommt) und auch von Menschen (!) durchgeführt wird. Und aus einigen diesbezüg lichen Metaphern konnte man gut interpretieren, dass die wiedererwachten Marsianer (der Begriff tauchte mehrmals auf, eine größere Gruppe), auf dem Weg zu Erde seien. Es gab auch den Anschein, als sei die (amerikanische) Regierung informiert, und das alles fände sowieso unter der strengen Beobachtung des Galaktischen Rates statt, der Vereinigung aller Intelligenzen unserer Milchstraße. Als Sinn wurde das Erwachen der Menschheit fokussiert, aber auch DNA-Austausch und galaktische Evolution.

Dass man das Zielgebiet im Griff hatte, konnte an den allgemeinen Daten abgelesen werden, die samt und sonders typisch für einen Kometen sind:

„Hell, glühend, matt und die Kontraste sowohl hoch als auch niedrig, je nachdem welchen Teil man betrachtet. Leute auf der Erde beobachten es im Himmel, es ist von physischer Existenz und voller Energie, Wirbel, heiß, schnell, auseinanderfliegend, wogend und dahinziehend. Die Menschen verfolgen das Objekt mit Interesse und mit Angst." Kein Zweifel, schon die Anfänge der Sessions zeigten: der Viewer ist „on target".

Und damit musste auch der Rest stimmen und man erwartete nun beinahe täglich die Ankunft der Außerirdischen. Natürlich blieb die Erwartungshaltung des Farsight Instituts von einer prinzipiell friedlichen Begegnung nicht die Einzige. Im gesamten Kontext dieser Zeit gesehen, durchaus verständlich, geisterten bald die dramatischsten Invasions- und Zerstörungsszenarien über die Websites, von der Bombardierung mit Kometentrümmern bis zur Invasion von reptiloiden Raumschiffsbesatzungen. Letzteres ist vermutlich ein Bild, das durch die Darstellungen von Alex Collier entstanden ist, eines sogenannten Kontaktlers mit Aliens, der eine Reptilienrasse als die größten Feinde der Menschen nennt.

Parallel zu diesen Eindrücken der „Dinge, die da kommen werden", gab es auch die Sichtweise des Vaters des *Technical Remote Viewings,* Ed Dames, der seine Sichtweise der mit Hale Bopp kommenden Ereignisse ebenfalls über die Art-Bell-Show verbreitete.

„Da ist sehr wohl etwas Beängstigendes mit Hale-Bopp", sagte er als Gast der Art Bell-Show vom 30. 1. 1997. Aber die Geschichte, die Courtney Brown erzählte, wollte er so nicht hinnehmen. Vielleicht war sie ihm zu friedlich. Auch klangen alle Sessionberichte in Courtney Browns Buch nicht sooo tragisch. Die schlimmste Zeit der ökologischen Katastrophe sah dieser erst für 2063 voraus und die Konfrontation der Erde mit den Außerirdischen als eher hilfreich.

Ein paar harmlose Flecken am Nachthimmel: Hubble-Foto des Kometen mit Begleiter

Eigentlich verbreitete er so etwas wie Hoffnung. Nicht so Ed Dames. Schon früher bei seiner Remote-Viewing Einheit in Fort Meade war er wegen seiner finsteren Zukunftssichten als „Dr. Doom" (Dr. Weltuntergang) verschrien. Bei Art Bell äußerte er sich dazu so nahe an der Gegenwart, dass man manchmal zweifelte, er benutze Remote Viewing. Alle Voraussagen, dass beispielsweise wegen der erhöhten UV-Strahlung offenliegende Larven oder Eier wie solche von Fröschen und Lurchen absterben oder eine hohe Mutationsrate aufweisen würden oder dass die Blüten ihre Farbe rapide ändern würden und deshalb sie von Ihren bestäubenden Bienen etc. nicht mehr gefunden würden, hätte man auch nach Kenntnis der Fachpresse hochrechnen können. Er datierte den Beginn aller dieser ökologischen Katastrophen auf 1998 und den globalen Börsensturz als ökonomische Flankierung auf die Mitte jenes Jahres.

Was er aber mit Hale-Bopp kommen sah, habe damit nichts zu tun, sagte er, die Einwirkung aus dem Kometen falle sozusagen nur auf vorbereiteten Boden.

„Hale-Bopp hat keinen Begleiter, jedenfalls nicht jetzt, aber er hatte einen. Da ist etwas, das mit Hale-Bopp verbunden ist, und das ist ein zylindrischer Behälter, hohl und ziemlich groß. Wie groß können wir nicht genau sagen. Und in dieser Zylindrischen Region gibt es einen Raum, der enthält Partikel wie von einer Art organischen Suppe ..."

In seinen weiteren Ausführungen beschreibt Dames im Gespräch mit Bell eine sehr neue Bedrohung. Wenn wir im Mai/Juni des Jahrs 1998 mit der Erde den Schweif des Kometen erreicht hätten und ihn auch durchfliegen würden, käme mit einem Meteoritenregen auch eine Pflanzenkrankheit herunter, eine künstlich entwickelte Pflanzenkrankheit. Sie sollte im äquatorialen Raum in die Erdatmosphäre eindringen und durch die Winde überall hin verbreitet werden. Die Form dieser Krankheit beschrieb er als pilzartig, betroffen sollten alle Pflanzen mit Chlorophyll sein. Also alles Grüne, sozusagen.

Nimmt es da Wunder, dass nun auch *Spiegel TV* diese Geschichte präsentieren wollte. Am 13. März 1997 versuchte ihnen Lothar Rapior diese Darstellung zu erklären. In einem aktuellen Kometen-Beitrag mit Gesprächspartnern aus Esoterik und Astronomie geriet er dann selbst zu einem dieser „Weltuntergangsspinner". Diese undifferenzierte Herangehensweise ist natürlich durch die engen Sendeplätze determiniert, aber was soll man von Nachrichtenprogrammen halten, die alle Ereignisse aus Zeitgründen so kurz gefasst und vereinfacht glauben darstellen zu müssen? Mir graut vor der Vorstellung, was man uns vorsetzt, wenn tatsächlich wichtige Verhaltensmaßregeln bei einer größeren Katastrophe vermittelt werden müssen. Ob das dann besser klappt?

Vorenthalten wurde den Zuschauern aber die moralische Erklärung für die Katastrophe, die Ed Dames damals auch gleich mitlieferte. Natürlich hakte Art Bell bei dem Begriff „engineered", also künstlich geschaffen, in Bezug auf die Pflanzenkrankheit ein. **Wer** hätte sie denn erschaffen, das müssten ja Intelligenzen sein.

Dames antwortete in einer Allegorie. „Vielleicht sollte man sagen: *was* hat sie geschaffen." Die Erde sei krank, sozusagen krank von den Menschen. Sie benötigt deshalb ein Antibiotikum. Wir sollten nicht vergessen, dass **wir** die Krankheit der Erde seien.

„Wissen Sie, was Sie da beschreiben?" fragte Art Bell.

„Ja, Wermut. Jedenfalls teilweise."

Dann berichtete Art Bell, dass der Vatikan erhebliches Interesse an Astronomie habe und der Papst sogar eine eigene Sternwarte besitzt.

Wenig später nach diesem Interview, hatten wir das Vergnügen, auch die Geschichte des anonymen „Priesters", der sich bei Art Bell meldete, lesen zu dürfen:

> „11.12.1996, 00:33:29 EST
>
> Lieber Mr. Bell,
>
> ich höre Ihr Programm seit zwei Jahren, wann immer ich Zeit habe. Ich habe ein paar sehr beunruhigende Nachrichten und ich glaube, Ihr Programm ist der richtige Ort, sie zu verbreiten.
>
> Ich war fünf Jahre beim Vatikan angestellt. Ich tat etwas, das

man am besten als Spionageabwehr für die Kirche beschreiben könnte. Ich bin ein Mann Gottes, und bitte glauben sie mir, die Informationen, die ich habe, sind wertvoll und ernsthaft.

Ohne zu sehr auf Details über meine früheren Arbeitgeber einzugehen, möchte ich nur kurz mitteilen, dass ich für einige Zeit Zugang zu Vorgängen der obersten Geheimhaltungsstufe hatte. Den größten Teil meiner Arbeit, die ich bedauerlicherweise tat, möchte ich Ihnen jetzt nicht offenbaren.

Vor ungefähr sechs Monaten arbeitete ich an einem Computerterminal in einem höchst gesicherten Bereich, als ich über etwas stolperte, dass mir nahezu einen Herzstillstand verursachte. Und von diesem Moment an wurde alles sehr merkwürdig.

Ich entdeckte ein stark verschlüsseltes Untersystem, das überraschenderweise sehr gut verborgen war. Ich fand heraus, dass man nur durch das Terminal, an dem ich mich befand und einem weiteren Zugang dazu bekommen konnte. (Ich sollte an dieser Stelle erklären, dass ich normalerweise nicht an diesem Terminal tätig war.) Nachdem ich zwei Minuten versucht hatte, in dieses System hineinzugelangen, schloss es sich selbst und verschwand aus dem Zugriff dieses Terminals. Da ich keine Aufmerksamkeit erregen wollte, entschloss ich mich, zu gehen und in der nächsten Nacht wiederzukommen. Das Merkwürdige war, dass ich, als ich wiederkam, bewaffnete Wachen vor den Räumen vorfand. Es ist sicher nicht unüblich, dass bewaffnete Wachen sich auf dem Gelände des Vatikans aufhalten, aber dort war es sehr selten, vor allem bewaffnet.

In den nächsten sechs Monaten gelang es mir nur einmal, unbemerkt hineinzuschlüpfen. Und als ich fand, wonach ich gesucht hatte, verstand ich die Sicherheitsanstrengungen. Ich benötigte einige Zeit, um in das System einzubrechen, und als es mir gelang, wünschte ich, ich hätte es nicht getan.

Als ich hineingelangte, kam ich an eine Datengruppe, die WERMUT? (jawohl, mit Fragezeichen) benannt war. Ich dachte, es sei eine Textdatei, und wollte sie öffnen, um sie für eine spätere Lektüre zu kopieren. Was aber passierte, war wirklich bemerkenswert. Die Datei „entartete“ irgendwie in eine Serie von Kommandozeilen, was ungefähr zwei Minuten dauerte. Und als das beendet war, lag es vor mir.

Es war eine direkte Verbindung zum Hubble-Fernrohr. Und

dieses war direkt auf den Kometen Hale-Bopp gerichtet. Das Programm berechnete nun eine Art Analyse, zum Beispiel Richtungsangaben, Bahnberechnungen, etc. Als mir klar wurde, was ich da entdeckt hatte, suchte ich weiter und stieß auf eine E-mail Datenverbindung, die direkt zum Büro des Papstes führte. Was darin diskutiert wurde, fand ich nicht heraus.

Während der nächsten zwei Wochen entdeckte ich, dass der Vatikan sehr durch die Existenz des Hale-Bopp-Begleiters erschreckt war und **sehr** besorgt darüber. Ich begann, Dateien und Bilder zu kopieren, die ich dort vorfand, und da waren auch ein Bericht der Vereinten Nationen an den Vatikan und ein Bericht der NASA, die ihre Besorgnisse ausdrückten.

Es war offensichtlich, dass eine größere Anzahl Menschen von diesem Begleiter wussten und ihr Bestes taten, dieses zu verschweigen. Wirklich ihr Bestes. Wie der nächste Teil meiner Geschichte aufzeigt.

Ich hatte eine andere Datei gefunden, in die ich hineinschauen wollte, aber sie war unabhängig verschlüsselt. Zu der Zeit, als ich sie entdeckte, war ich an diesem Terminal schon einige Zeit online, deshalb entschloss ich mich, die Datei nur zu kopieren und sie zu entschlüsseln, wann ich Zeit dazu finden würde.

Ich war gerade dabei, den Raum zu verlassen, da stieß ich auf zwei Wachen aus dem engsten Kreis des Papstes, die mich zu einer Unterredung aufforderten. Ich fand die Situation sehr ungemütlich und willigte ein, sagte aber, dass ich noch unbedingt duschen müsse und es deshalb etwas dauern würde. Darauf verließ ich sofort den Vatikan und bin seitdem nicht mehr dort gewesen.

Ungefähr eine Woche später erfuhr ich durch ein paar alte Freunde und Kontakte, dass auf mich ein Kopfgeld ausgesetzt worden war. Zwei Tage später kamen meine Eltern bei einem Autounfall in Frankreich um. Drei Tage danach starben mein Bruder und meine Schwester, als ihr einmotoriges Flugzeug an der US-Ostküste abstürzte.

Ich bin jetzt schon sehr lange auf der Flucht und versuche immer noch die Datei zu dekodieren, die in meinem Besitz ist. Ungefähr zehn Kopien davon habe ich bei Freunden hinterlegt, für den Fall, dass ich verschwinden sollte. Ich fürchte nicht so sehr um mein Leben, da ich mich sehr bemühe, nicht gefunden zu werden. Ich glaube aber, dass die Welt über die Informationen, die ich habe, Bescheid wissen sollte. Diese Informationen möchte ich Ihnen, Mr. Bell zur Verfügung stellen, weise aber darauf hin, dass Ihr Leben in Gefahr ist, wenn Sie dies veröffentlichen. Bitte entschuldigen Sie, dass ich mich im Moment so vage ausdrücke, aber ich halte das für notwendig.

Wenn Sie diese Informationen möchten, sagen Sie es bitte in einer Ihrer Sendungen. Sollte ich nicht selbst zuhören, wird es mir einer meiner Freunde zutragen, denn ich kann nicht wagen, Sie selbst zu kontaktieren. In Erwartung Ihrer Antwort --

—PRIESTER— "

Diese Geschichte basiert auf der bekannten Textstelle in der Offenbarung des Johannes, wonach „… *der dritte Engel posaunte: und es fiel ein großer Stern vom Himmel, der brannte wie eine Fackel und fiel auf den dritten Teil der Wasserströme und über die Wasserbrunnen.*

Und der Name des Sterns heißt **Wermut.** *Und der dritte Teil der Wasser ward Wermut; und viele Menschen starben von den Wassern, weil sie waren so bitter geworden.*" (8. Kapitel, 10 und 11)

Außerdem benutzte er die Tatsache, dass für einige Zeit, gerade als die Wogen der Spekulation am höchsten gingen, keine neuen Bilder vom Hubble-Teleskop kamen und die Begründungen dafür seitens der NASA sich recht fadenscheinig anhörten: andere Aufgaben, Sonnennähe etc.

Natürlich ist man versucht, solche Geschichten als Elaborate engagierter SF-Autoren zu sehen, die auf diese Weise auf ihr Talent hinweisen wollen und einen Verleger suchen. Oder man schreibt solches wirren Spaßvögeln zu, von denen es erfahrungsgemäß genug gibt. In einer Situation aber, in der alles möglich erscheint und man von mehreren Seiten mit kongenialen Hochrechnungen bombardiert wird, fallen diese Zuordnungen schon schwerer. Hinzu kam, dass immer neue Meldungen über die Masse des Kometen und sein auseinanderbrechendes Verhalten an die Öffentlichkeit drangen. Auch „Top Astronomen" sollten alle möglichen beunruhigenden Details bestätigt haben, hieß es dann und wann. Was wusste also die Regierung wirklich und versuchte es geheim zu halten, um eine globale Panik zu vermeiden? Interessant in diesem Zusammenhang war auch die Meldung eines Herrn Richard F. Motzer (!), der bei Art Bell berichtete, dass er von einem Len Stringfield schon im Januar oder Februar **1992** gehört hätte, „die Bush-Regierung wolle eine dreißigprozentige Erhöhung des SDI-Budgets (SDI = Weltall-Verteidigungsinitiative).

Eigentlich unsinnig, da die Sowjetunion schon ein Jahr zuvor auseinandergebrochen war. Seiner Meinung nach glaubte die Regierung, dass ein Objekt unser Sonnensystem erreichen würde und tatsächlich wurde ein unbekanntes Objekt in der südlichen Himmels-Hemisphäre gesichtet.

Der Vielzahl von Lens Quellen zufolge, änderte das Objekt seine Form von einem Kreis über ein Viereck bis zu einem Dreieck.

Der Ted Turner Nachrichtenkanal CNN brachte einen kurzen Bericht und dann verstummte die Sache, bis Herr Hale und Herr Bopp 1995 ihre Entdeckung machten."

Heute stelle ich mir natürlich die Frage, was soll eine Regierung denn nun tun? Es ist inzwischen allgemein bekannt, dass unsere Erde durch Meteore und kleinere Asteroiden ständig bombardiert wird, was aber glücklicherweise durch die Existenz der Lufthülle zu keinem ernsten Schaden für uns führt. Leider gibt es aber immer mal wieder größere Brocken, die nicht verglühen, bevor sie auftreffen und manche sind so groß, dass ihr Aufprall Veränderungen auf der Erde hervorruft, die selbst die Dinosaurier nicht überstehen konnten. Da der letzte größere Einschlag schon mindestens sechs- bis zehntausend Jahre her ist, muss eine Regierung, wenn sie verantwortungsvoll in die Zukunft schaut, sich um solche Möglichkeiten kümmern. Wenn sie aber diesbezügliche Maßnahmen in die Wege leitet, wird gleich angenommen, eine tatsächliche Gefahr sei bereits im Anmarsch und man träfe Gegenmaßnahmen, die deshalb geheim gehalten würden, um keine Panik aufkommen zu lassen. Eine echte Zwickmühle. Interessant ist hier nur, dass die Meldung bereits vor der offiziellen Entdeckung des Kometen durchsickerte.

Man versucht solche Bedrohungen allgemein wie folgt in den Griff zu bekommen: da melden die Astronomen also einen größeren Asteroiden auf Kollisionskurs. Diese Meldung kann man natürlich nicht verhindern. Schnell findet man deshalb Experten, die errechnen, dass dieser Klotz nicht trifft, sondern ein paar Millionen Kilometer vorbeigeht, eng genug, aber vorbei ist eben vorbei. Trotzdem muss man, schon aus wissenschaftlichen Gründen, die Sache weiter beobachten (zum Beispiel YF98 im Februar 1998).

Für den massiven Teil von Hale-Bopp errechnete man einen Durchmesser von zirka vierzig Kilometer, wobei auch Meinungen geäußert wurden, dass dieser Kern durchaus sehr kompakt sein könne, und wenn der uns träfe, dann wäre wirklich alles vorbei. Aber am 22. März 1997 zog er in größter Erdnähe vorbei und die Kassandra-Rufer, die behauptet hatten, dieser Komet wäre der Himmelskörper, der in allen Untergangsszenarien auf der Erde einschlagen würde, meinten nun, es könne ja sein, dass er nach seiner Umrundung der Sonne uns noch einmal unangenehm nahe kommen könne. Oder dass, nach Ed Dames, etwas Giftiges in seinem Schweif enthalten sei, den wir im nächsten Jahr, also 1998 durchfliegen würden.

Wie man es auch betrachtete, Hale-Bopp war aus dem 1998er Untergangsszenario nicht mehr wegzudenken.

Jeder versuchte, seine Ansicht nachzuweisen und unser tägliches Internet-Surfen beförderte immer neue Stellungnahmen und Gegenstellungnahmen in den angeschlossenen Drucker. Selbst Whitley Strieber, der bekannte UFO-Entführungsautor, schloss sich mit einem „eigenen" Foto des Hale-Bopp-Begleiters und der Ansicht eines ihm bekannten „Top-Astronomen" der Untergangswelle an.

Als der Komet vorbei war, distanzierten sich plötzlich alle von ihren Psychosen. Es gab auch distanzierte Darstellungen, wie es zu der dieser allgemeinen Panikmache gekommen war. Beispielsweise erzählte Rebecca Schatte, Shrameks Kollegin beim Mistery-News-Sender CNI, dass der „Entdecker" des Hale-Bopp-Begleiters eigentlich nur hatte wissen wollen, was er da fotografiert hatte, als er seine Fotos an Art Bell schickte. Er wusste sehr wohl, dass an dieser Stelle ein natürlicher Stern stand, nämlich SAO 141894, nur konnte er sich nicht erklären, warum dieser plötzlich ein Mehrfaches an Helligkeit erreichen sollte und noch dazu einen „saturnähnlichen Ring" hatte.

Es wurde dem Amateurastronomen erklärt. Natürlich. Es scheint etwas ganz Normales zu sein, dass in enger Nähe zu einer hellen Lichterscheinung schwache Sterne plötzlich viel heller werden und einen Halo bekommen, besonders, wenn man sie mit einer CCD-Kamera fotografiert. Immerhin brauchten die „Top-Astronomen" dazu einige Wochen. Es ist immer wieder schön, wenn man erfährt, dass die Wissenschaft doch siegt. Hinterher.

Ed Dames hingegen hielt an seiner geviewten Sicht der Dinge, die da kommen werden, fest. Glücklicherweise konnte er wenigstens erklären, warum die Sessions von Courtney Brown Unsinn gewesen sein sollten.

In einem späteren Interview vom 24. April 1998 in Art Bells kultiger Mystery-Radiosendung, erklärte Ed Dames aus seiner Sicht des gestandenen Remote Viewers die Brownsche Kometen-Fehlleistung.

„Wir (bei PSI TECH) viewten nie die Herkunft dieses gefälschten HALE-BOPP-Begleiter-Fotos. Ich habe viele meiner Studenten angewiesen, so etwas als Target zu nehmen und wenn Courtney das richtige Protokoll gekannt hätte, wäre es einfach für ihn gewesen, zu erkennen, dass es sich hier um eine Fälschung handelte. Was wir momentan bei PSI TECH tun, wenn wir an einem speziellen Objekt auf einem Foto interessiert sind: wir kreisen es ein und formulieren es als Zielgebiet, als *Remote Viewing Target*. Und dann kommt es raus, ein Stern, ein Planet oder ein anderes Objekt. Wir erfahren es. Dieses Bild stellte sich als fabriziert heraus, wir fanden uns in einem Raum wieder, in dem jemand saß und dieses Foto herstellte.

Courtney Brown kannte sich damit nicht so aus. Er nahm von vornherein an, dass da ein (künstliches) Objekt hinter Hale-Bopp wäre und machte aus dieser Idee ein Target und endete so mit einem Haufen Unsinn und unechten Daten, die er versuchte in eine vorgefertigte Annahme reinzuzwängen. Solch ein Vorhaben ist von Anfang an zum Scheitern verurteilt. Prudence Calabrese war da nur eine Art Werkzeug (als Viewerin) für ihn, zu dieser Zeit."

Prudence Calabrese, die Haupt-Viewerin von Courtney Brown und Vize-Präsidentin seines Instituts hat sich denn auch noch im Jahr 1997 in einem offenen Internet-Brief aufs Heftigste von Courtney Brown distanziert und sozusagen gegen diese virtuelle Vergewaltigung gewehrt.

In seinem Buch „Cosmic Voyage" veröffentlicht Brown denn auch zusammengewürfelt die Ergebnisse von Trainingstargets aus Dames Militärzeit genauso wie solche aus seinem eigenen Training. Zur Abrundung fügt er noch vorinformierte Eigenimpressionen aus späteren Solosessions hinzu und erhält einen schönen Science-Fiction-Roman mit einigen richtigen Daten, die aber, wie des Pudels Kern, schwer zu finden sind.

Die methodischen Fehler Browns sind schon für einen flüchtigen Kenner der Remote Viewing-Methode offensichtlich: Brown nimmt seine Fantasie mit in den Datenpool. Im Technical Remote Viewing-Protokoll (TRV) beispielsweise gibt es mehrere Mechanismen, Phantasie-Daten als solche herauszustellen. Wenn man das in seiner Begeisterung für die Sache und in dem eitlen Verlangen, eine eigene Methode zu kreieren, vergisst, dann schießt man eben Eigentore. Ein einfacher Vorgang hat manchmal auch eine einfache Erklärung.

Aber soweit waren wir damals noch nicht. Zumal uns die uns bekannten deutschen Remote Viewer eine ähnliche Geschichte erzählten, diesmal aus dem Munde von eben diesem Ed Dames, dem technischen Meister der Matrix und genialem Entwickler der uns so überzeugenden Methode.

Natürlich wurde hier kein Bezug auf irgendein Mutterschiff mit Alligatoren genommen, sondern mit dem Kometen sollte „nur" dieser Behälter zur Erde transportiert werden, der ein Gift für alle Grünpflanzen dieses Planeten enthielt. Wir schauten ständig in allen verfügbaren Zeitschriften nach, ob es in Zentralafrika den vorausgesagten Einschlag gegeben hätte, denn mittlerweile musste dieser Kanister die Erde erreicht haben. Dazu gab Ed Dames, wieder in einer Art-Bell-Show vom 24. April **1998** folgende Erklärung:

„Der Kanister ist nicht mehr feststellbar" (wörtlich: „Not yet detectable"). Hat er sich aufgelöst und seinen Inhalt nun verstreut oder war auch diese Vision eine Ente?

Merkwürdigerweise gab es Mitte Mai dann eine kurze Nachricht der Deutschen Presseagentur (dpa), die aber schnell wieder verschwand: Die Kakaopflanzer Mittel- und Südamerikas hatten eine Krisensitzung einberufen. Diesjährige Ernte sei von einer merkwürdigen, neuen Pflanzenkrankheit bedroht.

Aber auch ohne diese spezielle Prophezeiung gab es genügend Diskussionsstoff und Untergangsszenarien, die nicht unbedingt mit dem Jahrhundert-Kometen zu tun hatten. Unsere drei Remote Viewer hatten auch die anderen Möglichkeiten nach besten Kräften unterstützt. Ich erinnere mich an eine fotokopierte Zeichnung an der Pinnwand in Toms Büro in Hamburg, auf der man Nordamerika sehen konnte und weite Bereiche mit einer Schraffur und der Bemerkung „gone" versehen waren. Bei Ihrer Ausbildung in USA hatten sie 1998/99 als Zeitpunkt der nächsten globalen Katastrophe festgemacht. Überschwemmungen gehörten dazu. Das bedeutet natürlich „gone" für weite Landstriche, sowohl in Kalifornien als auch in Florida. Genaugenommen war die Hälfte der USA als „gone" markiert. Nun weiß man ja, dass die Geophysiker schon lange auf eine ultimative Erdbebenkatastrophe im Bereich Kalifornien warten. Und auch Lothars Session bezüglich seines Ablebens deutete darauf hin.

Natürlich spart man im Internet auch zu solchen Themen wie Katastrophenszenarien nicht mit Hinweisen und praktischen Unterstützung für alle diejenigen, die sich orientierungslos im Strom der

Meinungen treibend vorfinden. Als besonders hilfreich empfand ich in diesem Sinn die „Modifizierten Mercali-Katastropheneinschätzungs-Skalen". Von eins bis zwölf, wie wir das von Windstärken kennen:

Stufe 1: Wird von den meisten Menschen nicht wahrgenommen, Tiere können unruhig werden, kann mit sehr empfindlichen elektronischen Instrumenten gemessen werden, geht nicht in die Frühnachrichten ein.

Stufe 2 . Hängende Gegenstände kommen ins Schwingen, Wind frischt stärker auf, die Kommunikation wird gestört, ist aber noch verständlich, Elektrizität fällt kurzfristig aus.

Stufe 3: Viele Menschen nehmen seismische Bewegungen wahr, die durch Wettervorhersagen nicht abgedeckt sind, (noch) geringe psychologische Auswirkung (Beunruhigung).

Stufe 4: Türen, Fenster und Schränke beginnen zu klappern, im Haus fühlt man leichte Bewegung, geringe Vulkanaktivität.

Stufe 5: Leichtere Möbel geraten in Bewegung, Gegenstände fallen aus dem Regal, Strom fällt für Stunden aus, elektronische Steuerung von Flugzeugen wird unsicher, allgemeine Hysterie.

Stufe 6: Beinahe jeder bemerkt Erdbewegung, kleinere Möbel fallen um, Scheiben können zerspringen.

Stufe 7: Einige Leute können sich nicht mehr auf den Beinen halten, Wände erhalten Risse, Tornados und extreme elektrische Stürme jede Woche, Überflutungen in tiefer gelegenen Gebieten, sichtbar höhere vulkanische Tätigkeit.

Stufe 8: Auch schwere Möbel fallen um, Wände wackeln, Stromversorgung und Telefon tagelang außer Betrieb.

Stufe 9: Viele Leute geraten in Panik, einige Gebäude stürzen ein, Dämme brechen, Aufenthalt außer Haus nur noch in Schutzkleidung möglich, Sonne ist durch atmosphärischen Staub nicht mehr zu sehen, Gefahr für Atemorgane.

Stufe 10: Eisenbahnschienen sind geknickt, die meisten Bauwerke sind zerstört, Straßen brechen auf, Stromversorgung und Telefon für Wochen außer Betrieb, Überflutungen bis sechshundert Meter möglich, starker Anstieg von Vulkanaktivität.

Stufe 11: Brücken stürzen ein, unter der Erde verlegte Leitungen brechen, fast alle Bauwerke brechen zusammen, Kontinente überschwemmt.

Stufe 12: Alles Menschenwerk ist dahin.

Ein hilfreicher Leitfaden für den Haushalt im Notfall, nicht wahr?

Nun wird sich kaum die Situation ergeben, dass man aus dem Fenster schaut und feststellt: „Schau, da fallen einige Häuser um, und die Leute rennen in Panik umher. Dunkel ist es auch irgendwie, ich glaube wir haben Stufe neun erreicht. Schau mal nach, ob das Telefon noch geht! Wenn nicht, wird es wohl Wochen dauern, bis das wieder in Ordnung kommt!“ Aber immerhin zeigt uns diese Aufstellung, dass ein Viertel davon schon unser normales Leben ausmacht.

Wie man sieht und schon eingangs erwähnt wurde, ist das nachträgliche Lesen dieses Kapitels erheblich weniger angstbesetzt, als es die Präsenz der Ereignisse damals war. Während wir uns täglich mit den verschiedensten Möglichkeiten konfrontiert sahen, bald auf die eine oder andere schreckliche Art umzukommen, versuchten auch unsere Kinder, ihre kleinen und großen Probleme in den Bereich unserer Aufmerksamkeit zu bringen. Es gelang ihnen immer, und die Folgen sind leicht auszumalen. Meine Frau und ich waren mehr als am Rande unserer Nervenkraft, durchgeschüttelt im Strudel divergierender Daten und dem verständlichen Wunsch, das alle möge doch bitteschön nicht auf uns herabkommen. Es musste also dringend etwas geschehen. Ich versuchte mich in rationaler Bestandsaufnahme.

Zuerst kam die Überlegung, welches reale Szenario zum Beispiel die hellseherisch erfassten Veränderungen des amerikanischen Kontinents und vielleicht der ganzen Erde verursachen könnte. Dazu gehörte als erstes ein Überblick.

Fast alle dieser Zukunftssichten beinhalten das Überleben eines Teils der Menschheit. Nach dieser wie auch immer gearteten Katastrophe wird ein „goldenes Zeitalter“ angekündigt, das wirklich nur wenige religiöse Hardliner im Himmel (Vielleicht auf dem Mars?!) sehen. Schon aus diesen Darstellungen kann man schließen, dass die BILD-Zeitung recht hat: es wird nur den Untergang „dieser Art von Welt“ in absehbarer Zeit geben. Ultimative Katastrophen sind in den Bereichen zu sehen, mit denen die konservative Wissenschaft umgeht: Millionen von Jahren.

Dann aber muss es eine Folge von kleineren bis mittleren Ereignissen geben, deren Kombination und/oder Reihenfolge zur Verwüstung und menschlichen Ausdünnung der Erde führen. Mit anderen Worten: hatten all die Propheten und Hellseher immer nur eine kleinere, ihnen zufällig am nächsten befindliche Katastrophe „geviewt“, und aus der sich ihnen vermittelnden Schrecklichkeit auf umfassende unglückliche Veränderungen, einen globalen Holocaust geschlossen?

Und immer wieder taucht, wenn überhaupt, eine definierte Verringerung der Menschheit auf. Ein Drittel, heißt es, wird sterben. Wie schon erwähnt, erwartete man das schon vor zehn Jahren allein durch den Einfluss der Aids-Krankheit. Aber was bedeutet das im Umkehrschluss? Zwei Drittel der Menschheit werden überleben. Das sind vier Milliarden Menschen. Und das ist die Gesamtbevölkerung der Erde in den sechziger Jahren! So schrecklich das ist, es bedeutet aber auch eine gute Chance für jeden, und wie die „Seher“ aller Sparten bestätigen, besonders für die Einwohner der Industrieländer, „davonzukommen“, was immer das heißen mag. Wenn also keines der Ereignisse groß genug ist, diese Dezimierung allein hervorzurufen, muss es ein System von regionalen Ereignissen sein, für den, der betroffen ist, schlimm genug, aber eben nicht global. Und nicht gleichzeitig.

Mit all diesen Gedanken im Kopf saßen wir also im Winter und im Frühjahr 1997 im Büro, und ich versuchte ein System in dem Spekulationswirrwarr zu entdecken, denn, wie ich mir dachte, etwas musste auch an den Vorhersagen natürlicher Hellseher sein. Fragt sich nur, was. Und während ich so nachdachte, tobten die Kinder fröhlich durch die Räume und das Internet wie auch die Zeitungen und Zeitschriften spielten immer schönere Soli in der großen Untergangssymphonie. Ich holte wieder die Timeline des Dritten Weltkriegs nach Bouvier hervor und betrachtete sie grübelnd. Die Auflistung war ziemlich detailliert. Man konnte die Entstehung des Krieges verfolgen, seinen Verlauf und wurde schließlich noch mit dem Danach konfrontiert, wobei auch jede Art von Naturkatastrophen inklusive Kometeneinschlag aufgelistet war; eigentlich hatte man keine der schrecklichen Möglichkeiten ausgelassen. Einige Ereignisse im Vorfeld des Krieges waren längst eingetroffen, einige standen noch aus. Es gab auch logische Verknüpfungen des wenn … dann. Und es gab eine Menge Ungereimtheiten. Ich beschloss, diesen Ablaufplan an die Wand zu hängen und zu kontrollieren. Immerhin war er das Resümee vieler einzelner Hellseher.

Nach der Wiedervereinigung Deutschlands zogen also die Besatzer ab und die Bundeswehr wurde reduziert. Abgehakt. Der Golfkrieg. Abgehakt. Zusammenbruch der Sowjetunion. Abgehakt. Balkankrise, Jugoslawien. Auch erledigt. Wirtschaftskrise im Westen, neue Steuern. Tja. Wie bewertet man diese „Voraussage“? Befinden wir uns nicht in einer permanenten Verschuldungskrise, die zu immer neuen Steuererhöhungen führt? Wann fing das an, wann ist es als eingetroffen zu betrachten? Etwa nach der nächsten Mehrwertsteuererhöhung?

Ich schrieb also trotzig: „Was heißt das schon!“ dahinter und ging zum nächsten Punkt über. Vulkanausbruch im Süden Europas. Das klang doch schon greifbarer. Nun könnte man unter Südeuropa durchaus Italien verstehen, und dass dieses Land über Erdbebenregionen verfügt, ist allgemein bekannt. Interessanterweise gab es im Oktober 1997 tatsächlich dort wiedereinmal Erdbeben und man befürchtete auch den Ausbruch des Ätnas. Ich verfolgte gespannt die tägliche Entwicklung. Als der Ausbruch dann im Januar 1998 tatsächlich erfolgte, rutschte mir doch das Herz in die Magengrube. Aber so richtig brach der Vulkan dann doch nicht aus. Eher, dass er mal wieder spuckte. Aber man hatte sich inzwischen eine eingeengte Wahrnehmung zugelegt. Denn gleichzeitig zum ersten Erdbeben im Oktober trat der weltweite Börsencrash ein. Was, werden sie heute sagen, schon 1997? Nun ja, so richtig trat er auch wieder nicht ein. Aber er war angekündigt, man war aufmerksam und man konnte das Ereignis so benennen. Was mich aber am Abhaken auf der Liste hinderte, war das baldige Ende dieses Ereignisses, das im September des nächsten Jahres sicher nur als Börsenschwäche bezeichnet worden wäre. Aber soweit sind wir noch nicht. Was mich damals aufmerksam machte, war auch die sofortige, kompromisslose Stellungnahme des amerikanischen Präsidenten Clinton, der, wie sonst kaum ein Präsident, verlauten ließ, dass es keinerlei Grund zu einer Panik gäbe. Jede Beunruhigung sei aufgrund der realen Wirtschaftsdaten völlig blödsinnig. Und siehe: die Krise zog vorbei, mein Haken blieb aus. Wussten die Mächtigen Bescheid? Versuchten sie mit aller Gewalt, das vorgegebene Szenario nicht eintreten zu lassen? Auf solche Gedanken konnte der sensibilisierte Betrachter im November 1997 schon kommen, als, schon wieder, der vorhergesagte zweite Golfkrieg anzurollen schien. Man lenkte ein. Wieder kein Haken. Und so ging es weiter. Ich werde in einem späteren Kapitel noch einmal darauf zurückkommen. Zur Jahreswende 1997/98 jedenfalls war ich zwar alarmiert, aber auch wieder etwas beruhigt. Beispielsweise hatte ich mir mehrere Prophezeiungsbücher und Nostradamus-Entschlüsselungen zu Gemüte geführt und ebenfalls festgestellt, dass die Treffsicherheit der Seher nicht so umwerfend war, dass man sich in einen Bunker hätte verkriechen müssen oder gar eine Arche bauen. Was aber hatten diese Leute dann gesehen? Konnte man vielleicht aus der zum Absturz freigegebenen Raumstation MIR einen Meteoriten oder Kometen machen? Als Seher eines Zeitalters vor der Weltraumfahrt sicher, beantwortete ich meine eigene Frage. Und wenn das, was bedeutete dies für andere Ereignisse? Konnte man überhaupt so eindeutig Ereignisse der Zukunft einordnen und benennen? Die Offenbarung des Johannes konnte doch durchaus zum Beispiel mit den Atomversuchen auf dem Bikini-Atoll eingetroffen sein. Mel Riley würde das bestätigen. Er war ja da gewesen, in seiner Session. Aber auch er konnte es nicht eingrenzen und lokalisieren. Lag darin vielleicht ein Grundproblem des Hellsehens?

Und noch einen meiner damaligen Gedanken möchte ich nicht unerwähnt lassen. Nach all diesen Hellseher-Büchern, gebunden oder Paperback, brandneu oder schon jahrzehntealt … eines schien mir aufzufallen: jeder Seher verlor im Laufe der Zeit an Treffsicherheit. Je weiter das Ereignis in der Zukunft lag, desto geringer die Quote. Rückblickend erscheint es mir heute, als hätte die Voraussagekunst in der Mitte der achtziger Jahre fast so etwas wie einen Knick erfahren, als wäre das Zeitschiff in eine andere Richtung abgebogen. Oder was wäre, wenn man im Wissen um diese Visionen mit aller Macht zu verhindern versuchte, dass diese einträfen? Die Ereignisse um den zweiten Golfkrieg und Börsencrash schienen diese Möglichkeit zu belegen. Ed Dames erklärte, dass er schwer über den Tellerrand eines halben Jahres in der Zukunft schauen könnte. Vielleicht, weil immer mehr eingegriffen wird, mehr und mehr geändert wird? Ich schöpfte wieder Hoffnung. Vielleicht kann man die Zukunft tatsächlich ändern? Vielleicht wird sie schon geändert, vielleicht sogar bewusst?!

Auf der Straße der Unwahrscheinlichkeit

4. Kapitel

Je länger ich an dem Film über die Funktionsweise von Technical Remote Viewing arbeitete, desto unfroher wurde ich damit. Ich machte hier praktisch einen Film über ein Thema, von dem ich keine Ahnung hatte. Ich lief ständig Gefahr, Fehler zu produzieren, ohne es zu bemerken. Eine unglückliche Konstellation. In der heutigen Zeit zwar kein Ausnahmefall, aber ich konnte mich nicht mit der alltäglichen Realität der Fernsehredakteure und –realisatoren trösten, die für ihre Magazinbeiträge ja auch nicht das Thema durchdringen können, sondern aus Zeitmangel immer nur oberflächliche Plattheiten verbreiten. Solches ging mir einfach gegen den Strich.

Später erfuhr ich, dass ich damit nicht allein stand. Christian Bauer nahm zu dieser Zeit seinen später bei Kabel 1 und Pro Sieben gesendeten Film „Projekt Stargate" auf und ließ sich auch von Ed Dames in die Technik einweisen. Und Jim Schnabel, der Macher von „The Real X Files", dem Video zu seinem Buch sozusagen, hatte gleich zwei Ausbildungen hinter sich gebracht, eine bei Dames und eine bei dem Altmeister Ingo Swann.

Wenn ich also keiner dieser inhaltlichen Überflieger sein wollte, was blieb mir anderes übrig?

Wir verabredeten den ersten Trainingstermin für den 19. April 1997. An zwei Wochenenden sollten meine Frau und ich im Partnerpack sozusagen uns die Methode aneignen. Diese Partnerausbildungen werden vorrangig empfohlen und wir begriffen sehr bald, warum. Erstens ist es sehr schwierig, mehrere Leute gleichzeitig auszubilden (Courtney Brown soll Kurse mit bis zu acht Leuten gleichzeitig anbieten), denn es muss schon sehr individuell auf den Einzelnen eingegangen werden, damit er es für sich optimal begreift. Außerdem sollte er seine Übungssessions allein abwickeln können. Wenn da noch ein halbes Dutzend Leute unbeschäftigt herumhängt und über die Schulter sieht, ist das keine sehr erquickliche Situation. Abgesehen davon, dass während eines solchen Trainings aus Zeitmangel dann zu wenig Übungen für den Einzelnen möglich sind.

Einzelausbildungen sind aber auch nicht das Gelbe vom Ei. So zeigte schon die Erfahrung der zehn Deutschen, die sich bei Ed Dames haben ausbilden lassen, dass die spätere Arbeit mit der Methode sehr in Frage gestellt ist, wenn man damit allein zu Hause rumhängt. Wenn man aber einen Partner hat, im optimalen Fall den Ehepartner, kann man sich gegenseitig weiterhelfen, eben auch über Zeiten der Rückschläge und Lustlosigkeit hinweg. Man kann auch innerfamiliäre Projekte starten. Das sind mehr als nur Gesellschaftsspiele, die Ergebnisse sind dazu viel zu konkret. Man hat mit dem realen Leben zu tun.

Als meine Frau und ich unser Training begannen, hatten wir uns mittlerweile ein halbes Jahr sehr theoretisch mit dem Thema herumgeschlagen. Am 18. April fuhr ich sogar nach Stuttgart, um weitere Aufnahmen unserem Remote Viewing Archiv hinzuzufügen, denn das Thema interessierte uns immer noch so stark, dass wir damit rechneten, noch weitere Filme darüber zu machen. Wichtige Ereignisse müssen aufgenommen werden, wenn sie passieren. Wenn man den Zug verpasst, kriegt man nur noch den leeren Bahnhof zu sehen und bestenfalls Leute, die behaupten, sie hätten den Zug gesehen.

In Stuttgart hatte sich der bekannte Gehirnforscher Günther Haffelder bereit erklärt, die Gehirnströme von Remote Viewern aufzuzeichnen und wissenschaftlich zu untersuchen. Diese grundlegende Arbeit, egal wie sie ausfiel, konnte man nicht einfach so verplempern, deshalb packte ich meinen Kamerakoffer (und Licht- und Stative und Ton) und bestieg den 9.37-Uhr-Zug Richtung Süden. Als ich spätabends wieder zurückfuhr, nahm ich wirklich grundlegende Aufnahmen auf meinen Videobändern mit zurück.

Natürlich hatten wir schon immer spekuliert, warum eigentlich eine Handvoll Deutsche nach Amerika fahren konnten, ohne wenigstens vorher einen Test zu machen, ob sie überhaupt irgendwelche PSI-Fähigkeiten haben, die man ausbilden konnte. Auch wir waren da wenig skeptisch gewesen. Die einfache Aussage unserer drei Viewer vom ISFR, dass es wirklich jeder könne, hatte uns gereicht.

Jetzt kam ich mit einer weiteren Bestätigung dessen im Nachtzug nach Hause, um den persönlichen Beweis endlich auch zu erleben. Ich hatte gesehen, wie mehrere Probanden beim Ausführen von RV die gleichen, noch völlig unbekannten Gehirnstrommuster produzierten. Also auch wir ...?

Unser Training begann am Vormittag mit Theorie. Vieles davon wussten wir inzwischen schon, wie gesagt, wir hatten ja einen Vorlauf, aber einiges war natürlich neu und rückte unser Bild langsam zurecht. Gunther Rattay, unser Trainer, ging sehr systematisch vor, und unsere ersten Sessions an diesem Wochenende fielen dementsprechend einfach aus. Dagegen ist nichts zu sagen. Nur, dass man eben darauf brennt, die Geheimnisse der Welt zu erfahren, und zwar am besten jetzt und hier und sofort. Und wenn da zunächst ein Vormittag Theorie vorgeschaltet wird, wird man langsam kribbelig.

Unsere erste Session begann am 19. April 1997 um 11.54 Uhr und zwar für meine Frau, weil auch in aufregenden Situationen Damen stets des Vortritt haben. Die Session dauerte genau drei Minuten. Das Schöne an Technical Remote Viewing ist, dass man sich beizeiten Gedanken um die Archivierung der Ergebnisse machen musste und deshalb auf der ersten Seite Name des Viewers, das Datum und die Uhrzeit steht. Auch die genaue Zeit, wann Schluss gemacht wird, muss aufgeschrieben werden.

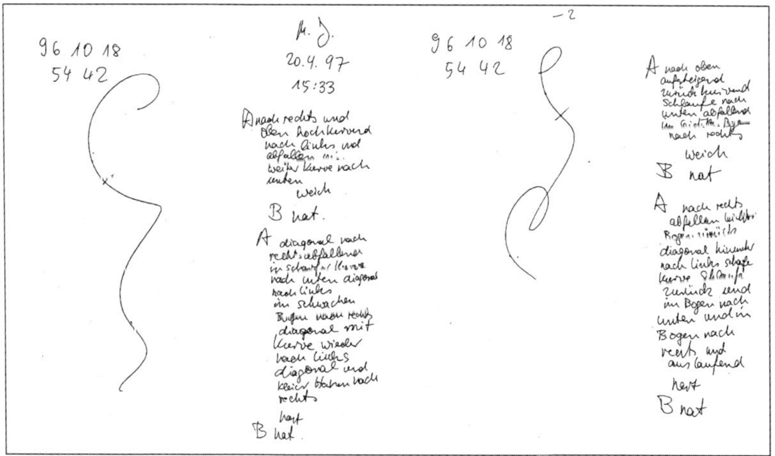

Typische Stufe 1 mit Ideogrammen

In diesen ersten drei Minuten übte die angehende Viewerin lediglich das Ideogramm. Weder sie noch ich (um 12.03 Uhr) hatten damit irgendwelche Schwierigkeiten, jedenfalls keine, wie sie zum Beispiel Moorehouse in seinem Buch beschreibt. Als er das erste Mal sich hinsetzen und ein Ideogramm ausführen sollte, passierte überhaupt nichts. Und das, nachdem er wochenlang Theorie hatte, und nicht nur zwei Stunden. Die Crew von Fort Meade hatte alle Hände voll zu tun, um ihn zu trösten, denn Moorehouse hatte eigentlich gedacht, er wäre PSI-begabt. Deshalb war er ja zu dieser Einheit gestoßen.

Nun scheint dieses Ideogramm absolut nichts mit Talent zu tun zu haben. Es wird gern als zweidimensionale Projektion des Targets auf dem Papier, hervorgerufen durch eine unwillkürliche Muskelkontraktion des Armes, beschrieben.

Diese Muskelkontraktion, die bei der Koordinatenübergabe, also der Aufgabenstellung auftritt, kannte man schon seit dem letzten Jahrhundert und führte sie in den feinen Salons der kulturell und übersinnlich beflissenen „besseren Gesellschaft" vor. Erst als Puthoff 1982 ein Buch von René Warcollier aus dem Jahr 1946 in die Hände fiel, indem dieses Phänomen anlässlich eines Vortrags beschrieben wurde, bekam Remote Viewing das Ideogramm an den Anfang gesetzt.

Das klappte bei uns also völlig problemlos und meine Frau produzierte auch gleich als erstes diese charakteristische Spitze, die für „Berg" steht.

Das scheint ein beliebtes Erstlingstarget zu sein, bei uns („Support your local landscape") war es das Matterhorn, bei David Moorehouse der Mount Fuji. Courtney Brown empfiehlt den Mount Everest.

„Es ist ein Berg, nicht wahr?", rief Moorehouse, außer sich vor Erstaunen. Ich muss gestehen, so emphatisch lief es bei uns nicht ab. Ich sagte „Aha." Und im Übrigen konnte man inzwischen etwas mehr erwarten. Dachte ich. Aber man soll nicht übermütig werden. Remote Viewing ist lange, harte Arbeit. Nichts mit Instant Karma. Man muss durch mehrere Stages (die übrigens auch erst seit 1980 in dieser Form im Protokoll existieren) und man muss sich die benötigten Daten in akribischer Kleinarbeit mühsam erarbeiten. Und so gingen wir auch weiter vor. Sorgfältig und in kleinen Schritten.

David Moorehouse schritt da schneller voran, er sah sich plötzlich über Gebäuden schweben, durch Fenster hereinsehen und auch mal durch das All sausen. Aber er war ja auch ein Begabter. Mel Riley, der ihn monitorte, war ganz begeistert.

Unser Trainer war nicht so überwältigt von unseren Fähigkeiten. Nun muss man aber bedenken, dass wir gerade mal drei Stunden Training hatten, als wir so lustige Targets wie „Oberer Grindelwaldgletscher" oder „Ägyptischer Highway" bekamen.

Immerhin bekam meine Frau auch das im Schnabel-Film „Real X-Files“ erwähnte Target „Atombombentest am Bikini-Atoll am 25. Juli 1946“. Sie beschrieb mit grau, weiß, grün und blau sehr gut die Grundfarben der Szene, setzte noch „Heiß“ und „Feuer“ hinzu und erzählte, dass es scheint, als ob da was „zerplatzt“. Nicht schlecht, dachte ich. Dann hatte sie jedoch ein AOL. „Kartoffeln!“

Sie lachen? Das ist nicht komisch. Ich weiß heute nicht mehr, ob es nun ein aus dem Fenster hereindringender Essensgeruch oder der Gedanke, dass für uns heute das Essen etwas kurz ausgefallen war, sie zu dieser Assoziation führte. Vielleicht war es auch der etwas unregelmäßige, geschlossene Krakel, den sie gemalt hatte und der durchaus der von oben gesehene Umriss des Bikini-Atolls sein konnte, aber an eine Kartoffel erinnerte.

Analytical Overlay (AOL) bezeichnet einen Interpretationskurzschluss, den sich unser Bewusstsein gern erlaubt, damit dieses unbefriedigende Herumgerate in der Session einen Sinn bekommt, denn Sinn ist es, wonach wir vordringlich trachten. Diesen Sinn gibt‘ s aber erst hinterher, bei der Auflösung. Solange ist alles nur ein Herumstöbern nach beziehungslosen Daten.

Ein schönes Target, das ich kurz vorher bekam, war eine Elefantenherde an einem Wasserloch.

„Warm, weit und nah, außerhalb, dick, klumpig, aber nicht bedrohlich. AOL Elefant!“

„AOL Treffer!“

Ja, das passiert auch recht häufig, dass man schon zu frühen Sessionzeiten genau die treffende Bezeichnung des Targets weiß. Es ist, als ob für einen winzigen Zeitraum die geistige Blende vollständig aufgeht und die Matrix ihr Wissen hindurchschießt. So ungefähr muss es Hellsehern gehen, dachte ich. Sehr viel später erfuhr ich, dass leider oft um dieses singuläre Ereignis herum eine Fantasiegeschichte angesiedelt wird, um etwas mehr als diese dürre Information zu erzählen. Später ist es fast unmöglich, „des Pudels Kern“, wie Goethes „Faust“ es so schön formuliert, wieder aufzufinden. Manchmal blieb nur noch das Brimborium übrig und der Kern der Botschaft ging im Weitererzählen schlichtweg verloren, weil der Rest der Geschichte immer bunter ausgeschmückt wurde.

Das Remote Viewing Protokoll bietet da den Vorteil, dass ein Analytical Overlay als solches erkannt und bezeichnet wird. Auch solche Dinge wie Aestethic Impacts (AIs), also persönliche Eindrücke und Wertschätzungen, werden abgefragt und beim Namen genannt.

Man kann nicht den ganzen Tag pausenlos Sessions machen. Zwei bis drei sind das Höchstmaß, denn Sessions kosten enorm viel Kraft. Jeder geistige Arbeiter weiß, dass nach einer bestimmten Zeit einfach nichts Besonderes mehr herauskommt. Dann hat man Riesen-Hunger und ist auch nur noch zu manueller Tätigkeit in der Lage. Und das ist auch gut so. „Serielle Abarbeitung" nannten wir das später, als wir uns mit den Theorien und Ergebnissen moderner Gehirnforschung mehr auseinandergesetzt hatten.

So beschlossen wir also den ersten Tag „Viewen" und man kann sich denken, dass für den Rest des Tages genügend Gesprächsstoff vorhanden war. So die wieder einfliegenden Kinder es zuließen.

Wichtig ist auch die abschließende Zusammenfassung aus der Sicht des Viewers vor der Auflösung

Am nächsten Morgen um 9: 45 schickte mich Gunther in die Sonne. „Schräg hoch und rechts zurückkurvend ...", aus dem Ideogramm ließ sich zunächst nichts Besonderes ableiten. Ich arbeitete mich voran.

„Stage 2: grau, braun, rot, gelb. Frisch. Warm. Ein Brummen und säuseln. Weit, aber eingefasst. Bewegung. Sprudeln. Würde ich nicht den Finger reinstecken."

Ich zeichnete einen Rahmen, in dessen Mitte es „gelb, heiß, sprudelnd wie in einer Eloxierwanne", war, wo „chemische Prozesse" abliefen und ich hatte jede Menge AOLs: „Hochofen, Reagenzglas".

„Hochofen kommt immer", sagte Gunther dazu.

Ich beschrieb das Target mit richtigen Adjektiven, ohne eine Ahnung zu haben, was es wirklich sein sollte. Merkwürdigerweise ließen einige Details wie zum Beispiel der Rahmen um diesen Hochofen herum und die Mitteilung, dass von rechts oben über dem Rahmen Frischluft einströme, darauf schließen, dass ich mich sozusagen in einem Raumschiff befand und auch prompt mit dem AOL „Fenster von Flugzeug“ belegte.

„AI-Break: abstellen!!“ folgte dann noch und um 10.27 Uhr war ich wieder zu Hause auf der guten alten Erde.

Nach einigen Diskussionen war der nächste Abflug für meine Frau reserviert. Man muss dazu erwähnen, dass das Training am Anfang bewusst über die ersten vier Stages nicht hinausging, also die entstehenden Szenarien noch sehr roh und mit wenig Details angefüllt waren. Natürlich hätte man noch sehr viel mehr „herausbekommen“ können, aber das war ja nicht gefragt. Wir sollten ja nur üben. Trotzdem waren wir mittlerweile überzeugt, dass wir es auch konnten. Im Unterschied zu anderen Anfängern fielen wir nicht in dieses tiefe Loch der Erschütterung: „Oh mein Gott, es geht!“, wie in einem trivialen Film. Diese Erfahrung hatten wir ja am zweiten Drehtag für unseren ersten RV-Film gemacht. Unsere Einstellung war vielmehr: „Voran, voran, mehr können, mehr verstehen.“

Deshalb bemühten wir uns auch um mehr Details, stellten aber bald fest, dass man Remote Viewing nicht zwingen kann. Entweder es kommt, oder man verliert sich in AOLs. Und wenn die Kraft verbraucht ist, sollte man aufhören. Es gab Berichte, dass man Remote Viewer an den Rand des Ausbrennens getrieben hatte. Besonders die Sowjetunion war ja eher invasiv mit den Gehirnen ihrer Seher umgegangen.

Gudrun bekam also 96 10 18 6965 am 20. April 1997 um 11.54 Uhr. „Grau, hart, steinig, im Detail porös, staubig, heiß, künstlich, Maschinen, hohl, fest.“ Dazu zeichnete sie mehrere aneinandergelehnte Quader, zwei davon ziemlich hoch. Erkennen Sie es? Das Target war Manhattan. „Greetings from New York“, eine Postkarte, wie man sie gern als Grundlage für Übungssessions verwendet.

Interessanterweise fallen mir zu jeder dieser Sessions methodische Einzelheiten ein, die sich gerade hier anschaulich manifestierten. Vielleicht liegt das daran, dass diese Trainingstargets von sich aus durch ihre möglichst gestreute Auswahl gut das weite Feld von Remote Viewing repräsentieren. Ich benötigte tatsächlich über ein Jahr intensiven Beschäftigens mit der Methode, um die möglichen

Varianten einigermaßen zu überschauen. Es war, als wenn man in die Kunst des Schachspiels tiefer einsteigt, das durch seine begrenzten Spielregeln auch nicht sofort die Myriaden an spielerischen Varianten offenbart.

Mich erwarteten an diesem Tag noch zwei Sessions, dann war bei mir die Lust komplett aufgebraucht. Einmal identifizierte ich die Koordinaten für die Eishöhlen im Grindelwaldgletscher als verzweigte Gänge mit glasigen Wänden, das andere Mal hatte ich den schiefen Turm von PISA.

Ich muss gestehen, ich entpuppte mich als langsamer Datenlieferant. Gunther trieb mich immer an, sagte, ich hätte nur drei Sekunden, dann müsste ich eine Information hervorbringen. Leider wusste noch keiner von uns zu diesem Zeitpunkt, warum das so sein sollte. Sie hatten es eben so in Amerika gelernt. Begründung: sonst springt die Fantasie rein!

Den schiefen Turm kriegte ich also nicht zusammen. Lag es daran, dass dies die vierte Session an diesem Tag war, oder dass ich eben einen sehr eigenwilligen Fokus habe, keine Ahnung. Jedenfalls bekam ich eine Reihe von Bogenfenstern

Nebeneinander. Zwölf Stück. Das ist genauso viel, wie man von der Seite beim Original sehen kann, allerdings sind es dort sechs Reihen übereinander. Ich bekam nur eine Reihe. Von oben gesehen zeichnete ich allerdings eine kreisrunde Form. Mein AOL „Fußballstadion" war deshalb sehr unpassend, aber so sind AOLs nun mal und deshalb werden sie als solche herausgeschrieben. Als ich den Stift wieder aufnahm, um noch etwas dazu zu zeichnen, hatte ich mein nächstes AOL: „Kolosseum in Rom". Wie Sie sehen, war das nicht schlecht und nach der Auflösung war ich mit meiner Leistung auch nicht unzufrieden. Wenn ich mir so die Zeichnungen anschaue, die ich lediglich aufgrund der Verknüpfung mit ein paar Zahlen zeichnen konnte, schien das revolutionär im Hinblick auf die mir bekannte PSI-Forschung. Dummerweise wusste ich schon, dass da schon andere mit noch viel besseren Ergebnissen vor mir da waren, und so konnte ich mich auch nur sehr gemäßigt freuen. Oder ich war einfach zu erschöpft.

Meine Frau hatte auch noch eine nette Aufgabe an diesem Tag. Die Lernkurve bewegt sich bekanntermaßen in Stufen. Plötzlich geht es sprunghaft aufwärts. Mit der Session 96 12 29 1000 hatte sie wieder so einen Punkt erreicht.

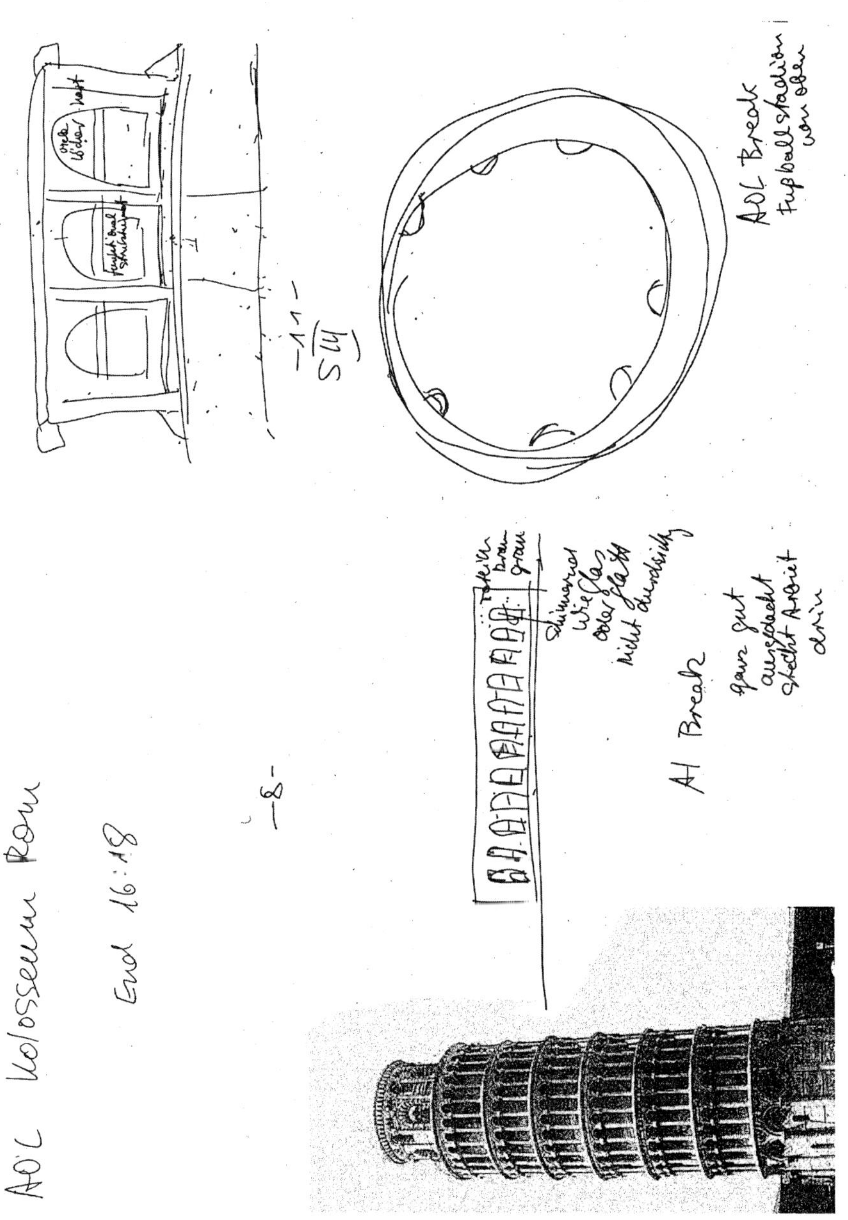

Session: der schiefe Turm von Pisa

Schon bei der Beschreibung des Ideogramms kam sie von „natürlich" nicht weg. „Wellig, weich." Auch, wenn es nur ein unorientierter Krakel ist, kommen hier schon oft definitive Einzelheiten. (Was man aber an dieser Stelle noch nicht besonders beachtet.)

„Stage 2: blau, rot, grau, gelb, weiß. Nass, haarig, pelzig. Gerüche: frisch, nach Kompost. Sand. Warm und kalt. Da ist ein lauter Ton. Einer nur, wie ein Ruf."

Ich saß dabei und schaute zu. Meine Nackenhaare richteten sich auf. Meine Frau fokussierte in die Ferne. Es sah wirklich so aus, als schaue sie durch die Wände unseres Hauses auf diese ferne Szenerie. Aber das sieht nur so aus. In Wirklichkeit schaut man nirgendwohin. Das Bild ist völlig virtuell, die Reaktion des Körpers automatisch. „Ferne" wird zum Gleichnis.

„Es ist nicht groß", fuhr meine Frau fort. „Kompakt. Kristallin … außen, innen, eine geschlossene Struktur. Soll ich mal zeichnen?"

Sie ging in Stage drei und zeichnete einen kleinen Kreis mit Strukturen. „Aber das ist nur ein Teil, ein ganz kleiner. Davon gibt es sehr viele …."

Unser Trainer kannte natürlich das Target und machte jetzt das, wozu ein Monitor gemeinhin am meisten gebraucht wird: den unorientierten Seher zu führen. Meine Frau verlor sich hier offenbar in Details, so erstaunlich diese auch waren, sie nutzten uns hier nichts.

„Von drei Metern seitlich des Zielgebiets in Richtung auf das Zielgebiet sollte etwas sichtbar sein."

Gunther machte eine sogenannte „Bewegungsübung" mit der Viewerin, damit sie einen definierten Ort und eine definierte Blickrichtung einnehmen sollte. Ohne diese Ausrichtung bleibt der Viewer oft hilflos und unorientiert in thematisch völlig unwichtigen Details oder Ansichten verhaftet, zu denen ihn neben dem Zufall vielleicht nur sein eigenes Interesse führt. Aber das nutzt ja nicht beim Remote Viewing. Wir wollen ja ganz bestimmte Informationen, nicht solche, die sich so ein Viewer da zufällig aussucht.

Aus der neu gewonnenen Position beschrieb meine Frau nun eine andere Szenerie. „Alles natürlich. Glatt, feucht, schmierig. Pflanzen. Stallgeruch. Es ist größer als ich, runde Formen, ich kann es nicht mehr umfassen. Da ist etwas Röhrenartiges, gestrecktes." „AI Break?" „Ursprünglich."

„Zeichne mal Stage 3."

„Hier oben ist Tageslicht. Es ist so groß … hier kommt diese Röhre heraus. Haarig. Schuppig. Weich. Hier vorne warm." Irgendwie sah die Zeichnung unanständig aus. „Hier unten ist es sandig. Festgetreten. Steinig. AOL: Stall."

„Nimm ein neues Blatt. Seite 8. Zeichne nochmal. Von der Seite."

Meine Frau zeichnete sehr ungelenk den Umriss eines Tieres. „Wie groß ist es? Zeichne deine Größe daneben!"

Sie machte Distanzstriche, ungefähr so groß wie der Umriss.

„Wie ist es. Piek mal rein."

„Was?"

„Ja. Piek mal rein. Mit dem Stift. Lebt es?"

Unser Trainer benutzte wieder einmal die auch schon von den amerikanischen PSI-Agenten beschriebene Technik, zur besseren Kontaktaufnahme mit dem Zielgebiet den Stift an der entsprechenden Stelle aufs Papier zu bringen. Den sogenannten „ernsthaften" PSI-Forschern natürlich auch in Deutschland sträubten sich bei diesem „Hokuspokus" entsetzt die Haare. Von solchen durchaus menschlichen Reaktionen völlig unberührt, scheint uns das Universum zu verhöhnen: Stift aufs Papier und es funktioniert tatsächlich!

Meine Frau also „piekte hinein", allerdings sehr zögerlich.

„Ja, es lebt. Es ist ein Tier. Es ist entspannt, neugierig, aber auch ängstlich."

„Was tut es?"

„Fressen, trinken oder so. Verdauen. Nichts sonst."

„Schreib hin. Immer alles hinschreiben. AI Break?"

„Niedlich."

Unser Trainer fand, dass das für eine Session am zweiten Tag völlig ausreichend war und beendete die Sitzung um 15.17 Uhr.

Auflösung.

Gudrun zog eine Postkarte aus dem Umschlag. Es ist ein zeremonielles Vorrecht des Viewers, den Umschlag selbst zu öffnen. Das Foto zeigte eine trinkende Giraffe in Namibia. Friedlich. Ein langer, röhrenförmiger Hals, der sich zum Boden streckte. Festgetretener, steiniger Untergrund vor dem Wasserloch. Alles deutlich zu erkennen.

„Jetzt weiß ich auch, was diese kleinen Strukturen sind, von denen es sehr viele gibt. Schau mal, das Fell. Wie ein Mosaik. Ich war nur zu nah dran."

Die ganze Sitzung hatte nur siebzehn Minuten gedauert. Ich war neidisch. Was musste ich mich immer herumplagen beim Viewen, wie beim Lösen einer schwierigen Mathematik-Aufgabe. Und sie erzählte hier so locker eine Geschichte, als ob sie diese Postkarte offen vor sich liegen hätte. Das ist ungerecht.

Das war aber nur der Vorgeschmack von späteren Erlebnissen. Ich musste erfahren, dass es Männer generell schwerer haben als Frauen. Das liegt offenbar an der unterschiedlichen Vernetzung der Gehirne, wie wir erfuhren. Hätte man das schon zu Militärzeiten in Fort Meade gewusst, wäre vielleicht alles etwas anders verlaufen. Oder etwa nicht? Frauen sind schließlich keine Soldaten. Und es war ein Projekt der Army, später erst der DIA, der Spionageabwehr. Jedenfalls kam damals schon der Begriff „Hexen“ auf. Die moderne Wissenschaft untermauert jedenfalls diese für das Patriarchat beunruhigenden Erkenntnisse.

Das heißt aber wirklich nicht, dass Männer nicht gut in PSI-Aktionen sind. Sie sind oft erheblich präziser in ihren gewonnenen Daten. Sie tun sich nur schwerer. Sie müssen mehr üben, mehr Widerstand überwinden, mehr neue Wege in ihrem Gehirn „bahnen“, wie Günter Haffelder es formulierte.

Nach jenem ersten Trainingswochenende waren wir also vollständig umgekippt. Es bei anderen zu erleben, ist eine Sache, kann auch ganz beeindruckend sein. Das Beeindruckendste ist aber ohne Zweifel die eigene Erfahrung.

„Wenn man sich mal so zurücklehnt“, sagte ich zu meiner Frau, als unser Trainer wieder abgereist war, „würdest du nicht auch meinen, dass das Ganze eigentlich ziemlich unwahrscheinlich ist?“

„Du meinst, dass etwas funktioniert, was eigentlich nicht sein darf.“

„Ja, auch. Und dass wir es erleben. Selbst erleben. Nicht so irgendwie aus Büchern erfahren. Schau mal, es sind jetzt vielleicht zwanzig Leute in Deutschland, die diese Erfahrung bisher selbst gemacht haben. Die so dicht dran sind. Höchstens. Wenn es mal so viele sind. Von … wie viele Einwohner haben wir inzwischen? Sechzig … nein, achtzig Millionen. Also eins zu vier bis acht Millionen war die Chance, hier herein zu geraten. Hört sich doch sehr unwahrscheinlich an, oder? Und dann noch die Unwahrscheinlichkeit, hier auf etwas zu stoßen, das geht. Also richtig geht. Nicht nur so ein Bisschen. Nicht nur irgendwie so wischi-waschi, nicht ganz greifbar. Sondern knallhart.“

„Es gibt keinen Zufall. Möchtest du das jetzt hören?“

„Nein. Das führt nur wieder zu der Frage, ob man auserwählt ist. Haben die andern auch nicht das Gefühl gehabt. Erinnere dich an die

Interviews. Auserwählt? Wozu? Um irgendwas zu tun? Ja, was denn. Keine Ahnung. Hat man mir jedenfalls nicht gesagt. Will ich auch nicht. Kann auch nur ein richtig blöder Job sein. Auswählen tut man nur Leute, die die Knochenarbeit verrichten sollen. Oder etwas Gefährliches. Etwas, wozu man sich zu fein ist. Dazu habe ich keine Lust. Ich will auch nicht wie so ein religiöser Spinner abdrehen. Weißt du, was ich möchte? Ich glaube, ich möchte mal wieder mit den Kindern auf der Wiese toben, Lego spielen, irgendwas völlig stinknormales machen und vergessen, dass man so als kleiner Dumm-Bürger an Sachen kommen kann, die mindestens eine Nummer zu groß sind."

„Wir können ja damit aufhören."

„Können wir eben nicht. Du vor allem nicht. Du bist doch viel zu neugierig. Haben wir schon so oft diskutiert. Deine Neugier hat uns doch schon in so viele Geschichten hineingezogen."

Es gibt Dinge, die kann meine Frau einfach nicht hinnehmen. „Und du bist also nicht neugierig! Wer hat gesagt, wir sollen das Training machen? Wer wollte unbedingt zu Haffelder nach Stuttgart fahren? Wir können uns jetzt hier umdrehen und weggehen."

„Und genau das will ich dir sagen. Wir können eben nicht. Wir sind auf die Unwahrscheinlichkeitsspur der Ereignisautobahn eingeschwenkt. Vielleicht weil wir da hingehören. Vielleicht auch immer drauf waren. Auf jeden Fall kommen wir da nicht so leicht herunter. Wenn überhaupt. Ich fürchte, wir müssen da durch. Und das gefällt mir nicht, weil es anstrengend ist. Und weil es nicht lustig ist. Und weil es den Kopf kosten kann, und zwar den eigenen. Ich bin keine Romanfigur. Ich möchte auch kein Bauer in einem ominösen Schachspiel sein."

„Mit anderen Worten: du möchtest dich frei entscheiden können, wohin du gehen willst. Zum Beispiel hierher. Zufällig. Wie sagte doch seine Frau zu Lyn Buchanan, als er auch soweit war? ›Jetzt wirst du aber zu merkwürdig. Komm runter!‹ Also: komm wieder runter!"

Na gut. Ist ja auch egal. Wir machten ein paar Sessions auf dieses Problem. Später.

Am nächsten Wochenende stand unser Trainer wieder vor der Tür. Wir ließen ihn herein.

Nach dem Austauschen der angesammelten Neuigkeiten und der Diskussion theoretisch/methodischer Einzelheiten saßen wir wieder vor einem Stapel unbeschriebenen Papiers. Es ist ein merkwürdiges Gefühl, etwas aufzuschreiben, von dem man absolut keine Ahnung hat. Nur der Ablauf des Remote Viewing Protokolls ist die einzige Stütze.

Gleich in ihrer ersten Session beglückte uns meine Frau mit unerwarteten Details. Gunther hatte wieder eine seiner beliebten Postkarten aus dem Alpengebiet ausgesucht. „96 10 17/6630 Wasserfälle im Lauterbrunnental."

Meine Frau schilderte bald auch brav „Wellen, herabstürzende Materie, Bewegung", meinte dann aber plötzlich, einen kleineren Halbkreis zeichnend: „Hier stehen Menschen und reden miteinander. Auch Kinder."

Ich hatte mir vorher die beiden Fotos angesehen und wusste, da war nur Wasserfall drauf, nichts sonst. Auch unser Trainer runzelte die Stirn. Auch in einer Bewegungsübung näher herangeführt, erzählte meine Frau von „Plastik, Metall, Sand, Stoff, dem Geruch von Sonnenöl und von lauten Menschen, Fahrgeräuschen und künstlichen Blumen."

Immerhin stimmte „offen, außerhalb, ausgedehnt", doch dann kam „AOL: Menschen am Strand". Na gut, das kannten wir ja schon. Rausschreiben, Stift hinlegen, vergessen.

„Ich möchte was zeichnen. Da ist so was, das sieht so aus: ein Rechteck, rot, mit einem weißen Kreuz drin. Hängt an einem Mast. So etwas. AOL: Fahne."

Nun weiß jeder, dass die Schweizer Fahne ein weißes Kreuz auf rotem Grund ist. Meine Frau hatte intuitiv ein Stage-6-Tool zur Ortsbestimmung benutzt. Soweit waren wir noch gar nicht.

Unser Trainer löste das Rätsel dann auf. Der Viewer bekommt an Eindrücken eben nicht nur das, was auf dem Foto ist, sondern auch die Gegend darum herum. Wie viel, ist je nach Target oder Viewer verschieden. Nun erinnerte sich Gunther, dass er die Postkarten damals an einem Souvenirstand gekauft hatte, der natürlich nicht auf den Postkarten abgebildet war. Das war eine Stelle, an der sich Touristen versammeln. Also Menschen, die plappern, mit Kindern und die wahrscheinlich auch mit Autos hochgekommen sind. Genau wie unser Trainer. Und diesem fiel auch ein, dass dort auch ein Fahnenmast gestanden hatte. Die Schweizer präsentieren gern und stolz ihre Fahne. Da war sie, auf der letzten Seite der Remote Viewing Session.

Die nächste Session schoss mich in mehrere Details, die ich absolut nicht deuten konnte. Das Target war eine komplexe Szenerie, und zwar die Universal Studios in Hollywood. Im Nachhinein muss ich sagen, dass ich solche Targets für nicht so brauchbar im Training halte, (sorry, Gunther) es ist zwar interessant und attraktiv, aber auch ungeheuer unübersichtlich. Das Titelblatt des Prospekts bildete neben einer Fülle von baulichen Einrichtungen auch Bilder aus ungefähr zehn Hollywoodfilmen ab, wie zum Beispiel „Der weiße Hai“ oder „Zurück in die Zukunft“. Für das Feedback des Trainees ist oft nicht klar zu entscheiden, wo er in seiner Session landet. Zumal wir inzwischen mit jedem neu ausgebildeten Viewer erleben mussten, wie unterschiedlich verschiedene Menschen von den Targets angezogen werden. Das Interesse leitet das Qi (die „Lebenskraft“), sagt der chinesische Philosophie-Gelehrte. Man rutscht in den für einen persönlich interessantesten Bereich, sagt der Remote Viewer.

Ich also beschrieb den Schlund des weißen Haies und war völlig (AI:) „verwirrt“. „Dämmrig, strömend, röhrenförmig, kleinere feste Objekte, Künstliche Querverbindungen, die zusammenhalten, verbinden, stabilisieren. Greifen, zufassen: Lebewesen. Bedrohung und Job verrichten“. Also, wie gesagt, solche Targets sind heikel. Nicht nur, dass es viele Details dort gab, die Einzelteile waren auch nicht mal eindeutig! Es gibt dort also den Weißen Hai. Er ist natürlich nicht echt. Man bekommt also schön durchgemischt folgende Aspekte:

-den weißen Hai als Lebewesen mit seiner natürlichen Bedeutung,

-den weißen Hai als Filmattrappe mit seinem technischen (künstlichen) Aufbau,

-den weißen Hai in seiner Bedeutung für die Filmhandlung,

-den weißen Hai in seiner Bedeutung für die damit beschäftigten Leute wie Handwerker und Aufnahmeteams und

-den weißen Hai in seiner Bedeutung für das dort einfallende touristische Publikum.

Das ist für den Anfang etwas viel. Auch für spätere Sessions empfiehlt sich ein etwas eingegrenzteres Zielgebiet. Wie man sieht, ist schon dieser kleine Ausschnitt der Universal-Studios komplex genug.

Zum Spaß ließ der Trainer mich nun fünfhundert Meter über dem Zielgebiet schweben, was zur Folge hatte, dass ich mir wieder nur ein Detail herausgriff, das mir persönlich offenbar das interessanteste erschien: eine auffällige plexiglasumbaute lange Rolltreppe nach irgendwohin. Weder in der Session noch auf dem Poster kam der Sinn dieser Treppe zum Ausdruck. Aber sie war da, graugrün und voller „Betriebsamkeit“, wie auf meiner fünfzehnten Seite beschrieben und auf Seite vierzehn skizziert.

Universal Studios, Los Angeles, mit der Rolltreppe

Da die Session schon fünfundsechzig Minuten andauerte, musste sie ohnehin endlich beendet werden.

In der Mittagspause erzählte Gunther uns eine Geschichte aus seinem eigenen Training. Als er einen Atomversuch in der Wüste als Target bekam, erhielt er Daten, die darauf schließen ließen, dass er sich in einem engen Gang befand, sich verborgen hielt, große Ohren, ein Fell und vier Beine hatte. Ganz offenbar hatte dies nichts mit dem angepeilten Zielgebiet zu tun. Oder doch? Der Viewer war abgerutscht. Niedergefahren in ein Wüstenkaninchen; vielleicht, weil dies für das Unterbewusstsein ein sichererer Ort schien als ausgerechnet diese Atomexplosion. Wieder ein Beispiel, wie man sich in der Perspektive des Viewers verschätzen kann.

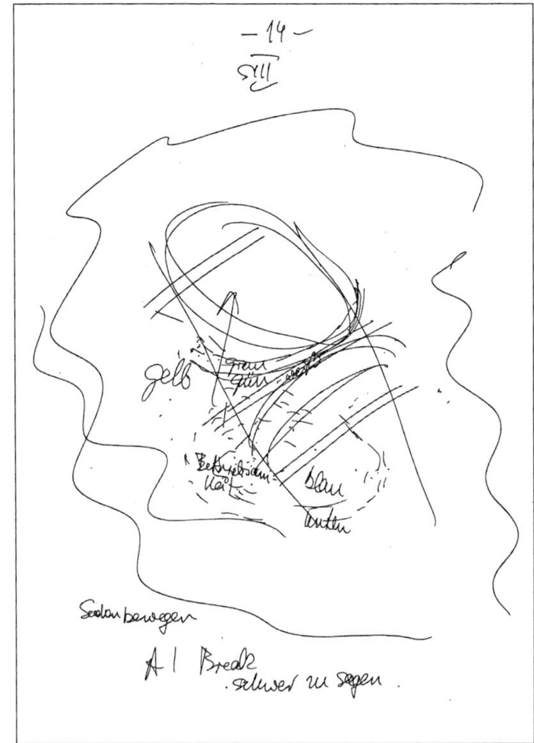

Das geviewte zweite Detail aus dem Postkarten-Wirrwarr: die Rolltreppe

Um 14.40 Uhr startete meine Frau dann in eine Session, die sie immer noch gern erzählt und die in uns zum ersten Mal den Verdacht aufkeimen ließ, dass ein Viewer immer mit seinen Targets, die er einmal aufgesucht hat, verbunden bleibt. Nun kann man sagen, dass man als integraler Bestandteil des Universums mit diesem immer verbunden ist, ob man will oder nicht. Ich meine die willkürliche Erinnerungsfähigkeit, die Möglichkeit, die einmal geviewte Szene sofort wieder parat zu haben, Details davon erzählen zu können. Das Target war: „Die Welt vor fünfundneunzig Millionen Jahren", ein beliebtes Ziel des Trainings.

Nach den ersten Eindrücken sagte meine Frau dann: „Es riecht wie im Zoo. Nein, nicht ganz, aber so ähnlich. Da ist trampeln, auf Sand, so wie von Hufen. Eine Insel. Außen." Dann malte sie ein Dings (sie kann wirklich nicht zeichnen!), von dem sie behauptete, es sei ein Alligator, aber nur der Kopf davon (AOL). Es sei graublau und grünlich und hätte so eine weiße Reihe da vor. Und eine eher stumpfe

Schnauze … Dann behauptete sie, es wäre ein Muttertier mit Kind.

In Stage 4 beschrieb sie die Szene dann noch genauer. „Tier: grau, grün, dunkel. Es ist matschig, wie Kot. Es ist eng da, begrenzt. Und es sind zwei. Tätigkeit: säugen, pflegen, beobachten … so wie fotografieren."

Als wir uns nun gerade fragten, ob sie da zu den heutigen Überbleibseln der Tiere in einem Naturkundemuseum aufgeschlossen hatte, war sie doch wieder im Original angelangt. Sie hatte jetzt etwas mehr Überblick und beschrieb eine ganze Herde von merkwürdigen Tieren, die in einem heißen, wilden Szenario schwerfällig herumstanden. („AI: macht mir Angst.") Dann sagte sie: „Ich habe ein AOL: das sind Dinosaurier!"

Es war ja nur eine Trainingssession, deshalb konnte Gunther hier getrost beenden. Wir waren fasziniert von der Treffsicherheit meiner Frau. Ich wurde wieder neidisch.

„Ich könnte euch noch mehr erzählen!", sagte sie plötzlich. „Irgendwie bin ich noch da. Es riecht ganz merkwürdig, und es hört sich auch komisch an. Sie rufen, aber es sind ganz ungewöhnliche Laute."

In diesem Moment konnten wir damit recht wenig anfangen. Ungefähr ein halbes Jahr später war im „Spiegel" ein Artikel zu lesen, der über Forscher berichtete, die anhand der Knochenfunde und versteinerten Abdrücke per Computersimulation herausfinden wollten, welche Laute die Dinosaurier damals von sich gegeben haben könnten.

„Ich könnte es ihnen sagen." Meine Frau horchte nach innen, lächelte. „Ich bin immer noch da. Es ist ganz merkwürdig, ganz fremd. Am ehesten noch … nein, wirklich nicht zu beschreiben, nicht so wie heute, überhaupt nicht." Sie schüttelte sich etwas als ob sie fröstelte. Sie war sofort wieder dort gewesen.

Ich kann mich an die damals folgende Trainingssession auch noch einigermaßen erinnern, wenngleich nicht so genau wie meine Frau. Jeder steckt eben in seiner eigenen Welt, auch wenn sie nur geviewt ist. Und meine war eben anders. Zur Abwechslung wieder ein Urlaubsfoto.

Es war einmal auf dem Rheinfall von Schaffhausen … vielleicht sollte man Sessionberichte nicht so anfangen lassen, aber es war wirklich ein Bisschen wie im Märchen, dass ich in Stage 4 in einem Wildwasser landete und sogar Boote „sah". Auch die Zeichnung entsprach sehr dem Original mit dem an-und abbrausenden Material „wie Treibsand“ und in der Mitte, in dem Boot dort, ich war ganz sicher, „da sitzt einer mit einer roten Jacke!“

Nach Beendigung der Session studierten wir die Postkarten. Da war tatsächlich ein Boot. Leider sehr klein. Ich holte eine Lupe.

„Tatsächlich. Der hat eine rote Jacke an!“ Ich war schon ein Bisschen stolz, obwohl ich in dem Moment der Session keine Ahnung hatte, warum ich diesen Unsinn von mir gab. Denn in einer guten Session ist alles beliebig. Man könnte dieses oder jenes sagen. Es kann ja theoretisch alles sein, jeder Ort irgendwo, irgendwann.

Aber man sagt nicht irgendwas Beliebiges. Wie schon gesagt, alles sehr unwahrscheinlich. Aber auch daran gewöhnt man sich. Schon wunderte man sich nicht mehr, dass meine Frau jenes bekannte Vietnamfoto, in dem zwei nackte Kinder schreiend vor einem Trupp Soldaten herlaufen, sogar mit einem Diagramm treffend beschrieb. Dieses Target sollte später noch viel Aufregung verursachen. An jenem dritten Trainingstag freuten wir uns nur über die Exaktheit unserer Viewerin.

Ich gehöre zu den pragmatischen Leuten. Wenn ich etwas kapiert habe, wenn etwas funktioniert, dann muss es auch einen Dienst verrichten. Dann muss man es auch benutzen, für irgendeinen sinnvollen Zweck einsetzen können.

Unser 4. Trainingstag war der 27. April und wir erinnern uns, dass der Komet Hale-Bopp immer noch sichtbar am Himmel stand, die Tage des besten Anblick gerade vorbei waren. Die mit diesem Kometen verknüpften Prophezeiungen standen fast zum Anfassen im Raum und wir machten uns, je mehr wir über Remote Viewing lernten auch mehr und mehr Sorgen, ob wir das Jahr 1998 denn überleben würden. Mit zwei kleinen Kindern, wie gesagt, verliert diese Szene jeden Hauch von Lustig.

Also machte ich mir Gedanken, wie man feststellen könnte, was uns in Zukunft widerfahren würde. Ich hatte und habe eine tiefe Abneigung gegen diese Endzeitprophezeierei, diesen Kassandraeinsatz, nicht nur, weil ich die Quellen nicht nachvollziehen kann, sondern auch, weil ich ständig das Gefühl habe, man will mir hier etwas verkaufen, was ich gar nicht gebraucht hätte. Was konnte man nun dagegen tun? Mit Remote Viewing selbst nachgucken. Dazu lernten wir diese Methode schließlich. Und um ganz schlau zu sein, dachte ich, schau ich einfach mal nach, was einige Zeit nach diesem angekündigten Weltuntergang sich abspielen würde. Ob wir noch da sein würden, wie es uns gehen würde. Dann müsste man als Viewer nicht hindurch durch alle möglichen Katastrophen, die sich bis dahin ereignen würden, würde also auch nicht durch viel Geschehen aufgehalten, sondern konnte sich das Resultat des ganzen Ablaufs anschauen. Und weil wir noch zu diesem Zeitpunkt glaubten, dass die ganze Beschäftigung mit diesem Untergang von weiß-der-Himmel-wem für Remote Viewer kontaminiert mit falschen angehängten Bildern sein könnte, wie weiland die Micky-Maus-Bilder an den Atomraketen, die russische Viewer irreführen sollten, sann ich auf eine Methode, emotionslos um das Jahr 1998 herumzukommen.

Meine Idee war, sich unser Haus im Jahr 2000 anzuschauen. Wer da dann wohnt, und ob es überhaupt noch steht. Ob vielleicht da gar nichts ist, ein Krater oder eine Wasseroberfläche.

Ich hatte, angesichts der Erfolge meiner Frau mich mit Gunther abgestimmt, dieses persönliche Target ins Trainingsprogramm einzuschieben. Am 27. April 1997 um 11.31 Uhr begann die Session. Gudrun begann die Stage 2 mit „dunkelgrau …“ Mir rutschte das Herz in die Hose, wie man so schön sagt. Hätte ich das Schicksal besser nicht versuchen sollen? „Blau, grün, braun, gelb.

Porös, fest, glatt, stachelig, rau, hart, holperig. Frisch. Pfefferminzgeruch.“ Das war vielleicht nur Gunthers Zahnpasta von heute morgen.

„Kalt.“ Richtig, dachte ich, die Zeit sollte auch 15. Januar 2000 sein. „Summen. Leise Gespräche.“ Na, dachte ich, kann so schlimm nicht sein. Wenn da noch Gespräche stattfinden. Vielleicht Gespräche über die vergangene Katastrophe? Mal seh‘n. „Groß, weit, einengen, innen und außen, innen ist wichtig!“ Sie unterstreicht das Wort doppelt. „Eng, fest.“

„AI-Break?“

„AI … Break …äh, Macht unterdrücken, einordnen.“

Wie bitte, dachte ich, vielleicht ist sie doch nicht on target. So was gibt’s ja, dass der Viewer irgendwo hin abdriftet, bloß nicht da, wo er soll. Dann ist er eben not on target. Entweder führt man ihn ans Ziel, oder die Daten sind eben wertlos.

„AOL: Kirche.“

Gunther und ich sahen uns an. Also so was hatte ich natürlich nicht hören wollen. Dass hier in unserm Haus im Jahr 2000 eine Kirche sein soll. Aber es war ja nur ein AOL, es gab in den Daten etwas, das meine Frau an eine Kirche erinnerte. Später sagte sie mir, dass sie für einen

Moment einen spitzen Giebel (haben wir!) und eine Gruppe andächtig lauschender Menschen (kommt auch vor) sah und da sie nicht wusste, wo sie war, erinnerte sie das an eine Kirche.

Um dieses merkwürdige AOL zu hinterfragen und abzuarbeiten, damit sie sich nun auf keinen Fall in so einem dominanten Begriffsfeld festbiss, ließ der Trainer meine Frau eine Stage 5 auf Kirche machen, Objekte und Attribute.

Es kann hier darauf verzichtet werden zu erwähnen, was ihr alles zum Thema Kirche einfiel. Dass die Abarbeitung gelungen war, zeigte daraufhin die erste Stage-3-Zeichnung. Meine Frau zeichnete sofort und entschlossen drei Ecken, die nebeneinander nach oben wiesen und darin je ein Rechteck. Ich bekam schweißnasse Hände. Unser Haus hat, von der Straße aus gesehen, tatsächlich drei Giebel und unter jedem Giebel zwei Fenster. Als sie dann noch meinte, da fiele bläuliches Licht heraus, war ich sicher, dass sie absolut on target war. Wenn die Monitore im Studio an sind, fällt tatsächlich bläuliches Licht nach draußen. Überprüfen Sie das mal, wenn bei Ihnen abends in der Wohnung der Fernseher läuft und Sie draußen vor dem Haus stehen. Alles Licht, das abends normalerweise an ist, hat eine niedrige Farbtemperatur wie der Kameramann oder Beleuchter sagt, es ist gegenüber dem Tageslicht mehr oder weniger gelb. Nun strahlt ein Fernseher aber Tageslicht aus. Was ist die Folge. Das Auge, das das vorherrschende (Lampen) Licht als normal empfindet, sieht Licht mit höherer Farbtemperatur, also zum Beispiel Tageslicht „blau". Auf jeder Farbfilmverpackung finden sie Angaben, bei welcher Farbtemperatur dieser Film die originalgetreuesten Farben reproduziert.

Um diese blau strahlenden Fenster herum sei es „dunkel, grau", fuhr meine Frau fort und verlängerte die Seitenlinien nach unten. Es sah jetzt sehr deutlich nach einem Haus aus. Innen an den Seiten malte sie etwas Dunkles, Längliches. Dazwischen sah sie „holperig irgendwie, nein das sind Leute, da sitzen Leute. Und da hinter ihnen (sie malte ein Quadrat) steht das da. Es ist auch blau."

Das war exakt unser Innenraum. Er ist bis zum Dach ausgebaut, also oben spitzwinkelig, und da es ein altes Haus ist, wird alles von dunkel gestrichenen Balken getragen, die auch an allen Seiten hervorstehen. Und dann habe ich da ein Kino eingerichtet. Mit einem Videoprojektor. Ein Videoprojektor ist im Prinzip auch nur eine Art Fernseher. Er wirft ein Fernsehbild groß auf eine Leinwand. Mit Tageslicht-Farbtemperatur. Blau.

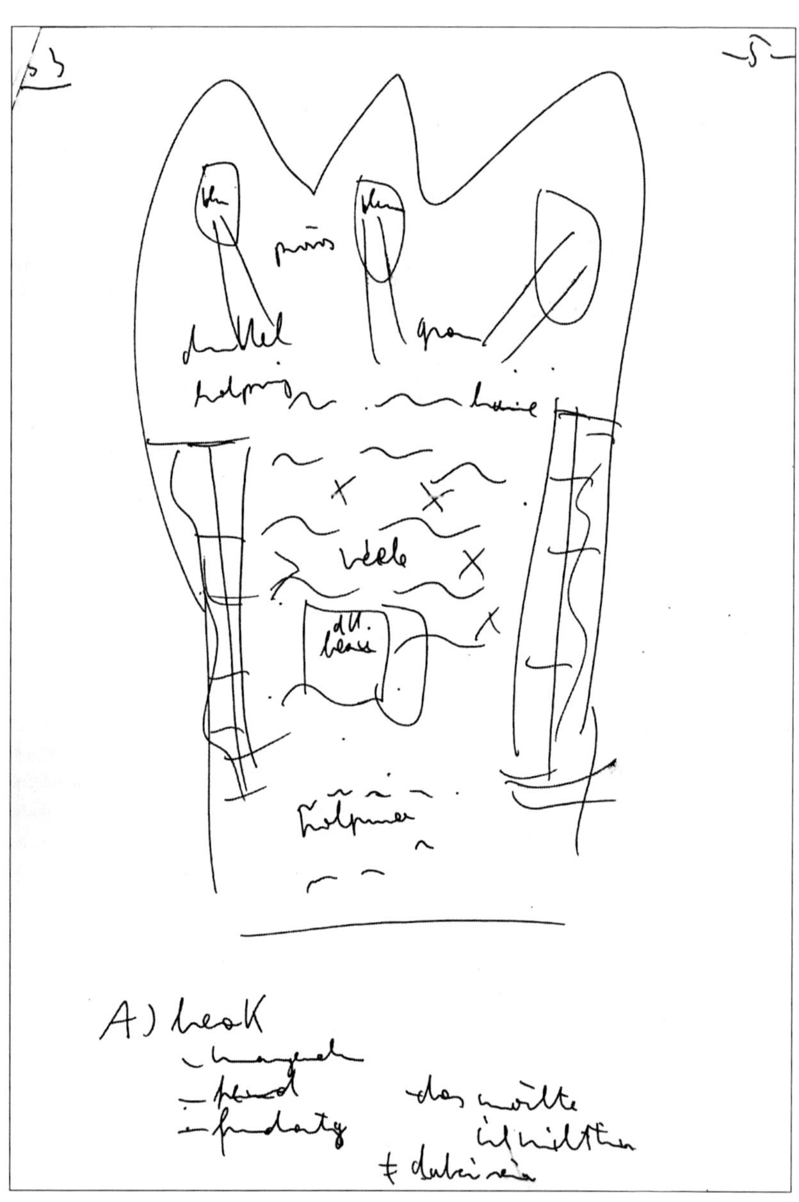

Unsere erste Haus-Session

Oben: die Hausfront   Unten: der Garten, geviewt

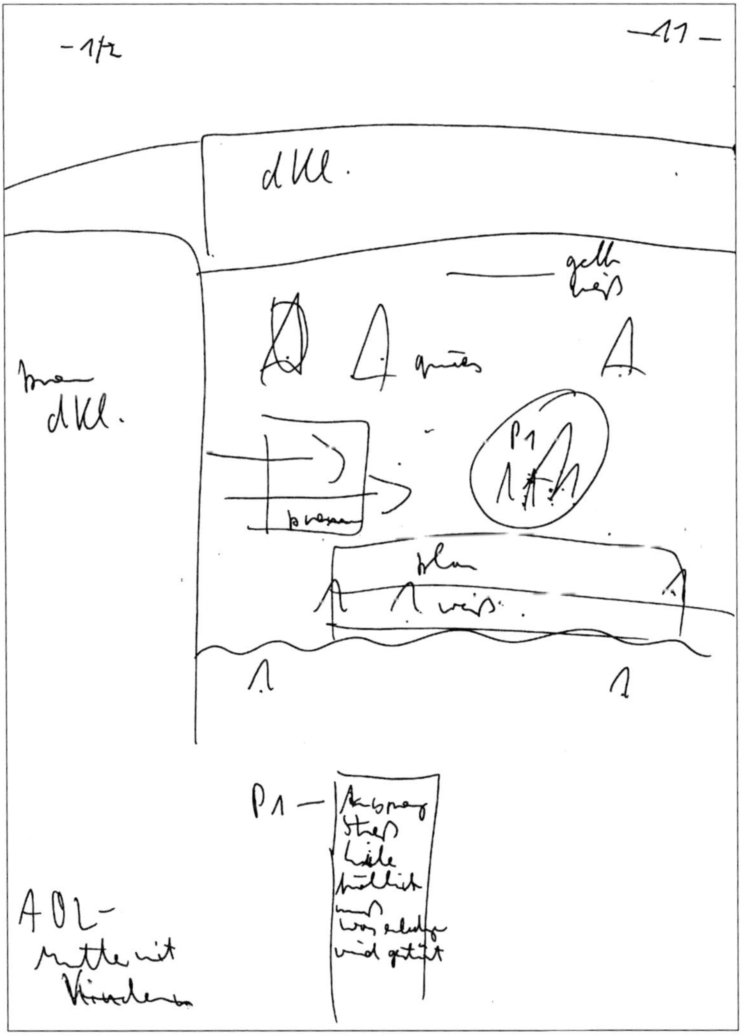

Es sah also aus, als würden wir im Januar 2000 bei uns oben eine gutbesuchte Kinovorführung haben. Das wäre nichts Ungewöhnliches. Das wäre etwas, das wie Alltag in unserem Filmproduktionsleben aussieht. Ich atmete erleichtert auf. Leider sagte meine Frau dann „AI-Break: unangenehm, fremdartig, da möchte ich nicht dabei sein."

Wahrscheinlich wegen der vielen zusätzlichen Arbeit, die so eine Veranstaltung immer bedeutet, dachte ich.

In Stage 4 beschrieb sie die Situation noch detaillierter. „Da sind viele Menschen, sie plappern leise, Aufmerksamkeit, da sind Möbel und Geräte, Entspannung, aber auch konzentriert. AOL: Kino!"

Jetzt hatte sie es! Aber nein, sie war immer noch völlig blind. Das ist nichts Ungewöhnliches in einer Session. Das Bekannteste kommt einem völlig rätselhaft vor, nachher schlägt man sich mit der Hand vor die Stirn: natürlich! Und ein AOL wirft man sowieso weg.

Gunther machte auch schnell eine Bewegungsübung: „Neunzig Tage später sollte etwas sichtbar sein!"

Gut reagiert. Das gab noch einen Einblick ins Jahr 2000, wo meine Frau doch so schön on target war.

„Stage 2: blau, grün, grau, schwarz, weiß, und ein wenig gelb sind die vorherrschenden Farben. Haut, Stoff, Holz, Stein. Weich, grob, porös, holperig."

Holperig scheint für meine Frau der Eindruck zu sein, wenn da viel herumsteht. „Es ist wie ein Markt, okay, AOL: südfranzösischer Markt, es riecht irgendwie nach Gewürzen. Es ist warm bis heiß. Da sind Stimmen. Tiere. Und ein Karren. Lachen. Rufen. Trappeln. Es ist ein ausgedehntes Gelände, außen, aber es ist eng und voll. Mein AI ist angenehm, Ferienstimmung."

Sie zeichnete den Grundriss unseres Hauses mit Garten und meinte, da an der Seite würde etwas herausgezogen. Eine Art Karren oder so was. Ich überlegte kurz: ja, an dieser Stelle des Hauses war seit letztem Jahr eine Tür. Interessant. Weiter.

„AI Break: angenehm."

Ich war inzwischen ganz fröhlich. Mit dem Weltuntergang konnte es wohl nicht so weit her sein. Ferienstimmung! Marktatmosphäre! Eines nur stimmte mich wieder nachdenklich: in unserem Garten hatte es nie so eine drangvolle Enge gegeben, wie meine Frau sie hier in der Session beschrieb! Höchstens mal zu ihrem Geburtstag, den wir zum Gartenfest ausgestaltet hatten. Aber Tiere? Die verzogen sich doch eher bei solchen Menschenaufläufen und größere, Kühe, Schafe, was zum Teufel sollten die im März/April in unserem Garten zu suchen haben? Und warum soll es zu diesem Zeitpunkt so warm hier sein, dass man ein Gartenfest feiern kann? Vielleicht ist sie ja etwas später gelandet, beruhigte ich mich, vielleicht war vorher nichts interessantes, da ist sie einfach ein Bisschen später gegangen, wo es was Wichtiges zu berichten gab. Vielleicht war das dann auch ganz normal, dass es so warm bis heiß war. Im Mai zum Beispiel kann man hier oben im Norden durchaus schon mal die Jacke ausziehen. (Dann braten sie aber meist schon in Berlin, Frankfurt oder München!)

„Stage 4: laut, braun, ganz verschiedene Farben, da ist etwas blau-weiß-gestreiftes. Wie eine Markise oder so! Lebensmittel. Fleisch. Ausgedehnt aber eng und voll. Da sind Menschen, Tiere, Gefährte, Stühle und Bänke, Häuser. Geschäftigkeit und Fröhlichkeit. Auch Alltagsverrichtung, Lebensbewältigung Festlichkeit. AI Break: nicht so toll, sieht wie Arbeit aus."

Dann zeichnete sie noch einmal, diesmal erheblich genauer den Grundriss unseres Anwesens. Und dann viele Dinge im Garten.

„Da ist was Grünes." Richtig, da hatte ich vor zwei Jahren einen Nussbaum gepflanzt. Im Jahr 2000 müsste der schon eine unübersehbare Größe haben. Vor den Wintergarten malte sie etwas gelb-weißes. Weiße Gartenmöbel mit gelben Auflagen? Haben wir tatsächlich. Viel interessanter waren ja die Leute im Garten.

„Zu welchen Leuten hast du dort eine besondere Beziehung?", fragte Gunther. „Kommen dir irgendwelche Personen bekannt vor?"

Gudrun piekte sofort in eine Personengruppe. „Hier. Eine Mutter mit zwei halbwüchsigen Kindern. Sie ist abgespannt, hat Stress, Liebe, ist fröhlich, muss was erledigen, wird aber wiedermal dabei gestört. Könnte ich sein." Es folgten noch ein paar weniger wichtige Details, dann beendete Gunther die Session. Auflösung. Meine Frau zog das Foto unseres Hauses aus dem Umschlag. Sie war ziemlich fassungslos. „Dass Ihr euch so was traut. Ich hätte ja auch Not, Tod und Verzweiflung Viewen können …"

„Weiß ich. Hast du aber nicht. Und das ist genauso problematisch. Wenn hier also im Frühjahr 2000 hier Friede, Freude, Festlichkeit herrschen, kann es 1998 keinen Weltuntergang gegeben haben, wie uns diese ganzen Unglücksboten weismachen wollen. Und das waren auch Remote Viewer. Remote Viewing geht, ganz ohne Frage, das wissen wir jetzt. Es gibt aber nicht den von ihnen für 1998 angekündigten

Weltuntergang, jedenfalls hier nicht. Und wenn es hier nicht ist, ist es auch kein Weltuntergang, nicht wahr? Also wo ist der Haken?“

Die Diskussion brandete auf. Trotzdem war erstmal Essenszeit. Egal, was wann wo untergeht, Viewen macht auch hungrig.

Während des Essens ging die Diskussion natürlich weiter. Zum Glück waren die Kinder für den ganzen Tag bei Freunden und man konnte wenigsten einen Satz zu Ende sprechen.

„Fassen wir nochmal zusammen. Wenn man das Target ›die nächste globale Katastrophe‹ viewten, so wie Ed Dames es vorschlägt, bekommt man auch ein furchtbares Katastrophenszenario. Und auf der Timeline sieht man es für 1998 voraus. Wenn man von vornherein ins Jahr 2000 geht, sieht man kein Szenario in dieser Art, jedenfalls nicht hier und gerade hier an der Küste haben wir ein paar Untergangsmöglichkeiten mehr als im Binnenland. Was ist daraus zu schließen?“

„Remote Viewing geht nicht.“

„Geschenkt.“

„Jeder Remote Viewer soll in eine Katastrophe geraten.“

„Aus welchem Grund, bitteschön?“

„Vielleicht um ihm einen heilsamen Schrecken einzujagen und zum Guten zu bekehren. Damit er sich sagt, hat ja doch keinen Zweck mehr, jetzt noch Remote Viewing zu meiner Bereicherung einzusetzen.“

„Und was passiert? Die Globale Katastrophe tritt nicht ein und die Leute sagen: siehste, funktioniert ja doch nicht, haben wir doch immer gesagt. Und dann gibt es kein Remote Viewing mehr.“

„Du meinst, das ist eine Gegenoperation des Geheimdienstes, um die Methode wieder unter den Teppich zu kehren.“

„Wer hat sich das Target ausgedacht? Wer gibt es an die Leute weiter? Ed Dames. Okay, er *sagt* zwar, alle Leute sollen Remote Viewing lernen, aber vielleicht hat ihm sein früherer Arbeitgeber angedeutet, Junge, das war zu viel, das bringst du jetzt wieder in Ordnung!“

„Die Beschäftigung mit diesem Target hätte auch zur Folge, dass die Leute immer wieder verzweifelt, wie das Kaninchen auf die Schlange in die Zukunft sehen, damit vollständig beschäftigt sind, vor Angst klappernd und nicht die anderen Sachen sich anschauen. So war das schon immer mit der Desinformation. Eröffne einen Nebenkriegsschauplatz. Lass die Leute sich dort austoben und du kannst da, wo es brennt, in Ruhe dein Süppchen kochen.“

„Das würde aber bedeuten, dass dieses spezielle Target in der Matrix kontaminiert worden ist. Dass hier Informationen abgelegt wurden, die nicht stimmen. Denn wenn es keine globale Katastrophe gibt, darf in der Matrix ja auch kein Abdruck einer Katastrophe enthalten sein. Es sei denn, jemand hätte es speziell dort abgelegt. Für alle, die dieses Target anpeilen."

„Und da dieses Target ja eine zentrale Frage jedes Menschen ist, besonders seit dieser Komet da oben rumfliegt, kommt jeder in die Informationsfalle. Und hat nur noch Angst."

„Hört sich logisch an. Jetzt kommt die gute Frage."

„Ah, bitte, welche denn?"

„Wer ist in der Lage, in der Matrix eine falsche Information abzulegen?", sagte ich, und meine Frau setzte nach: „Falls es dich interessiert, Gunther, wir haben vor über einem halben Jahr schon diese Frage in einer E-mail an Tom formuliert. Hat er aber nicht beantwortet."

„Tom hält nicht viel von diesen Spekulationen. Er meint, Ed Dames ist ehrlich. Und die Matrix, wie soll man die manipulieren?"

„Die Frage eben war, wer?"

„Keine Ahnung."

„Also gut, ich weiß das auch nicht. Aber eins muss man mal sagen: das Remote Viewing, wie wir es hier lernen, ist doch der Stand ca. Mitte der achtziger Jahre. Vielleicht etwas später. Das ist zehn Jahre her. Das ist der Stand, als sie 15 Jahre mit all ihren Rückschlägen dran gearbeitet hatten, drüben am SRI, und seit die Methode fertig ist, sind mindestens zehn Jahre vergangen. Haben die in dieser Zeit geschlafen? Wohl kaum."

„Hm."

„Und du *kannst* dieses Remote Viewing nicht unters Volk bringen. Das ist viel zu gefährlich. Also muss man was tun. Und dann hat man HAARP gebaut. Irgendwann senden Sie dann den großen Doofmacher-Impuls. In den Achtzigern gab es in Berlin einen Sprayer, der malte überall ›sie kontrollieren uns mit Sendern‹ hin. Hielten wir für völlig durchgeknallt. Inzwischen sind wir nicht mehr so sicher. Lies mal das HAARP-Buch. Also, wie man sieht, man kann sich ganz schön irre machen lassen. Courtney Brown zum Beispiel hat die Außerirdischen im Verdacht, hier vehement einzugreifen. Greys und andere. Und das ist ein Professor für Soziologie."

„Da sieht man, wie leicht auch Professoren durchknallen können."

„Gut, und jetzt bitte eine vernünftige Theorie, weshalb Weltuntergang und warum doch nicht."

„Vielleicht ist es ja nur ein *möglicher* Weltuntergang. Nach der konservativen Theorie der Zukunftsgestaltung haben wir ja immer mehrere Möglichkeiten, die Zukunft zu gestalten. Wir kommen immer wieder an eine Weggabelung und müssen entscheiden, ob wir rechts oder links gehen. Und wenn wir oft genug links lang gegangen sind, unterscheidet sich das Ergebnis erheblich von dem, als wenn wir genauso oft rechts entlang gegangen wären."

„Gut, das erklärt aber nicht, warum die Leute, die das Target ›globale Katastrophe‹ bekommen, immer in diese schrecklichen Bilder kommen. Es sieht fast so aus, als ob sie sie selbst produzieren."

„Da fällt mir etwas ein", schaltete sich unser Trainer wieder ein. „Der Ed Dames hat uns mal gesagt, dass man als Viewer immer in den interessantesten Part eines Targets hineingerät."

„Erinnert mich an Schnabels Film ›Real X Files‹. General Thomson sollte den Bahnhof von Alexandria viewen und zeichnete den Freimaurertempel nebenan."

„Genau. Als sie damals für ihre Trainings immer Seiten aus dem National Geographics herausgerissen haben, um Bilder von Zielen auf der ganzen Erde zur Verfügung zu haben, bekam der Viewer oft die Rückseite des Blattes. War ja zweiseitig bedruckt und die Matrix konnte sozusagen nicht entscheiden, was gemeint war. Manchmal kriegt man ein Konglomerat von beiden Seiten. Und wenn man an eine solche Katastrophe denkt, das ist natürlich der interessanteste Teil aller Möglichkeiten, weil es einen am stärksten betrifft."

„Die Aufgabenstellung ist in diesem Fall ja auch schon so *formuliert*, dass der Viewer den katastrophalen Weg bevorzugt, würde ich mal sagen." Messerscharf, liebe Gudrun! Von einer studierten Medientheoretikerin kann man schließlich einiges erwarten.

„Dann wäre die einzige Lösung, kontaminierte Targets oder nicht, um diese Problematik zu lösen eben genau die, die wir vorhin durchgespielt haben. Nämlich ein Ding sich zu nehmen und seinen Aufenthaltsort irgendwo in der Zukunft anzupeilen. Nachzusehen, was das Ding, also, das Haus, das Auto, irgendwas eben, zu einem bestimmten Zeitpunkt macht; wie die Umgebung drum herum aussieht. Dann ist alles dazwischen nicht gefragt und das Interesse wird auch nicht abgelenkt. Und genau das haben wir gemacht und es sieht nicht nach einem Weltuntergang aus. Können wir jetzt wieder ruhiger schlafen?"

Wir konnten. Leider tauchte diese erste Haussession noch einmal, fast ein Jahr später wieder aus der Versenkung auf, um uns mit stimmigen Details, die wir natürlich aus Unkenntnis nicht beachtet hatten, erneut zu erschrecken. Zunächst jedoch war die Zukunft wieder optimistischer zu betrachten (innerhalb der sowieso düsteren ökologischen Grenzen etc., die für uns alle inzwischen Alltag geworden sind).

So konnten wir uns wieder etwas ungezwungener an weitere Sessions machen, von denen ich hier nur noch die letzte des Tages, durchgeführt von meiner Frau, erwähnen möchte. Sie ist aus zweierlei Gründen interessant. Einmal, wie die Aufgabenstellung den Viewer verwirren kann, zum anderen, weil sie zeigt, dass man den aus der Parapsychologie bekannten Decline Effect, den Absinkungseffekt nicht aus dem Auge verlieren darf. Irgendwann lassen PSI-Fähigkeiten auch mal nach, besonders nach so einem anstrengenden Tag.

Das Target war „Einstein zum Zeitpunkt der Bildaufnahme“ und das Bild, Sie ahnen es schon, war das mit der berühmten herausgestreckten Zunge. Was würde meine Frau also daraus machen? Es kam, wie es kommen musste.

„Stage 1: weich, natürlich. AI Break: einsam, beeindruckend.“ Sie beschrieb viele weiche Dinge, zwischen 1,50 bis 2 Meter hoch, die sich in einer hellen Szenerie zusammendrängten. Das Ergebnis dieses Ereignisses war für meine Frau eine Art Gesicht auf künstlichem Untergrund. Der Moment, in dem sich die Fotografen zusammendrängten und das Ergebnis offenbar das Foto. Nach einer Bewegungsübung erzählte sie von „ekeligem Weichem, AOL Schnecke, lebendig, schmierig, Hunger, Nahrungskette“ auf etwas, das sei „glatt, hart, abgegrenzt, steinig, ja wie ein Stein.“ Wir kicherten. Eine Schnecke auf Ein Stein. Genial! Ist die Matrix spitzfindig? Meine Frau jedenfalls brachte die beiden Aspekte nicht in ihrer überhöhten Bedeutung zusammen. Trotzdem erzählte sie uns abschließend von einer Art „Zoo, Ausstellung, nein besser, es ist wie eine Zurschaustellung.“ So kann man einen Fototermin auch sehen.[1]

Und dann machte sie nur noch waagerechte Striche. Es kam keine Information mehr. Ende: 17.28 Uhr. Nach eigenen Angaben war die Viewerin völlig ausgelaugt und wollte eigentlich nichts mehr. Deshalb verklang dieser Tag auch völlig unspektakulär. Ich glaube, wir haben

[1] Das Target war natürlich das berühmte Bild, auf dem Albert Ein-stein den Fotografen die Zunge herausstreckt

noch eine Flasche Wein geöffnet.

Ähnliche Erfahrungen machten natürlich alle, die später auch Technical Remote Viewing trainierten. Wir trafen einige von ihnen beim ersten Remote Viewer Treffen Anfang August in Frankfurt. Für einen geplanten weiteren Film zum Thema interviewten wir diese Leute zu Fragen wie „was war dein beeindruckendstes Erlebnis während des Trainings."

„Ach, das sind schon so viele", sagte Uschi S. aus Berlin, „Ja, doch, eine Session, die mich beeindruckt hat, war ›vor 60 Millionen Jahren‹, oder so. Wie ich in der Zeit zurückgegangen bin. Wie plötzlich ein Dinosaurier vor mir stand und mich fressen wollte. Wie ich nur weglaufen wollte ..."

Na ja, das kannten wir ja schon. Wir hatten den gleichen Trainer. Aber es gab auch andere. Ute S. hatte bei Tom trainiert.

„Am meisten beeindruckt hat mich eine Session, die eigentlich gar nicht so lief, wie sie laufen sollte. Wo ich in ein Ereignis hineingeraten bin, das nicht vorhersehbar war, weil der Zeitpunkt für das Target nicht klar war. Ich bin in eine Zeit gegangen, die mich interessiert hat. Da bin ich in ein Gefühl hineingeraten, das so frappierend war, so stark, dass ich erstmal gar nicht wusste, was los war. Das Target war die Golden Gate Bridge ohne Zeitpunkt. Ich habe selbst die Brücke als Objekt gar nicht erfasst, sondern ich habe viele Menschen bekommen und ganz viel Schwärze, Dunkelheit, Trauer, Verzweiflung und solche Sachen. Ich habe da voll reingefühlt. Ich bin ein ziemlicher Gefühlstyp, trotz meiner technischen Ausbildung. Es war so stark, dass ich zehn Minuten geheult habe. Intuitiv war ich nicht zum jetzigen Zeitpunkt dort, sondern zur Bauzeit, und da muss irgendetwas Schreckliches passiert sein. Es war sehr interessant. Ja."

Sie lächelte etwas gequält. Mich schüttelte es, wie man so schön sagt, trotz des Sommerwetters war mit plötzlich richtig kalt. Ich hatte nämlich auch eine intuitive Eingebung in diesem Moment. Ute war zum interessantesten Zeitpunkt der Brücke gelandet. Das muss aber nicht der Bau gewesen sein. Schwärze, Dunkelheit, Verzweiflung. Das erinnerte mich sehr an unsere gerade überstandene planetare Katastrophe im Internet. Ich mutmaßte sofort, dass sie nicht in den Bau der Brücke geraten war. Es gibt noch einen anderen Höhepunkt im Dasein von Bauwerken, nämlich ihre Zerstörung. Und Utes Daten hatten eine gewisse Affinität zu Lothars Vorstellung von der großen Flutwelle in Kalifornien, deren Opfer er selbst werden würde. Die stärkste Auswirkung eines Geschehens am Target hatte Ute möglicherweise angezogen. Und dass Ute sehr stark von Emotionen im Bereich eines Targets angezogen wurde, sollten wir später bei ihrer Mars-Session beeindruckend vorgeführt bekommen.

Nebenbei gesagt hatte ihr Lebensgefährte Michael auch die Atomexplosion als Target besonders beeindruckt. Er sah Inseln, Wasser und einen Pilz … das gute alte Real-X-Files-Target, ist man nun schon versucht zu sagen. Fort Meade lässt grüßen.

Natürlich ließen wir uns die Gelegenheit nicht entgehen, die Frau unseres Trainers zu befragen, was sie denn so erlebt habe, als ihr Mann plötzlich als PSI-Spion aus Amerika zurückgekehrt war.

„Ich war natürlich überhaupt nicht begeistert, das ist ganz klar. Ich habe da zuerst auch gar nicht dran geglaubt und ihm gesagt, das kann ich mir nicht vorstellen. Ich hatte fürchterliche Panik, dass er einer Sekte verfällt. Vielleicht Scientology oder etwas Ähnliches. Nein, ich fand es nicht toll.

Er war sehr nachdenklich geworden. Schon früher hat er sehr über sein Leben nachgedacht, aber ich denke, das war ein Auslöser für weiteres, für das Gefühl, etwas verändern zu müssen. Er sagte, dass etwas geschehen müsse.

Dann hat er überlegt, wie man die Methode trainieren kann. Er sammelte Material und überlegte, wie Ed Dames es gemacht hat.

Ich war erst nicht sein Versuchskaninchen. Er hat die erste Ausbildung mit jemand anderem gemacht. Ich war ängstlich und hatte ihm gesagt: probier‘ das erstmal mit jemand anderem aus. Das hat dann aber sehr gut funktioniert. Dieser Erfolg, also dass Gunther die Methode weitergeben konnte, hat mich schon sehr beeindruckt.

Dann habe ich selbst die Ausbildung gemacht. Am zweiten Trainingstag hatte ich den Drang, das kann einfach nicht funktionieren, das glaube ich nicht und ich hatte in Stage 3 überhaupt keine Lust mehr. Da habe ich ihm einfach eine Blumenvase hingemalt. Ich dachte, Gunther mit seinen eigenen Waffen zu schlagen. Aber dann fing ich an, da solche Querstreifen reinzumalen und die Vase stand auch schief. Letztlich sah es aus wie ein schiefer Turm. Und das war auch das Target: der schiefe Turm von Pisa. Das hat mich überzeugt.

Und nun hat sich mein Bewusstsein stark verändert. Ich hinterfrage jetzt mehr als jemals zuvor mein Leben, mein Umfeld, alle Strukturen um mich herum.“

Stimmt, dachte ich. Aber die Antworten machen keinen Spaß.

Und die anderen? Wie hatten sie ihre erste Begegnung mit Remote Viewing verkraftet?

Karin N., Heilpraktikerin und Channelmedium (wir bekamen später sozusagen zum Vergleich ihre Channeling-Voraussagen zugeschickt) war von Anfang an natürlich weder skeptisch noch vom Funktionieren der Methode überwältigt. Lediglich von der Qualität.

„Ich habe mich schon vorher mit außersinnlicher Wahrnehmung beschäftigt und verschiedene Methoden versucht. Pendeln klappte leider nicht bei mir, meine Trefferquote lag so um 50% herum, das fand ich etwas dürftig. Auch bei anderen Methoden kam ich nicht so richtig zum Zuge. Bis jetzt muss ich sagen, mit Remote Viewing habe ich eine sehr hohe Trefferquote. Fast hundert Prozent.

Was mich am meisten beeindruckt hat, dass ich nur von irgendeiner Codezahl sagen kann, was sich dahinter verbirgt. Und welche Details ich erarbeiten kann.

Dieser Hurrikan, den ich jetzt hatte, zum Beispiel. Etwas Großes, Rundes, Drehendes, schwebte über dem Wasser. Ich hatte überhaupt keine Ahnung, was es ist, nur das Gefühl, das Ding sieht aus wie ein riesiger Staubsauger. Es hat mich auch fasziniert, weil ich feststellte, welche Energie dahintersteckte. Schon am Anfang beim Ideogramm hatte ich das Gefühl, da ist richtig Kraft hinter."

Karin beschrieb hier einen Effekt, den ich später noch oft kennenlernen durfte. Die Energie eines Objektes fließt in die Muskelkontraktion des Viewers ein, bei manchen mehr, bei manchen weniger. Ein Vulkanausbruch als Target riss einer anderen Viewerin förmlich den Stift aus der Hand. Wunderbare PSI-Welt!

„Beim Pendeln geht ja leider nur Ja/Nein", fuhr Karin in ihrer Erzählung fort. „Bei Remote Viewing kann ich alles erfragen. Räumlichkeiten, Ereignisse, Menschen wie sie aussehen, aber auch alles andere, was sie ausmacht. Das gesamte Wesen. Und das alles in verhältnismäßig kurzer Zeit. Bei den anderen Techniken, Tarot oder sonst was, bin ich immer begrenzt. Es gibt immer Dinge, die ich nicht abfragen kann. Ich denke, ich werde mit dieser Methode arbeiten können. Wenn ich in meiner Praxis nicht mehr weiterkomme, um herauszufinden, wie ich einen Menschen heilen kann."

Ein anderer neuer Aspekt: Heilen mit Remote Viewing. Schon Lothar hatte davon gesprochen. Ein Jahr später brachte dann Russel Targ, einer der Mitbegründer von RV, ein fundamentales Buch dazu heraus.

Interessant war auch die Äußerung von Ute S., die erzählte, dass sie sofort wusste, „das muss ich lernen", als ihr ein Informationszettel über Remote Viewing in die Hände fiel. So oder ähnlich hörten wir es immer wieder von Menschen, die die RV-Ausbildung gemacht hatten, und uns selbst war es eigentlich genauso ergangen. Noch so ein merkwürdiges Phänomen. Hat mir mein Ich aus der Zukunft in die Vergangenheit herunterrufend mitgeteilt, was ich zu tun hätte, damit meine Lebensgeschichte richtig bleibt? Oder wer hat da dran gedreht? Wir fühlten uns plötzlich ein ganz klein wenig fremdgesteuert … ein Eindruck, der uns nie mehr ganz verlassen sollte.

Besonders, da die meisten Viewer ebenfalls immer wieder berichten, wie desinteressiert, ja ablehnend sich ihre bisherigen Bekannten zu Remote Viewing stellen würden. So, als hätten sie begründete Angst davor, *zu viel* zu erfahren.

Der Autor 1998 bei seiner „normalen" Arbeit

Die Bestrafung des Leichtsinns

5. Kapitel

Ich kann mich noch gut erinnern, dass wir noch mitten im Ausdiskutieren der Frage „wie erkläre ich Remote Viewing auf Video und wie beweise ich es dem ungläubigen Betrachter“ waren, als uns Tom mit der Nachricht überraschte, dass eben genau diese Fragestellung sich der bekannte Nachmittags-Talkmaster von RTL, Hans Meiser an den Hals geholt hatte. Und ausgerechnet in einem Gehirnforschungslabor sollte der Test stattfinden! Zwar wiedermal das Übliche: ein Foto in einem geschlossenen Umschlag „raten“, aber gar keine Frage, dass ich mit der eigenen Kamera dabei sein musste! Meine Frau erfragte den Termin. Au Backe! wie der Berliner sagt, das wird knapp. Am 18. April in Stuttgart, am nächsten Vormittag wieder in Husum zum eigenen TRV-Training! Wie in alten Zeiten!

Tatsächlich öffnete ich bereits einige Zeit vor siebzehn Uhr die Tür des Hauses Weisenburgstr. 24, in dem sich damals Günter Haffelders „Institut für Kommunikation und Gehirnforschung“ befand. Das Kamerateam, das den Vorgang aufnehmen sollte, hatte schon ausgepackt und die beiden Probanden Tom Tankiewicz und Lothar Rapior waren auch bereits anwesend. Ich platzte direkt in eine angeregte Unterhaltung am Kaffeetisch. Bereits einige Tage vorher war Gunther Rattay dort gewesen und hatte, mit Messfühlern an einen Computer gekoppelt, eine TRV-Session durchgeführt. Günter Haffelder zeigte sich tief beeindruckt. Ich fühlte, dass sich hier sehr ungewöhnliches tat und packte sofort meine Kamera aus, um das sich entwickelnde Gespräch aufzuzeichnen.

„Wir haben eine Methode, von der wir uns derzeit informiert haben, dass sie funktioniert“, sagte Tom, „Das war der Start bei uns allen, wir wollten wissen, ob es funktioniert. Es geht, wir wissen, wann es besonders gut geht. Wir wissen auch, wann wir Schwierigkeiten haben und wann wir an Grenzen stoßen, nämlich wenn man an übergeordnete Konzepte kommt. Deshalb wollen wir wissen, was wissenschaftlich wirklich dran ist.“

Es klingelte. Herein kam die Realisatorin dieses geplanten Beitrages. Sofort wurde der Ablaufplan des Tests besprochen. Aus einem Pool von zwölf Trainingstarget-Bildern sollte sie eines auswählen und in einen Umschlag tun. Das sollte ganz geheim in einem Hinterzimmer stattfinden, nur ihr Kameramann war zugelassen, er musste das Ganze ja aufnehmen.

„Dann machen wir das so", erklärte Tom. „Du gibst uns den Blanko-Umschlag und ich schreibe die Koordinaten drauf und die Aufgabe: was auf dem Bild zu sehen ist und lege ihn auf den Tisch. Wir sind ja dann schon verkabelt, Lothar sitzt da, mit Schreiber bewaffnet und fängt dann an, unser Protokoll anzuwenden und redet auch dabei. Ich guck' mir das an, mache mir Notizen und versuche erstmal, Lothars Datenstrom zu intensivieren, machen eine Bewegungsübung was, weiß ich im Moment noch nicht …" Er beschrieb den Leuten vom Aufnahmeteam, die damit ja noch nie etwas zu tun gehabt hatten, den Ablauf einer Session.

Am Ende der Session wollten sie vor laufender Kamera die Aussage machen, welches Foto in dem Umschlag sei. „Das muss doch einfach zu schaffen sein", hatte Tom dazu angemerkt, und im Rückblick auf unseren Test für die Videokassette waren auch alle ganz sicher, dass es problemlos klappen würde. Es war eine Situation, wie sie in jedem TRV-Training dutzende Male erfolgreich durchgeführt wurde. Unser kleiner Sohn hatte damals den Spruch drauf: „Das ist doch Babyeierleicht!" und genau so waren alle drauf, meine Frau und ich eingeschlossen. Hochmut kommt vor dem Fall. Wenige Stunden später waren wir einhellig der Meinung, dass wir hier einen unverantwortlichen Leichtsinn an den Tag gelegt hatten. Und noch später, genauer gesagt, ganze fünf Monate später waren wir der Ansicht, dass diese Geschichte, die unter der Bezeichnung „Hans-Meiser-Target" in unsere Annalen einging, zu den Geschichten gehörte, die man auf keinen Fall jemandem erzählen konnte. Ich will es trotzdem versuchen.

Nun könnte man daherkommen und sagen, na, das ist doch einfach, hinterher kann man alles erzählen. Kann man, aber in diesem Fall gibt es mehrere Zeugen und verschiedene Video-Dokumentationen einschließlich der Fernsehsendung, die es auch nachweisbar gab. Für eine unabhängige Recherche ist also bestens gesorgt.

Die Redakteurin verschwand also mit dem Kameramann im Hinterzimmer und in der späteren Sendung konnte man gut sehen, wie sie jetzt eines der zwölf Bilder auswählte. Das Bild verschwand im Umschlag, die restlichen Bilder in ihrer Tasche. Keiner außer den beiden wusste Bescheid. Nun weiß jeder Fernsehzuschauer, dass generell in Talkshows und ähnlichen Sendungen versucht wird, den, der es gewagt hat, sich mit ausgefallenen Vorlieben vor eine Kamera zu wagen, „ausziehen" und dem allgemeinen Spott preiszugeben. Zugegebenermaßen befleißigte sich Hans Meiser in seiner Sendereihe eigentlich nicht dieser Praktik, seine Sendungen bestachen eher durch das Bemühen um korrekten Umgang mit dem Gast, aber natürlich konnte keiner erwarten, dass den „Herausforderern" Tom und Lothar auch nur ein Finger als Hilfestellung gereicht werden würde. Sie hatten den Mund vollgenommen, sie mussten die Kröte schlucken, sozusagen.

Gehirnforscher Haffelder hatte den beiden Probanden mehrere Elektroden an den Schädel geklebt, um festzustellen, was die beiden für Gehirnwellenmuster produzierten. Gunther hatte da vorher schon Standards gesetzt, ein Muster kreiert, das so noch völlig unbekannt war und durchaus als Remote Viewing-Muster katalogisiert werden konnte. Davon später mehr.

So saßen sie also da, angekabelt, im hellen Lampenlicht, von zwei Kamerateams umschwänzelt, von einem Gehirnforscher nebst Assistentin und noch einer Fernsehredakteurin beobachtet, und versuchten auf Kommando hellsichtig zu sein. Das musste schiefgehen.

Und so geschah es.

Lothar konnte sich nicht so recht konzentrieren bei all der Ablenkung um ihn herum und verfiel auf immer mehr AOLs, Fantasieeinbrüchen, und als die Zeit vorbei war, wagte keiner der beiden zu sagen, welches Bild hier gemeint war.

Daraufhin rief Tom bei uns zu Hause an, wo Gunther, der Dritte im Bunde, wegen unseres morgigen Trainings schon angekommen war und parallel zu den Beiden in Stuttgart selbst eine Solo-Session auf die vorher von Tom telefonisch durchgegebenen Koordinaten gemacht hatte.

Leider gab es erhebliche Diskrepanzen zwischen den beiden Sessions. Etwas kleinlaut musste man eingestehen, dass man sich jetzt doch noch nicht zum Thema Auflösung äußern mochte.

Die Meiser-Realisatorin zeigte überraschenderweise Verständnis; vielleicht hatte sie schon einmal gesehen, wie PSI-Begabte vor Fernsehkameras vor Aufregung versagten.

„Wir machen später noch ein paar Sessions drauf, kein Problem", hatte Tom gemeint. Also nahm sie im Hinterzimmer das Bild wieder aus dem Umschlag, mischte es unter die anderen elf Bilder und gab alles, Umschlag und Bildersammlung an die Remote Viewer zurück. Damit bewahrte sie ihr Geheimnis und rückte mit dem Kamerateam ab.

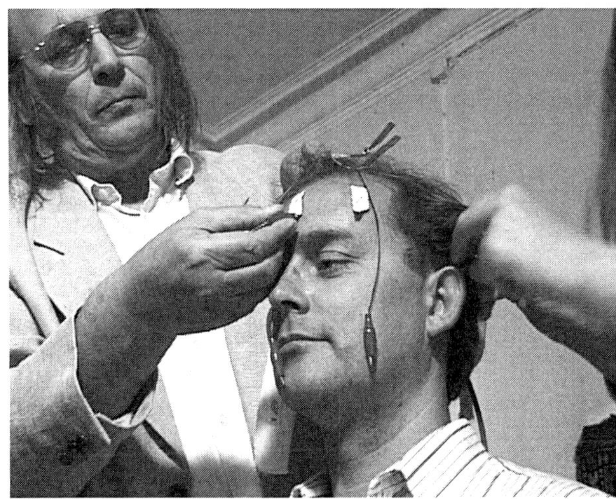

Remote Viewing im Gehirnlabor: Lothar Rapior wird für den Test Verkabelt

Tom und Lothar viewen das „Meiser-Target"

Zu dieser Zeit saß ich im Zug nach Hause, im Schlafwagen, um am nächsten Tag fit zu sein. Natürlich hatte ich das Handy mit und erfuhr also auch brühwarm vom unglücklichen Ausgang des Versuchs. Diese

Information zuzüglich zu allem anderen, was ich heute erlebt hatte, ließen mich dann auch kaum schlafen und einigermaßen gerädert wachte ich bei den ersten Sonnenstrahlen auf um wenigstens ein paar schöne Videoaufnahmen der vorbeifliegenden norddeutschen Landschaft zu machen.

Nun gut, der Sendetermin war im September, bis dahin war noch viel Zeit.

Trotzdem versuchte Gunther auch seinerseits noch einmal, das Rätsel zu ergründen. Da sich meine Frau als wirklich nicht unbegabt herausgestellt hatte, ließ er sie gegen Ende der Ausbildung auch auf den Meiser-Koordinaten laufen. Das Ergebnis war aber enttäuschend. Sie erzählte von viel Energie, konnte aber keine genauen Angaben machten, so dass wir schließlich, ihre Zeichnungen betrachtend, annahmen, sie sei im gerade den Himmel (und die Köpfe der Menschen) dominierenden Kometen Hale-Bopp gelandet. Dieser Komet gehörte allerdings nicht zum Pool der zwölf möglichen Targets. Gunther kratzte sich am Kopf. Was konnte dieses verflixte Meiser-Target nur sein? Lothar hatte ja an jenem Abend in Stuttgart auch schon von einem Energieausbruch erzählt, was war das nur? Er verglich seine Session mit Gudruns und Lothars, holte die 12 möglichen Targets heraus und war immer noch ratlos. Schließlich sortierte er ein Bild als Mögliches aus, räumte aber alles ratlos wieder zusammen. Eine Handlung mit Folgen, wie wir später feststellen sollten.

In den folgenden Wochen passierte dann aber nichts mehr. Wie es eben so ist, man hat ja noch viel Zeit bis September, vielleicht wurde diese Talkshow ja vorher gestrichen, wie es vielen solchen Sendereihen widerfuhr, da war ja noch Hoffnung. Die Zeit verging, der Sommer zog ins Land.

Leider wurde die Hans-Meiser-Show nicht abgesetzt. Sie erfreute sich sogar zunehmender Beliebtheit. So ein Pech. Im Juli sprachen wir mit Tom über das Thema „Treffen der bisher ausgebildeten Remote Viewer". Dabei kam natürlich auch die noch immer ausstehende Aufklärung des Meiser-Targets zur Sprache. Eine gute Lösung schien die Bearbeitung dieses Targets durch mehrere Viewer während dieses Treffens. Da sich dort so viele ausgebildete Viewer an einem Ort versammeln würden, hätte man die Möglichkeit, das Rätsel sozusagen mit Gewalt zu lösen -- oder gar nicht.

So wurde das Meiser-Target zum eigentlichen zentralen Thema des 1. Deutschen Remote Viewer Treffens am 1. August 1997. Vier der anwesenden Viewer sollten daran arbeiten, eine ökonomische Entscheidung; wenn die es nicht rauskriegen würden, wäre sowieso alles zu vergessen; wenn doch, hätte man die Ressourcen der anwesenden Viewer kräftesparend verwendet um auch noch andere brennende Fragen zu klären.

Um es kurz zu machen: die Aufgabe wurde mit überwältigendem Erfolg gelöst. Die Übereinstimmung der vier Viewer war so phänomenal, dass einem schier der Atem stocken konnte. (Schon wieder!) Alle bekamen bis in das kleinste Detail einen riesigen Wirbelsturm, den eine Satellitenkamera aus dem All fotografiert hatte. Zwei Viewer erzählten sogar von dem roten Leuchten, das im Zentrum aufgrund einer molekularen Aufheizung entsteht! Und das alles, obwohl sie nur ein paar Zahlen genannt bekamen. Wir waren mal wieder erschüttert, denn ganz kann man sich an dieses Phänomen wohl nie gewöhnen.

Ich nahm diese Ergebnisse detailliert auf Video auf und machte davon einen zirka zwanzigminütigen Zusammenschnitt. Ich fand es genial. Vor allen Dingen, weil es sich hier tatsächlich um ein doppelblind erarbeitetes Target handelte. Genau das, was diese Laborheinis immer wollen. Sowohl der Viewer als auch der Monitor hatten keine Ahnung, um was es sich wirklich handelte. Telepathie schied aus, subversive Beeinflussung ebenfalls. Wir wollten es schließlich wirklich wissen. Die ganze Remote Viewing-Entwicklung hing davon ab. Das Ergebnis gab ungeheuren Auftrieb.

Uschi viewt die Koordinaten 180497/001001 im August als Wirbelsturm

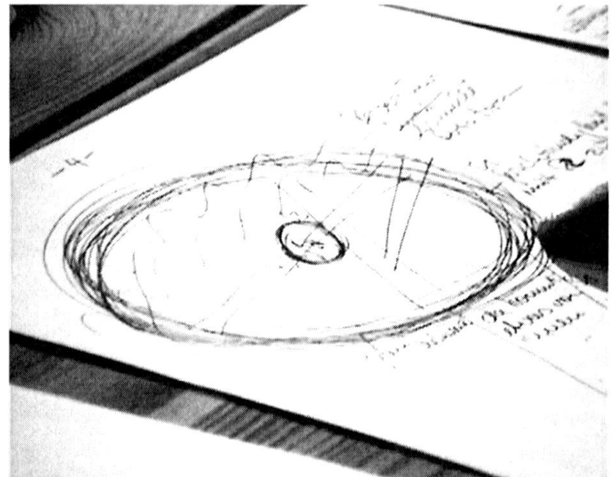

Eine erste Stage 3 des Wirbelsturms von Uschi

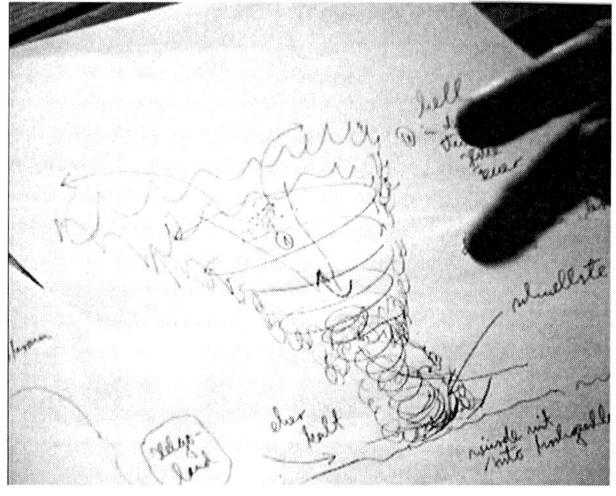

Matthias sieht den Wirbelsturm technisch mit Thermik und Elektronensprüngen im Zentrum

Bis zu jenem schönen Sommertag im August, da wir das Ergebnis unserer Meiser-Redakteurin vorstellen wollten. Wir trafen uns alle in einem Hamburger Gartenlokal, Tom, die Redakteurin, wir und einige andere, die Bescheid wussten und das Schauspiel goutieren wollten. Ich hatte extra einen Fernseher und einen Rekorder mitgebrachte, den ich in einem unbenutzten Innenraum aufbaute. Wegen des schönen Wetters waren ja alle Gäste draußen im Freigehege.

Da saßen wir nun vor der Glotze und dieses geniale Ergebnis

unseres unglaublichen Remote Viewing-Einsatzes flimmerte beeindruckend über den Schirm. „Energie, Drehung, größer als Helgoland, kann Häuser und Autos heben und kaputt machen, und so weiter."

Karin sieht den Hurrikan in seinen Auswirkungen: Autos werden hochgehoben, Häuser zerstört

Wir waren sooo stolz. Die Redakteurin schwieg. „Sie ist beeindruckt!" dachten wir. Leider war das Gegenteil der Fall.

„Das ist alles schön und gut", sagte sie, als die Vorstellung vorbei und wir erwartungsvoll „Naaa?" sagten. „Aber das ist nicht das Target."

Was? Verwirrung, Panik, Entsetzen.

„Ja, ich meine das ist ja sehr beeindruckend. Aber der Wirbelsturm ist nicht das Bild, das ich ausgesucht habe."

Wir waren völlig von den Socken. Wieso das? Alles war doch so stimmig? War Remote Viewing doch nur eine Schimäre? Nein, das konnte und durfte nicht sein! Wir wussten es doch besser! Wo war der Fehler? Gab es einen Fehler? Es musste einen Fehler geben, irgendwo!

„Na ja, ist doch nicht so schlimm", versuchte sie uns zu trösten. „Das passiert nun mal. So ist das eben mit dem Übernatürlichen. Das ist schon ganz anderen passiert!"

Ja, natürlich, anderen! Aber nicht uns! Die Frau konnte überhaupt nicht verstehen, warum wir so herumzeterten. Diese Methode klappte halt nicht, wie so vieles andere und was war da schon bei, es war eben wie immer, was stellten die sich so an?

Genau. Was stellten wir uns eigentlich so an? Es war nun allerdings so, dass wir zuerst in den Abgrund der Erkenntnis gefallen waren, **dass** es funktioniert. Und nun der Abgrund, dass es **nicht** funktioniert? Unmöglich!

Und in diesem Zustand vergingen kostbare Tage, bis zufällig Gunther wieder bei uns zu Hause vorbeikam. Natürlich diskutierten wir das Meiser-Problem. Viel Zeit blieb ja nicht mehr. Es sah so aus, als ob wir klein beigeben mussten. Zwar war im Gespräch, die Aufgabe noch einmal neu zu formulieren, aber was sollte das bringen, wo doch das Ergebnis so eindeutig war? Alles sinnlos.

„Eins ist ja klar", sagte ich, „wenn man es recht betrachtet, hat bereits Gudrun einen leeren Umschlag geviewt. Denn das Target war ja, ›was auf dem Bild in dem Umschlag zu sehen ist‹. Das Bild **war** aber **gar nicht mehr** in dem Umschlag. Auch die anderen auf dem Remote Viewer-Treffen haben einen leeren Umschlag geviewt. Was soll dabei rauskommen? Die Aufgabe war imaginär, sie existierte eigentlich nicht mehr. Ich denke mal …"

Plötzlich versteifte sich Gunther, mitten in meinem Satz, wie vom Schlag getroffen.

„Moment", sagte er, „ich möchte was nachschauen. Geht ganz schnell."

Er holte einen Ordner, einen ganz normalen Leitzordner und blätterte darin herum.

Dann fischte er, völlig blass, etwas daraus hervor.

„Das ist ja hammerhart!" Ich erinnere mich deutlich an seine Worte.

Er hielt einen Umschlag und ein Bild hoch. Auf dem Umschlag standen die Meiser-Koordinaten, auf dem Bild war ein Foto dieses riesigen Wirbelsturms. Als er uns dann aufklärte, waren wir auch von den Socken, wie man so schön sagt, und zwar auf der ganzen Linie.

„Das hier", erläuterte er, ist der Umschlag, den ich an jenem Abend beschriftet habe, als Tom mir von Stuttgart aus die Koordinaten des Targets durchgegeben hat. Damit alles seine Ordnung hat, wie wir es gelernt haben. Aber der Umschlag war **leer**. Als Gudrun das Target geviewt hat, war der Umschlag immer noch leer. Ich konnte ja nichts reintun. Und dann gab es in Hamburg einen zweiten Umschlag, der lag bei Tom auf dem Schrank und war ebenfalls leer. Es war der Umschlag, aus dem die Redakteurin an jenem Abend das Bild wieder herausgenommen hatte, damit niemand mehr wissen konnte, welches es war. Auf diesem Umschlag stand **›Das was auf dem Bild ist, das in**

in diesem Umschlag steckt‹. Genau. Aber, wie du sagst, da war ja nichts mehr in diesem Umschlag. In dem nicht und in meinem auch nicht. Nach Gudruns Session habe ich mir voller Verzweiflung die Targets noch einmal vorgenommen, um aus den bisherigen Sessions vielleicht doch etwas ableiten zu können und habe gedacht, hm, vielleicht, dieser Wirbelsturm könnte es sein."

Gunther legte eine Kunstpause ein. Wir saßen gespannt, wir ahnten, was jetzt kommen würde. Aber, so etwas gibt es doch nicht!

„So", fuhr Gunther fort, „und dann habe ich dieses Bild, das meiner Meinung nach am Treffendsten beschrieben wurde, eben dieser Hurrikan, in meiner unnachahmlichen Geistesabwesenheit zu dem Umschlag in den Ordner gelegt. Und nun gab es wieder eine Verknüpfung. Der Umschlag mit den Koordinaten hatte wieder ein Bild, auf das er sich bezog. Und von nun an viewten alle den Wirbelsturm. Hammerhart!"

Gunther Rattay mit dem Umschlag der Verwirrung: In diesem undurchsichtigen Umschlag war das Meiser Target.

Ich glaube, das war der Zeitpunkt, wo wir umgehend eine Flasche Bier aufmachten. Und noch eine. (Wesentlich später, Ende 1998, verriet uns Amerikas PSI-Spion Nr. 1, Joe McMoneagle persönlich, dass er ähnliche Erfahrungen gemacht hatte. Er riet uns, Targetumschläge nicht zu lange dicht nebeneinander zu lagern, weil sie dann untereinander „abfärben" würden. Hört sich alles völlig verrückt an, aber ich kann auch nichts dafür.)

„Das kann ja keiner wissen, dass die Matrix es sooo genau nimmt!" Gunther starrte grübelnd an mir vorbei, dann ging er schnellen Schrittes zum Telefon. „Ich muss Tom anrufen. Das ist wirklich abgefahren."

Der Rest der Geschichte ist schnell erzählt. Tom vergab neue Koordinaten mit einer neuen Fragestellung, die darauf abhob, welches Bild sich die Redakteurin damals ausgesucht hatte. Er machte selbst eine Session darauf und ließ noch seine momentanen Auszubildenden auf dem Target laufen. Das Ergebnis war eindeutig und übereinstimmend, nur diesmal war es klar ein anderes Bild aus dem Pool: das beliebte Vietnambild, wir kennen es schon aus dem Training, und die Ergebnisse zeigten auch die typischen Diagramme, die die beiden voranlaufenden Kinder symbolisierten.

Die Fernsehsendung fand am 29. September 1997 tatsächlich statt und Tom enthüllte das richtige Bild. Meine Frau und ich saßen mit Lothar im Zuschauerraum um zu prüfen, ob alles mit rechten Dingen zuging. Es ging, nur, es erstaunte niemanden, dass hier offensichtlich ein gut dokumentierter Fall von detailliertem Hellsehen vorlag! Hans Meiser wechselte zum nächsten Gesprächspartner, plauderte mit ihm so aufgesetzt beiläufig, wie es eben so ist in einer Talkshow über dessen Thema und dann wurden die Bücher, die die anderen Gäste gerade geschrieben hatten, und die zumeist nur indirekte Informationen, aus dritter Hand etwa, oder eine Anhäufung von Vermutungen und unbewiesenen Rückschlüssen enthielten, aber offenbar konnte man darüber sehr unterhaltsam plaudern. Der knallharte Beweis, der vorher als der Aufhänger der Sendung eingeplant war, wurde unter den Teppich gekehrt und das, obwohl er doch perfekt geklappt hatte. Unsere Schwierigkeiten vorher zählten ja nicht, das war eben unsere Dummheit und unser Leichtsinn gewesen. Zum Showtermin war alles klar. Aber vielleicht wollte man soviel Klarheit nicht. Ähnliches Verhalten bezüglich Remote Viewing sollten wir noch oft zu spüren bekommen.

Nachzutragen ist zum Meiser-Target noch eins, und es wäre wirklich fatal für das Verständnis dieser Geschichte, es nicht zu erwähnen.

Eigentlich hätte nach unserem Wissen selbst bei dieser vorhandenen Ablenkung damals in Stuttgart ein erfahrener Viewer wie Lothar nicht versagen dürfen. Warum also doch?

Nun wussten wir es. Es lag in der Tücke dieses speziellen Targets. Dazu muss man die Entstehungsgeschichte dieses Vietnam-Bildes kennen.

Vor den Soldaten laufen zwei Kinder verzweifelt schreiend auf die Kamera zu, teilweise nackt. Hinter ihnen gehen Soldaten. Die Kinder rennen aber nicht vor den Soldaten davon, sondern vor einer Napalm-Explosion, die **vorher** erfolgte und deshalb nicht mit auf diesem Bild ist. Es handelte sich um einen Test der Südvietnamesischen Armee. Die Soldaten wissen um den Testcharakter und gehen normal. Die Kinder wissen es nicht und schreien aus Angst. Dieses Unwissen der Kinder kommt regelmäßig in den Sessions der Trainierenden, die dieses Bild viewen; auch meine Frau hatte es vermerkt.

Aber noch etwas anderes wird vom Viewer beschrieben: die Explosion, die **nicht auf dem Bild** zu sehen ist. Da der Viewer immer die gesamte Szene bekommt, muss er zwangsläufig auch von der Explosion berichten. Lothar kam in seiner Session in Stuttgart in die dort freigesetzte Energie, weil es das interessanteste Merkmal der Szene war. Dort blieb er mehr oder weniger, die Ablenkung um ihn herum, seine Aufregung und der Erfolgsdruck verhinderten weitere Details. Völlig klar, dass die Interpretation seiner Session unklar sein musste. Wie gut, dass Tom sich nicht zu einer vorschnellen Äußerung hatte hinreißen lassen!

In welches Zielgebiet meine Frau eine Woche später kam, als das Bild bereits nicht mehr in dem Umschlag steckte, lässt sich nur mutmaßen. Vielleicht kam sie in ein Echo, einen Nachhall, weil auch sie große, auftretende Energie beschrieb. Vielleicht kam sie auch tatsächlich in den leeren Umschlag, in einen leeren Ordner, wie Computer-Benutzer sagen würden. Und in diesen Ordner schrieb sie hinein, was sie in dieser Zeit am meisten beeindruckte: der Komet Hale-Bopp, denn genauso sah ihre Zeichnung in Stage 3 aus: Energie mit einem Schweif.

Der Umstand, einen leeren Ordner zu viewen und ihn mit eigenen Interessen und natürlich auch Ängsten zu füllen, erinnert stark an ein Vorgehen von Ed Dames, als er noch Mitte der achtziger Jahre neue und alte Viewer in Fort Meade trainierte und monitorte. Zuweilen, wenn es keine aktuellen Targets gab, aber auch aus persönlichem Interesse, veranstaltete er, was ein Jagdflieger „freie Jagd“ nennen würde: ein Target ohne Koordinaten, nein besser: Koordinaten ohne Target. Der Viewer sollte seinen eigenen Vorstellungen nachgehen.

Heraus kamen dabei natürlich, das hätte jeder Psychologiestudent voraussehen können, zumeist die persönlichen Sehnsüchte und Ängste des Viewers. Leider sind auch solche Sessions beispielsweise in Courtney Browns Buch eingegangen.

Das „Meiser-Target“ war also gelöst worden, auch wenn es beinahe den Fall nach dem Hochmut gegeben hätte. Aber dieses Erlebnis schenkte uns auch Erkenntnisse, die wir beim normalen Umgang mit Remote Viewing vielleicht nicht gehabt hätten. Man kann nicht nur sagen: wer viel macht, macht viel verkehrt. Wer viel verkehrt macht, kann auch viel lernen. Wenn er die nötige Demut dafür aufbringt. Man kann sagen, dass uns die Matrix oder wer immer diese Demut förmlich eingeprügelt hat.

Natürlich wurden wir für unsere Auseinandersetzung mit dieser PSI-Methode nicht nur verprügelt, uns wurden auch für die Kürze der Zeit, die wir zur Verfügung hatten, unglaubliche Erkenntnisse geschenkt. Ein gutes Beispiel dafür ist die Bekanntschaft zu Günter Haffelder. Ohne Remote Viewing hätte ich ihn nicht kennengelernt, und das würde ich heute als großen Verlust verbuchen.

Die erste Begegnung mit ihm war, wie schon erwähnt, am 18. April 1997. Ich schleppte mich mit den Koffern voller Filmausrüstung die Treppe zu seinem Institut hoch, geplagt von Stress und Zweifeln, durchschritt die typische Altbau-Tür, und war, wie vom Blitz getroffen – zu Hause!

Es ist nachhinein schwer zu beschreiben, welche Empfindungen mich durchströmten, als ich Schritt für Schritt sein Reich erkundete. Bis auf die fachbezogenen Details erinnerte mich alles an meine eigene Arbeitsumgebung. Seit über drei Jahrzehnten gilt mein größtes Interesse dem Filmemachen. Schon in Jugendjahren machte ich die Erfahrung, dass ich für die Umsetzung meiner Filmideen Kenntnisse in jedem Detail des Produktionsprozesses benötigte. Leider stellte sich heraus, dass es damit noch lange nicht getan war. Nicht nur, dass es mir schwierig genug schien, Betreibern von Trickfilmstudios und Kopierlabors zu erklären, was ich mir vorgestellt hatte, die Umsetzung meiner Ideen stellte sich schlichtweg als zu teuer heraus. Also blieb mir nichts anderes übrig, als alles selbst zu erstellen. Meine Arbeiten auf diesem Gebiet brachten mich in Kontakt mit einem anderen Filmemacher, der sehr ähnliche Erfahrungen gemacht hatte, und so, uns gegenseitig helfend und vorantreibend, erfanden wir das Filmemachen neu. In meinem Keller entstanden Apparaturen, die uns unabhängig machten von den meisten teuren Mechanismen des Filmgewerbes: Kopiergeräte, Trickmaschinen, Installationen für spezielle Aufnahmesituationen und Geräte zu Übertragung von Film auf Video. Das Ganze hatte allerdings zur Folge, dass ich nun nicht mehr zum Filmemachen kam, da es sich herumsprach, zu welch günstigen Konditionen man bei uns bestimmte sonst sehr teure technische Leistungen im Trick- und Kopierbereich bekommen konnte. Bald stapelten sich die Aufträge von Filmemachern weit über Deutschland hinaus, Australien, Brasilien, Japan, USA, ich war ziemlich überrascht, aber es wurde alltäglich. Leider konnte ich Interessenten keine Betriebsführung anbieten. Abgesehen vom Ideenklau war mir äußerst peinlich, dass wir einen gewissen aufgeräumten und geordneten Status nie erreichten. Es gab keine Verkleidungen und schicke Schaltpulte, die Versuchsanordnung ging nie in Serienreife. Kurz, es sah aus wie bei unserem Kinderidol Daniel Düsentrieb. Aber es funktionierte ausgezeichnet.

Deshalb fühlte ich mich schon beim Anblick von Haffelders „Lötecke“ persönlich berührt. Nun kann man nicht erwarten, dass die Räume eines bekannten Hirnforschers einen Preis für Design verdient haben sollten, aber das ganze Interieur war so auf die tägliche Funktionalität reduziert, dass es sozusagen einen Schlag ins Gesicht von allem bedeutete, was man unter Wohnkultur einordnen könnte. Aber da kannte ich mich aus. Im Laufe meines Lebens habe ich fast so etwas wie eine Negativ-Philosophie entwickelt, denn ich habe noch nie von einer durchgestylten Firma überzeugende Ergebnisse gesehen.

Auch der Rest der funktionalen Anordnung der Geräte und Einrichtungsgegenstände ließ in mir schon nach wenigen Minuten die Gewissheit aufsteigen, dass hier jemand arbeitete, der nicht nur genau wusste, und das in jedem Detail, was er da tat, sondern auch, dass dieser jemand ganz weit vorn sein musste. Da kann man keine Rücksicht auf Styling nehmen, genauso wenig, wie ihn Titel und Diplome gekümmert haben. Wie ich wieder einmal erfahren durfte, gibt es in allen Berufen, in anderen Interessengebieten gleichermaßen, gelegentlich Menschen, die konsequent ihren eigenen Weg gehen, so unbequem er auch sein mag, denn er bedeutet oft, dass man die innovative Arbeit so ganz nebenbei, fast ist man geneigt zu sagen, in der Freizeit, zu tun hat. Während man versucht, auf irgendeine Art die Kosten dieser Entwicklungen zu verdienen. Haffelder und seinem Institut rennt man inzwischen die Türen ein. Von Bewegungstherapeuten bis zu Klinikleitern reiht sich jetzt eine Warteschlange aus dem heilenden Gewerbe, alle begeistert von den neuen sanften Möglichkeiten Haffelders, Hirngeschädigten wirksam zu helfen.

Dieser Anblick wärmt mein Herz: Günter Haffelders "Bastelecke"

Natürlich war ich durch diverse Artikel in Fachzeitschriften vorinformiert, dass ich hier einem der innovativsten Forscher begegnen würde.

„Nein", wehrte er im Interview dann lachend ab, „wir sind hier Praktiker!", und genau in dieser Einstellung trafen wir uns anscheinen auch sofort, wir „fühlten" sie sozusagen im Gegenüber. Es scheint, dass gerade bei Begegnung mit bestimmten Menschen latente PSI-Fähigkeiten zutage treten, eine intuitive Hilfe die der Volksmund auch gesunde Menschenkenntnis nennt. Hier ergab sich, dass ich schon nach kurzer Zeit das Gefühl hatte, zu Hause zu sein. Wie gesagt.

Und hier bekamen wir endlich ein großes Puzzlestück für unseren Erklärungsbedarf.

Normalerweise befasst man sich im Institut für Kommunikation und Gehirnforschung mit zwei Arten von Interessentengruppen: auf der einen Seite mit Personen, die durch Krankheit oder Unfall zerebrale Schädigungen hinnehmen mussten; auf der anderen Seite mit Leuten, die ihre vorhandenen Fähigkeiten optimieren möchten.

„Wenn wir Kinder mit Lernstörungen haben", sagte mir Haffelder in unserem ersten Interview auf meine diesbezügliche Frage ins Kameramikrofon, „dann lassen wir sie erstmal ein paar Aufgaben lösen, um zu sehen, wo es fehlt. Wir haben schon mit vielen Kindern Messungen ihrer Gehirnströme gemacht und entdeckt, dass, wenn wir die Gehirnmuster von Kindern, die etwas sehr gut können, denen darbieten, die es nicht so gut können, diese die Muster adaptieren. Plötzlich können diese Kinder ihre Aufgaben viel besser lösen. Wir verstecken diese Schwingungen in Musik-CDs, die wir selbst herstellen. Es gibt zum Beispiel CDs von Kindern, die besonders gut in Mathematik sind oder besonders gut lesen und Schreiben können, und die geben wir Kindern zu hören, die darin schwach sind und diese Kinder werden, nachdem ihr Gehirn diese Muster adaptiert hat, wirklich sehr gut."

Solche Optimierungsarbeiten kann man natürlich auch bei Erwachsenen durchführen, zum Beispiel bei Personen, die bestimmte Spitzenleistungen liefern müssen und nach optimalen Trainingstechniken suchen. Haffelder erzählte, er habe in diesem Rahmen schon Rennfahrer trainiert.

„Das geht mit Lust und Spaß natürlich am besten", führte er weiter aus, „deshalb haben wir Musiken entwickelt, die die Lustbahnen des Gehirns eröffnen. Und wenn wir jetzt die entsprechenden Signale geben, lernen die Kinder viel schneller und versuchen auch, diesen Zustand immer wieder zu erreichen.

Auf diese Weise ist es möglich, neue Bahnen zu legen und das Gehirn neu zu programmieren, wenn es das annimmt. Es lässt sich nur sehr schlecht fernsteuern. Wir können diese Möglichkeiten nur anbieten, das Gehirn entscheidet, übernehm ich's oder übernehm ich's nicht. In Russland hat man das mit Gewalt versucht und damit die Leute zerstört. So geht's also nicht."

Diese Techniken des Haffelder-Institutes sind oft der letzte Strohhalm für Unfallopfer oder Patienten mit Infarkten, die auf die Funktion von Teilen des Gehirns verzichten müssen. Hier ist es entscheidend wichtig, neue Bahnen zu legen um andere, noch funktionierende Gehirnbereiche, die ausgefallenen Funktionen übernehmen zu lassen. Mit der Methode, zusätzlich zu bewegungstherapeutischen Übungen, beispielsweise CDs mit Gehirnmustern gesunder Personen abzuhören, sollen schon eklatante Erfolge erzielt worden sein.

Das hörte sich zwar sehr spannend an, interessiert war ich aber speziell daran, was Günter Haffelder mir zum Thema Remote Viewing erzählen konnte.

„Ja, das ist sehr erstaunlich, ein Phänomen, das wir so noch nicht vorher gemessen haben. Hier macht man sich die unterschiedliche

Arbeitsweise unserer beiden Gehirnhälften zunutze. Eine sehr interessante Methode, die vieles vereinigt, was wir schon wissen, aber so präzise wussten wir es bisher noch nicht."

Tom und Günther Haffelder verfolgen gespannt das wiederholte Auftreten des "Schlafenlegens der linken Gehirnhälfte"

Die Fast-Fourier-Transformation macht`s möglich: Belastungsbild der linken und rechten Gehirnhälfte

Schon im Laufe der siebziger Jahre konnte man einen Katalog von Erkenntnissen zusammenstellen, von denen man heute weiß, wie wichtig sie für das Erklärungsmodell und damit für das „Erlernen" von RV sind. Begriffe wie „subliminale Schwelle" oder „Differenz zwischen linker und rechter Gehirnhälfte" tauchten schon auf. Man untersuchte Zusammenhänge zwischen PSI und Geisteskrankheiten und stieß schon auf so wichtige Faktoren wie Rituale und standardisierte Abläufe deren wichtigste Beispiele Initiationen und Inaugurationen sind.

Nach längerer Befragung Haffelders konnte ich mir endlich eine Art „Billigmodell" zum Verständnis von RV zu entwerfen, wohl wissend, dass dies von einer wirklichen wissenschaftlichen Durchdringung weit entfernt war. Aber für den täglichen Hausgebrauch reichte es vollkommen; was will man mehr in diesem Moment?

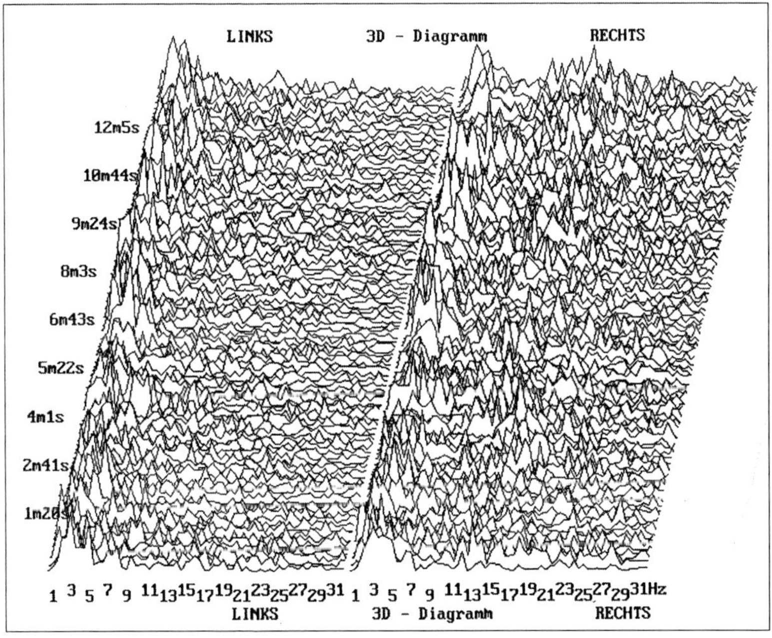

Es sieht tatsächlich so aus, als sei der Mensch normalerweise schizophren veranlagt. In seiner Brust wohnen, ach, zwei Seelen, aber ganz unliterarisch müsste man verbessern, dass offenbar zwei Softwareprogramme den Biocomputer Gehirn als Hardwaresystem benutzen.

Da ist zum einen das Wachbewusstsein, sozusagen das Betriebsprogramm mit übergeordneter Kontrollfunktion, das unsere täglichen Bewegungsabläufe steuert und in der **linken Gehirnhälfte** angesiedelt wird. Es koordiniert und steuert über diverse Unterprogramme das Überleben im Alltag, die Motorik, die Systemerhaltung und die Fortpflanzung. Eigentlich für ein Lebewesen eine ausreichende Voraussetzung, um über die Runden zu kommen, zumal es extrem lernfähig (aber auch vergeßlich-wie schön!) und seiner selbst bewusst ist. Es stellt das dar, womit wir unsere Persönlichkeit normalerweise ausreichend repräsentiert sehen.

Merkwürdigerweise bleibt es aber nicht bei diesem Pawlowschen Reiz-Reaktions-Niveau und wir verfügen über ein **zweites Software-Paket**. Es benutzt offenbar Funktionen der **rechten Gehirnhälfte** und wird gemeinhin Unterbewusstsein genannt. Die große Frage, was das nun soll, muss man zur Zeit noch recht spekulativ beantworten, allein es gibt einige nicht zu übersehende Anhaltspunkte.

Man kann die Aktivitäten der beiden Gehirnhälften messen und heute dank einiger fortschrittlicher Darstellungsprogramme auch interpretieren. Die beiden Hälften sind miteinander vernetzt und stehen offenbar im Datenaustausch. In der rechten Hemisphäre wird auch die Herkunft aller Informationen gesehen, die durch die üblichen fünf Sinne nicht zugänglich sind.

Wenn also dorthin Verbindungen bestehen, wie wird der Datentransfer geregelt? Es geht ja nicht an, dass wir ständig von Hellsehereien überschwemmt werden, mindestens beim Autofahren wäre es eine Katastrophe. Offenbar wird eine Begrenzung betrieben. Was wir heute subliminale Schwelle nennen, ist also der Grenzwert eines Signals. Soll die Schwelle überwunden werden, muss das Signal eben größer als dieser Grenzwert sein.

Es gibt Personen, die mit einem zeitweise sehr niedrigen Schwellenwert herumlaufen. Diese Leute nennen wir PSI-Begabte oder Medien, weil sie, oft unkontrollierbar, das Herüberschwappen von solchen Informationen ins Bewusstsein ertragen müssen. Viele landen dann auch in der Psychiatrie. Mit dem RV-Protokoll wird diese Schwelle gesteuert abgesenkt so dass **bestimmte** Informationen abgefragt werden können, man also mangelnder Zuordnung zu realen Ereignissen nicht hilflos ausgeliefert ist. Im Prinzip stellte man sich die Zusammenhänge schon im Jahr 1978 genau so vor. Das kann man in „Mind Trek“ als Aussagen von Russel Targ am SRI nachlesen.

Dort benutzte man auch statistische Untersuchungen, die besagten, dass unter kreativen Menschen die meisten PSI-Begabten zu finden sind, zur Auffindung potenziell guter Remote Viewer. Damit wird

Kreativität zu einem kurzfristigen Impuls aus dem parallelen „Programm" durch Absenken der Schwelle. Diese Information war am SRI ebenfalls bereits Anfang der siebziger Jahre bekannt und hier findet sich auch schon der Ansatz für die „Jedermann-Aussage" bezüglich Remote Viewing: Jeder ist schließlich irgendwann mal kreativ, das heißt, er erhält diesen „göttlichen" Impuls.

Die Frage ist nur, wie man es sozusagen auf Wunsch abrufen kann. Die Lösung dazu liegt in der Feststellung, dass die linke Hälfte des Gehirns seriell, also hintereinander arbeitend, aufgebaut ist. Wenn man also diesem Wachbewusstseins-Programm soviel zu tun gibt, dass es zu sehr beschäftigt ist, all diese Sub-Steuerprogramme zu überwachen, ist auch das Programm betroffen, das die subliminale Schwelle verwaltet.

Die Schwelle wird heruntergefahren, das Unbewusste strömt herein, PSI und RV sind möglich!

Perfiderweise benutzt dabei das RV-Protokoll das Wachbewusstsein zum Dekodieren und Aufzeichnen dieser Informationsflut. Da man dies nun mit jedem Menschen anstellen kann, ist klar, dass RV nicht nur medial Begabten vorbehalten ist. Tatsächlich gab es Zeiten in Fort Meade, in denen die „unbegabten" Remote Viewer besser abschnitten als die „Medien", wenn es um Korrektheit der Daten ging.

Das ist nun auch leicht zu erklären. Die medial Begabten weigerten sich nämlich zumeist, das CRV-Protokoll Swanns zu benutzen und bauten mehr darauf, ihre Arbeit im gewohnten Trance-Zustand zu verrichten. Das heißt, damit ist also das Wachbewusstsein eingelullt aber nicht vollbeschäftigt, und springt durchaus gern mit Interpretationen, wie „... das sieht aus wie ein Kirchturm!" bei, obwohl es sich um eine *Minuteman*-Rakete handelte und diese Informationen wurden als Fakten ausgegeben. Der Seher hatte, wir Remote Viewer sagen, ein AOL, ein ***A****nalytical* ***O****verlay*. Der Intellekt versucht, die vorhandenen Eindrücke sinnvoll zu verknüpfen, findet Ähnlichkeiten und drängt sich wieder in der Vordergrund, um eine Lösung anzubieten, die allerdings oft mit dem tatsächlichen Target absolut nichts zu tun hat. Da aber alle Beteiligten auch gern eine Erklärung haben möchten, wird die Fantasie kritiklos als Realität akzeptiert. Der Psychic wird schon wissen, was er *sieht*...

Und das sind genau die Gefahren des Channeling und anderer mentaler Techniken.

Ähnlich verhält es sich sicher auch mit dem fernöstlichen Ansatz, methodisch an die PSI-Kräfte zu gelangen.

Die Chinesische Philosophie formuliert den Grundsatz, dass man seinen Geist zu einer leeren Fläche machen muss, um an das unterbewusste zu kommen. Alle Wünsche, Emotionen und ähnliche „weltliche“ Bezüge müssen verschwinden. Interessanterweise kursiert bei Remote Viewern der Sinnspruch „am besten geht‘s wenn alles egal ist“ und die Methode führt ja auch in gewissen Sinn dazu, dass einem alles egal ist, weil man ohnehin nicht weiß, woran man arbeitet.

Das einzige Problem, das diese fernöstlichen Mönche haben, wenn sie den „leeren“ Zustand erreicht haben, ist, dass ihnen nun auch das und was sie damit erreichen wollten, egal ist. Ob Orakel von Delphi oder Tibetanischer Mönch, ich fand es schon immer bemerkenswert, wie unwillig diese Medien auf die Fragen Ratsuchender antworteten. Endlich, bei der Arbeit als Monitor von in Stage sechs oft schon erheblich unwillig herumnörgelnden Remote Viewern habe ich dafür eine Erklärung. Sie sind im Prinzip so jenseitig, dass sie das diesseitige nicht mehr interessiert und die Beschäftigung damit als blödsinnige und unnötige Belastung empfunden wird.

Und wenn sich diese vergeistigten Mönche nach ihrem abgehobenen Zustand wieder in den Alltag herübergequält hatten, mussten sie etwas Verständliches von sich geben. Folglich benutzten sie die assoziativen Möglichkeiten ihrer linken Gehirnhälfte, die, lange genug unterdrückt, glücklich war, mit ein paar bunten Bildern auszuhelfen. Und schon lieferten sie ebenfalls das, was wir als AOLs kennengelernt haben. Mit einem vernünftigen Protokoll und einem guten Monitor könnten diese Leute sicherlich detaillierte Lösungen zu allen Geheimnissen dieser Erde liefern. (Aber wahrscheinlich ist für sie die Benutzung solcher Techniken ehrenrührig.)

Für mich jedenfalls gaben die Erkenntnisse, die wir aus dem Ablauf der Meiser-Target-Geschichte gewannen, wichtige Impulse zum Verständnis vieler ungelöster Rätsel, die ich nicht nur seit der Begegnung mit Remote Viewing mit mir herumschleppte. Zum Beispiel die Bilder der Katastrophen-Propheten. Alles AOLs? Der biblische Johannes zum Beispiel kannte die Wirkungsweise einer Atombombe höchstwahrscheinlich nicht. Er beschrieb zwar perfekt das Szenario einer Atomexplosion, so wie wir es heutzutage kennen, aber er nannte es „Gottes jüngstes Gericht“. Und weil die Auswirkung einer solchen Katastrophe den Sichtkreis des damaligen Propheten bei weitem überstieg, war seine Einschätzung zur Größe der Auswirkungen faktisch „global“. Natürlich sagte er nicht „global“; aber zu jeder Zeit wurde seine Darstellung als adäquat zum zeitgenössischen Überblick unreflektiert übernommen. Im Zeitalter der Raumfahrt sind wir schließlich beim ganzen Globus als überschaubarem Lebensraum angekommen. Ich beschloss, auch die anderen Prophezeiungen unter diesem Aspekt weiter zu untersuchen.

Die zweite wichtige Erkenntnis, die sich mit den oben beschriebenen Erlebnissen verknüpfte, war, dass ich nun immer sicherer wurde, dass jeder Mensch mehr oder weniger PSI-begabt ist und Remote Viewing nur eine Methode, diese Begabung zu wecken und zu verstärken. Womit die nächste Ladung spannender Erlebnisse ins Haus stand.

Das Schwert des Zufalls

6. Kapitel

Mitte April 1997 war endlich unser erster Film über Remote Viewing fertiggestellt. Ich war letztlich froh, einen tragfähigen Kompromiss zwischen detaillierter Darstellung der Methode und wie sie funktioniert und einem Maximum an Unterhaltungswert gefunden zu haben. Zusätzlich hatte ich es vermeiden können, einen schulmeisterlichen Kommentator zu benutzen, alle Informationen konnten aus erster Hand erfahren werden: die Abläufe der Sessions und die Erfahrungen ausgebildeter Viewer.

Diesem Video zur Seite stellen wollten wir jenen Film, den auch Ed Dames seinen Trainees in die Hand gedrückt hatte, und von dem wir auf diesem Weg auch Kenntnis erhielten. „The Real X-Files" war von Jim Schnabel und Bill Eagles ursprünglich für Channel 4, eine Unterabteilung der BBC, London, hergestellt worden und auch in Amerika ausgestrahlt worden. Was lag also näher, als die BBC zwecks Rechteankaufs zu kontaktieren?

Vielleicht hätten wir hier langsam misstrauisch werden sollen.

Wir bewegen uns schon viele Jahre auf dem Videomarkt. Angefangen hatte es mit einem einzigen eigenen Film, der, wie es eben so ist, keine Vertriebsfirma fand. Ich beschloss, ihn selbst als Video zu vertreiben beziehungsweise als Film zu verleihen. Unnötig zu sagen, dass er dann sehr erfolgreich wurde. Auch im Ausland. Also drehte man einen Nachzieher und noch einen, dann kamen Angebote anderer unabhängiger Filmemacher und unversehens hatte man sich eine neue Firma angelacht, die plötzlich auch international Rechte von Filmen einkaufte, um sie selbst zu vermarkten. Deshalb hatten wir auf diesem Gebiet schon einige Erfahrung im Verhandeln.

Und deshalb verwunderte uns auch die Zähigkeit, mit der die Gespräche mit der betreffenden Abteilung der BBC in London vorangingen. Nicht, dass die Leute unfreundlich oder inkompetent gewesen wären, ganz im Gegenteil. Aber es wollte und wollte nicht vorangehen, immer wieder gab es kleine Störungen, die den ganzen Prozess aufhielten und ihn schließlich über fast zwei Monate hinzogen, bis wir endlich das Masterband in der Hand hielten. Der Preis schien uns ebenfalls völlig überhöht und wir sahen ohnehin die Kosten jenseits der Möglichkeit der Amortisierung. Es hätte uns als Warnung dienen sollen. Aber wir wollten ja ein thematisch komplettes Angebot machen: Herkunft und heutige Möglichkeiten der Methode.

Im Mai war es dann endlich soweit. Beide Videos lagen als Kaufkassette vor uns. Meine Frau hängte sich in bewährter Manier ans Telefon und binnen kurzem hatten wir eine erstaunliche Menge an Pressebesprechungen in Zielgruppenmagazinen und nicht nur dort, sowie interessierte Händler zusammen. Die Auslieferung begann, und das nicht zu früh, denn unsere Konten waren in einem Maße überzogen, wie wir es noch nie gekannt hatten.

Das Warten begann. Und die Gesichter wurden immer länger. Die Besprechungen waren durchweg positiv, die ersten Artikel, die jetzt über die Methode in den entsprechenden Zeitschriften erschienen, erzählten alle, wie spannend diese Thematik sei und wir selbst **wussten** ja, dass wir hier keine Märchen verbreiteten, aber niemand wollte unsere Filme haben. Niemand ist vielleicht übertrieben, aber jedenfalls versicherten uns unsere Händler ebenfalls, dass sie solch eine Pleite selten erlebt hätten. Und das vor allem, wo sie selbst von dem Thema überzeugt waren. Es war unglaublich und demoralisierend.

Und so begann die Kette von Zufällen, von denen ich in diesem Kapitel erzählen möchte.

Neben dem Verbreiten dieser Methode wollten wir natürlich auch mit ihr umgehen, dazu hatten wir sie schließlich gelernt. Also setzten wir uns eines Tages, als die Kinder für den ganzen Nachmittag zu Freunden verlegt waren, hin und machten eine Session. Nur ein Übungstarget, aber selbst ausgesucht, nicht aus dem Pool unseres Trainers.

Die Session verlief ausgezeichnet. Wie schon gesagt, wir haben uns eher arbeitsteilig organisiert und spezialisiert, meine Frau als Viewer, ich als Monitor. Je länger die Session dauerte, desto erstaunter wurde ich, was sie alles herausfand, von dem ich keine Ahnung hatte, was sich aber auf der Bildvorlage fand. Nach fünfundvierzig Minuten beendet man im Allgemeinen die Session, weil der Viewer dann sowieso müde wird. Meine Frau wird immer aufsässig. Es macht dann keinen Spaß mehr.

Wir standen auf und ich sah nach draußen. Ein Gewitter zog auf.

Nun ist das ja etwas ganz alltägliches, vielleicht passierte es nicht jeden Tag, aber Gewitter sind nichts Besonderes. Dachte ich jedenfalls. Dieses Gewitter war anders. Es goss in Strömen. Eine kleine Sintflut.

Nun wohnen wir auf einem Hügel, deshalb maß ich der Flut von oben keine besondere Bedeutung bei. Da fiel das Telefon aus.

Heutzutage hat die Anbindung an die Telekommunikationsnetze grundsätzliche Bedeutung für eine Firma. Besonders, wenn sie fernab auf dem platten Land zu Hause ist. Man kann woanders arbeiten, aber nicht erreichbar zu sein ist tödlich. Wir waren mitten in einer Werbekampagne für ein neues Produkt und mussten deshalb ständig erreichbar sein.

Nach diesem Regenguss waren wir weg vom Fenster. Eine ganze Woche lang. Es nutzte nichts, dass sich bei der Störungsstelle die Meldungen stapelten. Auch anderswo waren zufällig plötzlich Störungen aufgetreten. Der Reparaturtrupp kam gar nicht hinterher, war er doch auf die statistische Normalität zurückgeschrumpft. Außerdem fand man den Fehler nicht. Betroffen war nur unsere ganze Straße, **nur** unsere Straße, aber man fand den Fehler nicht. Die Straße wurde aufgebuddelt. Eine Woche später, als ich an jenem bekannten dunkelgrauen Zelt am Straßenrand vorbeikam, erfuhr ich endlich näheres. Bei den Baggerarbeiten für die Erdgasleitung Wochen vorher hatte die Baggerschaufel mal ganz kurz die Telefonleitung angehoben, gerade soviel, dass sich ein Haarriss in der Kunststoffummantelung des armdicken Postkabels bildete, das über hundert Adern mit sich führt. Der abnorme Regenguss führte dazu, dass hier Wasser eindrang und einen Kurzschluss hervorrief. Nämlich bei den Leitungen der Anschlüsse in unserer Straße.

Nun soll das ja neuerdings nicht mehr problematisch sein. Es gibt Handys und auch wir haben eins. Leider liegen wir in einem Sendeloch. Früher hatten uns ökologisch orientierte Freunde immer als Vorteil ausgelegt, nicht so der allgemeinen Strahlung ausgesetzt zu sein. Manche Leute haben Handys, um festzustellen, wo diese nicht funktionieren als Zeichen, dass man sich dort niederlassen kann. Wir saßen auf dem Trockenen, waren unerreichbar. Die Konten rutschten weiter.

Natürlich kamen wir nicht auf die Idee, die Vorgänge als zielgerichtet aufzufassen. Wer täte das auch?

Zwar gab uns ein Freund, der sich viel mit spirituellen Dingen befasst hatte, eine Warnung. Bei ihm zu Hause sei die Lampe in ihrem

Badezimmer explodiert, als sie gerade über uns sprachen und über die Gefahr, dass uns etwas zustoßen könnte. Was wir da täten, sei wahrscheinlich unerwünscht oder gefährlich, deshalb würde man uns an der Verbreitung hindern.

So ein Spinner, so ein Quatsch. Alles Zufall. Dummerweise gingen die Zufälle weiter. Irgendwann, nicht zu lange später, machten wir wieder eine Session. Im Dachgeschoss, wo man nicht so guten Ausblick hat. Deshalb bemerkten wir auch nichts. Allerdings, als wir danach noch einmal vor die Tür traten, hörten wir entfernten Donner. Geregnet hatte es auch.

Eine Freundin, die uns schräg gegenüber wohnt, erzählte meiner Frau am nächsten Tag wunderliche Dinge. Sie ist ebenfalls Mutter einer kleinen Tochter und war mit dieser noch ein wenig im Garten. Es war schließlich Sommer und um neun Uhr abends ist es noch taghell und auch nicht kalt.

Plötzlich fuhr ein kalter Wind um die Ecken und ein Gewitter zog auf, so schnell, wie sie noch nie ein Gewitter hatte aufziehen sehen. Ein erster Blitz krachte aus dem schwefelgelben Himmel. Sie floh ins Haus. Es war die Zeit, da wir in der Session saßen und sonst nichts bemerkten. Noch so ein Zufall.

Nun hat diese Freundin meiner Frau ohnehin immer große Angst vor Gewittern. Welche Bedeutung sollte man ihren Worten beimessen?

Ich bin da sehr pragmatisch. Erinnern wir uns an die Untergangs-Geschichte von 1998, gegen die ich unsere erste Haus-Session setzte. Ich möchte gern Konkretes wissen. Und ich entwickle Strategien zur Beweisführung. Was also war zu tun?

Seien wir doch mal frech, dachte ich mir, ist zwar alles Blödsinn, aber vom Abwarten wird nix. Ich legte meiner Frau den Plan vor, der unser langsam, auch durch andere Vorkommnisse anwachsendes Unbehagen beseitigen sollte.

An einem der nächsten Tage, es war der 24. Juli, setzte ich sie bei strahlendem Sonnenschein und knallblauem Himmel an einen Tisch im Garten, bewaffnet mit einem Tintenschreiber und genügend Papier. Und damit uns nichts entging, baute ich zwei Kameras auf. Eine richtete ich auf sie, die andere auf den Himmel, mit ihrem Kopf am unteren Bildrand. Dann verlas ich die Koordinaten und sie begann. Das Target hieß „Der Durchbruch von Remote Viewing in Deutschland“. Mal sehn, was sie daraus machte.

Stage 1 war gekennzeichnet von vielen Auf und Abs, Hochs und

Tiefs. Na ja.

Stage 2: rot, weiß, blau, gelb, grün, bunt … glatt, Stoff, porös, sandig, steinig.

Plastik. Warm, Plätschern, Wellen, Wind. Ausgedehnt, außen, lang gestreckt.

AOL: Strand.

Die Stage-3-Zeichnung bot einen porösen Streifen, aus dem rote, glatte Plastikteile herausragten. Darüber spannte sich etwas Blaues, Welliges. Und darunter gab es helle und dunkle Sachen. Und leise Stimmen im Hintergrund.

Die Stage 4 verstärkte den Eindruck.

„Irgendwie wellig, Sanddünen, Strukturen … AI: angenehm, fröhlich, Urlaub. EI: fröhlich, ausgelassen, sorgenfrei. Menschen, Schirme, Sonne, Boote, Sandberge. Entspannung. AOL Mallorca. AOL Hautkrebs.“

Aber natürlich! Meine Frau schmiert unsere Kinder immer dick ein, wenn die Sonne hervorkommt.

„Im Zentrum des Zielgebietes sollte etwas sichtbar sein.“

„Gelb, braun, beige, blau, grau. Sandig, steinig. Riecht brenzlich. Staubig, heiß.“ „Geräusche?“

„Keine. Es ist groß, sehr groß, ausgedehnt. AI-Break: beängstigend.“

Dann folgte eine Stage-3-Zeichnung, bestehend aus vielen Wellen oder Erhebungen.

„Gelb und beige, oben blau, hellblau. Sandig. Steinig. Hier sind irgendwelche Details (sie malte eine Reihe Kuller in die Rundungen). Es ist sehr still. Wind. AI Break: fühlt sich sehr allein an. Einsam. AOL Wüste.

Stage 4. Staubig, lang, ausgedehnt. AIs: keine. Tangibles: keine. Intangibles: zerstritten, verstehen, alt, sehr alt. AOL Wüste.

Das klang ja nicht sehr ermutigend. Ich machte eine Stage 5 mit ihr. „Wüste: Objekte?“

„Sandberge, Sandwellen, wenig Pflanzen, kein Wasser, wenig Lebewesen, eine Menge Felsen. Heiß, ruhig, staubig, einsam, verlassen, verborgen.“

„Subjekte?“

„Keine. Sandberge, Sanddünen, Wüstenschlangen, niedere Tierwelt. AOL Hölle.“

Sie kam nicht davon los. Mir wurde ungemütlich. „Stage 6.“

„Eine heiße, gelbbraune Ebene. Wellige Hügel. Kein Wasser,

trocken. Alles leblos, Tod. Alt, sehr alt. Da ist etwas wie eine Schutzmauer. Sieht groß aus, unüberwindlich. Ein unüberwindliches Hindernis. Da kommt keiner durch. Es sieht aus wie auf dem Mars, aber das ist ein AOL, nicht wahr? Ist es auf dem Mars?"

Ihre Frage war berechtigt. Wir hatten uns mal einige Targets in einem Pool zusammengestellt, die uns interessierten. Dieser Pool hatte sich dann unkontrolliert erweitert.

„Nein, das ist ein AOL. Mach mal eine Timeline. Wo bist du? Ist das die Gegenwart?"

„Nein. Heute ist hier." Sie rutschte mit dem Stift ein beträchtliches Stück zur Seite.

Wir versuchten, den Zeitpunkt ihrer Session herauszufinden. Er lag ungefähr zwei Jahre in der Zukunft. Mitte 1999.

Wir waren etwas verunsichert. Vielleicht hätte uns eine Kristallkugel oder der Kaffeesatz etwas Freundlicheres offeriert.

Rote Plastikkästen? Zerstritten, Einsamkeit, Tod? Ein Hindernis, über das keiner hinwegkommt? Ein Ergebnis, das ich nicht erwartet hatte.

Aber sonst passierte nichts. Die Sonne strahlte, der Himmel war blau. Wir packten wieder ein. Eine Stunde später war das Gewitter da.

Na gut, dachte ich, also doch wieder ein Gewitter. Das könnte man vielleicht in den nächsten Film einbauen. Also baute ich wieder eine Kamera auf und versuchte noch einen zünftigen Blitz einzufangen. Das gelang mir auch ganz passabel, worauf ich die Kamera wieder einpackte. Ich stand noch so im Wintergarten, das Stativ zusammenklappend, da blitzte es wieder und es tat einen fürchterlichen Schlag.

Ich stürmte nach oben ins Büro. „Ist was kaputt? Geht das Telefon noch? Wo war das?"

Meine Frau hob den Hörer ab. „Geht noch. War wohl doch nichts. Hier ist alles okay." Wir beruhigten uns wieder. Ich sah aus dem Fenster. Unser Nachbar gegenüber kam auf unser Haus zu.

„Moin, geht's bei Ihnen noch, kann ich mal telefonieren? Bei uns hat's mächtig reingehauen. Telefon, Fernseher, alles kaputt."

„Was?"

„Ja, in die große Weide bei uns hat es eingeschlagen. Der Blitz kam über Ihr Haus und dann bei uns rein. Von der Weide dann in den Schuppen und dann in die Elektrik. Hat alles erwischt. Antennenverstärker, Fernseher, Telefon, alles."

Remote Viewing im Garten: Die Sonne lacht. Wo bleibt das Gewitter?

Zwei Stunden später schüttet es wie aus Kübeln. Wenige Minuten nach diesem Foto schlug der Blitz in den hohen Baum, eine Weide, ein.

Er tat mir leid. Ich ging mit ihm hinüber, die Kamera noch in der Hand.

„Hier, da ging es in den Schuppen rein."

Ich schwenkte den Baum herunter. Deutlich konnte man die Blitzspur in der Rinde sehn. Dann das Pappdach des Schuppens. Ein Krater und gesplittertes Holz. Im Schuppen zerfetzte Steckdosen, gesprengte Schalter, verkohlte Leitungen. Ich hatte so was noch nie gesehen. Akribisch nahm ich alles auf.

Diese Lampe war dem Blitz im Weg

Die Energie des Blitzes verstreute die elektrischen Einrichtungen in Fetzen auf dem Boden.

Muss ich erwähnen, dass unser Nachbar jetzt öfter kam? Natürlich um zu telefonieren. Diesmal dauerte es zwei Wochen, bis seine Leitung stand. Solche Blitzschäden sind manchmal ein komplizierter Fall, klärte man uns auf. Hatte es nun uns treffen sollen? Auch wenn das alles Quatsch war, wir stellten das Viewen erstmal ein. Die Gewitter hörten auf.

Was nicht aufhörte, war unser geschäftlicher Misserfolg. Wir konnten tun, was wir wollten. Jeder neue, positive Bericht verkaufte vier Kassetten. Oder sogar nur drei. Das hält keiner durch. Langsam schien mir alles sehr bedenklich.

Fassen wir einmal zusammen.

Wir hatten herausgefunden, dass es nicht so leicht ist, mit Remote Viewing Geld zu verdienen. Glücksspiel sollte angeblich nicht funktionieren. Andere Ziele bedurften natürlich der Übung. Übung bedeutete Gewitter und sonst was. Nicht so gut.

Verbreitungsversuche der Methode bedeuteten Mäzenatentum. Auch nicht gut. Und dennoch wussten wir, dass es funktioniert. Jede Session, die wir gemacht hatten, war erfolgreich. Ich schaute mir wiederholt die Unterlagen an. Nein, Schwindel und Zufall waren auszuschließen.

Wir zogen Freunde zu Rate. Zugegeben, wir waren in diesen Dingen nicht so erfahren. In welchen Dingen eigentlich? War das jetzt paranormal, spirituell, esoterisch, ein Kampf mit dunklen Mächten, oder waren es vielleicht die Schwingungsmuster der Erde oder die Auswirkungen von Geheimwaffen der Amerikaner? Aliens und Verschwörungen, Engel und böse Reptilien vom Aldebaran, Gäa, Himmel, Hölle und die Galaktische Allianz, alles verband sich zu einem unüberschaubaren Reigen. Alles wurde möglich. Für jede Ansicht gab es einen glühenden Vertreter. Langsam schwand unsere gesicherte Weltsicht.

Denn eins war klar, was wir vorher nie gedacht hatten: Remote Viewing funktioniert, wir hatten es oft genug bewiesen. Funktionierte deshalb auch alles andere, was wir vorher immer angezweifelt hatten? Stimmten alle diese Horrorgeschichten, diese abgedrehten Storys, bei denen wir uns eher an die Stirn getippt hätten? Langsam waren wir bereit, alles zu glauben. Aber der Höhepunkt war längst noch nicht erreicht.

Eines Tages bekamen wir gar keine Bestellungen mehr.

Bis wir es bemerkten, dauerte es ein paar Tage. Für die Bestellungen war ein Postfach vorgesehen, das von unserer für den direkten Betrieb beauftragten Firma in Hamburg benutzt wurde. Es wurde aber auch, der Einfachheit halber, vom ISFR, dem Remote-Viewer-Institut benutzt. Also riefen wir Tom an.

„Komisch“, sagte der, ich habe auch seit Tagen keine Post. „Moment, ich frage mal nach.“

Es stellte sich heraus, dass das Postfach bei der Postverwaltung als „abgemeldet“ geführt wurde. Nach einer Änderungsmeldung, die sich aber lediglich auf den Kreis der Personen bezog, die Zugang haben sollten, galt es bei der Post als nicht mehr benutzt und alle ankommenden Sendungen wurden zurückgeschickt. „Empfänger unbekannt." Noch so ein Zufall. (Falls Sie so eine Rücksendung bekommen haben: nun wissen Sie ja, warum). Natürlich auch genau zu dem Zeitpunkt, an dem wir mehrere gute Besprechungen in größeren Zeitschriften hatten. Und es hörte nicht auf. Muss ich erwähnen, dass auch wir kaum noch, beziehungsweise nur noch verzögerte Post bekamen? Plötzlich schien jede Sendung, von der wir wussten, zwei bis drei Tage länger unterwegs zu sein.

In der nächsten guten Besprechung war die Bezugsadresse falsch. Das hält keine Firma lange aus. Und alles Zufall. Nichts war genau festzumachen.

Was unsere geschäftlichen Verhältnisse anbelangte, kamen wir zu ganz neuen Philosophien:

Echte metaphysische Erkenntnis geht offenbar mit Armut einher. Früher sagte wir: „Armut gebiert großes", wenn wir aus verhunztem Videomaterial einen genialen Film schneiden mussten. Waren die wahren Verhältnisse vielleicht ganz anders herum zu verstehen? Ich hatte überhaupt keine Lust, mittelloser buddhistischer Mönch zu werden. Und was sollten unsere Kinder essen?

Ja, die waren auch noch da. Um die Situation enorm zu verschärfen, tobten die unbekümmerten Rangen immer genau in dem Moment herein, wenn wir krampfhaft versuchten, die letzten Zipfel der Übersicht nicht zu verlieren. Wenn wir dringend darüber diskutieren mussten, welche Entscheidungen wir jetzt fällen mussten, welche Aktivitäten wir einleiten mussten um zu überleben und vor allem, wie dies alles zu verstehen war, muss garantiert eines aufs Klo. Oft ließen wir sie in ihrer ungebremsten Unbekümmertheit einfach das Büro verwüsten, damit wir uns einige Sekunden verständigen konnten. Wenn wir auch den Teufel gegen uns hatten, sie hatten ihn bestimmt im Leib (wie man so schön sagt). Natürlich fielen auch der Reihe nach, immer schön abwechselnd oder wirkungsvoll gleichzeitig die Leute aus, die uns unseren geliebten Nachwuchs hätten in Zeiten der Not vom Halse halten können. Krankheiten, Urlaub, Unpässlichkeiten (wir hatten gestern ein Fest und heute ist mir schlecht), wir erlebten plötzlich das ganze Kaleidoskop von Möglichkeiten, warum dieser oder jene nicht auf unsere Kinder aufpassen konnten. Es war die Hölle, oder zumindest der Vorhof davon. Haben Sie schon einmal versucht, während ihnen zwei Kinder gleichzeitig von *Power-Rangers* erzählen wollen oder Ihnen klarmachen, warum sie gerade diesen bestimmten Legobaukasten haben müssten, eine grenzwissenschaftstheoretische Diskussion zu Ende zu führen oder ein grundlagenphilosophisches Problem zu durchdenken? Beispielsweise, ob die ELF-Wellen der HAARP-Anlage zur Beeinflussung der Menschen auf der ganzen Erde benutzt werden können oder wie die vereinigte Feldtheorie im Hinblick auf die Verbreitung von Annahmen, Spekulationen und menschlichen Grundängsten zu verstehen ist? Oder einfach nur ein wichtiges Buch in New York oder San Diego zu bestellen? Oder vielleicht einen Studioauftrag abzuwickeln, damit wieder Geld hereinkommt? Unsere Nerven lagen blank. Und dann bekam man zu hören, was wir denn hätten, solche gesunden, aufgeweckten Kinder, da sollten wir doch froh sein und dem Herrn danken.

Sicher, aber welchem? Der vormals feste Boden verwandelte sich zusehends in ein Moor. Meine Frau und ich begannen, uns immer häufiger aus nichtigem Anlass anzuschreien. Aber alles konnte man nach wie vor als Zufall betrachten. Nur waren alle Zufälle gegen uns. Wir begannen, Sätze zu formulieren wie: „Sieht aus, als ob die Verbreitung von Remote Viewing verhindert werden soll."

Es soll nicht unterschlagen werden, dass die Modelle verschiedener Personen, die wir fragten, durchaus schlüssig erschienen. Wir hätten uns problemlos anschließen können. Plötzlich begriffen wir, wie Sekten entstehen.

Und die Bestätigung am lebenden Beispiel bekamen wir aus der Zeitung. Uns schienen ständig die Meldungen ins Auge zu springen. Hier gemeinschaftlicher Selbstmord, dort eine Versammlung zur Erwartung von Außerirdischen. Alles Menschen, die durch ein ungewöhnliches Ereignis in ihrem Leben aus der Bahn geworfen wurden und eine Erklärung suchten. So wie wir. Und was machen Sie, wenn Sie etwas, sagen wir mal **paranormales** erlebt haben, das so einschneidend ist und Ihrer bisherigen Weltsicht so grundlegend entgegensteht? Sie versuchen es jemand zu erzählen. Zuerst den Freunden. Keine gute Idee. Denn die stehen ja noch ohne so ein Erlebnis auf beiden Beinen sicher im Leben. Für die ist ja ***noch*** nichts passiert. Wäre es ihnen auch passiert, würden sie ja auch den Boden unter den Füßen verlieren. Das will man ja nicht. Deshalb reden diese Leute Ihnen ein, es wäre gar nichts passiert. Und wenn man ihnen sagte, beispielsweise: „Hier, komm her, ich kann es dir beibringen.

Auch du kannst Hellsehen, Remote Viewing betreiben, es ist ganz einfach …", dann kam garantiert die Antwort: „Ach nein, bei mir nicht, ich hab jetzt keine Zeit, keine Lust mehr … Es ist schon spät, wollten wir nicht essen gehen?"

Sie **wollten** es gar nicht erfahren. Fast jeder hat offenbar einen gut funktionierenden Selbstschutzmechanismus, der ihn vor solchen Störfällen bewahrt. Es war so deutlich, dass ich mich eingehend damit befasste und dabei auch wichtige Erkenntnisse bezüglich PSI-Funktionen generell gewann. Diese Erkenntnisse mündeten schließlich in Artikeln für gewisse Special-Interest-Magazine ein und schließlich in dieses Buch.

Also gut, mit unseren Freunden war nichts anzufangen, egal wie viel Jahre man sich schon kannte. (Die haben wir zumeist erst später geknackt, als wir selbst wieder einigermaßen sicher standen.) Die nächsten Ansprechpartner wären jetzt spirituell erfahrene Personen gewesen, Personen, deren täglicher Job es ist, sich mit inneren Konflikten zu befassen. Also Psychologen, Psychiater, Theologen.

In meinem Psychologiestudium hatte ich erfahren, in welchen unsicheren Gewässern die studierten, promovierten, erfahrenen Köpfe dieser ***Wissenschaft*** selbst schwammen, welch dünnes Büchlein nur durch die tatsächlichen, die **gesicherten** Erkenntnisse hier gefüllt werden kann. Der ganze aufgeblähte Rest sind Meinungen, Interpretationen von unzutreffend reduzierten Laborversuchen und Querverweisen, dass dieser Herr oder diese Dame mal da oder dort etwas dazu gesagt hätten, was ernst zu nehmen sein könnte. Ich hatte den Eindruck gewonnen, dass genau die in diesem Bereich ausgebildeten Leute am wenigsten in der Lage seien, hier auch tatsächlich zu helfen.

Also Theologen? Theoretiker oder Praktiker? Religionswissenschaftler oder Pfarrer, Pastoren, Bischöfe, der Papst? Ich will niemanden in seinem Glauben verletzten, aber schon in der Schule hatte ich gelernt, dass kaum eine Institution in der Geschichte dieser Erde derart viel Unrecht, Irrtümer, Verbrechen und Unmenschlichkeiten, von Hexenverbrennungen bis Naturvölkerausrottungen, aus persönlichen wie auch organisatorischen Gründen begangen hatte wie die Kirche; und damit sind alle Kirchen gemeint. Und die täglichen Zeitungsberichte zeigen ja, dass diese Unart ebenfalls aus organisatorischen, wirtschaftlichen oder auch nur banal persönlichen Gründen immer noch nicht überwunden ist. Also **vertrauensvoll und gewissermaßen naiv** kann ich mich an Vertreter des institutionalisierten religiösen Bereichs nicht wenden. Es waren ja immer die Naiven gewesen, die dabei draufgingen.

Was bleibt noch an Ansprechpartnern übrig, wenn man den Blick jetzt schweifen lässt? Wir sind ja mittlerweile bereit, so einiges hinzunehmen. Wissenschaftler wie Biologen, Chemiker, Mediziner und Physiker erklären die angesprochenen Phänomene und damit uns dazu für nicht existent. Quantenphysiker sind da nicht mehr so sicher und allmählich hat das seine Auswirkungen auf die gesamte konservative Wissenschaft. Ich erinnere mich an einen alten Schulfreund, dem ich vor Jahren anlässlich eines Klassentreffens wieder begegnete. Er hatte inzwischen in Physik promoviert und arbeitet an einem Kernforschungsinstitut. Ich kannte ihn als nüchternen, sachlichen Forscher mit Humor, der sich aber auch gegen sogenannte „Phänomene" richtete. Es war Anfang der neunziger Jahre, welches Jahr genau kann ich nicht mehr sagen, ich glaube es war 1991, da nahm er mich auf die Seite und sagte: „Hast du schon mal was vom Tunneleffekt gehört?"

Ich hatte schon von fern und er erklärte mir den Vorgang genau. Man hatte einen Materieblock mit Elektronen beschossen und gemessen, was auf der anderen Seite ankam. Es kam etwas an, das Problem war nur, dass die dort ankommenden Elektronen in NULLZEIT ankamen, oder, noch schlimmer, sie waren vorher feststellbar; ein Hohn für alle, die Einsteins Gesetzmäßigkeiten für die Regeln hielten, nach denen das Universum funktioniert. Mein Schulfreund erzählte mir gleich noch ein paar solcher Versuche und überschüttete mich mit den Schlussfolgerungen und wie doch die Physik sich jetzt verändere, wo man endlich über Messgeräte verfüge, die so sensibel sind, dass man sogar einzelne Elektronen messen könnte. Man konnte jetzt die Effekte untersuchen, die sich bei Anwendung herkömmlicher physikalischer Gesetze in nicht genau festzulegenden differierenden Stellen ein Stück weit hinter dem Komma manifestiert hatten. Und genau hier begann die Physik, wie wir sie bisher kannten, einzubrechen. Die Experimente waren plötzlich voll von „Unerklärlichem". Mein nüchterner Wissenschaftlerfreund war sichtbar vom festen Grund abgekommen.

Jahre später traf ich ihn wieder; seine langjährige Ehe war inzwischen geschieden, er hatte mehrere Therapien hinter sich gebracht und schwor jetzt auf die „Familienaufstellung", eine gruppentherapeutische Methode nach Bert Hellinger, bei der jeder Beteiligte die Rolle eines Familienmitglieds des jeweiligen Klienten annahm und dann tatsächlich auch von den Eigenschaften dieser ihm unbekannten Person sozusagen „übernommen" wurde und sogar gegen seinen Willen dessen Rolle spielte. Mein Freund eröffnete mir, er wolle jetzt selbst so ein Psycho-Trainer werden. Schluss mit dieser Physik. Ich schüttelte zu diesem Zeitpunkt selbst noch ungläubig den Kopf. Das also zum Thema Wissenschaftler. (Er blieb übrigens doch noch an seinem Institut, ließ sich aber noch in anderen Techniken wie zum Beispiel *körperorientierter Gestalttherapie* ausbilden. Immerhin, er versuchte die Balance.)

Oder ein anderer meiner ehemaligen Mitschüler, der eine beachtliche Karriere als Meteorologe bei der Bundeswehr gemacht hat. Ich dachte immer, der müsste vieles wissen, wäre in manches eingeweiht und hätte einen großen fachlichen Überblick. Das mag vielleicht so sein, aber auf meine Fragen, so als alte Freunde, was er denn zu der globalen Wetter-Aufsteilung zu sagen hätte, dass Stürme immer stürmischer und Dürren immer dürrer würden, gab er mir nur die Antwort: „Im statistischen Mittel gibt es keine besonderen Vorkommnisse. Deshalb auch kein Anlass zu Besorgnis. Wissenschaftlich betrachtet gibt es keine signifikanten Veränderungen." So kann man es also immer noch betrachten, in dieser Zeit, als moderner Wissenschaftler. Und diese Berufsgruppe verschaffte mir noch einige, ganz ähnliche Erlebnisse. Das kann man doch abhaken, dachte ich.

Blieb also wirklich nur noch diese Grauzone der Wahrsager, Heiler und sonst wie medial Begabten oder die Jünger der einen oder anderen spirituellen Methode übrig, uns die Welt zu erklären?

Es gab merkwürdige Telefongespräche mit Freunden und Bekannten von denen wir wussten, dass sie auf dem spirituellen Weg zur Erkenntnis schon ein paar Meter weiter gegangen waren als wir bisher. Berichteten wir von den wundersamen Geschehnissen, die uns heimsuchten und von den schrägen Erkenntnissen, die wir daraus gewannen, (auch mit der Hoffnung, Aufklärung oder gar Unterstützung zu erhalten,) hörten sie uns brav eine Weile zu und erfreuten uns dann mit banalen Aussagen wie: Aber natürlich glauben wir euch. Das muss funktionieren. Wir machen noch ganz andere Sachen. Rutengehen, Pendeln und so weiter. Auch außerkörperliche Erfahrungen sind kein Wunder. („Als ich das letzte Mal außerkörperlich war …") Diese Fern-Wahrnehmung ist doch nur alter Wein in neuen Schläuchen – oder, die andere Seite schwieg sich lustvoll aus und ließ uns in der Luft hängen.

Wir fühlten uns allein gelassen, belächelt, unverstanden. Und dann passierte die Sache mit unserem Kater. Es war, genauer gesagt, der Kater meiner Frau. Sie hatte ihn entdeckt, als er, noch sehr klein, pechschwarz und miauend unter einer Mülltonne hervorgekrabbelt kam. Er gewann sofort ihr Herz und tröstete sie in den folgenden Jahren in vielen traurigen Situationen, wie es oft nur Tiere können. Sie machte sich immer große Sorgen, wenn er mal länger fortblieb. Wenn wir verreisten, war es immer ein Drama, unsere Katzen und besonders ihn, Negro, versorgt zu sehen. Im August 1997 mussten wir wieder einmal weg. Am nächsten Morgen ist er vor unserer Haustür überfahren worden.

Ich möchte mir hier keinen Raum geben, unsere und besonders die Reaktion meiner Frau zu beschreiben. Aber man muss schon sagen, wir empfanden den Vorfall als Gipfel dessen, was wir bis dahin erlebt hatten. Negro saß oft auf dem Seitenstreifen der gegenüberliegenden Straßenseite, nahe an einer Hecke und putzte sich, während er träge in die Sonne blinzelte: eine kraftvolle schwarze Schönheit, ein Burmakater. Dort fand man ihn auch, und dort, dicht an der Hecke, führten auch die Reifenspuren entlang. Es sah sehr nach Absicht aus.

Im Jahr zuvor hatte sich unser anderer Kater, der übrigens noch nie eine Fliege, geschweige denn einen Vogel gejagt hatte und auch nie weit lief, mit einer merkwürdigen Bauchverletzung nach Hause geschleppt. „Eine Ladung Schrot, nicht richtig getroffen", sagte der Tierarzt lakonisch. „Auf dem Lande muss man mit so was rechnen." Das mussten wir so hinnehmen. Das war wohl so, dort wo die Schützenfeste rauschen …

Diesmal schien das Maß voll. Es war wie ein direkter, persönlicher Angriff auf uns. Man mag es für überbewertet halten, wenn man fernab im Lehnstuhl sitzt und davon liest. Wir aber waren mitten drin und hatten einen nicht wegzudiskutierenden Vorlauf. Die Frage stand im Raum, wer als nächstes an der Reihe war. Die Straße vor unserem Haus ist relativ unbefahren, aber wir hatten unsere Kinder schon oft auf dieses Trugbild hingewiesen. Wer dort fuhr, fuhr schnell.

Uns wurde klar, dass es keines besonderen Aufwandes bedarf, jemanden aus dem Verkehr zu ziehen. Besonders, wenn er Kinder hat. Wir waren nahe daran, uns nach einem anderen Wohnort umzusehen. Eine unsichtbare Wolke der Bedrohung stieg um uns herum auf, und dass die Nachbarn mitfühlend freundlich waren, machte sie noch verdächtiger. Wer wollte uns an den Kragen? Gegen wen sollten wir uns schützen? Gegen jemand persönlich oder das Numinose, das Ungreifbare?

Wir hatten damals noch nur sehr begrenztes Wissen von ungreifbaren Energieflüssen und Mentaltechniken, lediglich das, was wir im Rahmen der Beschäftigung mit Feng Shui gelernt hatten und natürlich das magere Schulwissen. Im Vertrauen: wir glaubten auch nicht an den ganzen Hokuspokus. Nur die Erfahrung von Remote Viewing und die neuesten grundlegenden physikalischen Theorien über das Universum hatten uns verunsichert. Vielleicht hätten wir jetzt eine schamanische Ausbildung machen sollen? Stattdessen beschloss ich, der Sache mit Remote Viewing auf den Grund zu gehen. Wozu hatten wir diese Technik?

Wir fuhren also bei unserem früheren Trainer vorbei und baten ihn um eine Session. Ich wollte dabei Monitor sein.

Gunther hatte sicherlich keine große Lust dazu, aber er sah, dass etwas Ernstes passiert sein musste und willigte ein. Ich vergab die Koordinaten und los ging es.

Die Ideogramme waren hart und mit steilen Spitzen.

„Stage 2, Farben: rot, schwarz, blau … .leicht blau, so wie helles himmelblau, gelb, silbergrau, grün, braun. Oberflächen: grasig, glatt, schroff, federartig. Ich habe ein AOL: Pusteblume."

„Waaas?"

„Ja, ist so. AOL Pusteblume. Da steigt etwas leichtes, federartiges, Silbergraues oder so ähnlich auf und ich habe das AOL Pusteblume. Ich kann dir nicht sagen, was das ist. *Du* musst damit was anfangen können!"

Ich bekam eine Gänsehaut. Aber wahrscheinlich war es nur ein AOL meinerseits.

„Da läuft etwas heraus, süß, klebrig, salzig. Warm, ein wenig feucht. Es ist wie ein leises Plätschern. AOL Gartenbrunnen. Und dann Motorengeräusch."

Unsere Nachbarn haben einen Gartenteich. Im Sommer hört man ihn weithin plätschern, weil es sonst sehr leise ist.

„Flach, horizontal, nach oben offen, außerhalb, nahe dran. AI-gemütlich, naturbelassen."

Das Haus gegenüber hat ein Reetdach und auch unser Haus haben wir bewusst gemütlich und naturbelassen gehalten. Ich war sicher, Gunther war on target. Leider konnte ich mit der Stage-3-Skizze nicht viel mehr anfangen, als weiterhin festzustellen, dass er tatsächlich nah dran am Geschehen war. Ich wurde noch aufgeregter.

Guther viewt die Szenerie am Morgen nach dem Tod des Katers: die Straße, das Haus, unsere Terrasse und den Gartenteich des Nachbarn mit dem Springbrunnen (Wasser, fließend). Links oben das (Seelen-)Wölkchen, daneben Regina mit den beiden Kindern.

Auch die Stage 4 bestätigte den vorangegangenen Eindruck. Ich machte aber, sicherheitshalber, doch eine Bewegungsübung.

„Zehn Meter über dem Zielgebiet sollte etwas sichtbar sein."

Gunther blieb stoisch bei den gleichen Eindrücken. „Rot, silbergrau, blau, braun, grün, gelb, rot … eckig, bewachsen, grasig …"

Ja, ja, dachte ich, wissen wir schon, weiter!

„Gerüche … nach Hund."

„Wie bitte? Nach Hund?"

„Na ja, irgendwie so nach Tier, kleinerem Tier, na eben so wie Hund."

Es ist dem Monitor strikt verboten, einen eindeutigen Kommentar in der Session abzugeben. Ich vermied es also, „oder wie Katze?" zu sagen. Es hätte Gunthers linke Gehirnhälfte allzu sehr auf die Spur gebracht.

Dieser beschrieb nun fleißig weiter die Szene. Schließlich kam er zu: „Flach, rundlich, gebogen, kuppelartig, innen umschlossen, AOL Käseglocke."

Nicht lachen! AOLs kommen sehr oft komisch herüber. Hier ist zu beachten, dass Gunthers Beschreibung inklusive der Zeichnung dazu sehr stark an die immer wiederkehrenden Daten erinnern, wenn von Viewern Autos beschrieben werden. Meist kommt dann noch, dass da jemand in der Käseglocke oder so ähnlich drinsitzt.

In der nächsten Stage zeichnete Gunther ein Haus mit Garten, Straße und Hecke davor, von oben gesehen, und sagte dazu: „AI: gemütlich. AOL: Onkel Toms Hütte." Ja, so ein kleines Reetdachhaus kann ein Remote-Viewer-Wachbewußtsein schon zu den merkwürdigsten Assoziationen anstacheln.

Dann kamen eine Fülle von Eindrücken und Details, die ich mir von ihm in der Stage 6 zusammenhängender darlegen ließ.

„Da ist ein Haus. Eine Steinfläche davor, wie Terrasse. Hinten Wasser, fließend.

Ein Weg, Straße hier vorne. Bewachsen, so Büsche oder so. Und da ist eine Frau. Sie hat zwei Kinder bei sich. Sie singt."

„Was tut sie? Singt? Was soll das?"

„Keine Ahnung. Sie beugt sich mit den Kindern über etwas und singt mit ihnen. Es ist zum Trost. Sie will die Kinder trösten."

Kurz danach musste ich die Session abbrechen. Ich konnte noch feststellen, dass Gunther sich in diesem Moment kurze Zeit nach dem Target-Ereignis befand. Leider war ich noch nicht so bewandert in der

Remote Viewing-Methode und auch erheblich aufgeregt, dass ich mir an dieser Stelle wie vernagelt vorkam und einfach nicht mehr weiter wußte.

Was wir hinterher erfuhren, war Folgendes: Gefunden hatte den toten Kater eine unserer Nachbarinnen. Sie war morgens mit ihrem Kind und einem anderen, das sie als Tagesmutter betreut, wie immer zum Bäcker gelaufen. Sie kennt natürlich unsere Katzen und meldete den Vorfall den Eltern meiner Frau, die in der Nähe wohnen. Und von denen erfuhren wir es dann sofort. Auch der Rest der Session entsprach den tatsächlichen Vorgängen.

In dieser Session kam ich zwar dem Grund und dem Verursacher des uns so erheblich tangierenden Ereignisses nicht auf die Spur; das holten wir dann später nach. Trotzdem hat mich dieses Erlebnis ungeheuer beeindruckt und in meiner Anschauung bestärkt, so wenig wie möglich Tiere zu töten und zu essen. Ich weiß jetzt, dass auch sie eine „Pusteblume“ haben, die nach ihrem Tod aufsteigt.

„Nicht so schlimm“, tröstete uns ein spirituell erfahrener Freund. „Sie haben es nicht so schwer, wiederzukommen. Je kleiner das Tier, desto leichter ist es, wieder einen Körper zu finden.“ Daran mussten wir denken, als wir eine andere Katze wegen Krankheit einschläfern mussten. „Wenn du wiederkommst, such dir einen besseren Körper!“ wünschte meine Frau ihr. So sehe ich das auch.

Einen weiteren Vorteil hatte der Katertod auch noch: unsere Kinder erinnern sich sehr gut daran und passen seitdem höllisch an der Straße auf. Vielleicht hat er sie schon einmal gerettet …

Wir jedenfalls fassten über Remote Viewing wieder Anschluss an die Realität und gewannen langsam den Boden unter den Füßen zurück. Es war durchaus nicht die ganze Welt gegen uns. Es sind oft sehr persönliche Geschichten, die zu solch einem Ungemach führen. Aber manchmal häufen sie sich zufällig.

Vielleicht hatten wir diese Vorgänge mit unserem eigenen Schwingungsfeld angezogen? Wir begannen, aus Büchern und eigenen Erfahrungen eine eigene Theorie des Universums zu entwickeln.

Und wie wir also selber einige Puzzlesteine des Universums an ihre vermeintlichen Plätze gerückt hatten und als wir Worte gefunden hatten uns und anderen dieses NUMINOSE zu erklären, da redeten unsere Freunde wieder mit uns. Wir waren irgendwie initiiert, standen nun auf ihrer Ebene. Der lustvolle, kreative, synergetische Austausch begann.

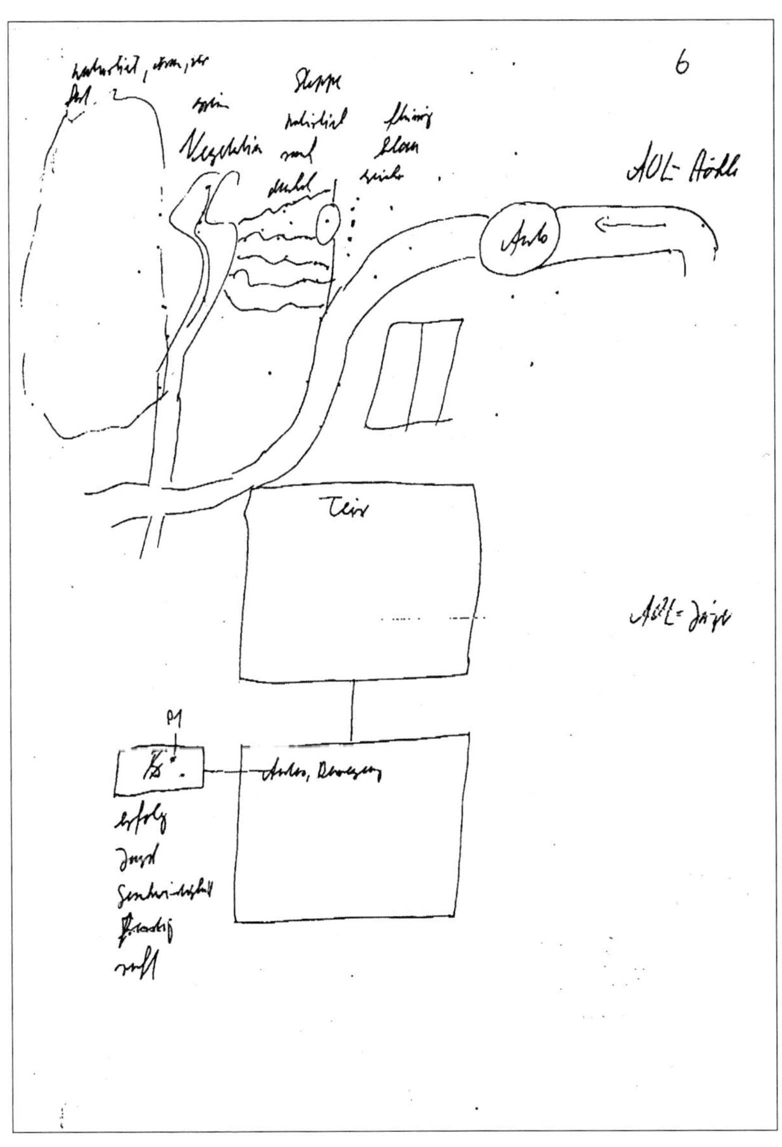

Noch einmal der Katertod, diesmal ein anderer Viewer.genaue Lageskizze mit unserer gewundenen Straße,Haus und Hauptstraße, sowie dem Verursacher und auf weiteren Seiten Ablauf und Motivation.

Nicht, dass wir jemals bezweifelt hätten, dass schon andere vor uns – seit Jahrtausenden begraben und dieses Wissen vorher glücklicherweise gedeihlich weitergebend – zu ähnlichen Einsichten gelangt waren.

Wir bekamen zunehmend die Bestätigung, dass die Amis sich eklektisch bei allen weltweit bekannten spirituellen Praktiken bedient hatten, um den Zugang zur Welt des Geistes als Remote Viewing neu – zu erfinden.

Zufälligerweise (sic!) sind wir stolz auf unseren gebildeten Freundeskreis aus den Bereichen *Geomantie, Sinologie, Feng Shui, traditioneller chinesischer Medizin, Ethnologie* und *Grenzwissenschaften.* Darunter sind einige Privatgelehrte, diplomierte Wissenschaftler, esoterische Praktiker, Journalisten und Verleger. Es war für uns ein echtes Vergnügen, Nächte hindurch nun endlich die gemeinsamen Wurzeln zu entdecken, die rituellen Remote Viewing-Formalitäten mit denen der anderen Richtungen zu vergleichen. Es waren Kamingespräche, die oft auf der Ebene des Informationsaustausches über ein gemeinsames Hobby begannen (Wie die Angler: sind Blinker besser oder lebendige Würmer ...), und in den Morgenstunden waren wir in philosophischen Höhenflügen verhakt, Gänsehaut erregenden Erkenntnissen, die wir uns mit glasigen Augen atemlos entgegenriefen.

Wir lernten das Energiemodell eines ehemaligen PSI-Agenten des Ostblocks kennen. Es war überhaupt nicht exotisch. Es gab einen Punkt, an dem sich alle Modelle trafen. Das konnte auch der KGB nicht ändern.

Unsere Sichtweise, das ganze Universum betreffend, begann sich rapide zu verändern.

Wir begriffen, dass die verschiedensten spirituellen Lehren schon immer die physikalische Existenz als Feld von Informationen aufgefasst hatten. Allgemein war meist von „Energien" die Rede, aber Energie ist ohne Information nicht denkbar, und Information ist Energie.

Wir waren erschüttert über die sich ergebenden weltanschaulichen Implikationen und verstanden langsam die Sache mit dem alten Wein in neuen Schläuchen – mit dem Unterschied, dass es sich nun um Hightech-Schläuche handelte, was noch lange später unterschätzt werden sollte.

Nun aber schauten wir dem Schicksal direkt ins Gesicht, zogen die Konsequenzen und gaben uns einen Ruck. Wir drehten uns um und gingen davon. Wir hörten auf mit Remote Viewing.

Alle unsere bisherigen Tätigkeitsbereiche wurden einer genauen Untersuchung unterzogen. Es gab noch genug unfertige Produktionen aus anderen Bereichen. Ich ging ins Studio, holte das Material dazu hervor und ordnete die Konzepte. Meine Frau setzte sich an die Feng-Shui-Thematik, wegen derer wir schon soviel Dreharbeiten durchgeführt hatten, sie aber zur Seite gelegt hatten, weil sie uns nicht direkt genug erschien. Ungefähr in dieser Zeit formulierten wir die Prämisse, dass man PSI nicht direkt anwenden dürfe.

„Fünfundzwanzig Grad am Zielgebiet vorbei, dann funktioniert es am besten", sagte Gunther.

„Siebenundzwanzigeinhalb Grad!" antwortete ich, während ich an frühere ergometrische Studien dachte und wir lachten. Dieser Winkel ist der optimale für ein technisches Bedienungspult.

Hauptsächlich aber setzte sich meine Frau ins Büro und brütete über unserer Haushaltslage. Dann formulierte sie die Basis, auf der wir uns in absehbarer Zeit von unserer Misere erholen könnten. Sie lautete: „Eintausend Mark Umsatz am Tag." Sie dachte fest an siebenundzwanzigeinhalb Grad, fixierte die Forderung mitten im Raum und befand sie für gut und nützlich. Sie wünschte sich, dass es so käme. Dann vergaß sie sie einfach und machte sich an die Arbeit. Es funktionierte. Und was die „schwarzen Serien" anbelangt, die nicht endenwollende Verkettung von unglücklichen Umständen: da muss man durch, wie nicht nur der Landbewohner sagt. Wenn es der gezielte Versuch war, uns von Remote Viewing abzubringen, haben wir zwar keine Ahnung, wer so etwas vollbringen könnte oder wollte, ohne uns in ungeheuer gewagte Hypothesen und Verschwörungstheorien zu stürzen. Aber wir dürfen uns nicht durch die Einstellung, das sei sowieso eine Nummer zu groß, selbst außer Gefecht setzen. Ich bin mehr denn je davon überzeugt, dass jeder Mensch eine reale Chance hat, wenn er nur gewillt ist, diese wahrzunehmen. Wenn man annimmt, dass jeder Mensch sein eigenes Feld produziert, in dem alle seine Handlungsmuster abgelegt sind, und das ist so banal wie wahr, dann interagiert er auch mit anderen Feldern, so groß oder klein sie sein mögen. Und weil PSI eine Funktion darin einnimmt, die man alles, nur nicht unterschätzen sollte, dann denke ich, dass wir uns ständig unsere eigene Welt produzieren, in der wir lachen und leiden, leben und sterben. Wir gestalten unser Glück und unser Unglück. Wir beeinflussen letztlich auch den Zufall.

Und so begannen wir bewusst unsere eigenen Felder aufzubauen.

Wir setzten den anbrandenden Energien unsere eigenen entgegen; und wenn das zu aufwendig war, versuchten wir, zerstörerische Felder zu meiden. Wir hoben unser Aktivitäts-Niveau. Ich hatte beständig das Gefühl, zu vibrieren. Noch abends, wenn ich im Bett lag, fühlte ich im ganzen Körper so etwas wie ein Summen.

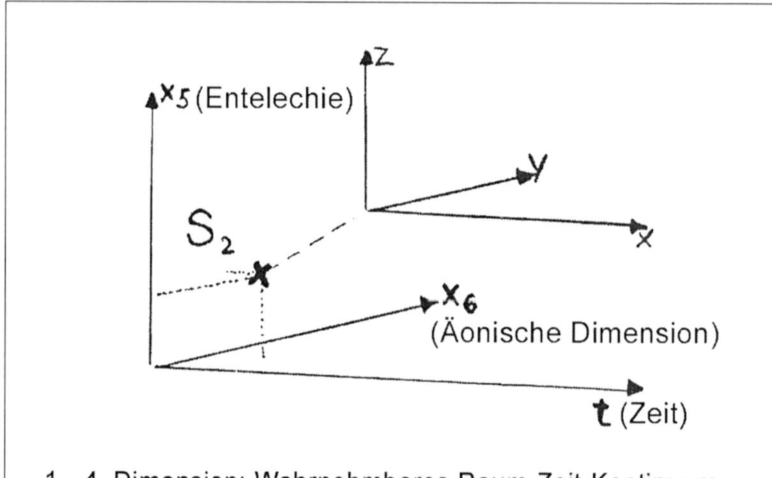

Hyperraummodell nach Burkhard Heim

In den vorangegangenen Jahren konnte man wiederholt in Fachzeitschriften über die momentane mehrdimensionale Anschauung unseres Universums lesen. Man rechnet inzwischen hoch bis zu zwölf Dimensionen. Oberhalb der vierten Dimension wird es für uns schwer, sich noch etwas Benennbares vorzustellen. Mathematiker ordnen höheren Dimensionen immer öfter so etwas wie den Wahrscheinlichkeitsaspekt zu. Man könnte sich gut überlegen, in welcher Wahrscheinlichkeit ich dieses hier schreibe. Glücklicherweise in Ihrer, lieber Leser, sonst hätte Sie dieses Buch nicht in die Hände bekommen. Und warum das so ist, könnte möglicherweise in einer noch höheren Dimension, der ein Ordnungsaspekt zugeordnet wird, festgelegt sein. Eine hypothetische Einteilung, die ich sehr einleuchtend finde, kristallisierte sich in der mathematischen Grundlagendiskussion schon vor Jahren heraus. Wenn jede Dimension drei Ausbreitungsrichtungen hat, jede Dimension sozusagen das gleiche Cluster an Ordnungsbezügen aufweist, kommen wir genau auf die zwölf Dimensionen, die man schon seit längerer Zeit als ausreichend annimmt, das Universum mathematisch zu erklären. So haben wir Raum mal drei (Breite, Höhe, Tiefe) plus Zeit mal drei (leider schon schwer zu bezeichnende Richtungen), darüber organisiert die Dimension der Wahrscheinlichkeit (mal drei Richtungen) und darüber die Dimension der Ordnung (mal drei Richtungen), insgesamt zwölf. Ich fand, dass das ein einleuchtendes Modell sei und benutzte es seitdem für die Einordnung von Ereignissen und Bezügen.

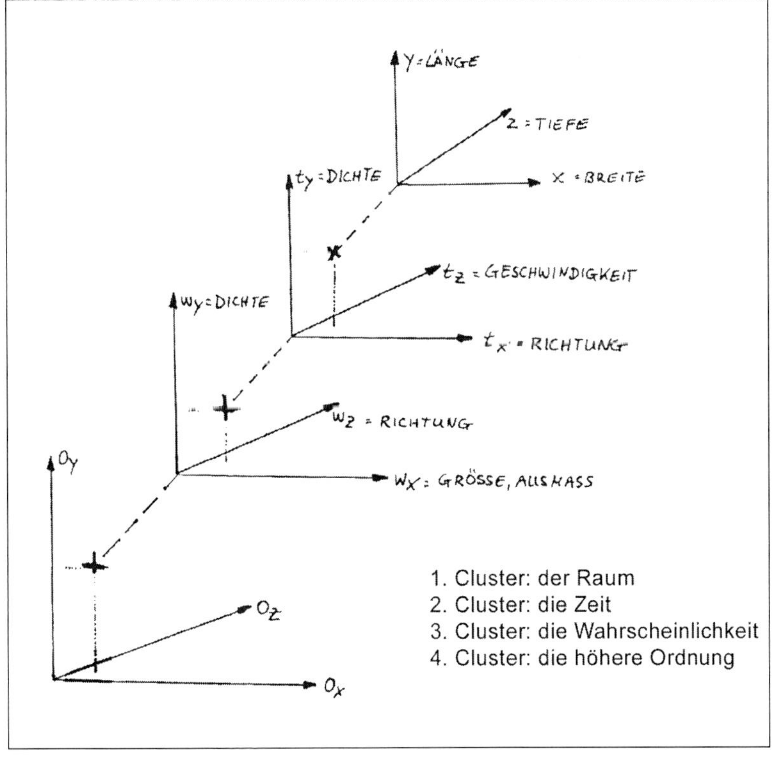

Erweitertes zwölfdimensionales Organisationsmodell nach der Clustertheorie

In dieser Zeit begannen wir, ernsthaft darüber nachzudenken, auf welcher dimensionalen Ebene Remote Viewing zugreift. Auf welcher Ebene die Vernetzung und Verfügbarkeit der Daten vorliegt. Es erschien uns immer sinnvoller, dass hier auf die höchste dimensionale Ebene zugegriffen werden müsste. Wenn wir die Theorie der holografischen Verteilung aller Informationen im Universum zugrunde legen, und das scheint die einzig einleuchtende Theorie zu sein, dann kann es eigentlich nur so sein. Überall zugleich vorhandene Informationen über alles, was existiert, setzt die höchste Dimension, die Ordnung, das Archiv dessen, was jemals passiert ist oder passieren kann, voraus, etwas, das bei den Remote-Viewing Daten deutlich spürbar wird. Und dann müssen wir uns fragen, **womit** wir zugreifen. Haben wir einen multidimensionalen Scanner im Kopf, so wie es Mel Riley in „Real X-Files beschreibt, der diese Informationen empfangen und dekodieren kann? Offenbar ja.

Eigentlich keine so unwahrscheinliche Vorstellung. Überall gleichzeitig vorhandene Information bedeutet auch, dass die Information hier und jetzt auch in unserem Kopf ist. Dass wir Teil der Information sind. Dass wir mitschwingen, uns einschwingen und aus dieser Resonanz alle Informationen dieser und aller möglichen Welten auslesen können.

Die Grundlagenforscher der Atomphysik sind ohnehin in ihrer Auflösung der Struktur des Universums bei Teilchen angelangt, von denen keiner mehr sagen kann, was sie eigentlich sind. Materie, Energie, eigentlich nur Schwingungsaspekt. „Quarks“ und „Strings“ entziehen sich unserem vierdimensional gebundenen Alltagsverständnis. Und hier trifft man sich mit der spirituellen Fakultät. Man entdeckt, dass man, genau besehen, das Gleiche beschreibt.

Aber wie dekodieren wir dann ihre Muster? Denn das bleibt doch als Frage übrig, wenn man all diese Erfahrungen mit Remote Viewing einbezieht. Wir stellen eine Aufgabe, fokussieren uns durch die verschiedenen Stages, schwingen uns ein auf den Teil der universellen Informationen, der gefragt wurde. Wir gehen in Resonanz.

Wir schwingen uns ein in das allgemeine Schwingungsmuster, und wenn wir die richtige „Wellenlänge“ erreicht haben, sind spezielle Informationen, die ja auch nur Modulationen der Schwingungen sind, übertragbar. Beim Schall ist die Information durch Verdichtungen und Verdünnungen der Luftmoleküle modulierbar. Materie, sagen uns die Atomphysiker, ist das wahrscheinliche Auftreten von Quarks.

Vorhanden oder nicht vorhanden, Verdichtet oder Verdünnt, auf und ab, Schwingung und Modulation, Energiefelder mit Informationsordnung. Alles ganz natürlich und überall vorhanden. Unendliche Details und doch eine Einheit. Zu jeder Zeit. In jeder Wahrscheinlichkeit. Auf höherer Ebene geordnet. Unbegreifbar und doch im Zugriff. Der Kreis schließt sich.

Und wie wir es so betrachteten, das Universum, handfest, wie wir es bisher kannten, löste es sich auf in ein unendliches Gewirr von Schwingungen und aufmodulierten Informationen, und wir konnten auch uns selbst als nicht anderes mehr betrachten als lediglich eine Verdichtung dieses Schwingungsaspektes, eingewoben oder verloren, wie Sie wollen, im unüberschaubaren Gesamt**feld** der Schöpfung. Und aus dieser Position, irgendwo im Sargasso der Istheit frei schwebend, machten wir uns nun auf, zurück in den Alltag, zurück ins Büro mit Telefon und Buchhaltung, zurück ins Studio mit Computern und Bandmaschinen. Hallo, sagte das Feld zum Feld im Feld, hier ist auch nur überall. Und da fiel mir ein, dass das schon vor fast dreißig Jahren ein japanischer Zen-Meister gesagt hatte.

Begegnungen der 5. Art

7. Kapitel

Ein großer Teil des *Nachschauens* mit Remote Viewing beschäftigt sich zugegebenermaßen mit Außerirdischem. Ich will nicht sagen, dass diese Methode dafür prädestiniert ist, Aliens auf der Erde und in Outer Space nachzuspionieren, aber offenbar kann es kaum ein Remote Viewer auslassen. Oder, wie es Jim Schnabel, der Chronist des amerikanischen Remote Viewing formuliert, „kaum einer der Remote Viewer war nicht von der Existenz Außerirdischer überzeugt." Wir finden schon am SRI in den siebziger Jahren Berichte, die den Schluss zulassen, auch offizielle Stellen hätten hier „mehr als nur ein gewöhnliches Interesse bekundet". Sowohl Ingo Swann als auch Joe McMoneagle erzählen, dass sie von Geheimdienst- oder Regierungskreisen mit speziellen extraterrestrischen Targets betraut wurden.

Ingo Swann beispielsweise sollte bestimmte Regionen des Mondes erkunden. Offensichtlich zielte diese Aufgabe in die gleiche Richtung, die auch durch verschiedene Bücher und Artikel in grenzwissenschaftlichen Zeitschriften angepeilt wurde: merkwürdige Formationen auf der Mondoberfläche, die sich zudem noch veränderten. Fast könnte man meinen, hier würden Stützpunkte von ETs ab und zu umdekoriert, also anders getarnt. Swann lehnte es gemeinhin ab, UFOs selbst zu viewen, weil er meinte, die Insassen würden ihn bemerken und dann vielleicht von ihm Besitz ergreifen. Mittlerweile können wir Ingo Swann durchaus verstehen, doch das gehört in ein späteres Kapitel. Courtney Brown jedenfalls berichtet ebenfalls von diesem Phänomen.

Auch Joe McMoneagle wurde zur UFO-Aufklärung abkommandiert. Man legte ihm Satellitenfotos in den berühmten Targetumschlag, auf denen merkwürdige runde Objekte zu sehen waren. McMoneagle beschrieb daraufhin scheibenförmige Flugobjekte mit außerirdischer Technologie.

UFOs scheinen ein ganz besonders leichtes und anziehendes Target beim Remote Viewing zu sein. Es funktioniert immer, das wusste man schon damals in Fort Meade. Auffällig oft auch stießen die Viewer bei eigentlich unverdächtigen Targets auf einen außerirdischen Aspekt, was auch zeigt, dass der Viewer immer in den für ihn interessantesten Teil des Zielgebiets geht. Als Ingo Swann ein sowjetisches U-Boot anpeilen sollte, beschrieb er eine darüber fliegende Scheibe. Ein Spionage-Fluggerät der Aliens?

Die UFO-Erlebnisse in der Remote Viewing-Forschung setzten schon ein, als Uri Geller, der aus Funk und Fernsehen bekannte PSI-Aktivist, 1973 am SRI weilte. Nicht nur, dass er behauptete, er stünde in ständigem Kontakt mit einem Mutterschiff in der Erdumlaufbahn; er konnte auch nach glaubhaften Zeugenaussagen ein kleines UFO im Raum materialisieren lassen. Vielleicht hätte er damals noch diese Vorstellung neben seinen Löffel-Deformierungen ebenfalls dem Fernsehen anbieten sollen. Heute wäre es dank Computer-Tricktechnik kein Problem mehr, solche Wunder live auf Sendung zu produzieren. Ohne PSI, natürlich.

Joe McMoneagle ist vielleicht durch seine persönliche (echte) Nahbegegnung mit einem UFO 1965 vorbelastet, als er mit seiner Armeeeinheit auf den Bahamas stationiert war. Damals war er eines Nachts mit einem Freund auf dem Nachhauseweg, als er über sich ein gleißendes Licht bemerkte. Ein Flugobjekt, nach seinen Angaben groß wie ein Fußballfeld, zog lautlos über die beiden Soldaten hinweg und verschwand wieder. Um nicht für verrückt erklärt zu werden, beschlossen sie, dieses Erlebnis zu verschweigen.

Leider tauchte am nächsten Tag das Problem auf, dass sie das Krankenhaus wegen einer erheblichen Strahlenverbrennung aufsuchen mussten, die sie mit relativ fadenscheinigen Erklärungen begründeten. Auch im Oktober 1998, als ich die Gelegenheit hatte, McMoneagle in Hamburg zu interviewen, schien er noch amüsiert, wie leicht man seine Worte „wir sind am Strand in der Sonne eingeschlafen!“ aufgenommen hatte. Hoffentlich nicht im Dienst, meine Herren!

In dem genannten Interview versuchte McMoneagle den Themenkomplex UFOs und Remote Viewing herunterzuspielen. Er habe eigentlich nur ein oder zweimal ein UFO geviewt, sagte er, es könne sich bei einer außerirdischen Basis auch um eine irdische Radarstation gehandelt haben und überhaupt solle man Herrn Schnabel (und auch Jim Marrs und den anderen Zeugen?) in dessen Buch nur die Hälfte als Wahrheit abnehmen. Das klingt befremdlich, wenn man bedenkt, welchen Raum diese Thematik in McMoneagles eigenen Büchern einnimmt. Es stößt auch merkwürdig auf, wenn er erklärt, er wolle endlich mal ernsthaft herausfinden, wer damals in diesem Riesen-UFO gesessen habe. Dazu hätte er in den vergangenen 20 Jahren, in denen er nun schon als Remote Viewer tätig ist, doch genug Zeit gehabt, wenn es ihm so wichtig gewesen wäre.

Fachsimpeln in Hamburg: der Autor mit dem Ehepaar McMoneagle

Auch Mel Riley, Pat Price, ja sogar Hal Puthoff, der Initiator des RV-Projektes und Robert Monroe, der Begründer der *Hemisync*-Technologie beschäftigten sich mit UFO-Targets. Selbst Dick D'Amato, ab Ende der achtziger Jahre Leiter des Projektes in Fort Meade, versuchte den UFO-Absturz 1947 in New Mexico mittels Remote Viewing aufzuklären. Leider bekam er dabei erhebliche Schwierigkeiten mit Vorgesetzten und anderen Dienststellen und die Ergebnisse all dieser Sessions sind bis heute nicht veröffentlicht. So besteht weiterhin erheblicher Nachforschungsbedarf. Offensichtlich aber müssen viele der Daten sehr besorgniserregend gewesen sein, sonst hätte man das Thema mit einem leisen Lächeln zu den Akten legen können. Stattdessen, während immer wieder Abfangjäger mit Alarmstarts UFO-Sichtungen begleiten, wird die Angelegenheit offiziell mit dem Kicher-Effekt versehen.

Im Gegensatz aber zur öffentlichen Verniedlichung von UFOs und auch Remote Viewing bekam Jim Marrs, ein Enthüllungsschriftsteller, der sich schon mit den Hintergründen des Kennedy-Mordes beschäftigt hatte, Schwierigkeiten, als er ein Buch über Remote Viewing veröffentlichen wollte. Darin beschrieb er schon 1995, wie die amerikanische Regierung mittels RV den Aliens nachspürte. Das Buch wurde nie gedruckt; Marrs musste feststellen, dass die Veröffentlichung von höherer Stelle blockiert worden war. Vielleicht kam er auch nur etwas zu früh, bevor der Freedom of Information Act (FOIA) durch war. 1998 gelang es ihm dann endlich, unter dem Titel *Alien Agenda* seine Recherchen auf den Markt zu bringen. Marrs gehört zum engeren Kreis von Eingeweihten, haben ihn doch Dames und Morehouse gleich nach ihrem Ausstieg aus dem RV-Projekt der Regierung zur Aufzeichnung ihrer Erinnerungen angeheuert.

Auch in Marrs' neuem Buch stoßen wir auf Swanns U-Boot-Session, in der er die Standorte sowjetischer Einheiten aufspürte, darunter auch den des damals supergeheimen Bootes der Delta-Klasse. Seine Beschreibung des darüber hängenden Flying Saucers wird wohl die erste ernsthafte Begegnung führender Militärkreise mit UFOs mittels Remote Viewing gewesen sein.

Dass Swanns Erkenntnisse, die er mittels Remote Viewing gewann, in gewissen amerikanischen Militärkreisen durchaus ernst genommen wurden, ist vermutlich durch seine schon sehr früh geviewten Beschreibungen der Planeten unseres Sonnensystems begründet. Er veröffentlichte seine Ergebnisse meist lange bevor eine Erdensonde dort ankam und Bilder nach Hause schickte. Schon 1973, das Remote Viewing Projekt am SRI steckte noch in den Kinderschuhen, gab er eine detaillierte Beschreibung des Jupiters ab.

Er näherte sich dem Planeten auf psychischer Ebene wie eine Raumsonde. Schon fünfzigtausend bis hunderttausend Kilometer von dem Planeten entfernt nahm er eine Atmosphäre wahr, die zunehmend dicker wurde. Sehr hoch oben, gerade außerhalb dieser Atmosphäre, sah er Kristalle, die wie ein Ring den größten Planeten unseres Sonnensystems umspannten und stark an die Ringe der Saturn erinnerten. Die Oberfläche des Jupiters erinnerte ihn an Sanddünen, die durch einen starken Wind ständig in Bewegung seien. Im Detail bestätigt wurden seine Eindrücke erst sechs Jahre später durch die ersten beiden *Voyager*-Tiefraumsonden. Die Entdeckung von Jupiters Ringen war eine echte Sensation.

Daran kann ich mich selbst noch sehr gut erinnern.

Auch Merkur wurde mental von Ingo Swann erforscht. Am 11. März 1974. Swann stellte einen magnetischen Ring um den Planeten fest, eine kreisförmige magnetische Sphäre. Alles sah für ihn sehr scharf, sehr klar aus, hochkontrastig, wie es sich für den sonnennächsten Planeten gehörte. Und doch war ihm, als nähme er eine dünne Atmosphäre wahr, nicht dick genug, um einen blauen Himmel zu erzeugen, wie wenn man auf der Erde nach oben schaut, aber doch der Eindruck von freien Gasen. Auch Wasser schien in irgendeiner Form vorhanden. Allerdings sei es dort so heiß, dass selbst die sandige Oberfläche schmelze und die Sonne eine Art Ebbe und Flut darin hervorrufe.

Und damit korrespondierend stellte Swann eine ungleichmäßig verteilte Gravitation fest, ebenso wie merkwürdige, schnell ziehende Wolken.

„Ich sehe so etwas wie einen Regenbogen, nein, eher wie Morgenröte in einem Bogen. Auf der Oberfläche gibt es zwei Arten von Flüssigkeit. Da ist so etwas wie Wasser und flüssiges Land und beides ist in einem schnellen Kondensationszyklus verbunden. Dies ruft irgendwie den Eindruck von Regenbögen, manchmal in allen Richtungen, hervor.

Die Gravitation ist verschieden, es kommt darauf an, auf welcher Seite man sich befindet. Mein Gott … es ist wunderschön hier! Ich sehe Landmassen, aber sie sehen aus wie glattgewaschen, so als ob Wasser den Planeten umspült. Es gibt auch irgend so etwas wie Berge, nicht sehr hoch, aber bestimmt Berge. Alles sieht so abgeschmolzen aus. Das liegt wahrscheinlich an den Land-Gezeiten. Das Charakteristischste aber, würde ich sagen, sind diese schwach elektrischen Farbwunder."

Swanns Merkursession ist deshalb so detailliert erhalten, weil sie aufgenommen, aufgeschrieben und notariell beglaubigt zwei Tage später bei mehreren Parteien hinterlegt wurde. Natürlich glaubte keiner der Astronomen zu diesem Zeitpunkt an diesen Blödsinn. Das damalige Dogma über Merkur war: keine Atmosphäre, kein Magnetfeld, keine Ionosphäre.

Die Überraschung war groß, als einen knappen Monat später *Mariner 10* den Merkur erreichte und seine Daten zur Erde funkte. Stück für Stück erwies sich Swanns Beschreibung als völlig korrekt.

Die größte Überraschung war die Entdeckung einer Atmosphäre, was man wegen der Sonnennähe für unmöglich gehalten hatte. Man war der Ansicht, diese würde durch den Sonnenwind förmlich weggeblasen. Freilich war diese Atmosphäre sehr dünn, nur etwa ein

Milliardstel der Erdatmosphäre, aber sie war nicht wegzuleugnen.

Vielleicht waren diese Planeten-Sessions die wichtigsten Arbeiten Ingo Swanns in den frühen Zeiten des Remote Viewing. Sie gaben jedenfalls Gewissheit darüber, dass der Mensch hingehen kann, wohin immer er will, ohne tatsächlich einen Fuß in Bewegung zu setzen. Leider wurden die Ergebnisse höheren Orts selten gern zur Kenntnis genommen, besonders wenn es um außerirdische Einflüsse ging und die Erkenntnisse unbequem oder sogar beunruhigend waren.

Ingo Swann selbst hat mehrere Bücher über Remote Viewing verfasst, aber erst im Dezember 1998 erschien von ihm ein Buch betitelt: „Penetration: The Question of Extraterrestrial and Human Telepathy" (deutsche Ausgabe 1999 im Kopp-Verlag unter „Geheimsache Mond – Von Außerirdischen beobachtet" erschienen), in dem er sich endlich mit den inzwischen von anderen Autoren längst breitgetretenen UFO-Vorfällen befasst. Nun darf man von ihm aber die Darstellung aus erster Hand erwarten, und er bestätigt auch eigentlich alle beklemmenden Gerüchte: die Besetzung des Mondes durch Aliens, die telepathische Kontrolle der Menschen und die Beteiligung geheimster Regierungskreise. Erstaunlich ist, dass ihn an dieser Offenlegung niemand mehr zu hindern schien.

Die bisher umfassendste Analyse des UFO-Begriffs durch Remote Viewing wurde durch die amerikanische Remote-Viewer-Vereinigung (AARV) durchgeführt. Im Sommer 1996 versammelten sich sieben gutausgebildete Remote Viewer zu einem mehrwöchigen Treffen, um die Thematik von allen denkbaren Seiten her zu durchleuchten. Die Namen der Beteiligten können wir nur mutmaßen. Man hatte sich entschieden, diese nicht preiszugeben, und während des Projektes wurden sie auch nur mit Codezahlen benannt. Auch sonst wurde strengste „Blindheit" von Viewern und Monitoren verordnet, was die Ergebnisse schon deshalb auf einen sicheren Level heben sollte.

Durch die vielfache Übereinstimmung der Aussagen der Viewer lässt sich eine detaillierte und schlüssige Geschichte des außerirdischen Einflusses auf die Erdenmenschen und ihre Gründe konstruieren. Auf ganz erstaunliche Weise werden hier bereits bestehende Informationen bestätigt und in einen teilweise neuen, interessanten aber logischen Kontext gestellt.

Wie die moderne UFO-Forschung teilten auch die Viewer dieses Projektes die Erscheinungen in mehrere Kategorien ein, waren sich aber über die physikalische Realität der Flugobjekte einig. Es sieht allerdings so aus, als ob hier durchaus unterschiedliche technische Standards vertreten seien. Ein Teil der Fluggeräte habe einen technischen Vorsprung von 300-500 Jahren, andere aber 2000 bis 3000 Jahre. Letztere sollen aus einem Material gebaut sein, das eine Formveränderung des Flugkörpers zulässt. Diese Beschreibung erinnert stark an die erste 1991 von PSI TECH auf russische Anfrage hin durchgeführte Untersuchung über den *Phobos-2*-Verlust. Die im März 1989 ausgefallene russische Marssonde soll auch von einem Gerät inspiziert worden sein, das bei seinem Start von der Marsoberfläche in den Weltraum seine Form von einer Art Diskus zu einer eher quallenartigen Form veränderte.

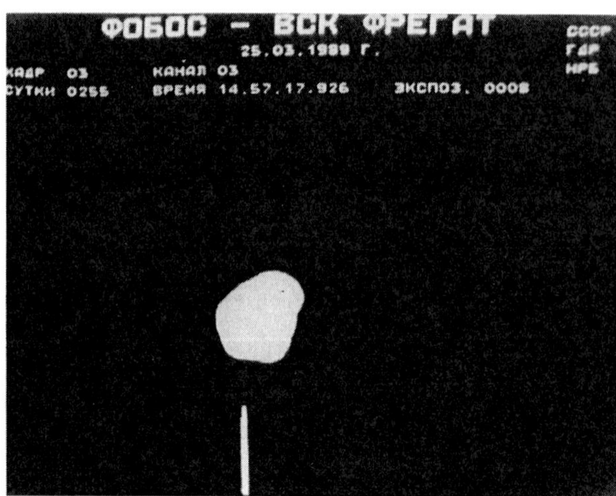

Das letzte Bild, das die Marssonde "Phobos 2" zur Erde funkte. Zu sehen ist vermutlich das Objekt, das mit der Sonde kollidierte.

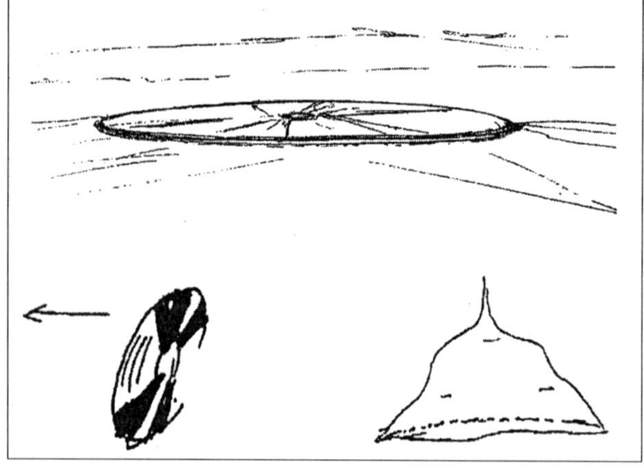

Der „Wächter des Mars",

Zu dieser Zeit herrschte eine starke Verunsicherung bei den Amerikanern genauso wie bei den Russen. Immer wieder verschwanden Satelliten oder Raumsonden auf mysteriöse Weise oder hatten unerklärliche Funktionsstörungen. Allein 1993 gab es vier offiziell zugegebene, merkwürdige Ausfälle.

Am 9. August verloren die USA ihren damals neuesten Wettersatelliten NOAA-13. Aufgabe dieses im polaren Orbit befindlichen Satelliten war die Beobachtung größerer Teile der Erde. Von einem Augenblick zum anderen war der Funkkontakt unterbrochen.

Am 20. August riss die Verbindung zum *Mars Observer* ab, als er gerade damit begann, seine sehnlichst erwartete genaue Kartographierung des Mars durchzuführen.

Am 5. Oktober ging wieder ein Erdbeobachtungssatellit verloren, diesmal der neue *LANDSAT 6*. Dieser Verlust wurde als sehr schmerzhaft empfunden, sollte er doch auch den vorher teilweise ausgefallenen *LANDSAT 5* ersetzen.

Diese unerklärliche Verlustserie wurde am 2. August eingeleitet durch die Explosion einer *Titan-4*-Rakete kurz nach dem Start. Sie sollte militärische Spionagesatelliten in die Umlaufbahn bringen. Was diesen Fall so bemerkenswert macht, ist das Auftreten eines nicht identifizierten Objektes auf dem Video, das vom Raketenstart gemacht wurde. In zirka fünfunddreißigtausend Meter Höhe traf ein kleines Objekt die *Titan-4* und kurz darauf erfolgte die Explosion.

George Byers, der RV von einem der Fort Meade-Viewer gelernt hatte, machte Sessions darauf und erklärte, ein faustgroßes Projektil habe die Rakete getroffen.

„Es war definitiv künstlich. Es war glänzend und traf die Rakete. Es traf und explodierte wie eine Granate. Ich bekam den sehr deutlichen Eindruck, dass dieses Ding nicht auf der Erde hergestellt war. Sein Zweck war, die Titan-4 zu vernichten. Wer immer dieses Ding gemacht hat, wusste, was er tat, als er es gegen die Rakete einsetzte. Es tat genau das, wofür es gebaut war."

Dieses Ereignis erinnert wiederum an den Verlust der *Phobos-2*-Sonde. Im Remote-Viewing-Report dazu finden wir eine sehr genaue Darstellung der Vorgänge. Nachdem das formverändernde erste Objekt wieder zur Marsoberfläche zurückgekehrt war, beschäftigte sich ein zweites, kleineres Objekt, das sich schon im Orbit befunden hatte, mit der russischen Sonde. Aus nächster Nähe schoss es eine Art Strahl ab, der die Sonde teilweise paralysierte. Die Bemühungen der Kontrollstation auf der Erde, das Gerät wieder zu stabilisieren, führten zum Verlust.

Diese Aussagen der Remote Viewer wurden später durch ein Foto bestätigt, das die bekannte Militärpilotin Marina Popowich im Dezember 1991 der Presse übergab. Darauf ist ein kleines, helles Objekt zu sehen, das auf die Kamera zufliegt. Bei dem Foto handelte es sich um die letzte Aufnahme der *Phobos-2*-Sonde vor deren Verlust.

„Es sieht so aus, als ob, wer immer es sein mag, nicht will, dass wir mehr über ihn in Erfahrung bringen", kommentierte David Morehouse die Vorfälle.

Unter diesem Aspekt betrachtet, könnte man schließen, dass im Sommer und Herbst 1993 bestimmte außerirdische Aktivitäten auf der Erde wie auch auf dem Mars stattfanden, die nicht von uns Menschen fotografiert werden sollten. Hier könnte auch die Lösung des Rätsels zu suchen sein, warum die *Viking*-Sonde 1976 noch ein Marsgesicht fotografieren konnte, 1998 der *Global Surveyor* nur noch einen Trümmerhaufen auf der gleichen, immer noch vorhandenen, regelmäßigen wappenförmigen Anschüttung. Vielleicht kamen die *Phobos*-Sonde 1989 und *Mars-Observer* 1993 etwas zu früh zu nahe und wurden deshalb eliminiert …

Vielleicht gibt es sogar so etwas wie ein Embargo der Erde, einen Beschluss, bestimmte Informationen und Kontakte von den Erdbewohnern fernzuhalten und, darüber hinaus, auch die Erdbewohner daran zu hindern, zu früh zu weit in den Weltraum hinauszuziehen.

In diesem Zusammenhang fiel mir eine AFP/BBC-News auf: „Raumsonden weichen vom Kurs ab - Forscher stehen vor einem Rätsel". Drei der am weitesten von der Erde entfernten Raumsonden, *Pioneer 10 und 11* sowie die europäische *Ulysses* werden unerwarteterweise langsamer, je mehr sie sich dem Rand des Sonnensystems nähern. Dieser Effekt stellt die Erklärungsfähigkeit der herkömmlichen Physik wieder einmal erheblich in Frage.

Auch wenn diese Vorgänge nicht mit einem Embargo in Verbindung stehen, so kann man doch annehmen, dass allein das Vorhandensein weiter als wir entwickelter Aliens solch ein Embargo begründen könnte. Betrachtet man die immer noch währenden Zustände auf unserem Globus, mal ehrlich, würden wir als Greys (oder wer auch sonst) nicht versuchen, die Ausbreitung dieser Plage auf den Rest der Galaxis zu verhindern?

Gäbe es eine Vereinigung aller Bewohner dieser Galaxis, sicher würden sie in dieser Richtung entscheiden und dies auch durchsetzen.

Von der Existenz dieser „Galaktischen Föderation" scheint man in amerikanischen Remote Viewer Kreisen überzeugt. Das erste Mal, dass ich darüber las, war in Courtney Browns Buch „Cosmic Voyage". Wie ich schon ausführte, bin ich nicht sehr von Browns Sessions überzeugt. Die Grundlage für seine Erkundungen auf diesem Gebiet bilden aber frühere Studien von und mit Ed Dames, seinem Lehrer und Monitor. Auch zu Dames mag man eine distanzierte Einstellung haben, aber selbst Mel Riley machte 1988 Sessions auf dieses Target und gelangte zu der Erkenntnis, dass diese politische Vereinigung auf galaktischer Ebene tatsächlich existiere. Er ist überzeugt, dass er einen physikalisch realen Ort viewte. Seine Beschreibung der „Parlamentsgebäude" möchte er jedoch in Details nicht auf die Goldwaage legen lassen. Er vertritt die, auch aus meiner Sicht völlig richtige Überzeugung, dass die Übertragung von Daten und Fakten, die weit über unseren momentanen Horizont hinausgehen, eben durch diese unsere Beschränktheit nur verfälscht dargestellt werden können. Vieles wird sicher schon deshalb nicht zu erfassen oder zu beschreiben sein, weil uns hunderte oder tausende von Jahren technischer und sozialer Entwicklung fehlen und wir natürlich auch noch keine Namen und Bezeichnungen dafür haben. So gerät sein Ausflug in kosmische Weiten eher zu einem Trip ins vorchristliche Griechenland, wobei die Bilder der weißen Roben und Gewänder, der riesigen Marmorgebäude, Säle, Wandelgänge und Altäre auch von anderen Viewer eifrig strapaziert werden. Vermutlich handelt es sich hierbei um Näherungen an uns bekannte Erfahrungen, Vergleiche, die die Realität dort draußen nach Ansicht unseres Unterbewusstseins am ehesten treffen. So, wie man der dummen (Land-)Bevölkerung schon immer die Weisheit mit Gleichnissen zu vermitteln suchte.

Ray Bordon, einer der ersten schon 1980 (!) inoffiziell ausgebildeten amerikanischen Remote Viewer präzisierte 1996 in einem Interview diese Eindrücke. Er sprach von sieben galaktischen Verwaltungszentren, die über das Universum verstreut seien. Seine Beschreibung eines solchen Hauptquartiers erinnert an einen sumerischen Tempel mit einem Obelisken davor, der wiederum an das Washingtoner Monument erinnert. Jim Marrs fragt sich nun, ob alle Remote Viewer voneinander abgeschrieben hätten oder ob sie alle in dem gleichen Script lasen, der kosmischen Akasha-Chronik. Und wo, könnte man hinzufügen, hat dann der Architekt des Capitols nachgelesen?

Eigentlich hätte ich nun selbst ein paar Sessions darauf machen sollen. Dies ist nicht geschehen. Ehrlich gesagt, ich habe aus Vorsicht davon Abstand genommen. Nach einigen merkwürdigen Vorfällen war ich schon sehr früh in meiner Remote Viewer-Laufbahn zu der Überzeugung gelangt, man solle sicherheitshalber nicht alles zum Target erklären. Doch davon später.

Dass es verschiedene Alienformen gibt, davon sind nahezu alle Remote Viewer überzeugt. Und dass wir hier ständig besucht, oder sollte man sagen: „kontrolliert" werden, auch. Nur tritt mit dieser Meinung niemand mehr an die Öffentlichkeit. Warum? Genau: der Kicher-Effekt. Man kann hier nur verlieren. Solches musste zum Beispiel auch Ed Dames erleben, als er konkrete Landungen und Treffen mit Aliens ankündigte.

Ausgehend von früheren Untersuchungen durch Remote Viewer in den achtziger Jahren spürte er Anfang der neunziger mit seinem Schüler Courtney Brown realen Möglichkeiten nach, die Außerirdischen bei einer Landung zu ertappen. 1993 glaubte er, solch ein Ereignis zeitlich und örtlich festmachen zu können. Er zog mit Beobachtern und Aufzeichnungsgeräten nach New Mexico in die Wüste. Es wurden zwar UFO-Aktivitäten gemessen, ein konkretes Treffen fand jedoch nicht statt. Leider hatte diese Ankündigung vorher schon weite Kreise besonders in der UFO-Szene gezogen. Das Ereignis, das doch nicht, wie erwartet, eintrat, diskreditierte Remote Viewing schon so früh nach Bekanntwerden dieser Technik. Heute könnte man sagen, es handelte sich um einen typischen Fall von Frontloading. Dames und Brown waren die Ziele ihrer Sessions bekannt, und erwartungsgemäß bekamen sie ihre Erwartung geliefert. Ein Umstand, den später, nachdem sie sich entzweit hatten, Dames seinem Schüler in der Hale-Bopp-Affäre selbst ankreidete. Vielleicht war es aber auch ganz anders. Vielleicht haben die Aliens den Braten gerochen und sind vorher abgedreht.

„Sie kooperieren nicht mit uns", hatte Ingo Swann schon einmal festgestellt. Jedenfalls nicht mit irgendwelchen erwartungsfrohen Normalbürgern, auch wenn es Remote Viewer sind. Höchstens vielleicht noch mit speziellen Regierungskreisen. Diese Treffen sollen nach Ansicht verschiedener Remote Viewer tatsächlich stattgefunden haben, zum Beispiel in den frühen fünfziger Jahren mit Präsident Eisenhower. Berichte darüber stammen ebenfalls aus dem AARV-Report vom 4. September 1996. Unter dem Aspekt „Interaktion zwischen Erdregierungen und außerirdischen Besuchern" gab einer der Viewer eine sehr beeindruckende Beschreibung dieses Vorfalls.

„... Ich sehe ein Highway-Schild, und es sieht aus wie eine zweispurige Straße, aber es ist irgendwie wüstenartig. Es ist irgendwann tagsüber, ich kann die Sonnenhitze spüren ... Ich höre den Lärm von Flugzeugmotoren, wie von Düsenflugzeugen. Es ist eine Art verbotene Zone, ich sehe Wachen und Wachtürme ... Jetzt kommt ein Konvoi von Fahrzeugen, schwarzen Fahrzeugen, die Straße herab. Es ist eine Militärbasis, wo ich mich befinde. Eine Air Force-Basis. Leute verlassen die Fahrzeuge. Sie gehen in ein Gebäude. Alle tragen sie schwarze Anzüge (!) ... Jetzt kommen zwei ... nein, drei untertassenförmige Fluggeräte an. Sie landen nacheinander. Drei Graue kommen heraus. Sie gehen nicht ... es scheint, als ob sie über den Boden gleiten ..."

Die Szene scheint in der mysteriösen Area 51 angesiedelt, von der man annimmt, dass ihre Bezeichnung von ihrer Einrichtung im Jahr 1951 herrührt. Damit müsste das beschriebene Ereignis tatsächlich für ungefähr 1953 angesetzt werden, was tatsächlich ein interessanter Aspekt in der Rekonstruktion der Geschichte der UFO-Begegnungen auf höchster Ebene und ihrer Auswirkungen wäre. In diesem Fall scheint die Kooperationsbemühung von den Aliens ausgegangen zu sein. Und deshalb fand sie überhaupt statt, könnte man fortfahren.

Diese Begegnungen fanden dem Report zufolge immer wieder mindestens im Ablauf der letzten 200 Jahren statt. Drei weitere derartige Begegnungen erscheinen besonders bemerkenswert. Da ist zunächst einmal eine Beziehung der Außerirdischen, die sie gegen Ende des letzten Jahrhunderts zu Erdenmenschen gehabt gaben sollen. Der Viewer gab als ungefähren Zeitpunkt ca. 1890 an, weil er Segelschiffe und Pferdewagen als Transportmittel sah. Diese Zeiteinschätzungsart ist natürlich sehr ungenau, und es kann durchaus auch ein bis zwei Jahrzehnte früher gewesen sein. Inhalt dieses „Kontaktes" war, dass ein Alien einem Dichter oder Schriftsteller über kommende technische Entwicklungen wie Unterseeboote und Flugzeuge, Wunderdrogen und neue medizinische Möglichkeiten informierte. Erinnert uns diese Beschreibung nicht an einen bestimmten Schriftsteller, den wir alle kennen? Joe McMoneagle meinte zwar in seinem zweiten Buch, Jules Verne habe wohl eine Art Remote Viewing benutzt, aber die erste Variante erscheint angesichts des inhaltlichen Outputs von Verne doch überzeugender. Dass diese „Instruktion" in Englisch stattgefunden haben soll, wie der Remote Viewer erklärte, muss nichts mit der Realität zu tun haben. Wie wir schon wissen, sind gerade Sprachen der kosmischen Matrix völlig egal. Sie hat ihre eigene, und der Viewer „übersetzt“ sie während der Session mit seiner rechten Gehirnhälfte in seine jeweilige Erd- oder Landessprache. „In Englisch“ kann deshalb auch bedeuten, dass der Viewer die Details der Instruktionen besonders klar wahrnahm. Genau diese Klarheit finden wir im gesamten präkognitiven Werk von Monsieur Verne.

Die zweite spektakuläre Begegnung soll in Deutschland in den zwanziger Jahren stattgefunden haben, ebenfalls ein mystischer Zeit-Ort der Erdmenschengeschichte. Der Viewer berichtete von einem Konvent auf einer Flussinsel, und das Thema war Kernspaltung. Viele berühmte Physiker waren anwesend. Ein Mann soll so ähnlich wie „Heidel ...“ geheißen haben. Heidelberg kann aber auch der Herkunftsort gewesen sein. Vielleicht war der deutsche Quantenphysiker W. Heisenberg gemeint, der 1932 für seine Erkenntnisse über die Unbestimmtheitsrelation der Elektronen den Nobelpreis erhielt ... Und möglicherweise war ja auch der junge Hans Dominik zugegen, der „deutsche Jules Verne“, und verarbeitete seine Erkenntnisse später in sehr erfolgreichen Science Fiction Romanen wie „Die Macht der Drei“ oder „Atomgewicht 500“.

Die dritte dieser Begegnungen hat möglicherweise noch nicht oder gerade erst stattgefunden, weil sie ungefähr auf die letzten Jahre vor der Jahrtausendwende datiert wird. Hauptperson ist neben den Aliens wieder der amerikanische Präsident (Clinton?), dem erklärt wird, dass es in naher Zukunft erhebliche Schwierigkeiten für die Erdbevölkerung geben wird. Die Botschaft fügt sich nahtlos in das Endzeit-Szenario ein, das uns in den letzten Jahren von den verschiedensten Seiten nahegebracht wurde. Die Aliens warnen vor dem Durchflug eines planetengroßen Körpers durch unser Sonnensystem, und zwar zwischen Erde und Sonne, was ernste Konsequenzen für alle Erdlebewesen hätte. Aber die Erdbewohner werden auch getröstet: aussterben werden sie nicht und die anderen Spezies hier auch nicht. Dieser Vorgang soll sich in der Geschichte der Erde schon mehrmals abgespielt haben, ebenso wie die teilweise Errettung. Eine immer wiederkehrende Arche Noah sozusagen.

In diesem Zusammenhang werden auch die Probleme der Aliens angesprochen. Die gemischtrassige Gruppe Außerirdischer, bestehend aus kleinen Grauen und großen Blonden, die uns in der Stunde der

Not, so weit möglich, „ausfliegen" will, scheint weit entfernt von „allmächtig" zu sein. Überhaupt mutet die ganze Situation um die Erde wie ein Szenario an, dass man vielleicht „Kolonialgeschichte der Außerirdischen" betiteln könnte.

Die ETs geben zwar an, dass sie gewissermaßen uns „gemacht" hätten, was sich schließlich als Anhäufung von Gen-Veränderungen über viele Jahrtausende hinweg darstellt, aber sie haben auch Gegenspieler, die die Erde als ihr Territorium betrachten. Alle paar tausend Jahre kommen sie mit einem ganzen Planeten vorbeigeflogen, um eine „verheerende Verwüstung anzurichten". Aber die, die hören wollen, werden von den UFO-Flotten gerettet. Diese Formulierung kommt mir bekannt vor. Ich habe sie schon mehrmals gehört, unter anderem auch von jenen Gruppen Gläubiger, die sich auf Berggipfeln versammelten und gemeinschaftlichen Suizid verübten. Leider stellte sich heraus, dass sie sich mindestens in der Timeline geirrt haben. Es kamen keine UFOs, um sie abzuholen.

Man kann diese Aussagen aber auch anders lesen. Die Original-Formulierung gab der Remote Viewer folgendermaßen wieder: „Everything is being done to preserve and protect the human race and all other forms of life on this planet from extinction." (Alles ist vorbereitet, um die menschliche Rasse zu erhalten und zu beschützen, und alle anderen Lebensformen dieser Erde vor dem Aussterben zu bewahren.) Diesem Vorhaben kann man inhaltlich auch durch ein genetisches Archiv gerecht werden; dazu muss man weder eine utopische Evakuierungs-Luftbrücke errichten noch eine unrealistisch große Arche zu bauen. Hinterher klont man die gesamte Tier und Pflanzenwelt wieder aus den Speicherbänken, und wenn da ein paar zeitlich falsche Tiere dabei sein sollten, wie zum Beispiel Saurier, ja, dann gibt's bei der nächsten Menschheit wieder die netten Heldensagen mit Drachentötern und Nessie-Kontaktlern. Aber die Botschaft beruhigt doch die jetzt lebende Menschheit, soweit sie Zugang zu diesen Informationsfeldern über Channeling oder Remote Viewing erhält: wir werden gerettet!

Vielleicht können wir auch selbst etwas tun, unsere Erde zu verteidigen. Mehrere amerikanische Viewer sahen Erdenmenschen, die, übereinstimmend mit Bob Lazars Aussagen über Versuchs-UFOs in S4/Area 51, derzeit an außerirdischem Fluggerät ausgebildet werden. Alien-Technologie soll demzufolge auch schon in bestimmte Stealth-Flugzeuge der Amerikaner eingebaut worden sein.

Ein Mitglied dieser Gruppe, die diese Erkenntnisse erarbeitete, war möglicherweise auch Ed Dames, denn einige Details sind auch in seinen Aussagen zu finden. Dames zeigte bekanntermaßen schon immer ein außerordentliches Interesse an UFOs.

Schon früher, in Fort Meade, hatte er zusammen mit Riley, Smith und Morehouse eine eigene Aufklärungsaktion ihrer persönlichen „X-Akten" durchgeführt. Er versorgte auch die von ihm als Monitor betreute RV-Einheit mit immer neuen diesbezüglichen Targets. Schließlich war er überzeugt davon, dass die Aliens überall auf diesem Planeten Stützpunkte unterhalten: in Bergen, Gewässern und abgelegenen Wüsten und korrespondierte stark mit den Aussagen des bekannten „Kontaktlers" Alex Collier. Diese Einschätzung wurde beispielsweise auch durch Aussagen von Ingo Swann genährt. Beispielsweise erzählte dieser, dass er 1984 von einer supergeheimen (*MJ 12*?) Truppe zu einem abgelegen See in Alaska gebracht wurde, wo er aus nächster Entfernung Zeuge eines täglichen (!) Aufstiegs eines Dreiecks-UFOs aus einem größeren See war.

Dames sammelte begeistert solche Aussagen und außerirdische Remote Viewing-Ergebnisse. Über Jahre hinweg ließ er seine Kollegen und Trainees systematisch diese Ziele als „Trainingstargets" bearbeiten. Nimmt es da Wunder, dass die „Jungs von der Einheit" sich eines Tages ganz furchtbar an ihm rächten?

Die Viewer Mel Riley, Paul Smith und Lyn Buchanan hatten sich 1987 mit dem Abteilungsleiter in Fort Meade, Bob Xenakis zusammengetan, um Ed Dames einen Streich zu spielen. Einen Streich unter Remote Viewern, wohlgemerkt, und natürlich mittels Remote Viewing.

Xenakis sagte Dames, da wäre ein neues, wichtiges Target. Daraufhin vergab dieser die schon damals üblichen Zufallskoordinaten und arbeitete sie als Monitor mit den drei Viewern ab. Die Ergebnisse waren sehr kongruent, es handelte sich zweifelsohne um ein Luftfahrzeug, das in den amerikanischen Luftraum eindrang und mit verschiedenen Kästen beladen war. Ein rot-weiß-gekleideter Pilot in einem offenen Sitz steuerte das Gefährt, das auf Kufen landen sollte. Voraussichtliches Datum der Luftraumverletzung: Ende des Jahres. Erwartete Richtung: Vom Nordpol her, vermutlich über kanadisches Gebiet einfliegend. Obwohl Mel Riley acht tierische Objekte vor dem Gefährt einzeichnete, schöpfte Dames keinen Verdacht, sondern behandelte die allzu abenteuerlichen Angaben als AOLs, die man eben nur herausschreiben musste.

Denn ansonsten war er davon überzeugt, dass er hier einem Terroranschlag auf die USA auf die Spur gekommen war. Er meinte, aus den Sessions ersehen zu können, dass zur Weihnachtszeit ein mit Atombomben beladenes Ultraleichtflugzeug nachts amerikanische Großstädte in Schutt und Asche legen würde. Bevor er zum roten Telefon der Remote Viewing-Einheit in Fort Meade eilen konnte, um das Pentagon zu informieren, konnte er gerade noch abgefangen werden. Mel Riley, der Initiator der Aktion, der sich von Dames' Targets am meisten genervt gefühlt hatte, erklärte den Spaß. Der Weihnachtsmann auf einem Schlitten, der von acht Rentieren gezogen wird, gehört eigentlich zur Grundvorstellungswelt eines jeden Amerikaners. Ed Dames lachte mit, gezwungenermaßen. Aber peinlich bleibt peinlich.

Diese berühmte Geschichte mit Santa Claus erscheint nachhinein wie der Grundstein des Zerwürfnisses unter den amerikanischen Remote Viewern, das beinahe jedes Buch, jedes Interview von ihnen durchdringt. (Auch wenn sie nachhinein sagen, es sei, weil Dames der Geheimhaltung unterliegende Informationen öffentlich ausgeplaudert habe. Aber das haben die anderen Viewer doch selbst auch getan?!)

Meine eigene erste Begegnung mit der Kombination UFOs und Remote Viewing war, wie ich bereits ganz am Anfang erwähnte, schon beim ersten Vortrag von Tom Tankiewicz damals 1996 in Hamburg. Die Erklärung, warum die russische Marssonde *Phobos 2* ihren Dienst aufgab, hatte er auch von Ed Dames. Auf dem UFO-Kongress 1995 in Dortmund berichtete Dames noch von anderen Targets, die mit UFOs verknüpft waren, und die er vermutlich auch für den Geheimdienst viewte. Ein paar Detailinformationen hörten sich wie aus mitgelieferten Targetbeschreibungen an. Dames führte aus, dass, seit Spionagesatelliten mit eingebauten Kameras um die Erde kreisen, diese uns Fotos von UFOs liefern, die in die Erdatmosphäre eintauchen oder daran vorbeischießen. Diese Objekte sind sehr schnell, weshalb man ihnen den Namen „Fast Walkers", Schnellläufer, verpasste. Nachdem man sich an diese immer wiederkehrenden Aufnahmen gewöhnt hatte, gab es plötzlich eine Änderung. Als man eine neue Satellitengeneration der „Deep Space Platforms" mit weiterentwickelten Kameras und elektronischen Schaltkreisen in die Erdumlaufbahn gebracht hatte, tauchten diese Fast Walkers nicht mehr auf den Bildern der älteren Satellitengeneration auf. Dames kommentierte dieses Phänomen mit den Worten: „Sie führen uns an der Nase herum."

Im April 1997 hatte ich noch sehr wenig von all diesen Vorgängen vernommen, lediglich die Informationen, die Ed Dames ausgestreut hatte, waren mir zu Ohren gekommen. Immerhin aber neugierig gemacht, drängte ich gegen Ende unseres Trainings Gunther dazu, meiner Frau auch mal ein unvorhergesehenes außerirdisches Target zu geben. Zum Beispiel „die Ringe des Saturn".

Ich erinnerte mich an einen Artikel in einer UFO-Zeitschrift, dass es ein NASA-Foto des Saturn gegeben haben soll, auf dem eine außerordentliche Anomalie abgebildet sein soll. Mal schau'n ...

Die Session begann wie jede andere Session. Aus den Stage-1- und Stage-2-Daten ist nicht immer sehr Aufschlussreiches zu entnehmen, aber immerhin meinte meine Frau am Ende von Stage 2: „AI-break: erdrückend!"

Die Stage 3 zeigte dann eine Ansammlung von vielen hellen, gelblich schimmernden Kleinteilen, und die Viewerin meinte dazu: „Ich kriege keine Luft mehr. Mein Kreislauf bleibt weg. Es ist nicht gut dort, also, es tut mir nicht gut."

Eine durchaus übliche Viewer-Reaktion im Vakuum, wie ich später erfuhr.

Bewegungsübung. „Vom Punkt A auf das Richtung des Zielgebiets gesehen, sollte etwas sichtbar sein." Der Punkt A war von Gunther als *fünfhundert Millionen Kilometer vom Zielgebiet entfernt* bezeichnet worden.

Ihr Ideogramm endete im Unendlichen. „Endlos lang", schrieb sie am Ende von Seite 5. Und am Ende von Seite 6 hatte sie sich auf etwas eingehakt, das sie mit „AI-break: Sehr gefährlich, Achtung!!" beschrieb.

„Es ist sehr groß. Lang und röhrenartig. Irgendwie gestreift, wie ein Leuchtturm. Und da ist etwas dran, so wie Fächer, blätterartig, so wie Antennen.

Es ist hohl. Im Innern ist Leben. Wie eine Landschaft, Pflanzen und so. Außen künstlich, innen natürlich. Und sehr, sehr groß. Drumherum sind andere Dinge. Ich habe ein AOL: Stonehenge. Es hat eine Wächterfunktion. Es ist außerirdisch. Ist das ein AOL? Bei außerirdisch muss ich sofort an die Santilli-Leiche denken."

„Schreib AOL hin." Gunther wollte sie aus ihrem Kreislauf herausholen. „AI-Break?"

„Bedrückend, extrem deprimierend."

„Weiter. Stage 6."

„Da sind diese Objekte, künstlich. Sie werden bewegt. Da ist

Lebendiges drin. Auch Pflanzen. Manche bewegen sich auf das große Objekt zu. Manches steht." Sie machte eine komplexe Zeichnung, wie ein Aufmarschgebiet. Ein großes, langes Objekt von mehreren kleinen umkreist.

„Es ist sehr groß, ausgedehnt, hoch. Und diese Objekte dienen der Bewachung. Es gibt ein Vorhaben, einen großen Plan sozusagen, irgend so was. Holt mich da raus. Es gefällt mir nicht."

Gunther tat ihr den Gefallen. Und wie nach jeder Session bekam meine Frau dann auch die Auflösung herübergereicht. Sie öffnete langsam den Umschlag. Dann starrte sie uns an, aber ich hatte den deutlichen Eindruck, dass sie uns überhaupt nicht sah. Sie hatte diesen komischen Blick drauf, den ich später noch oft sehen sollte. Bei ihr und bei anderen Remote Viewern. So an allem vorbei, irgendwohin ins Leere, aber so merkwürdig fixiert.

„Da ist etwas. Ich sehe es noch immer. Es ist riesig, und es ist hinter etwas anderem riesigem rundem versteckt. Einmal hat es übergestanden, sozusagen hervorgeschaut. Dann hat man es wieder zurückgezogen. Ja, das große Runde kann der Saturn sein. Aber dieses Objekt … es ist wirklich sehr groß."

Mehr als eineinhalb Jahre später erst fiel mir der AARV-Report in die Hände. Ich starrte auf das, was dort unter der Frage „Gibt es einen kalten Krieg im Weltraum?" zu lesen war.

„Wir sind in der Mitte eines Guerilla-Krieges von zwei Parteien. Es scheint, als seien wir so etwas wie ein Bauer in dem Spiel. Eine große Armada von riesigen Schiffen steht außerhalb des solaren Systems, so als warteten sie auf etwas oder jemanden." „Es sind zwei Parteien der gleichen Rasse, und die eine Partei fühlt sich verantwortlich für die Erde, während die andere sich hier holen möchte, was sie braucht. Es geht um das Überleben der einen Seite, aber die andere sagt, nein, die Erde gehört den Menschen, und sie sollen sich woanders holen, was sie brauchen."

Wir schickten meine Frau für eine ganze Weile nicht mehr in den Weltraum. Anscheinend machte ihr das Vakuum doch zu schaffen oder waren es die Bewohner dieser „Objekte"? Es heißt zwar immer, der Viewer sei nicht richtig im Zielgebiet anwesend und dekodiere nur Informationen, die er dort aufspürt, aber so einfach scheint es nicht zu sein. Das mussten wir auch im August 1997 erfahren, als wir uns auf den Mars begaben.

Natürlich waren schon viele vor uns dort. Der nächste und

erdähnlichste Planet ist ein besonderes Kapitel in der Geschichte des Remote Viewing und die Sache mit der *Phobos-2*-Sonde war nur eine kurze Episode daraus.

Schon Joe McMoneagle, von Robert Monroe dazu angeregt, beschäftigte sich vor Ed Dames mehrmals mit der berühmt-berüchtigten Cydonia-Region. Man könnte sagen, er war der erste Mensch auf dem Mars. Am 22. Mai 1984 besuchte er im Monroe Institut zum ersten Mal den roten Planeten und zwar, wie bei Remote Viewern üblich, ohne es zu wissen. In der ersten Session beschrieb er eine riesige, gelblich-bräunliche Art von Pyramide, dreimal so groß wie die ägyptische, und eine Szenerie wie nach einer ungeheuren geologischen Verwüstung.

Auf die Aufforderung, in der Zeit zurück, vor diese Verwüstung, zu gehen, offenbarte sich ihm eine blühende Welt. Er nahm große, schmale Gestalten wahr, die merkwürdig gekleidet schienen.

Das zweite Target beschrieb er als tiefen, langen Einschnitt wie ein Canyon, dessen Wände aussahen, als wäre sie behauen, viele Gänge eingemeißelt, fast wie ein riesiger Kaninchenbau. Die Gänge erwiesen sich als für Menschen sehr hoch und weit.

Danach beschrieb er einen Obelisken am Ende einer langen Straße und weitere künstliche Objekte, allesamt verfallen und sehr alt. Er nahm eine merkwürdige, kleine Sonne wahr, klare Atmosphäre mit guter Fernsicht und die vorherrschenden Farben gelb, rot, braun in allen Spielarten.

Seine Beschreibungen deckten sich haargenau mit den zugrunde liegenden *Viking*-Fotos der Mars-Oberfläche. Und sie gingen weiter, tiefer. McMoneagle stieg hinein in die Monumente und war schließlich überzeugt davon, Überbleibsel einer uralten Kultur erforscht zu haben.

Es ist nicht verwunderlich, dass die sich immer mehr anhäufenden Informationen über außerirdisches Leben durch Remote Viewer dazu führten, dass von höheren Orts her immer mehr Nachforschungen darüber in Gang gesetzt wurden, auf offizielle Anfragen hin genauso oder öfter auch inoffiziell, nach Dienstschluss oder nach Abschied von der Armee.

Man fand heraus, dass es Überlebende der großen Katastrophe auf dem Mars gegeben habe. Sie bilden eine der drei hauptsächlich auf der Erde anzutreffenden Aliens, große, schlanke Gestalten von großer Menschenähnlichkeit – oder sollte man vielleicht sagen, vom gleichen Grundbaumuster wie wir? Die zweite Gruppe stellen die *Greys* dar, die wohlbekannten kleinen Grauen, die von den Remote Viewern als von einem anderen Baumuster abstammend und mit einem merkwürdig künstlichen Aspekt beschrieben wurden. Sie seien nicht mit einem so egobezogenen Bewusstsein wie wir Menschen ausgestattet, eher vergleichbar mit den Denkstrukturen von Walen oder Delphinen. Die Greys sollen eine gewisse Rolle bei der Rettung der Marsianer gespielt haben.

Die dritte wichtige Gruppe, die auf der Erde zugegen ist, sind die Körperlosen, die sogenannten *Transzendentalen.* „Energiewesen“ könnte man sie auch nennen und festzustehen scheint, dass sie aus anderen Dimensionen und/oder Zeiten zu uns herüber kommen und diese Reiseart perfekt beherrschen. Aufgrund ihrer Erscheinungsweise könnte man sie mit der Bezeichnung „Engel“ belegen.

Die Marsianer würden nach dem Untergang ihres Planeten gern mit uns auf der Erde leben. Leider hat sich die Menschheit nicht so entwickelt, dass man sie gern um Asyl bitten würde. Genauer gesagt, es sieht so aus, als seien die Marsianer in höchstem Maße sauer auf die Erdmenschen, besonders wegen der Art und Weise, wie wir diesen schönen Planeten ruinieren, der sehr wohl Platz und Auskommen für alle hätte. Nun könnte man sich fragen, warum die Marsianer aufgrund ihres hohen technischen Standards nicht einfach die Erde übernehmen? „Das hätten sie schon viele Jahre lang tun können“, meinte Morehouse dazu, „Sie warten noch ab und hoffen, dass sich unser Bewusstsein entwickelt, dass wir freiwillig unseren Planeten mit ihnen teilen würden.“

So besuchen sie unseren Planeten zusammen mit den Greys zur Zeit eigentlich nur, um ihre Ressourcen aufzufüllen. Zu diesem Zweck unterhalten sie unterirdische Basen auf der Erde und auf dem Mond.

Als sich Anfang August 1997 zum ersten Mal deutsche Remote Viewer zu einem Treffen zusammenfanden, lag es natürlich nahe, neben den anderen Targets, die bearbeitet werden sollten, auch die Cydonia-Region untersuchen zu lassen. Schon aus formalen Gründen erschien es reizvoll, die amerikanischen Vorgaben selbst zu erkunden. Ein gesundes Misstrauen gegenüber all den Geschichten, die darüber die Runde machten, war schon angebracht. Und was macht man am besten als Remote Viewer? Richtig: selbst nachschauen.

In einem komplizierten Aufteilungsplan wurden schließlich vier Personen, zufälligerweise ausnahmslos Frauen, für die Bearbeitung dieses Targets bestimmt. Natürlich wusste keine der Viewerinnen, was sie da bearbeiten sollte, was auch für alle anderen Beteiligten zutraf. Die große Auflösung gab es dann am Abend des zweiten Tages beim Abschlussessen in einer Vorstadtpizzeria. Welch unprätentiöses Ambiente für dieses ungeheuerliche Vorkommnis, dachte ich damals.

Auf Video mitgeschnitten habe ich zwei der Mars-Sessions. Die Auswahl erfolgte mehr zufällig, orientiert an zu erwartenden Besonderheiten. Hier sollte in Stage sechs Knete eingesetzt werden, das fand ich interessant.

Leider wurde es nichts mit der Knete. Gunther hatte Künstlerknete besorgt, wohl in einem Anflug von historischer Ernsthaftigkeit. Kinderknete war ihm wohl zu profan. Die Künstlerknete aber widersetzte sich allen leichthändigen Formgebungsversuchen; mit andern Worten: das Zeug war viel zu hart.

Dennoch wurden diese beiden Sessions zu Erlebnissen, die ich durchaus für spektakulär und historisch halte. Und das Beste daran ist, dass sie auf Video dokumentiert sind.

Beginnen wir mit Karin. Wie auch alle anderen Viewer des Treffens war sie mir vorher völlig unbekannt. In einer Pause und während eines Video-Interviews hatte sie uns erzählt, dass sie vorher schon versucht hatte, PSI-Methoden anzuwenden, aber erst Remote Viewing erschien ihr befriedigend präzise. Was mich daraufhin natürlich wunderte, war, dass sie weiterhin ihre Channeling-Ergebnisse in Form von Rundbriefen verschickte. Deshalb war ich auch ein wenig skeptisch, als ich ihre Session verfolgte.

Es ist natürlich so, dass auch ausgebildete Remote Viewer noch ein wenig ergriffen sind von dem Unglaublichen, das sie da ständig produzieren, und deshalb kommt es zu Beginn einer Session immer zu diesen heiteren, bewusst locker-flockigen Konversationssplittern. Man teilt sich gegenseitig mit, dass man eigentlich schon, immer noch, etwas aufgeregt sei, dies aber nicht zugeben wolle.

„Mein Verstand arbeitet noch nicht, der schläft noch!“ eröffnete uns Karin kichernd, aber das ließ natürlich um 10.58 Uhr vormittags keiner gelten.

„Prima“, meinte ich dazu, „das ist doch die beste Voraussetzung für Remote Viewing.“

„Also, ich gebe dir jetzt die Koordinaten und verschwinde mal kurz. Du machst deine Stage eins, ich komme dann schon wieder.“ Auch von Tom als Monitor wurde die Nervosität des Anfangs heruntergespielt. Er hätte ja auch vorher auf die Toilette gehen können. Wenn er das alles für so unwichtig erachtete, dass er nicht immer dabei sein müsse, warum sollte man dann nervös sein? Allerdings saß noch Gudrun am Tisch, um zu assistieren.

Sie „übernahm" also, und es ging auch zügig durch die ersten Stages. Erstmal allerdings völlig lautlos. Ich wurde unruhig hinter meiner Kamera.

„Sprich bitte!" musste Gudrun Karin zu einer videotauglichen Performance ermahnen.

„Äh, ja, ich bin noch am reinfühlen …" Karin setzt sich immer etwas intensiver mit dem Kurvenverlauf des Ideogramms auseinander.

„Aufwärts, spitz, hoch, neben, fest, natürlich und B: Berg. Gebogen, weiträumig, groß, natürlich. Da sind auch Lebewesen."

„Stage 2."

„Grün, braun, orange, rot, dunkelblau, grau, weiß, schwarz. Glatt steinig, sandig, wellig, porös. Erdig, frisch, moderig, groß, weit, hoch, tief, unter."

„Innen/außen?"

„Außen."

„AI-wie findest du das?"

„Unangenehm."

Vakuum und andere Planeten scheinen tatsächlich nicht die Wahlheimat der Remote Viewer zu sein.

„Tom, mach mal weiter." Gudrun sprach Tom an, der gerade den Raum betrat.

Karin schaute völlig desorientiert um sich, sie war schon sichtbar mittendrin.

„Seite 1, Stage 3."

Karin malte daraufhin ein leicht abgerundetes Rechteck.

„Fühl' mal da drinnen rein. Ist es innen anders als außen?"

„Ja, es ist hohl." Später erklärte sie, es sei spitzwinklig.

„Geh noch mal in deine Zeichnung. Wo ist es spitzwinklig?"

Um es kurz zu machen, Karin malte also eine fünfseitige Pyramide. Die genaue Formulierung des Targets war: „Die D&M-Pyramide[2] in der Cydonia-Region auf dem Mars zum gegenwärtigen Zeitpunkt."

„Es ist braun. Und aus Stein."

Karin war sichtlich „on target".

„Tief. Hoch. Breit. Ausgedehnt. Ja, das wär's."

---

[2] D&M-Pyramide, Struktur aus dem berühmten Foto der Marssonde Viking von 1976, benannt nach den Entdeckern .....

„Hast du ein AI bezüglich des Targets?"
„Ja, irgendetwas großes, Gewaltiges."
„Schreib hin."
„Ein Gebäude. Alt. Verlassen. Aber da sind noch die Schwingungen von Lebewesen. Also, Ruinen krieg ich hier."
„Schreib hin. Welche Farbe hat das Target?"
„Rostbraun."
„Welche Oberfläche?"
„Steinig."
„Welches Material?"
„Stein."
„Künstlich oder natürlich?"
„Künstlich."
„Was ist das markanteste Merkmal des Targets? Maleinmal hier auf."
„Eine Mauer. Wie Sandstein. Da ist Eingemeißeltes."
Karins Schrift wurde sichtbar unleserlicher, ein sicheres Zeichen, dass ihr Wachbewusstsein an Vollbeschäftigung litt.
„Reliefs. Es wirkt alt."
„Okay Wir sind zweihundert Meter oberhalb des Targets. Wir schauen also von oben drauf. Kannst du mir ganz sorgfältig die Außenkanten des Targets zeichnen?"
Karin zeichnete wieder eine fünfseitige Pyramide, diesmal von oben.
„Mal einmal hier daneben ein Fußballfeld. Die Größe eines Fußballfeldes."
Karin zeichnete ein Rechteck, ungefähr so groß wie die Grundfläche der Pyramide.
Als nächstes zeichnete sie die Seitenansicht. Die Struktur wirkte zerfallen. Abgerundet.
„Menschen haben das nachgeformt."
„Kann man sich innen aufhalten?"
„Ja."
„Mal einmal hier daneben ein Auto hin."
Das Kästchen fiel sehr klein aus.
„Fühl mal dem Begriff ›Menschen‹ nach. Was sind das für Menschen?"
„Keine richtigen Menschen. Große Menschen. Drei Meter groß."
„ Nächste Seite. Wie sind die von der Körperstruktur her?"
„Soll ich's aufmalen?"
Karin legte eine genaue Doublette zur Zeichnung von Joe

McMoneagle hin. Großer Marsianer, daneben kleiner Erdmensch. Nur dass ihre Marsmenschen nackt waren, die Terraner aber züchtig bekleidet. Trotz meiner Anspannung hinter der Kamera musste ich grinsen.

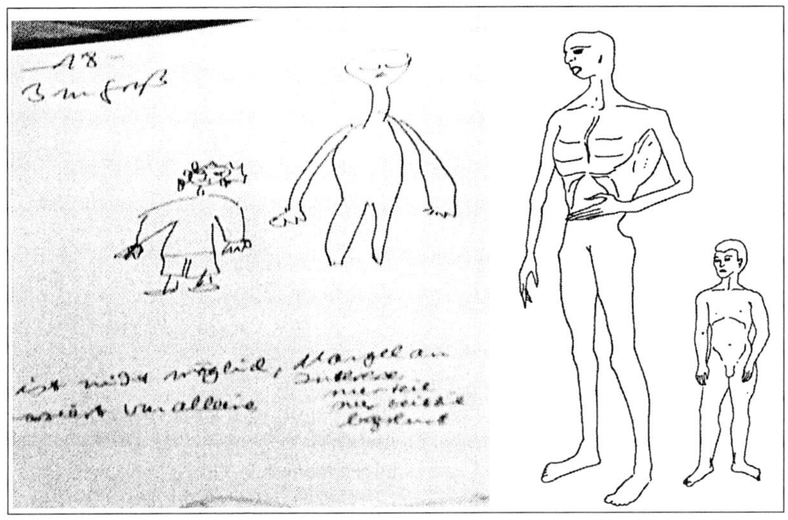

Wie sich die Bilder gleichen: Links Karins Marsmenschen, rechts die von Joe McMoneagle

„So, und jetzt den Stift hier unten aufs Papier. Ich habe noch vier Fragen." Die Session war mittlerweile schon eine dreiviertel Stunde lang und Tom wollte sie bald beenden.

„Ich möchte, dass du die Fragen mit ja oder nein ganz spontan beantwortest."

Karin schaute ihn desolat an, der berühmte Remote Viewer-Blick.

„Wird der Aspekt A0 gegeben sein?"

„Nein." Karin zuckte die Schultern.

„Wird der Aspekt A1 gegeben sein?"

„Ja."

„Wird der Aspekt A2 gegeben sein?"

„Ja." Karin schaute wie verwundert auf. Es war, als traute sie ihren eigenen Worten nicht. Für Außenstehende ein merkwürdiger Anblick.

„Geh noch mal mit dem Stift in A0 rein."

„Wo? Was?"

„Da, wo du das geschrieben hast. A0, A1, A2. Nimm A0. Warum wird A0 nicht gegeben sein?"

„Warum?“

„Ja einfach nur: warum?“

Karin staunte sich selbst an. „Ist nicht möglich“, gab sie konsterniert von sich.

„Schreib hin. Okay. Warum nicht?“

„Mangel an Interesse.“ Karin zuckte die Schultern.

„Wie kommt es dann, dass A1 möglich ist?“

„Das passiert irgendwie von alleine.“

„Von alleine, so, so. Hm. Wird A0 in vollem Umfang nicht gegeben sein?“

„Nur ein Teil. Und nur begrenzt … zeitlich.“

„Aha. Mal hier unten eine Zeitachse auf. Mitte Gegenwart. Und jetzt zeichne mal, wann wird A2 gegeben sein?“

Karins Stift flitzte nach rechts.

„Okay Geh mal wieder auf die Gegenwart. Wann war mein letzter Geburtstag.“

Krakel nach links, nur etwas halb so weit.

„Wann ist Weihnachten?“

Ähnlich weite Bewegung nach rechts.

„Gut, dann lass uns die Session beenden um 11.55 Uhr.“

Die nächste Viertelstunde schrieb Karin ihre Session-Zusammenfassung. Mich interessierte aber viel mehr, was sich hinter Ao bis A2 verbarg. Tom gewährte mir Einblick.

Ao = Wird die Sonde funktionieren?

A1 = Aufnahmen des *Global Surveyor* vom Target

A2 = Veröffentlichungen der Aufnahmen in der breiten Öffentlichkeit

Als ich dieses las, dachte ich, die Session wäre am Schluss komplett in die Hose gegangen. Dass die Sonde nicht funktionieren würde, schön und gut, das wäre ja möglich. Dass sie aber trotzdem Bilder machen würde, das war schon etwas widersinnig. Und dass diese dann ungefähr Mitte nächsten Jahres veröffentlicht werden würden, war auch Quatsch, denn die Sonde sollte laut NASA-Angaben alles noch im laufenden Jahr ableisten, und noch funktionierte sie prima und von mangelndem Interesse konnte ja wohl auch keine Rede sein. Schließlich sollte die Cydonia-Region aus der Nähe genauestens abgelichtet werden.

Das war der Stand Anfang August 1997. Wenige Wochen später sah alles schon ganz anders aus. Die NASA rückte Anfang November mit der Information heraus, dass es Schwierigkeiten mit der Steuerung der atmosphärischen Bremsung gäbe und man nicht die optimale Anflugposition erreicht habe. Deshalb müsse man bis zum März nächsten Jahres warten. Ich las morgens am Frühstückstisch die Nachricht aus der Tageszeitung laut vor, damit meine Frau auch etwas von meinem Aha-Erlebnis hatte. Karin begann, Recht zu behalten.

Was dann folgte, ist allen bekannt. Die Sonde funktionierte dann doch und funkte ihre Bilder zur Erde. Die NASA, beziehungsweise das damit betraute Unternehmen *Malin Space Science Systems* zögerte etwas, dann wurden die ersten Bilder veröffentlicht. Es handelte sich um Aufnahmen des sogenannten „Marsgesichts", das, wie wir wissen, nun nicht mehr wie ein solches aussah. Und dann schien sich plötzlich niemand mehr im offiziellen Bereich für die weiteren Bilder zu interessieren.

Was war mit den anderen Teilen der Cydonia-Region? Konnte man die nicht nochmal etwas anders überfliegen, denn da waren schließlich noch andere Strukturen. Die NASA winkte ab. Sie hätten da nun ihr Gesicht und einen weiteren Streifen, das müsse endlich genügen, man hätte schließlich Wichtigeres zu tun. Kein Interesse! Wie Karin vorausgesagt hatte. Ich war schockiert.

Die zweite Cydonia-Session, der ich beim ersten Remote Viewer Treffen beiwohnen durfte, endete ähnlich spektakulär, auch völlig unerwartet, aber ganz anders.

Wir erinnern uns, dass die Targetbeschreibung eindeutig den gegenwärtigen Zeitpunkt festlegte. Karin war zum einen offensichtlich völlig „on target", andererseits hatte sie auch mit dem Zeitpunkt kein Problem. Viewer dieser Kategorie sind recht gefahrlos zu monitoren, das ist zwar bequem, kann aber auch dazu verführen, bei der nächsten Session leichtfertig dasselbe anzunehmen. Ein gefährlicher Irrtum, wie sich bei Ute herausstellte. Ich schaltete die Kamera bei ihrer Mars-Session erst ein, als sie bereits in Stage 3 war. Wir wollten eigentlich nur ein Beispiel fürs Kneten aufzeichnen. Monitor war wiederum Tom.

„Wir sind in der Gegenwart, du musst die Zeit halten bei diesem Target. Wo war der Aspekt von sandig?"

Ute fuhr auf dem Blatt herum, bis sie sich dazu entschied, alles um ein aufgemaltes Fünfeck herum zu schraffieren.

„Wo ist die Idee von Rot?"

Ute schüttelte den Kopf. Es sah aus, als sei ihr irgendwie nicht gut.

„Fühl mal in die Sandflächen rein. Ist da rot?"

Ute wand sich unbehaglich. „Könnte sein. Ich weiß jetzt nicht, ob du mich überredest, oder ob …"

„Na gut, dann hat das keinen Zweck. Wo ist sonst noch rot?"

Ute malte ein Dreieck etwas oberhalb ihrer bisherigen Zeichnung.

„Wo ist das Target? Fühl mal herum. Was ist das Target."

„Das gehört dazu. Und das hier gehört auch dazu."

„Aha. Hm. Welche Farbe hat dieser Targetbereich da oben?"

„Hellbraun." Ute atmete tief ein. „Fühlt sich auch sandig an, aber fester."

„Okay, schreib hin."

„Eher wie Sandstein."

„AOL/S-Break: wie Sandstein." Ute schrieb Toms Worte nieder, legte den Stift zur Seite, lehnte sich zurück. Sie gähnte. Irgendwie sieht sie gar nicht gut aus, dachte ich plötzlich.

Ute aber machte sich, gezwungen lächelnd, wieder über ihr Papier her. Im Folgenden diskutierte sie mit Tom mehr oder weniger normal, wo überall die Aspekte von rot oder braun wären.

„Und da oben, was ist da?"

„Etwas Lebendiges."

„Fühl mal rein, ist dort auch etwas Lebendiges in unserer Zeit? Wir befinden in der Gegenwart."

„Ja, irgendwie schon."

„Irgendwie?"

Ute lehnte sich zurück, stützte den Kopf auf. „Ja, es lebt auf jeden Fall. Etwas Lebendiges." Sie lächelte etwas. Es sah aber seltsam ungemütlich aus.

„Denkt das?"

„Ja, denken tut' s schon."

„Komplex oder einfach?"

„Weiträumig." Ute lächelte, wie über einen guten Witz.

„Könntest du damit kommunizieren?"

„Es scheint verteilt zu sein. Es ist nicht so richtig eine Form. Ich frag mich dann aber, warum ich mehrere gemalt habe."

„Fühl mal hier rein. Was ist das für ein Aspekt?"

„Energie."

„Gut, dann lass uns mal in Stage 4 gehen."

Ute füllte das Protokoll aus. Ein paar Blätter weiter war sie wieder bei einem hausähnlichen Umriss und Sand, konnte sich aber nicht recht entscheiden, was zum Target gehörte und was nicht. Im Nachhinein kommt es mir jetzt wie eine erste, deutliche Vermeidungsreaktion vor.

„Fühl mal hier herein, ist das das Target?“

Ute zwinkerte heftig. „Ja.“

Sie wischte sich die Augen.

„Neues Blatt. Ich hatte gesagt, zweihundert Meter über dem Target. Versuch mal, mit dem Tracker die äußere Kontur des Targets zu erfassen.“

Sie versuchte es, quälte sich, hörte auf. „Ich bin nicht damit zufrieden.“

„Gut, neues Blatt. Noch einmal. Hat das Target irgendwelche markanten Strukturen oder Linien?“

Ute schloss die Augen. Begann wieder zu zeichnen. Schüttelte den Kopf. War unzufrieden.

„Gibt es da schräge Linien, kannst du die einzeichnen?“

Ute starrte verzweifelt auf das Papier. Dann griff sie sich an die Brust.

„Mein Herz klopft so stark.“ Sie versuchte, weiter zu zeichnen.

„Versuchs mal von der Seite zu zeichnen. Vielleicht hilft dir das. Oder nimm die Knete.“

Sie nahm die Knete probehalber in die Hand. „Nee. Geht nicht.“ Weiter auf dem Papier der Zeichenversuch. Immer wieder der Versuch, die Schrägen zu zeichnen.

„Mmh, ich hab so starkes Herzklopfen. AI-Break!“ Sie warf den Stift hin, lehnte sich zurück. Sie starrte vor sich hin.

„Geht es?“, fragte Tom. „Oder sollen wir aufhören?“

Ute schüttelte den Kopf. Sie seufzte. Atmete tief. Tränen traten ihr in die Augen. Sie starrte auf das Papier.

„Fühl mal ganz schnell rein. In welcher Zeit bist du?“ Ute atmete gequält ein, kämpfte gegen die Tränen.

„Vergangenheit!“ stieß Ute gepresst hervor. Plötzlich knallte es. Die Filmleuchte, die ihr am nächsten stand, blitzte auf und erlosch.

Mist!, dachte ich, ausgerechnet jetzt!

„Versuch, dich in der Zeit zu halten. Wir sind in der Gegenwart.“

Ute atmete gequält. Fast weinte sie los.

„Okay, dann lass uns die Session beenden. Ich gebe dir dann Feedback, damit du weißt, woran du bist.“

Und dann erzählte ihr Tom die Geschichte des Mars, aufgeschrieben von anderen Remote Viewern vor ihr. Sie beruhigte sich langsam.

Karin viewt die D&M-Pyramide der Cydonia-Region. Links ihr Knetversuch

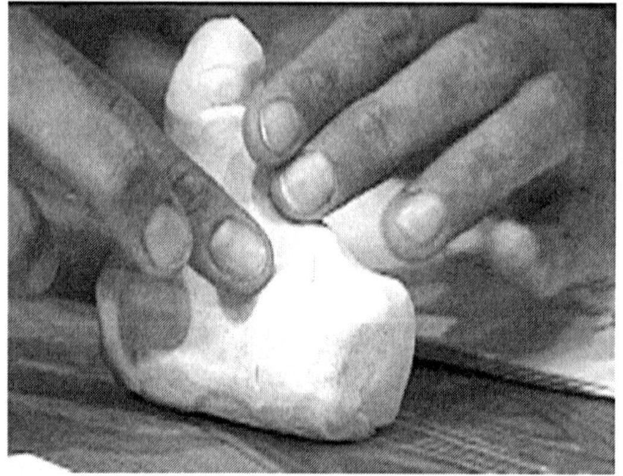

Auch Ute versucht sich mit der Knete. Die Masse ist aber zu hart

Karin viewt die Marsmenschen, genau wie Joe McMoneagle: drei Meter groß

Ute auf dem Mars. (Rechts im Bild eine Kamera des Autors)

Tom versucht, Ute in der Gegenwart zu halten. Vergeblich.

Ute rutscht in die Vergangenheit und ein Scheinwwerfer explodiert

Es muss so etwa 65 Millionen Jahre her sein, da war der Mars ein blühender Planet, ähnlich unserer Erde. Er wurde bewohnt von ungefähr 3 Meter großen, sehr menschenähnlichen Intelligenzen, die auch die Erde besuchten, sie aber nicht allzu wohnlich fanden. Zu heiß, unangenehme Tierwelt, zu viel Schwerkraft.

Dann geschah die Katastrophe. Ein Asteroid oder ein kleiner Mond passierte in sehr großer Nähe den Mars und traf die Erde. Auf der Erde gab dieser Einschlag den schon genetisch ziemlich degenerierten Dinosauriern den Todesstoß, dem Mars aber raubte er die Atmosphäre. Der Asteroid veränderte die Rotation des Mars, rief Stürme und Erdbeben hervor und in einer Kettenreaktion entwich die Gashülle in den Weltraum … Die Bewohner versuchten, sich in schnell gebaute Massenunterkünfte zu retten, unterirdisch oder in riesigen Bauwerken, aber die meisten von ihnen verloren ihr Leben.

In diese Zeitspanne des totalen Untergangs und Massensterbens rutschte Ute hinein; sie gehört zu den Menschen, die für Emotionen sehr anfällig sind. Kein Wunder, dass Tom sie nicht in der Gegenwart halten konnte. Die Ausstrahlung dieses ungeheuren emotionalen Ereignisses zog sie unwiderstehlich an.

In der Remote Viewing-Session war sie diesem Magnetismus hilflos ausgeliefert. In solcher Situation hilft nur schleunigste Flucht und Beendigung der Session.

Ein Freund, der sich viel mit spirituellen Techniken befasst hat, machte mich beim Betrachten der Videoaufzeichnung erregt auf die durchgebrannte Filmleuchte aufmerksam.

„Das ist ja toll. Dass das mal jemand aufgenommen hat! In solchen Momenten läuft nie eine Video-Kamera. Sie mal, hier, sie hat jetzt diese ganze psychische Anspannung. Sie sammelt, es steigt an, sie atmet ein … und nicht mehr aus und dann: peng! Hätte sie die Energien veratmet, wären sie auch abgebaut worden, aber so gibt es sozusagen einen Überschlag und da trifft es auch die am nächsten stehende Lampe, weil sich hier das Wendel auch in höchster energetischer Anspannung, eben weißglühend, befindet.“

So hatte ich den Vorgang noch gar nicht betrachtet, aber er leuchtete mir ein. Wie schön, wenn man etwas erklären kann. Das ist leider nicht so oft der Fall, wie man es sich wünschte, und bei all diesen merkwürdigen Erlebnissen ist es kein Wunder, wenn es ab und zu so scheint, dass Remote Viewer ein wenig durchdrehen.

David Morehouse beispielsweise war seit seiner Gehirnverletzung, die von einer militärischen Übung in Arabien herrührte, für seine Albträume und Schreckensvisionen bekannt. Die Beschäftigung mit Remote Viewing verstärkte diese Tendenz leider und man war damals noch nicht in der Lage, außer mit medikamentöser Ruhigstellung hier, entgegenzuwirken. Morehouse beschreibt in seinem Buch „Psychic Warrior“, wie es immer öfter zu merkwürdigen Wahrnehmungen im Alltag kam, je länger er der Einheit in Fort Meade angehörte. Eines Tages erblickte er, noch im Bett liegend, ein aufrechtgehendes, halbhohes Reptilienwesen, das ihn anstarrte und dann gemächlich ins Badezimmer ging. Als Morehouse hinterherrannte, war es verschwunden. Solche Vorfälle geben natürlich zu denken, mit oder ohne Gehirnverletzung.

Aber es müssen nicht unbedingt irritierende Visionen sein. Ed Dames selbst wurde auf andere Weise ein Opfer der Belastung, die man dadurch erfährt, dass man sich langfristig den Konsequenzen von Remote Viewing ausgesetzt sieht. Wenn einem ständig bewusst ist, alles erfahren zu können. Dames verlangte von seiner Frau, dass sie an seinen Erfahrungen teilhaben solle, sich letztlich mit ihm verändern sollte. Das empfand diese als erheblich zu viel verlangt und so wurde die Ehe geschieden. Sie hatte vorher schon sein Interesse für UFOs nicht teilen können und wollte ihm bezüglich der nächsten Spinnerei „Remote Viewing“ auch nicht folgen. Man fragt sich, ob sie es hatte tun können, denn Mitte der achtziger Jahre war die Methode wirklich „top secret“. David Morehouse beispielsweise beschreibt in seinem Buch wie sehr es ihm noch Anfang der neunziger Jahre verboten war, seine Frau einzuweihen, was auch bei ihm eine Entfremdung zur Folge hatte. Da muss man sich doch sehr wundern, dass Lyn Buchanan seine Frau zu einer der von General Stubblebine, dem derzeitigen Leiter des Projektes, veranstalteten „Löffelbiegerpartys“ mitnehmen **durfte.**

Was Löffelbiegerpartys waren? Sehr einfach. Genau was der Name sagt. Stubblebine wollte ja ganz allgemein die PSI-Fähigkeiten der Menschen entwickeln, weshalb er auch versuchte, alle Arten von irgendwie besonders „Begabten“ der Einheit in Fort Meade zuzuführen. Diese Partys scheinen so eine Art >>Talentbörse<< für Medien gewesen zu sein. Gen. John Alexander (der später zum HAARP-Projekt wechselte) berichtete im Film „Real X-Files“ von solchen Talenten, die tatsächlich auf dem Höhepunkt der Veranstaltung mit Gedankenkraft Löffel und Gabeln verbogen. Dafür soll es mehrere Dutzend hochqualifizierter Zeugen gegeben haben. Auch Buchanans Frau war solch eine „besonders Begabte“, was sie während einer dieser Partys auch bewies. Ihr gelang es sogar, die Löffelschale selbst zu verbiegen, was nach ihrer Aussage besonders schwer sein soll, „weil man gegen die Struktur der Form des Löffels selbst ankämpfen muss“. Sie jedenfalls verstand ihren Gatten und konnte ihn immer wieder auf den Boden der Zweisamkeit zurückholen, wenn er in Gefahr war, abzuheben.

Angesichts unserer Erlebnisse könnte ich nun behaupten, eine ähnliche Art von Frau geehelicht zu haben. Sicher aber hat es uns beiden geholfen, dass wir uns immer zum Thema austauschen konnten und die neuesten Ereignisse und Implikationen sofort zu diskutieren in der Lage waren. Und damit auch vieles wieder auf den Boden der „Realität“ herunterholten.

Aber irgendwie erwischt es einen doch immer, und mein diesbezügliches Erlebnis hatte fast die berühmten Umstände eines Entführungsphänomens. Sie glauben, jetzt drehe *ich* ab? Leider nicht. Leider überhaupt nicht. Ich wollte, es wäre so, wirklich.

Pfingsten 1997, kurz nach unserer TRV-Ausbildung, verschlug es uns aufgrund von Dreharbeiten in die unserem Wohnort an der Nordsee entgegengesetzte Ecke Deutschlands. In Obernzell hatte die Geomantische Schule „Hagia Chora“ zu einem Kongress über *Feng Shui* geladen und wir erhofften uns einige wichtige Interviews für unser laufendes Projekt, einen Film über den chinesischen Garten in Husum, der schon eingangs als Target hatte herhalten müssen.

Man ist immer wieder überrascht, welche abgelegenen Winkel Deutschland aufweisen kann. Obernzell liegt noch hinter Passau direkt an der Donau, dort, wo sie nach österreichischer Suggestion noch schön blau sein müsste, nämlich direkt an der Grenze. Früher war es als erster deutscher Ort hinter dem Gebirgseinschnitt, durch den die Donau geflossen kam, ein wichtiger Verkehrsknoten. Hier kamen auch die Kuriere des Kaisers oder Königs durch und stiegen im Hotel zu Post ab, in dem auch wir wohnten. Ein blühender Ort, eine Umschlagstelle für Waren, Nachrichten und Intrigen. Heute jedoch mehr als ruhig; wir wunderten uns sehr, wie viele Referenten und interessierte Besucher zu diesem abgelegenen Kongress gekommen waren. Dies und die entspannte Atmosphäre des Ortes bescherten uns aber eine über unsere Wünsche hinausgehende Ausbeute an gehaltvollen Interviews und hinterher konnte man noch im Biergarten klönen. Natürlich ging es nicht um UFOs oder verwandte Themen, das ist wirklich nicht die Szene dafür. Dafür aber trafen wir dort Marco Bischof, dessen Buch „Biophotonen" uns kurz zuvor in die Hände gefallen und begeistert hatte. Dieses Buch lieferte uns einige interessante Aufschlüsse über neuere Erkenntnisse von Reizleitung im menschlichen Körper, auch im Hinblick auf Remote Viewing.

Es waren interessante Gespräche, aber man ging doch recht frühzeitig zu Bett, also noch vor Mitternacht, denn die Tagung war noch nicht zu Ende und man wollte ja am nächsten Tag wieder fit sein. Ich hatte ein oder zwei Bier und einen Kaffee getrunken, war also weder angetrunken noch sonst wie unter Drogen. Auch das Zimmer, das wir bewohnten, machte auf uns keinen verdächtigen Eindruck. Gewiss, in diesem Haus sollte es spuken, ein vor langer Zeit hier ermordeter kaiserlicher Kurier sollte umgehen, aber davon sei ein ganz anderes Zimmer betroffen, in einem entfernten Teil des Hauses. Ich habe Spukgeschichten ohnehin immer misstraut und halte sie höchstens für Manifestationen von PSI-Aktivitäten pubertierender Mädchen. Was aber nun folgte, hatte mit Schrankwackeln und Stuhlumwerfen absolut nichts zu tun.

Meine Frau legte auch bald die Zeitschrift weg und ich schlief ebenfalls ein. Nach etwa zwei Stunden, auf jeden Fall nach der ominösen Geisterstunde, wachte ich auf und wusste, dass irgendetwas verkehrt war. Ich öffnete die Augen und sah es sofort. Es war auch nicht zu übersehen.

Alle Wände und die Zimmerdecke waren von einem komplizierten, geometrischen Muster bedeckt, das ständig in Bewegung war und sich auf mich zu bewegte. Im Vordergrund verschwindende Teile wurden im Hintergrund sofort von nachfolgenden Dreiecken, Vierecken, Vielecken, Kuben, Quadern, Rhomben und was die Geometrie sonst so bereithält, ersetzt.

Ich konnte meinen Kopf wenden, es war überall. Ich konnte in dem Phänomen herumschauen. Ich kniff mich in den Oberschenkel. Es tat weh. So ein Mist, ich war tatsächlich wach und das Zeug ging nicht weg.

Es war scharf, farbig aber nicht knallig bunt, eher etwas gedeckt. Deshalb dachte ich sofort an eine Art Projektion, ähnlich einer Filmvorführung. Vielleicht stand dort draußen ein Videobeam oder ein Laserprojektor. Irgendeine abstruse Show einer Discoveranstaltung. Ich sah zum Fenster. Fehlanzeige. Die Vorhänge waren zu und da drauf war „es“ auch. Außerdem hatte ich während meiner beruflichen Arbeit noch nie von so einer „Rundum“-Projektion gehört, sieht man mal von solchen Rummelplatzkinos ab. Ich hätte auch irgendwie den apparativen Aufwand bemerken müssen. Außerdem, wer sollte sich ausgerechnet für mich diese Mühe machen?

Mittlerweile stellte ich fest, dass es jedenfalls kein Tonfilm war. Die Donau gluckste vor sich hin und meine Frau schnarchte leise.

Da das Phänomen sich hartnäckig hielt, beschloss ich, es meiner Frau zu zeigen. Sah sie es nicht, hatte ich eben einen Knacks. Dann konnte man ja weitersehen. Ich rüttelte sie also. Keine Reaktion. Normalerweise hat sie einen leichten Schlaf, besonders seit der Geburt unserer Kinder. Ich rüttelte nochmal. Sie schlief wie tot. Irgendwann gab ich es auf und hockt mich im Bett hin. Das Phänomen ging munter weiter. Augen schließen lohnte auch nicht. Es kam zwar nicht mehr viel durch die Lider hindurch, aber sozusagen den Kopf in den Sand stecken, war ja auch keine Lösung. Bei alledem, muss ich sagen, empfand ich keinerlei Angst. Eher Ärger. Ich war sauer, dass dieser Mist mir passieren musste.

Was macht man in solch einer Situation? Also ich ging erstmal pinkeln.

Das Bad war gegenüber, die Tür geschlossen hinter dem Film, der sich darauf abspielte. Okay, hingegangen, an diesem Zeug vorbei, aufgemacht, Licht an, aah, weg waren die Effekte. Jedenfalls im Badezimmer. Beim Pinkeln schaute ich ins Schlafzimmer hinaus. Allerdings war der Kontrast zwischen hellerleuchtetem Bad und dunklem Schlafzimmer so groß, dass ich eigentlich nichts Besonderes sah und Hoffnung schöpfte. Also gut, Licht wieder aus, durch die Tür, kurze Akkommodation der Augen … Mist, Mist, Mist! Das Zeug war noch immer da. Was tun? Ich hatte den klaren Eindruck, als könnte ich dieser Sache nicht entkommen. Also stieg ich wieder ins Bett. Ich überlegte immer noch, mit was ich es hier zu tun haben könnte. Irgendwie erinnerte der Effekt mich an eine Datenflut, an eine Informationsübertragung. Wenn ich in einem Film eine Speicherübertragung in einem Computer bildlich darstellen müsste, so etwa könnte es aussehen. Leider konnte ich mit diesen Informationen da nichts anfangen, wenn es so etwas war, das Zeug blieb mir unverständlich.

Meine Frau schlief weiterhin unweckbar. Na gut, dachte ich, füge ich mich also ins Unvermeidliche, schau ich mir‘s bis zu Ende an. Und genau das tat ich auch und irgendwann bin ich auch wieder eingeschlafen.

Am nächsten Morgen sah strahlend die Sonne ins Zimmer. Ich schaute mich misstrauisch um. Alles schien normal. Meine Frau erwachte auch. Ich erzählte ihr von meiner merkwürdigen Nacht. Und warum, verdammt noch mal, sie nicht aufgewacht sei.

„Ja, ich erinnere mich. Ich schlief und du wolltest mich wecken. Ich habe das total deutlich mitgekriegt. Aber ich kam nicht hoch, ich habe es versucht, ich wurde nicht wach.“

„Also hast du nicht geschlafen!“

„Doch. Ich habe bemerkt, dass ich schlafe. Ich habe mitgekriegt, dass du mich wecken wolltest. Ich kam nicht raus. Ich konnte meine Augen nicht öffnen, den Kopf nicht heben, ich war wie gelähmt.“

Na prima, dachte ich. Ein Entführungssyndrom. Bloß ohne Entführung. Oder was soll man davon halten?

Das "Spukhotel" ZUR POST in Obernzell. Über dem Schild unser Zimmerfenster

Der Tag verlief auch wieder völlig normal. Ich schloss messerscharf, dass da zwar etwas gewesen war, mich aber völlig intakt hinterlassen hatte. Also kein Grund zur Aufregung. Später habe ich auch keine solchen Halluzinationen oder was immer es war, gehabt. Nicht wie Morehouse, dessen Buch ich später las, der eben anfing, kleine grüne Reptilien vor seinem Bett stehen zu sehen. So ist das also. Remote Viewer knallen durch, oder? Zum Glück gab mir Günter Haffelder über ein Jahr später eine akzeptable Erklärung für das mysteriöse Erlebnis.

„Das war eine plötzliche Fehlfunktion deiner Wahrnehmung. Du hast in eine Parallelwelt geschaut, was dein Unterbewusstsein zwar kann, aber normalerweise für dein Wachbewusstsein verhindert wird. Wahrscheinlich bist du durch dein Remote Viewing-Training dafür geöffnet worden. Es kam sozusagen zu einem kurzzeitigen Programmkonflikt." Hört sich an, als wäre ich auch nur ein Computer, dachte ich. Na, wenigstens passiert mir das nicht öfter. Jedenfalls nicht zu oft.

Denn da ich dies hier schreibe, tue ich es bereits ein zweites Mal. Gestern Abend habe ich diesen Bericht schon einmal komplett in den Laptop getippt. Als ich fertig war und alles ausschalten wollte, verschwand der Text plötzlich vom Display.

Ich bin nicht ganz doof. Ich bin auch nicht weggetreten. Zwischendurch speichere ich ab. Windows ist zwar ein nondestruktives System, aber ich trau diesen Computern prinzipiell nicht über den Weg. Deshalb speichert man immer zwischendurch ab.

Aber der Text war weg. Komplett. Einfach so. Unauffindbar. Mal sehen, ob er es bis zu Ihnen ins Buch schafft.

Und mal sehen, ob das wieder der Auftakt zu einer anderen Serie merkwürdiger Erlebnisse ist. Doch davon mehr in den nächsten Kapiteln.

Zu den damaligen Geschehnissen ist nur noch eins nachzutragen. Der Kongress war noch nicht ganz zu Ende, da drängte es uns, aufzubrechen. Es gab eigentlich keinen Anlass; die Kinder waren zuhause wohl versorgt und die Sonne lachte vom Himmel. Wir hätten gut noch ein paar Stunden Entspannung 'ranhängen können. Stattdessen machten wir uns umgehend auf den Weg und ich fuhr noch über siebenhundert der anstehenden elfhundert Kilometer, bevor wir uns in unserem Wohnmobil etwas zur Ruhe legten.

Als wir zuhause ankamen, war man sehr erstaunt. Man hatte nicht damit gerechnet, uns schon zu sehen. Wegen eines schweren Unwetters unweit hinter unserem letzten Rastplatz war die Autobahn A7 für einige Stunden gesperrt worden. Da fängt man doch an, sich bedeutungsvoll anzuschauen, nicht wahr? Aber warten Sie, es kommt noch besser.

Wenn die Intuition einmal angeregt ist, tendiert sie zur fröhlichen Weiterentwicklung. Es kommt immer öfter vor, dass man plötzlich über bestimmte Informationen verfügt, ohne sagen zu können, woher sie so unvermittelt kamen. Man weiß es einfach. Und man gewöhnt sich dran. Es ist ja nichts Übernatürliches. Es steckt in jedem

Menschen drin. Na gut, vielleicht nicht in jedem, aber nach meiner Erfahrung ist ein gänzlich unintuitiver Mensch eine riesengroße Ausnahme.

Die Gnade der Gewöhnlichkeit

8. Kapitel

Ausgehend von unseren eigenen Erlebnissen begann ich mich im Spätsommer 1997 verstärkt dafür zu interessieren, wie schwierig oder vielleicht sogar einfach es sein möge, Remote Viewing mit jedem beliebigen Menschen durchzuführen. Wenn es so gut bei meiner Frau und mir geklappte hatte, (und wir halten uns immer noch für nichts Besonderes), was war dann mit dem Rest der Menschheit?

Was heißt beispielsweise Begabung?

Die Testserien im Gehirnforschungslabor von Günther Haffelder hatten uns vermittelt, dass es eigentlich nur auf den Einsatz einer be stimmten Technik ankam. War es nebensächlich, wen man mit dieser Methode arbeiten ließ?

Ich beschloss, die Erkundung dieses Phänomens selbst in die Hand zu nehmen. Also schaute ich mich nach geeigneten Opfern um. In unserer Videoproduktionsfirma nehmen wir gelegentlich auch Praktikanten auf. Zum Herbstbeginn 97 war es rein zufällig eine junge Frau namens Barbara, die mich auf einem Filmseminar, das ich Anfang des Jahres in Osnabrück abgehalten hatte, angesprochen hatte. Ich überredete sie zu einem Test. Am 30. September machte ich ein paar Vorübungen mit ihr und ließ sie dann eine etwas vereinfachte Version des Coordinate-Remote-Viewing-Protokolls abarbeiten.

Target war die Postkarte des deutschen Segelschulschiffs „Gorch Fock", die ich zuvor, wie üblich, in einen undurchsichtigen Umschlag versenkte.

Das Ergebnis war mehr als erstaunlich. Sie zeichnete einen hellen, bootsähnlichen Körper, in dem mehrere Stangen steckten, von denen einige auch noch quer angebracht waren. Zusätzlich erklärte sie noch das Vorhandensein von Metalldrähten und den natürlichen Energie-Antriebsaspekt. Die Perspektive, die sie bereits in Stage drei aufzeichnete, glich der auf der Postkarte so sehr, dass ich schon erschrocken den Test abbrechen wollte. Sie aber fuhr fort mit ihrer Beschreibung.

Jetzt erläuterte sie mir die Umgebung. Offenbar stand sie wie der damalige Fotograf auf einer Barkasse, umgeben von anderen Schaulustigen, kreischenden Kindern und dem Geräusch des Schiffsmotors. Ich war baff und sie auch, als sie das Bild aus dem Umschlag zog.

Natürlich hatte sie keine Ahnung, was sie da beschrieben hatte, aber

Reihenversuche im Gehirnlabor. Alle Versuchspersonen zeigten dasselbe charakteristische EEG-Grundmuster

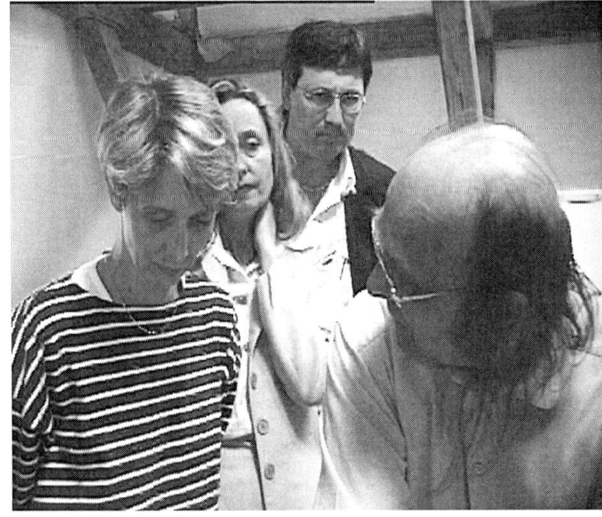

Die Klarheit der Ergebnisse schockiert auch die Viewer selbst

alle Angaben waren zutreffend. Hundertprozentig richtig, könnte man jetzt sagen, eine verstörende Aussage, mit der sich auch Ed Dames schon eine Menge Unglauben und Ärger eingehandelt hatte. Diese Erfahrungen schienen fortan alle meine Aktivitäten im Umgang mit dieser PSI-Methode zu begleiten, aber ich wusste ja schon, da war ich nicht allein.

Remote Viewing scheint seit seinem Auftauchen für die konservative Wissenschaft ein hochexplosives Delikt zu sein und die Lager zu spalten. Alteingesessene PSI-Forscher betrachten die Berichte aus USA über die Treffersicherheit und den Detailreichtum der bekannt gewordenen Sessions mit Grausen. Dr. Elmar Gruber, selbst Forscher und Autor, schreibt in seinem Buch „Die PSI-Protokolle", in dem er auch auf Remote Viewing eingeht: „***die Skeptiker hielten es für angebracht, die Augen vor allzu schlagenden Beweisen zu verschließen.***"

Dieser Vorgang macht auch vor Dr. Gruber selbst nicht halt. Sein Verhältnis zu dieser neuen PSI-Methode erweist sich als ein sehr ambivalentes. In seinen jahrelangen Studien hatte er immer auf den Standpunkt hingewiesen, PSI-Forschung sei die „vorurteilsfreie Erkundung von anomalen mentalen Phänomenen mit den herkömmlichen Methoden der Wissenschaft". Nun erwies sich das Phänomen als weder anomal noch nur wenigen „auserwählten" Menschen vorbehalten. Jetzt wurde es schwer, vorurteilsfrei weiter zu erkunden.

Einerseits führt Dr. Gruber in seinem Buch mit Begeisterung alle in den Publikationen der amerikanischen Remote Viewer dargestellten „Erfolge" auf und will damit beweisen, dass sein Studiengebiet PSI durchaus etwas Neues zu bieten hat. Andererseits bestreitet er harsch den Umstand, dass Remote Viewing von jedermann gelernt werden kann.

Hier muss man auch etwas genauer differenzieren. So, wie es sich mir dargestellt hat, kann Remote Viewing tatsächlich nicht gelernt werden, es wird nur **trainiert**. Was gelernt werden muss, ist das zu verwendende Protokoll und der Umgang damit. Ansonsten scheint Remote Viewing die Ausübung einer natürlichen menschlichen wie auch tierischen PSI-Fähigkeit zu sein. Was aber wiederum bedeutet, dass diese Gabe nicht *anomal* ist.

Die auch von McMoneagle gern genannte Untersuchung des SRI, wonach ca. 1% der Menschheit besonders „begabt" ist, wird aber auch von Gruber zitiert. Er kommt folglich zu dem Schluss, dass 1% nicht etwa ein vernachlässigbar kleiner Teil der Menschheit sei, sondern, wenn man die Population Chinas betrachtet, hier schon die stattliche Summe von mehr als zehn Millionen außergewöhnlich PSI-Begabter erhält. Nimmt man die gesamte Weltbevölkerung so bleibt immerhin fast die Einwohnerzahl der Bundesrepublik Deutschland übrig. Man stelle sich das vor: 60-80 Millionen PSI-Agenten!

Nun geht die PSI-Studie des SRI aber noch einen Schritt weiter, der eigentlich noch interessanter aber genauso gern am liebsten unterdrückt wird. Kurz gesagt, sie beschreibt den Umstand, dass es sich bei diesem einen Prozent nicht um eine abgegrenzte, isolierte Menschengruppe handelt, sondern eine willkürliche Einteilung in fließenden Übergängen. Man könnte das Ergebnis der Studie aber auch so zitieren: 50% Prozent aller Menschen können halb so gute Ergebnisse bringen wie die „Begabtesten“ unter uns. Und das ist, wenn eine protokollarische Technik wie Remote Viewing im Spiel ist, meistens besser, weil exakter, als ein natürliches Medium ohne technische Stütze.

Das ist natürlich eine umwälzende Erkenntnis und das plötzliche Auftauchen der fertigen Methode geht den PSI-Forschern viel zu schnell. So ist auch zu verstehen, wenn Dr.Gruber die Anbieter von Remote-Viewing-Trainings für unseriös einstuft. Schlitzohrig, aber platt macht er diese Kritik an dem Preis einer solchen Ausbildung fest, wohl wissend, dass Schulungsseminare der Wirtschaft nicht nur für Spitzenmanager und Großverdiener ganz andere Größenordnungen erreichen. Das Ergebnis dieser RV-Ausbildungen spricht aber für sich. Nach meinen Erkenntnissen gab es bisher keinen, der Remote Viewing nicht praktizieren konnte. Diejenigen, die es nicht besonders gut konnten, waren ein sehr kleiner Prozentsatz. Womit wir wieder bei der Statistik des SRI wären, die sich auch in meiner Erfahrung niederschlug.

Deshalb ist die weitere Entwicklung auf dem Sektor PSI-Methoden auch leicht absehbar. Die jetzt plötzlich im Regen stehen gelassenen „alten“ PSI-Forscher werden **Remote Viewing für sich neu erfinden**, um es dann als eine wissenschaftliche Methode zu präsentieren, die selbstverständlich auch von vielen Menschen angewandt werden kann, denn Geschäft ist auch hier Geschäft, das darf man nicht vergessen. Ansätze dazu zeigt Dr. Elmar Gruber in seinen „PSI-Protokollen“ schon ganz eindeutig. Er beschreibt die Experimente des klinischen Psychologen James Carpenter. Dieser verwendet Codierungspraktiken wie es die Digitalisierung mit 0 und 1 macht und benutzt diese im Zusammenhang mit dem Morsealphabet. Dabei stellte er fest, dass sich bei geeigneter Auswahl der Probanden eine „Übertragungsqualität" von PSI-Informationen von bis zu hundert Prozent erreichen lässt.

Genau diese Aussage hatte Dr. Gruber aber einige Seiten vorher Ed Dames als „Unsinn" vorgeworfen. Auf Carpenter jedoch setzt er große Hoffnungen: „*Möglicherweise kann man aus einer Mischung des Carpenter-Ansatzes mit RV nach der Konsens-Technik eine Vorgangsweise entwickeln, die in abgegrenzten Bereichen die Anwendung von anomaler Kognition praktikabel macht.*"

Jeder, der sich ein bisschen in dieses Thema eingelesen hat, weiß, wo das hinführt: zu einer Art Remote-Viewing Methode wie sie als TRV oder vergleichsweisen Spielarten bereits existieren und gelehrt werden. Gerade die Aspekte über kognitives Rauschen sind Bestandteile der praktischen Anwendung von TRV: dass das Zusammenfassen der Daten mehrerer guter Viewer das Endergebnis optimiert, ist längst der Alltag dieser Methode und genau darauf basieren die ungewöhnlich hohen Erfolgsversprechen mancher Remote Viewing-Dienstleistungsfirmen. Und eine „wissenschaftliche" Methode ist jeder Ableger des ursprünglichen Coordinate Remote Viewing ohnehin schon.

Wie man also sieht, war die PSI-Forschung weltweit vom Erscheinen des Remote Viewing überrumpelt. Die Informationspolitik des CIA, die bereits 1973 mit jener Pressekonferenz begann, als man erklärte, man habe keine PSI-Erfolge vorzuweisen, hat Früchte getragen. Analog zu den „grünen Männchen" im Bereich UFOs versah man das Thema außersinnliche Wahrnehmung mit dem „Kicher-Effekt". Wer sich ernsthaft dazu äußerte, machte sich lächerlich. Insgeheim aber arbeitete man daran, einfachen, abkommandierten GIs die PSI-Spionage beizubringen. Wie gut das tatsächlich funktionierte, lässt sich nur erahnen, denn die meisten Akten aus dieser Zeit sind immer noch geheim und alle beteiligten Viewer verweisen (auch mir gegenüber persönlich) auf ihre Schweigepflicht.

Sicher ist jedoch, dass mindestens einige der Führungspersönlichkeiten des Army-Projektes in Fort Meade in Remote Viewing ausgebildet worden sind. Namentlich dazu bekannt haben sich, natürlich **nach** ihrem Ausscheiden aus dem Dienst General Thompson, General Stubblebine und Dale Graff.

General Thompson war Ende der siebziger Jahre Chef des Systems-Exploration-Teams in Fort Meade und wollte selbst herausfinden, was es mit diesem Remote Viewing auf sich hatte. Er ließ sich von Mel Riley in die Technik einführen und schickte Major Stone, einen seiner Stabsoffiziere, nach „draußen“, zu einem Ort, den Thompson beschreiben sollte. Der Test ging zunächst recht unbefriedigend aus, weil Thompson ein großes, klotziges Gebäude beschrieb und einen Teich in der Nähe. Major Stone war aber am Alexandria Bahnhof gewesen. Später stellte sich heraus, dass Thompsons Unterbewusstsein sich auf den Masonic-Freimaurertempel in der Nähe konzentriert hatte, der mit seiner Größe die Skyline dominierte und auch einen Teich besaß. Als Thompson einige Wochen später das Gelände überflog, war seinen Angaben nach wie ein Déjà-Vu-Erlebnis. Er erkannte, dass er in den interessantesten Aspekt der Gegend „gerutscht“ war, und das war der Tempel, der gegenüber dem im Kolonialstil errichteten alten Bahnhof viel eher die Aufmerksamkeit einfing.

Auch General Stubblebine, Leiter der Einheit in den achtziger Jahren und Mitglied des Vorstandes von PSI TECH Anfang der neunziger Jahre, betrieb selbst Remote Viewing. In seiner Rede vom 22. Mai 1992 auf einem Symposium der International Association for New Science, Denver, beschrieb er sich selbst als nicht medial veranlagten, nicht RV-trainierten Normalbürger. Dennoch habe er erfolgreich in einem PSI-TECH-Projekt mitgewirkt, das die Situation in und um den Irak vor dem (ersten) Golfkrieg ergründen sollte, und er beschreibt sein Erstaunen, als er klar einen riesigen Flächenbrand in Kuwait visualisierte. Das Prekäre der folgenden Analyse war, dass man aufgrund der Daten auf einen Waldbrand schloss, was in Kuwait natürlich nicht möglich ist. Deshalb legte man diese Session auch erst einmal ungläubig zur Seite. Zum Erstaunen aller, gab es dann diesen „Waldbrand“, nur waren es nicht hoch aufragende Stämme, die brannten, sondern Ölfontänen.

Stubblebine ebenso wie auch der spätere Leiter des Projekts *Stargate*, Dale Graff, heben hervor, dass das wichtigste Resultat ihrer Arbeit die Erkenntnis war, dass jeder Mensch parapsychologische Fähigkeiten habe und sie durch bestimmte Programme entwickeln könne. Graff nahm daran selbst teil und gibt dazu sogar eine fast fünfzigseitige Anleitung in seinem Buch „Tracks in the Psychic Wilderness“.

Auch andere Privatpersonen, die nicht im Dienste der Armee standen und zunächst aus eigenem Antrieb den Mund hielten, wurden noch während der Laufzeit von *Projekt Stargate* in Remote-Viewing ausgebildet, manche sogar noch früher.

Wir finden hier also eine illustre Gesellschaft von „Unbegabten“, die Remote Viewing „konnten“, obwohl dies nach immer noch bestehenden Aussagen der PSI-Forscher eigentlich nicht sein dürfte. Ihre Einstufungen der Richtigkeit der gewonnenen Informationen liegen bei fünfundachtzig bis fünfundneunzig Prozent.

Spätestens Ende der achtziger Jahre musste jedem Beteiligten klar sein, dass man hier eine Methode entwickelt hatte, mit der man (fast) jeden Menschen zum PSI-Spion ausbilden konnte. Es ist nach dem Studium der bisher veröffentlichten Aussagen der damals Beteiligten nicht klar, ob die erstaunlichen Erfolge durch die Erkenntnisse der Gehirnforschung so hinreichend erklärt waren, dass man die Konsequenzen hätte ziehen können, die sich schon 1996/97 den deutschen Remote Viewern anboten. Ich persönlich kam zu dem Schluss, dass man nur vermutete. Alle Bücher von „Ehemaligen“ drücken sich in ihren wissenschaftlichen Hintergrundbetrachtungen, gelinde gesagt, sehr unscharf aus. Nun muss ich zugeben, dass auch ich anfangs ziemlich im Ungewissen schwamm, genau bis zu dem Moment, bis ich den ersten Blick auf Günther Haffelders Fast Fourier Darstellung der Tätigkeit beider Gehirnhälften werfen durfte. Danach rollte die Lawine talabwärts, sozusagen.

Während der Produktion des dritten Videos über Remote Viewing, „Erkenntnisse aus dem Unsichtbaren“, kam ich auf den Gedanken,

Der Autor im Studio während der Produktion des Films "Erkenntnisse aus dem Unsichtbaren"

dass dies alles, wenn es sich wirklich so verhalten sollte, auch vor laufender Kamera dargestellt werden konnte. Wenn es nicht klappte, musste man diese Aufnahmen nicht in das Video nehmen, sagte ich mir im Stillen. Würde ja keiner erfahren, wenn ich mich geirrt hatte …

Aber, wie sollte es auch anders sein bei diesem verflixten Remote Viewing, natürlich klappte es, und zwar so gut, dass uns wieder mal ein kalter Schauder über den Rücken lief. Aber der Reihe nach.

Für diese Darstellung suchte ich also zunächst wieder nach einem Opfer. Zwar haben wir einen großen Bekanntenkreis, doch der ist über die ganze Welt verstreut; leider wohnt aber keiner in unserer Nähe, so dass niemand kurzfristig hinzugezogen werden konnte, schon gar nicht für diese Produktion. Der Kreis der in Frage kommenden war denkbar klein. Unseren näheren und weiteren Nachbarn wollte ich mich nicht unbedingt als Spinner offenbaren. Meine Schwiegereltern lehnten dankend ab. Da fiel mein Blick auf unsere Sekretärin. Prima, jemand der in Lohn und Brot stand und sich deshalb nicht wehren konnte. Drehzeit natürlich während ihrer Arbeitszeit, logisch. Irgendwie tat sie mir ja leid, aber Martina ist eine freundliche, heitere Person trotz ihres auch nicht einfachen Lebens, und half mir lachend, meine Skrupel zu überwinden. Und ein wenig interessierte es sie schließlich auch …

Am 8. Dezember 1997 stellte ich morgens zwei Kameras um einen Tisch mit zwei Stühlen, die typische Remote-Viewing-Möblierung. Licht an, Kameras an. Martina blickte mir aufmerksam entgegen; sie nahm die Sache ernst. Eine gute Basis. Jeder der mir bekannten Remote Viewer machte die Erfahrung, dass PSI dann am wenigsten funktioniert, wenn es von Zweifeln und Skeptizismus begleitet wird. Deshalb war die „Aufwärmphase“ in Fort Meade immer angefüllt mit Gesprächen, in denen man sich gegenseitig versicherte, dass man an die Existenz von PSI glaubte.

Diese Einstellung wollte ich nun weiter bei meiner Versuchsperson verfestigen. Hier spielte die Liste der Archetypen eine gelungene Doppelrolle. Einerseits wurde durch sinnvolle Beschäftigung diese positive Einstellung verstärkt, andererseits haben die Archetypen selbst eine auslösende Funktion.

An dieser Stelle leisten wir uns einen kleinen, aber wichtigen Exkurs und beantworten zunächst die immer wieder gestellte Frage: Was sind Archetypen im Remote Viewing?

Als Archetypen betrachtet man jene kleinsten Teile eines Ideogramms, denen man gefühlsmäßig eine klare Bedeutung zuordnen kann und die sozusagen als Symbol für diesen Inhalt stehen können. In

Deutschland haben wir uns für die Anwendung des Technical Remote Viewing auf folgende Archetypen geeinigt:

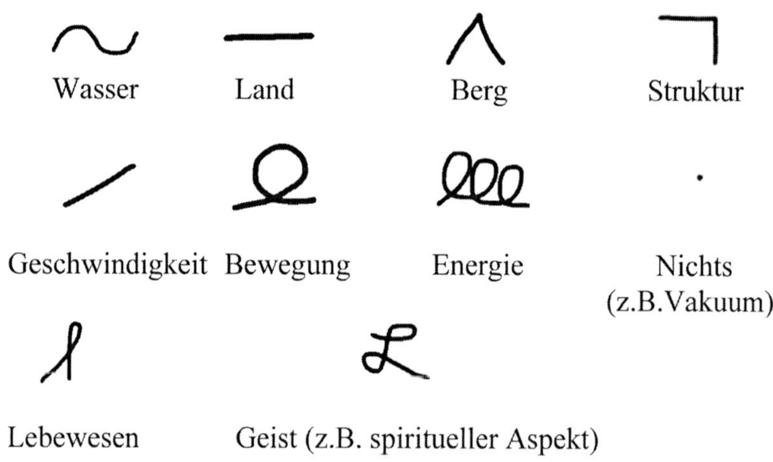

Mit dem Einüben der Archetypen wird dem Unterbewusstsein gewissermaßen mitgeteilt: ja, wir wissen von deiner Existenz und akzeptieren sie. Hier schaffen wir einen Einstieg für dich, hervorzutreten und sich auszudrücken.

Die Archetypen können als Bestandteile der Ideogramme angesehen werden und haben nach meiner Einschätzung eine wichtige auslösende Bedeutung für den Beginn der Session. Der eigentliche Anfang einer Remote-Viewing-Session ist die Bekanntgabe der Koordinaten, also die Aufgabenstellung, und die darauf folgende unwillkürliche Kontraktion der Arm-und Handmuskeln, die schon René Warcollier entdeckte. Die oft zitierte Anfangshemmung, ein Ideogramm zu Papier zu bringen, kann durch vorheriges Lernen von Archetypen auf ein unbedeutendes Minimum reduziert werden.

Trotz dieser wichtigen Funktionen oder vielleicht gerade deswegen werden die Archetypen **inhaltlich** oft überwertet. Die Einschätzung, nur mit einer bestimmten Zuordnung von Bedeutungen könne man eine Remote-Viewing-Session ordnungsgemäß durchführen, hält der Praxis nicht stand. Man kann durch eine Standardisierung verschiedene Sessions vergleichbarer machen, im Einzelfall jedoch ist die tatsächliche Bedeutung dieser UR-Krakel ziemlich unwichtig. Lyn Buchanan, einer der ältesten Remote-Viewing-Lehrer, hält seine Schüler sogar dazu an, ihre eigene Bedeutung für die verwendeten Archetypen zu (er)finden. Auf der Basis der vielen Versuche, die ich inzwischen durchgeführt habe, kann ich diese Aussage nachvollziehen, wenngleich ich selbst diese Praxis nicht in dieser Konsequenz anwende. Eins ist aber sicher: jeder Mensch ist einzigartig und muss deshalb zu seinem individuellen Stil der Durchführung eines RV-Protokolls finden.

In meinem Versuch mit unserer Sekretärin ließ ich sie eine etwas reduzierte Version der Archetypenliste lernen, ließ zum Beispiel Vakuum weg und reduzierte die Spiritualität des Menschen. In ihrem Stadium der Remote Viewing-Ausbildung und im Hinblick auf ihre geringe Neigung, tatsächlich PSI-Agent zu werden, also völlig bedeutungslos.

Nachdem wir diese Krakel etwas eingeübt hatten, gab ich ihr ein Random-Choice-Blatt, das ist ein Blatt Papier, das nach dem Zufallsprinzip in Kästchen eingeteilt ist, die gerade so groß sind, dass man bequem einen Krakel hineinmalen kann. Diese Übung mit dem Random-Choice-Papier hilft, die unwillkürliche Armbewegung auf den vor einem liegenden DIN-A-4-Bogen zu begrenzen. Es wäre nutzlos und unerquicklich, wenn sie mir später „im Eifer des Gefechts“ die Tischplatte vollkritzeln würde.

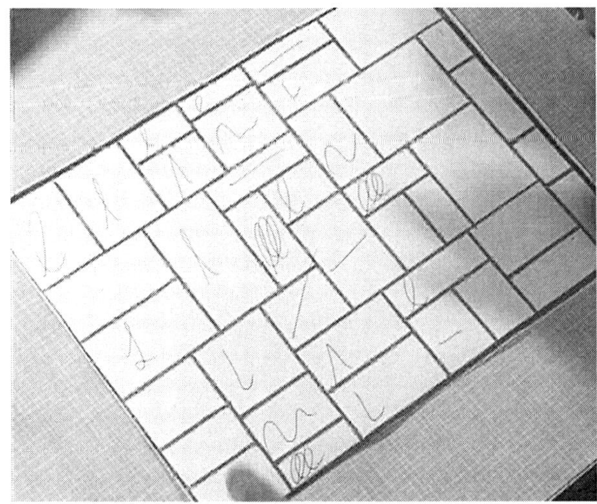

Das "Random Sheet", eine Zufallsaufteilung zum Üben der Archetypen

Vorbereitung für die Session mit unserer Sekretärin: Zuerst werden die Archetypen geübt

Nach kurzer Zeit konnte Martina problemlos auf Ansage den richtigen Archetyp mitten in eines dieser Kästchen hinein zeichnen. Auf diesem Stand der Ausbildung entließ ich unsere Sekretärin mit der Aufgabe, das Ganze heute Abend noch ein halbes Stündchen mit ihrem Mann weiter zu üben. Mehr an Wiederholung und Lerntätigkeit braucht man tatsächlich nicht, um den Einstieg zu beherrschen.

Am nächsten Tag kam sie wie üblich um neun Uhr zur Arbeit.

„Na, Martina, hast du schön geübt?“ Sie hatte.

Ich erklärte ihr mehr oder weniger detailliert, was sie in Kürze beim Durchlauf einer echten Session zu erwarten hätte. Sie sollte zwar ohne Vorkenntnisse das Protokoll durchlaufen, aber wenn sie zu viele Fragen bei der Durchführung hätte, würde das sicherlich der Ablauf behindern und auch kein ernstzunehmendes Ergebnis produzieren.

Der erste Teil dieser Übung brachte gleich eine Überraschung, die aber nach meinem ersten Test mit unserer Praktikantin eigentlich keine mehr war: Martina konnte ohne Schwierigkeiten sofort ein Ideogramm zu Papier bringen. Danach gab ich ihr eine kurze Anleitung zum Decodieren des Ideogramms. Sechs Minuten nach Beginn dieses Teils schloss ich den Vorgang.

Zu diesem Zeitpunkt waren mir die „Gebote“ von Russel Targ noch unbekannt. Aus eigener Überlegung und Erfahrung kam ich jedoch zu dem Schluss, nie mit einem Viewer „herumzuspielen“, sondern ihm für jeden noch so kurzen Versuch ein echtes Target mit echten Koordinaten zu geben. Ich bin der festen Ansicht, dass so der Viewer einen guten Einstieg in das Erlernen der Interpretationen seiner eigenen Gefühle bekommt.

Der zweite Teil der Übung hatte schon erheblich mehr Ähnlichkeit mit einer Session. Ich ging mit unserer Sekretärin das Protokoll bis Stage drei durch inklusive einer Bewegungsübung. Sie folgte treu meinen Anweisungen und brachte es tatsächlich fertig, ihre Eindrücke ohne Kritik oder Nachdenken zu Papier zu bringen. Vielleicht wirkte sich die Neuartigkeit der Situation für sie sogar positiv aus, weil sie wirklich nichts hatte als ihre momentanen Eingebungen.

Um 11.26 Uhr startete ich dann die eigentliche Session, die ich mit zwei Kameras aufzeichnen wollte.

Von Skeptikern wird häufig angemerkt, dass das Ausmaß der richtigen Daten daher käme, dass der Monitor, wenn das Target ihm bekannt sei, den Viewer verbal aber auch durch Körpersprache entscheidend beeinflussen würde.

Wie das in der Realität durchzuführen sei, um die bekannt große Detailliertheit der Angaben zu erreichen, war mir persönlich immer schleierhaft, zumal ein strenger sprachlicher Kodex für den Monitor existiert. Es wird nichts angesprochen, was der Viewer nicht schon gesagt hatte, zum Beispiel „Wo ist das Grün aus Stage 2?"

Auch auf den Videoaufzeichnungen hatte ich keine Körpersprache bemerkt. Aber ich bin da kein Fachmann. Ich nahm mir einfach vor, in dieser Session mit Martina besonders neutral bis gleichgültig zu sein. Tut mir immer noch leid, Martina, ich hab dich manchmal echt hängen gelassen, aber es musste sein – für die Wissenschaft.

Nach Betrachtung unserer Aufzeichnung kam ich zu der Ansicht, dass sie meine Haltung überhaupt nicht zur Kenntnis nahm. Nach dem Absolvieren der Stage eins tauchte sie schon derartig in „die Zone" ein, dass sie für Außenreize sichtlich unempfindlich wurde, wie sich auch ganz handfest herausstellte. Zunächst war sie aufmerksam und konzentriert, aber schon beim zweiten Ideogramm wurde deutlich, wie sie sich fließend aus ihrer normalen Umgebung löste. Ganz offensichtlich war es in Stage 2 bei dem Punkt „Geräusche".

Es hat sich als gut funktionierendes Stimulationsmittel erwiesen, die anstehenden Daten noch mit einer persönlichen Frage anzufordern.

Also fragte ich „Hörst du was?" Sie sah plötzlich auf, genau dorthin, wo alle Remote Viewer hinsehen, nämlich ins Nirgendwo, und sagte: „Ja, ich hör was." Und dann schrieb sie:

„Ich hör was, ja, laut, leise."
„Was denn? Irgendwelche speziellen Geräusche?"
„Brummen."
„Noch was?"
„Klingeln."
„Abmessungen?"
„Groß. Klein. Winzig."
„Okay. Ist es innen oder außen?"
„Außen."
„AI, wie findest du das? Gefällt' dir, gefällt's dir nicht?"
In diesem Moment ging die Tür auf. Leider quietscht diese Tür erbärmlich und meine Frau hatte völlig vergessen, dass wir diese Aufnahme machen wollten. Ich blickte etwas verärgert auf. Wer sich aber überhaupt nicht stören ließ, war Martina.
„Es gefällt mir."
Ich bemühte mich, mir nichts anmerken zu lassen. Auch nicht, dass ich diese Störung für unnötig hielt. Meine Frau lief ein paar Schritte hinter der Kamera, legte irgendetwas Wichtiges ab und ging zurück. Wieder quietschte die Tür. Martina nahm es anscheinend überhaupt nicht wahr. Ich zog ihr das Blatt Papier weg. Einfach weitermachen, dachte ich.
„Wir machen jetzt eine äh, Seite 5. Schreib hin: Stage drei: Skizze. Eine Skizze. Was dir einfällt. Vom Zielgebiet."
Ohne besonderes Zögern begann sie zu zeichnen. Blick wie üblich, nach innen.
Eine erste Stage drei ist meist völlig verwirrend, weil noch jede Orientierung fehlt. Sie aber ordnete alle ihre Eindrücke sofort ein, als ob sie das Zielgebiet vor sich sah. Ich war ziemlich erstaunt über ihre Sicherheit. Irgendwie stieg in mir das Gefühl auf, dass nicht ich hier sie als Probandin vorführte, sondern sie mich als hilflosen Monitor, der mehr und mehr zum Zuschauer degradiert wurde. Zwei parallele Striche, darüber etwas, was da unbedingt hingehörte, darunter auch etwas, was wie eine Art Kette aussah. Und dann malte sie drei senkrechte Striche in die Nähe des rechten Bildrandes. Genau drei.
Dann schien sie fertig. Ich ließ sie nun die Farben und die anderen Einzelheiten aus Stage zwei einfügen.
„Gerüche, Geschmäcker, wo kommt das her?"
Martina schüttelt den Kopf.
„Ist das da?" Ich hätte jetzt gern eine Antwort gehabt, immerhin

salzig wäre wegen der Seeluft schön gewesen. Hatte sie auch aufgeschrieben.

„Nee. Mmh … mmh.“ Sie schien nicht sehr zufrieden mit ihrem Werk.

„Jetzt nicht mehr?“

„Nö.“ Sie wollte mich wohl ärgern.

„So. Was ist das hier?“

„Heiß, kalt, warm.“

„Wo?“

„Warm. Da.“ Sie zog einen Kreis auf dem von ihr als schwarz bezeichneten Streifen.

„Und sonst?“

„Hm, mmh.“

„Dann woll‘n wir mal die Geräusche durchgehen. Laut und leise übergehen wir mal …“

„Ich hätte sonst leise gesagt.“ Ich sah sie an. Sie war plötzlich ganz sicher.

„Na gut, Okay, leise?“

„Rundherum.“

„Das Ganze ist leise?“ Ich zuckte die Schultern. „Schreib hin. Dann haben wir aber trotzdem noch Geräusche. Brummen. Wo ist Brummen. Piek rein, such das Bild ab.“ Jetzt war ich ja mal gespannt.

Leider konnte ich nicht mitverfolgen, was Martina jetzt machte, denn die zweite Kamera schaltete sich mit einem hässlichen Schnarren des Bandtransportes ab. Akku leer! Manchmal ging aber auch alles daneben.

„Moment, ich muss mal die Kamera auswechseln. Guck mal weiter, da ist noch ein Geräusch …“ Ich stand auf und lief um den Tisch in Richtung zweite Kamera.

Martina suchte unbeeindruckt in ihrem Bild herum. Schließlich ging sie auf meine Frage ein.

„Rascheln.“

„Das ist aber neu.“ Ich war derweil bei der Kamera angelangt und versuchte, den Akku zu wechseln. Dass ich daran nicht gedacht hatte!

„Hier unten. Und hier.“

Ich kam zu meinem Platz zurück und hatte nun selbst völlig den Faden verloren.

„Sonst noch irgendwie … wo hast du hingeschrieben … aha … was hast du noch? Was ist hierbei klein?“

„Es ist eigentlich alles groß."

„Schreib hin."

„Als Ganzes groß?"

„Ja, schreib hin, du hast es gesagt." Ich zuckte die Schultern. Auf der Videoaufzeichnung machte ich jetzt einen sehr desolaten Eindruck. Der Monitor, der den Überblick verloren hat. Ich klammerte mich an ihre Daten, um diese Session wenigstens halbwegs zu retten.

„Was ist winzig." Immerhin stand das da. Also was sollte dieser Eindruck. Martina deutete sofort auf den Kreis „warm" auf dem schwarzen Streifen.

„Ist das ein Objekt?"

„Ja."

„Nein, ich meine winzig. Gehört das zu einem Objekt? Wenn alles groß ist?"

„Nee, es gehört nicht zu einem Objekt." Martina kämpfte sichtlich mit irgendwelchen Eindrücken, deren Akzeptanz ihr unangenehm schienen.

„Sondern?"

„Ich seh mich da selbst irgendwie."

„Schreib hin. Seh mich da selbst. Du hast es gesagt. Wir machen mal an dieser Stelle ganz schnell Schluss, weil du ja nach Hause musst."

Es war in der Tat inzwischen ziemlich spät und sie hatte auch eine Familie, die zu Mittag versorgt werden wollte. Außerdem ging ihre Arbeitszeit zu Ende.

Martina ist „on target"

„Schreib hin: ›Ende 11.45 Uhr‹. Und ich sage dir, was das Target war."

Ich nahm das Foto raus, legte es hin und warf noch einen Blick auf ihre Skizze.

„Bestimmt völlig daneben." Martina machte den Eindruck, als wachte sie auf und war wieder verunsichert. Ich musste grinsen.

„Na, so daneben auch wieder nicht."

Martinas Target mit Formulierung

Wir gingen die Zeichnung durch und mussten feststellen, dass es ein ziemlich genauer Lageplan des Gebietes um die drei Windmühlen am Ortseingang war, mit dem einzigen Unterschied, dass die „grünen, raschelnden Dinger" bei ihr im Bogen verliefen, während die sogenannten „Knicks" in Nordfriesland ein Netzwerk *gerader* Säume von Büschen rings um die Felder sind, die im rechten Winkel zueinander stehen. Aber sonst war alles verblüffend richtig. Sogar die

Dimensionierung und räumliche Zuordnung, was in einer ersten Stage drei sehr erstaunlich ist. Talentiert, diese Dame, könnte man sagen. Und das Brummen kam tatsächlich von den drei senkrechten Strichen, die sie da rechts hingemalt hatte, und zwar so in der Perspektive, wie es ihr auf der Straße stehend, erscheinen musste. Das hatte sie zugeordnet, während ich mich um die zweite Kamera kümmern musste.

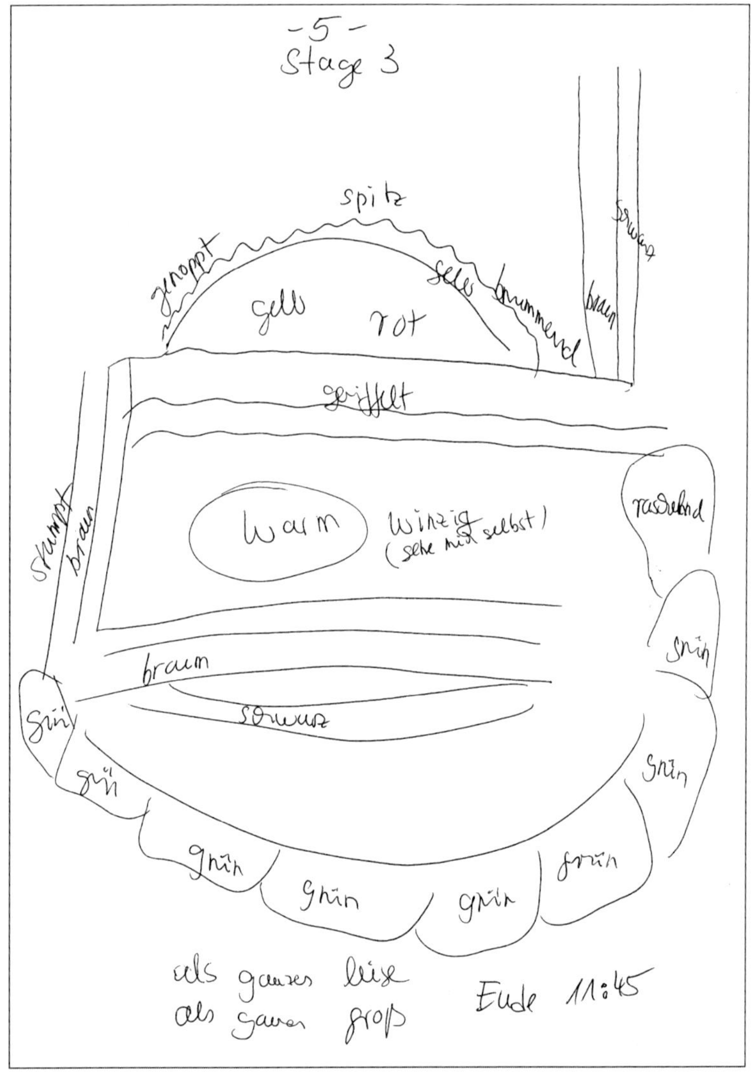

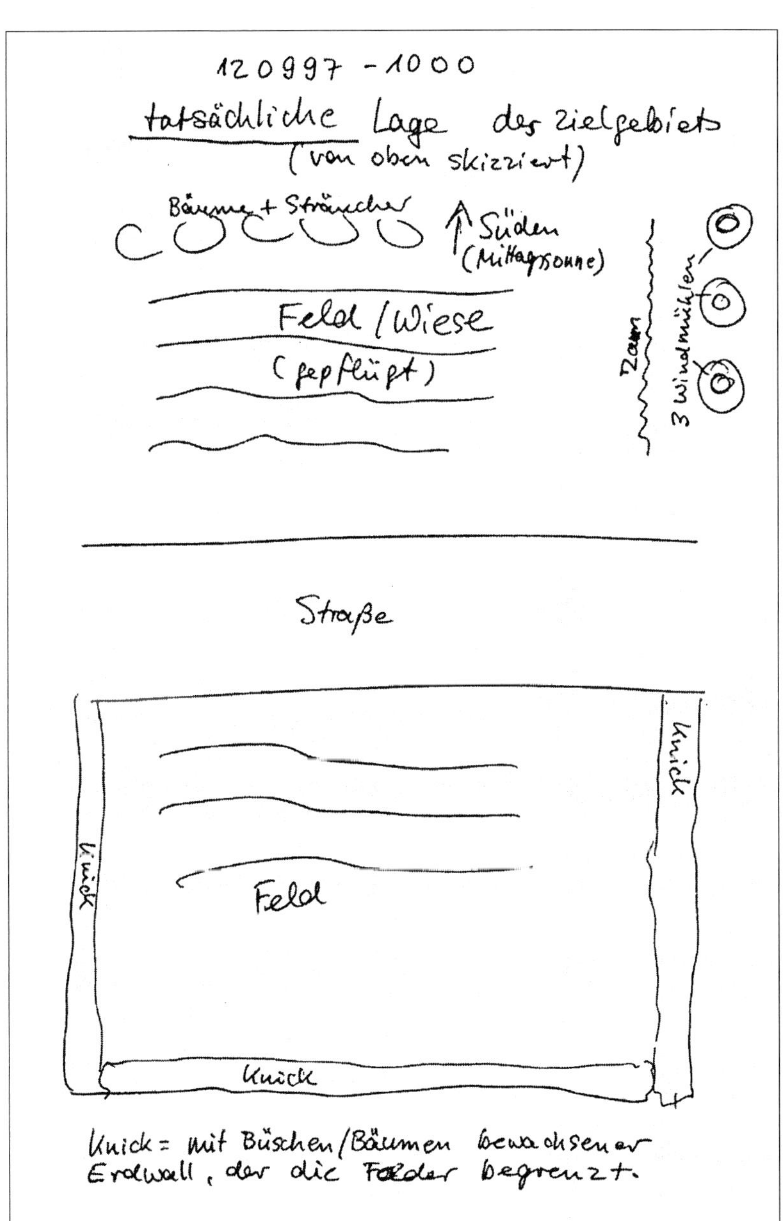

Remote Viewing und Wirklichkeit: links Martinas Session, oben die wirkliche Lage

Nur eines war mir unklar. In ihrer Zeichnung war oben sozusagen im Himmel ein gelb-roter Halbkreis mit ausgefranstem Rand. Dessen Bedeutung konnte ich mir nicht erklären und sie mir auch nicht. So ist das mit einem Viewer. Er hat die Eindrücke aber keine Orientierung.

Als ich Tage später an der Szenerie vorbeifuhr und grübeln zu den drei Windmühlen hinüberblickte, durchfuhr es mich heiß und kalt. Der Himmel, bewölkt wie oft hier, sah genauso aus wie auf Martinas Zeichnung. Die Sonne schimmerte hinter den Wolken hervor und ließ den Himmel über dem Feld wie einen ausgefransten gelb-roten Berg erscheinen. Wenn man sich also etwas links von den drei Windmühlen ungefähr um Mittag herum auf die Straße stellte, erfüllten sich alle Daten aus Martinas Session. Übrigens war das Foto, das ich für dieses Target gemacht hatte, auch genau von dort aufgenommen. Ich beschloss, unsere Sekretärin zu einem Ortstermin mit Kamera herzuschleifen, damit sie richtig sehen konnte, wie gut sie in ihrer ersten richtigen Session ohne Vorkenntnisse gewesen war.

Wir warteten also ein paar Tage, bis die Wetterlage ähnlich dem Tag der Session war, und trafen uns eines Mittags mitten auf der Landstraße. Ich war neugierig, wie sie es aufnehmen würde. Es war enttäuschend. Sie nahm es fast wie selbstverständlich hin, dass sie in ihrer ersten Session trotz Störung und all dem anderen Ungemach fast hundert Prozent richtige Daten erreicht hatte.

Sie war hier gewesen, hier auf dieser Straße, das war ihr völlig klar. Klein, ja winzig gegenüber den hoch aufragenden Türmen der Windmaschinen und wie verloren in der Weite des nordfriesischen platten Landes, winzig und warm. Aber sie nahm es als etwas ganz Natürliches hin, als erlebte sie so etwas jeden Tag. Remote Viewer sind komisch – auch wenn sie gar keine sind oder sein wollen.

„Na, Martina“, sagte ich so leichthin, „du siehst ja selbst, dass du eine ziemlich gute Session abgeliefert hast. Man könnte sagen, du hast Talent. Soll ich dich nun als PSI-Agent ausbilden? Ist doch auch ein lustiger Job.“

„Um Himmels Willen, nein!“ Sie sah mich erschrocken an. „Nein, das will ich nicht, auf gar keinen Fall!“

Ich war ein Bisschen erschrocken über die Bestimmtheit ihrer Reaktion. Wir haben das Thema auch nicht wieder angesprochen.

Eine ähnliche Erfahrung machte ich noch öfter. Es scheint, dass sich viele Leute, auch Akademiker, mit der natürlichen Existenz ihrer eigenen PSI-Fähigkeiten nicht befrieden können.

Ortstermin an den Windmühlen: „Da sind sie, die drei senkrechten Striche!“

Genau wie in der Session: „Klein, ja winzig, sehe mich da selbst stehen“

Martina und der Autor: „Genug gesehen, laß uns aus dem Wind gehen!“

Ein paar Wochen später, als ich wieder einmal einen Bekannten durch das RV-Protokoll schleuste, musste ich diese Erfahrung etwas zugespitzter machen.

Walter arbeitet als Psychologe, hat promoviert und interessiert sich privat für alle möglichen psychischen Einflüsse, was ihn auch zu einem Studium der mittel-und südamerikanischen Heiler führte. Ein aufgeschlossener Proband, dachte ich, und er war auch sehr interessiert, ob es denn so einfach bei ihm funktionieren würde. Natürlich funktionierte es.

Als Target wählte ich eine Postkarte von Budapest, von deren vier Ansichten ich die in der rechten oberen Ecke eingekreist hatte. Sie zeigte in der Mitte eine hohe Säule mit einer Figur obenauf. Links und rechts befanden sich zwei halbrunde Mauerteile, die säulenartig durchbrochen aussahen. Ich hatte keine Ahnung, was es war und wie es hieß.

In der Session berichtet Walter sehr bald von einem Monument, beschrieb eindeutig die Struktur und setzte in einer Stage 4 noch hinzu, dass das ganze etwas mit Sieg und Heldentum und so weiter zu tun hätte. Ich war nicht sehr überrascht, eher befriedigt, dass er nun das Erlebnis am eigenen Leib verspürte, dem er bisher nur bei anderen begegnet war. Eigentlich wollte ich die Session schon schließen, aber er hatte noch weitere Details auf Lager. In den Vordergrund der Skizze malte er merkwürdig gezackte Linien.

„Das sieht irgendwie aus wie Rohre. Kanalisation oder ein Labyrinth. Hm."

Ich wusste auch nicht weiter. So genau hatte ich mir das Foto nicht angeschaut. Wir machten dann doch Schluss und ich gab ihm den Umschlag. Neugierig warf ich einen Blick auf die Postkarte.

„Das ist ja toll. Hier, die Kanalisation. Genau, wie du hingemalt hast. Es ist das Mosaik des Vorplatzes. Sieht wirklich fast aus wie ein Labyrinth aus hellen Steinen."

Wir diskutierten die Session noch etwas. Er wurde wortkarger. Als ich ihn später zum Bahnhof fuhr, sagte er plötzlich: „Ich glaube, wir sollen das nicht können."

Das war eine Einlassung, wie ich sie gerade von ihm nicht erwartet hatte.

„Ach ja?" explodierte ich, „und was ist mit den Scharen von Amis, die das jetzt schon gelernt haben? Und es anwenden? Das breitet sich aus, so schnell kann man gar nicht zuschauen. Keiner fragt, ob er das darf. Die machen das einfach. Ich habe das Gefühl, dass wir hier in

Deutschland sowieso schon die Letzten sind, die das lernen. Warum dürfen die Amis das also? Weil sie die gottbestimmte Weltpolizei sind? Eine interessante These!"

Das Gespräch zerfaserte dann. Wir ließen das Thema auch bald fallen und mussten uns sowieso verabschieden. Ich habe ihn noch einmal dazu angesprochen, aber er mag nicht mehr darauf einsteigen.

Meine Worte an ihn klangen mir aber wie ein Echo noch weiter im Kopf. Mir war da etwas herausgerutscht, das ich vorher noch nie so genau betrachtet hatte. Wie ich mir auch hier wieder selbst vorhielt, kann man bei all diesen Aufregungen paranoid werden, aber: wie war das denn wirklich mit der Weitergabe dieses Wissens an Nichtamerikaner? Wenn nicht zufällig Michael Hesemann persönlich Ed Dames zu seinem Kongress eingeladen hätte und dort zufällig auch ein paar Deutsche so fasziniert waren, dass sie viel Geld ausgaben für eine Ausbildung, die in dieser Art jetzt nicht mehr stattfindet und extra nach USA flogen … Eine Menge Zufälle. Normalerweise dürfte diese Technik also nicht für den einfachen deutschen Bürger zugänglich geworden sein. Es würde wahrscheinlich so abgelaufen sein, wie uns in den Jahren 1997 und 1998 gerüchteweise zugetragen wurde, nämlich dass bestimmte deutsche Führungskräfte unter größter Zurückhaltung von Informationen an die Außenwelt in die USA zu einer Ausbildung eingeladen wurden. Die heimgekehrten Absolventen dieser Kurse erzählten, wie sollte es anders sein, von einem Schock fürs Leben.

Der Rest der deutschen Bevölkerung könnte sich noch jahrelang an den verschiedenen Artikeln und Fernsehbeiträgen von *GEO*, *Pro Sieben* und bei anderen Sendern erfreuen, in denen in bekannter Überfliegermanier über diese heikle Technik zwar informiert aber sie durch die Art der Darstellung für jeden Interessierten erst recht in weite Fernen gerückt werden würde. Aus den ins Deutsche übersetzten Büchern könnte man sie erst sowieso nicht entnehmen, stammen sie doch zumeist von Autoren, die Remote Viewing auf der Basis ihrer eigenen medialen Fähigkeiten betrieben, wie zum Beispiel McMoneagle und Moorehouse. Und wenn sich deutsche Schreiber damit beschäftigten, käme sicher dabei etwas heraus, wie wir es in Dr. Elmar Grubers Buch „Die PSI-Protokolle" genießen dürfen: Remote Viewing gehe, aber das könnten nur ein paar Auserwählte und Amerikaner. Wer es sonst behauptet, ist ein Scharlatan.

Bei der Lektüre von Dr. Grubers Ausführungen fragte ich mich ernsthaft, ob er für seine Darstellung nicht einen besonderen „Wink von Oben" bekommen haben könnte. Nach seiner eigenen Darstellung habe er Zugang zu allen Datenbanken des SRI und anderer Institute, die sich mit Remote Viewing beschäftigt haben. Allein die dort verfügbaren Daten hätten ihm eine völlig andere Meinung bescheren müssen, denken wir nur an die „Unbegabten" General Thompson, General Stubblebine und all die anderen hinlänglich belegten Fälle.

Natürlich liegt es mir fern, meine Befürchtungen jemanden als Realität zu unterstellen, aber man muss sich auch überlegen, was es denn eigentlich bedeuten würde, wenn plötzlich jeder Mensch ein PSI-Agent wäre. Nicht nur den Beherrschern der heutigen Machtstrukturen könnte da das kalte Grausen kommen. Und doch: die persönlichen Erfahrungen aller mir bekannten Remote Viewer zeigen alle den gleichen Effekt. Man geht erheblich bewusster, sorgsamer, vorsichtiger mit sich und dem Rest des Universums um. Wenn diese Einstellung Grundlage allgemeinen Verhaltens würde, ginge es allen auch nachvollziehbar besser. Es ist im Prinzip das Gleiche, das alle Maharischis, Yogis, Gotterfahrenen und wie auch immer spirituell Erleuchteten einfordern. Es wäre nur schlecht für die heutige Welt der machtpolitischen Spielereien, die auf der Erde soviel zerstören. Und deshalb wäre es schlecht für alle. Sagt man uns.

Und deshalb muss Remote Viewing auch verhindert werden; oder sagen wir besser, es darf sich nicht ungehindert ausbreiten.

Das ist doch sehr aufwendig, wird man meinen, solche Aktionen benötigen viel Geld und viele Leute. Das ist richtig, und im Extremfall sind diese Voraussetzungen auch vorhanden. Aber es geht auch einfacher, trotz des Umstandes, dass die Zahnpasta nun aus der Tube heraus ist und nicht wieder zurück kann (Jim Schnabel). 1973 konnte die CIA in jener Pressekonferenz über die ersten Erfolge mit Remote Viewing noch abwiegeln. Durch die Aussage, man hätte nichts Besonderes herausgefunden, fühlten sich auch die Fachleute bestätigt. Die konservative, zu wenig griffigen Resultaten neigende Forschung konnte ungestört weiterwursteln, während am SRI und anderswo im Geheimen der Zugang zum menschlichen Unterbewussten geknackt wurde. Was aber macht man heute, nach dieser Ungeschicklichkeit, das RV-Projekt einzustellen und der Öffentlichkeit preiszugeben? Oder war das gar keine Ungeschicklichkeit? Hatte man gehofft, nachdem immer mehr nach draußen gedrungen war (selbst in Deutschland schon Fernsehbeiträge darüber) und schon eine private Firma, nämlich

PSI TECH existierte, die Sache würde sich dann schon von allein totlaufen? Denn den größten Faktor, den Kicher-Effekt, hatte man sicher auf der Seite im Kampf gegen das Übernatürliche.

Es funktionierte auch, an Anfang jedenfalls. Die potente Remote Viewer-Gruppe PSI TECH mit ihren altgedienten Experten Dames, Moorehouse, Smith, Riley, Stubblebine und anderen zerstritt sich und löste sich auf, nicht zuletzt wegen Geldproblemen: zu wenig Auftraggeber, mangelnde Akzeptanz. Hinzu kam, dass man ab und zu für den Auftraggeber unangenehme Ergebnisse präsentieren musste.

In seiner schon vorher zitierten Rede gibt General Stubblebine ein Beispiel dafür. Für die Errichtung von Basen auf dem Mond hätte die NASA doch gern gewusst, mit welcher Energiequelle man dann umzugehen hätte, und man machte sich schon Hoffnungen, dass es aus praktischen Gründen ein Knallgasmotor sei, denn Wasserstoff und Sauerstoff, das wusste man schon, könnte man aus der Mondoberfläche gewinnen. Leider fanden die Viewer heraus, dass es ein handlicher Atomreaktor sein würde, der dann da oben stünde. Das wirkliche Problem dabei war, dass dieser Reaktor nicht von den Amerikanern entwickelt worden war, sondern praktisch schon fix und fertig in der (damaligen) Sowjetunion herumstand und deshalb eigentlich nicht verfügbar war. In der Zwischenzeit ist er übrigens den Russen abgekauft worden, aber PSI-TECH existiert in seiner ehemaligen Form nicht mehr.

So war eigentlich alles erfolgreich abgelaufen, Remote Viewing an der Verbreitung zu hindern, wenn nicht … und hier haken schon wieder die Überlegungen aus den ersten Kapiteln ein: hätte man Ed Dames, den alleinigen Erben von PSI TECH nun hindern können, hindern wollen, oder wollte man nicht? Oder war man sogar nicht in der Lage dazu? Jede richtige Antwort auf diese Frage würde unendlich wichtige Aufschlüsse auf die Lage der CIA zulassen. Denn natürlich gibt es wieder/noch immer eine geheime Remote Viewing-Einheit. Warum ich diesen Punkt nicht einfach viewe, erkläre ich gerne in einem späteren Kapitel.

Entgegen aller Schwierigkeiten, die also die konservative PSI-Forschung hatte, konnte man dennoch schon in den siebziger Jahren erhebliche Erfolge verzeichnen. Sheila Ostrander und Mitautoren stellten in mehreren Büchern eindeutig fest, dass PSI nachweislich eine allgemeine Fähigkeit der Menschen und reproduzierbar ist. Sie arbeiteten auch an Techniken und Geräten zur Entwicklung dieser

Fähigkeiten und erreichten schon Anfang der achtziger Jahre Anfangsmomente der Remote Viewing-Entwicklung, wie sie von Ingo Swann dann erfolgreich durchgeführt wurde. Die Schwierigkeiten scheinen mir jedoch auch in diesem Fall in zwei immer wiederkehrenden Bereichen zu liegen: zum einen verlangt die wissenschaftliche Forschung nicht nur kontrollierbare Rahmenbedingungen, sondern auch den überschaubaren Einzelfall. Das bedeutet, schon deshalb kam man nicht über die einfachen Inhalte wie Spielkartensymbole, Zahlen und Buchstaben hinaus. Man fand auch keine Begründung, warum nun gerade Buchstaben und Zahlen nicht so gut geeignet seien. Das und alles Weitere hätte man erst in Feldversuchen herausgefunden, aber gegen die sträubte man sich, wohl wegen der Unübersichtlichkeit.

Dabei waren die wenigen Versuche, die durchgeführt wurden, durchaus erfolgversprechend. Schon das berühmte Experiment von Burt und Usher von 1909, veröffentlicht in den „Annals of Psychical Science“ zeigt alle Eigenarten des Remote Viewing. In einer Gaststätte in Prag saß eine Gruppe von Leuten, von denen einer als „Sender“ fungieren sollte, in Paris saß ein „Empfänger“, der sich darauf konzentrieren sollte, was der „Sender“ sah und hörte. Der „Empfänger“ hatte bei seinen krampfhaften Versuchen, sich einzustimmen, überhaupt keinen Erfolg. Jedoch ein entfernt wohnender Freund, der als automatischer Schreiber bekannt war, schrieb und zeichnete alle wichtigen Einzelheiten auf: den gebratenen Kapaun, die Brot-Soße, drei Menschen, viel Geplapper, grüne Vorhänge, da Klimpern eines Klavierspielers und das Gitternetz eines Schachspiels an dem betreffenden Tisch. Er hatte seriell schreibend abgearbeitet, wie in einer Remote Viewing-Session, und wie dort hatte er auch keine Ahnung, was er niedergeschrieben hatte. Von solchen komplexen Versuchen kam man aber immer wieder ab. Die Wissenschaft will es ja genau wissen und verlegte sich auf überprüfbare Symbol-und Zahlenübertragungen. Dummerweise ist genau das die Situation, in der PSI am wenigsten geht: in der kühlen, ungläubigen bis skeptischen Laborsituation so unbildhafte, unemotionale Dinge wie Zahlen zu „übertragen“.

Interessant ist, dass Gertrude Schmeidler, eine Forscherin, die später auch am Remote Viewing-Projekt beteiligt sein sollte, schon in den sechziger Jahren herausfand, dass außersinnliche Wahrnehmung (ASW) am Besten ging, wenn Emotionen im Spiel waren oder die Probanden an PSI glaubten. Insgesamt ist es erstaunlich, was an Einzelheiten, die für das Funktionieren der Remote Viewing-Methode ausschlaggebend sind, schon bekannt waren. Aber man schaute offenbar in die falsche Richtung oder konnte das Naheliegende nicht zusammenbringen.

So stagnierte man viele Jahre bei der Erkenntnis, ja, PSI geht bei einigen wenigen „Begabten" einigermaßen. Mit Symbolen funktioniert es ganz gut, mit Zahlen nicht so gut. Auch im weiteren Auswertungsbereich gab es Schwierigkeiten bei der Interpretation der Vorgänge und der Akzeptanz. Ein Versuch der Freiburger PSI-Forscher beispielsweise sollte zeigen, wie viel eine Person von einem Film erzählen kann, den eine andere Person gesehen hat. Die Auswahl des Films geschah aus einem Pool von mehreren Filmen per Zufall. Unter den Probanden waren auch einige, die sehr detailliert Filme beschrieben, die **nicht vorgeführt** worden waren. Das wird natürlich als Fehlschlag gewertet, obwohl die Beschreibungen für Filme in diesem Pool sehr genau zutrafen. Remote Viewer können sich vorstellen, was geschah: das Unterbewusstsein sah keine eng definierte Aufgabe und befasste sich mit dem interessantesten Teil des Materials.

Zum zweiten werden natürlich die Erkenntnisse aller spirituell erfahrenen Menschen vom Pendler oder Rutengeher bis hin zum tibetanischen Eremiten in den Wind geschlagen: das Ziel der PSI-Arbeit muss dem Ausführenden selbst weitestgehend gleichgültig sein. Interesse an dem Vorgang ist gut, Interesse an dem Ergebnis mehr als hinderlich. Heiler, die aus kommerziellen Interessen tätig sind, versagen, Medien unter Erfolgszwang müssen das Handtuch werfen. Sobald die Aufmerksamkeit und die Fernsehkameras auf Uri Geller gerichtet waren, hatte er die größten Schwierigkeiten, musste letztlich zu Tricks greifen. Beachtete ihn aber keiner, verdrehte er alle Bestecke und materialisierte auch Gegenstände. Diese Vorgänge gaben allen Beteiligten bei seinem Besuch am SRI 1973 zu denken. Die PSI-Forschung tickt da anders.

Entscheidend ist letztlich die eigene Erfahrung. Das bestätigt auch David Ritchey, Ph. D., amerikanischer Forscher, psychologischer Berater und Therapeut in einem Artikel der Zeitschrift „Anomalist" vom Februar 1995. Ritchey schildert seine Begegnung mit Lyn Buchanan im April 1994 und wie es dazu kam, dass er Remote Viewing dann auch einmal selbst ausprobieren wollte - trotz aller Zweifel gegenüber dieser Methode. Er ließ sich einweisen, ungefähr so, wie ich es mit meinen

„Opfern“ immer getan hatte, bekam ein Target und marschierte durch das Protokoll, wobei es sich hierbei selbstverständlich um die RV-Variante von Lyn Buchanan handelte. Diese Methode arbeitet mit immer wiederkehrenden Bewegungsübungen auf bestimmte Einzelheiten, was mit Sicherheit sehr gut funktioniert, für meine Begriffe im Aufspüren von bestimmten Zielen etwas umständlich erscheint. Ritcheys Target war die Tacoma Narrows Bridge, die 1940 durch Windeinwirkung ins Schwingen geriet und, wie schon von Statikern vorausgesagt, zusammenbrach („Gallopping Gertie“ genannt).

Ritchey beschrieb alle Details dieses Vorgangs einschließlich der Meute von Fotografen, die sich erwartungsvoll zu diesem Event am Ufer versammelt hatten, so gut, dass er eine Treffer-Erfolgsrate von 86,48% hinnehmen musste; ein für einen mit beiden Beinen im Leben stehenden Psychotherapeuten sehr unbequemer Erfolg.

Diese eigene Erfahrung bedeutete für ihn, dass er vieles grundsätzliche Wissen seines Berufes würde intensiv überdenken müssen. Das kommentierte er auch am Ende seines Artikels wie folgt:

„Es war alles unterbewusster Betrug … denn ich weiß sehr wohl, dass solche Dinge wie ›Remote Viewing‹ nicht wirklich passieren können. *Wenn* sie könnten, würde mein gesamtes System des Glaubens und Wissens bis auf den Grund durchgeschüttelt werden, und das kann ich nicht zulassen, denn meine Existenz und meine Weltanschauung basieren auf diesem Glauben. Und wenn man mich zwingen würde, meine Existenz einer neuerlichen Überprüfung zu unterziehen …“

Nun, darauf braucht er vielleicht nicht mehr lange zu warten, denn mit dem Übergang ins Wassermannzeitalter geht eine schleichende Seuche um. Die Menschen entdecken wieder mehr und mehr ihre natürlichen Fähigkeiten und stoßen auf alte Weisheiten, die durch die Herren des Fische-Zeitalters nicht ausreichend verschüttet werden konnten.

Man kann inzwischen kaum mehr eine Illustrierte aufschlagen, ohne von Übersinnlichem zu lesen. Natürlich wird hier viel populistisch vereinfacht und falsch zusammengefasst, aber immerhin raten auflagenstarke Frauenzeitschriften wie *Brigitte* inzwischen ihren Leserinnen dazu, ihren „sechsten Sinn zu trainieren“ und geben auch eine Menge Tipps dazu, von der Stärkung der Vorstellungskraft bis hin zum Museums- oder Kunstgaleriebesuch. Denn den sechsten Sinn gäbe es wirklich, das könne man schon bei Tieren bemerken, die zum Beispiel vor Erdbeben warnen, und gerade Frauen hätten durch die sogenannte weibliche Intuition besonders viel davon.

Britische Forscher hätten entdeckt, dass das an dem 2. X-Chromosom liegt, das sie aber vom Vater bekommen. Deshalb ist bei Frauen das Corpus callosum, die Verbindung der beiden Gehirnhälften, stärker ausgebildet.

Leider wird die geneigte Leserin nicht aufgeklärt, *warum* nun diese Hirnverbindung gut für die Intuition ist. Sie muss nun anschließend den *Stern* lesen, um zu erfahren, dass amerikanische Forscher die Intuition in der rechten Gehirnhälfte ansiedeln.

Aber auch hier erfährt man nichts über den Austausch und die Verarbeitung der Informationen in den beiden Gehirnhälften. Man stochert in den Details und vermeidet ängstlich die Diskussion übergreifender Zusammenhänge. Fragen wie beispielsweise, wozu es denn gut sein könne, dass verschiedene Aufgabenbereiche im Gehirn so verteilt seien, dass man die analytischen Funktionen in der linken Hemisphäre und die integrativen, emotionalen in der rechten Hemisphäre vorfände, bleiben ungestellt.

Dabei könnten sie hierzu eine nette Geschichte erzählen, wie es Illustrierte so lieben, nämlich wie man bei der Entwicklung von Remote Viewing herausfand, dass es so etwas wie „AOLs“ gibt.

Hal Puthoffs Frau war Lehrerin und interessierte sich sehr für Psychologie. Seit sich ihr Mann mit Remote Viewing beschäftigte, verfolgte sie die Entwicklung mit großem Interesse. Dabei fiel ihr auf, dass die Viewer mit komplexen Daten sehr oft das Target detailliert beschrieben, in ihren Schlussfolgerungen aber völlig falsch lagen. In einer Sitzung von Richard Bach war das Target eine Methodistenkirche. Er aber schloss aufgrund seiner Daten auf einen Flughafen und hielt das Kreuz für das Logo einer Airline. Die Unfähigkeit der Seher, besonders alphanumerische Daten und Zeichnungen richtig zu interpretieren, erinnerte Adrienne Puthoff stark an die typischen Symptome von Patienten, die unter einer Schädigung der linken Gehirnhälfte leiden und ersatzweise auf Funktionen anderer Teile des Gehirns zurückgreifen müssen. Auf diesem Wege wurden unterschwellige Verknüpfungen angenommen, die zu Einordnungen führten, die nur für jene bestimmte Person von Bedeutung waren. Dies bestätigt den Unterschied in der Funktion der beiden Gehirnhälften, wobei die linke Gehirnhälfte mehr auf verbale, mathematische und analytische Aufgaben spezialisiert ist. Solange sie dabei auf direkte Sinneswahrnehmungen zurückgreift, funktioniert die Analyse sehr gut und steuert uns gut durch das Leben. Kommen aber zu viele Informationen „von innen", über Umwege im Gehirn, bei denen Erinnerungen, Vorlieben und Wünsche mit einfließen, kommt es oft zu Fehlleistungen.

Ingo Swann nannte solche Vorgänge „Analytische Überlagerungen" (**a**nalytical **o**ver**l**ay, kurz AOL), und versuchte sie dadurch abzustellen, indem sie beim Auftreten als solche benannt wurden, um später mit dem richtigen Stellenwert in die Auswertung der Session einzufließen. Mit dieser Logik beraubte er die linke Gehirnhälfte ihrer Wichtigkeit beim Remote Viewing, was schließlich dazu führte, dass sie mit weiteren Tricks des Protokolls in der Session fast gänzlich ausgeschaltet wurde. Was zur weiteren Steigerung der Effizienz der Methode führte.

Nach diesen Erkenntnissen haben die Amerikaner, die maßgeblich an der Entwicklung der Remote-Viewing-Methode beteiligt waren, intensiv wissenschaftliche Publikationen durchforstet, um weitere Anregungen zur Entwicklungen der Methode zu erhalten. Dieses wird durch die weitere bekannte Entwicklungsgeschichte des Remote Viewing belegt und dabei muss ihnen auch eine weitere Erkenntnis untergekommen sein, die mich natürlich erst viel später erreichte.

Ich erinnere mich noch gut an einen Artikel in PM im Juli 1997, genau zu der Zeit, als ich vehement auf der Suche nach Erklärungen war. Hier wurden Forschungsarbeiten des Max-Planck-Institutes, des Ludwig-Bolzmann-Institutes für Verhaltensforschung und anderer Forschergruppen vorgestellt, die sich mit Reizleitung und Reizverarbeitung im Gehirn beschäftigen. „Wir leben im Drei-Sekunden-Takt" war ihre erstaunliche Aussage. Das menschliche Gehirn benötigt ziemlich genau 2,9 Sekunden, um von einer Wahrnehmung zu einer komplexen Schlussfolgerung zu gelangen, sich sozusagen „ein Bild von einer Sache" zu machen. Dieser Vorgang hat nichts mit Reflex-Reaktionen zu tun, sondern meint die Zeit, in der wir beispielsweise nach dem Erblicken eines anderen Menschen entscheiden, ob wir ihn sympathisch finden oder nicht und ein paar Verhaltensvarianten durchspielen. Oder entscheiden, welchen Sinn ein Gegenstand, ein Bild oder ein Ablauf für uns hat. Und so hangeln wir uns im Drei-Sekunden-Takt durch unsere Realität, erklären uns die Welt in diesem Rhythmus neu, von einer um 2,9 Sekunden verzögerten Erkenntnis zur nächsten, leben also eigentlich ständig in der Vergangenheit.

Aus der Filmpraxis kannte ich diesen Aspekt bereits vorher,

allerdings ohne solche Begründung. Ich hatte gelernt, dass man eine Szene mindestens 3 Sekunden stehen lassen muss, damit der Zuschauer sie vollständig erfassen kann. Im Umkehrschluss könnte man sagen, je öfter und schneller die Bilder wechseln, desto unkritischer werden sie hingenommen. Modernes Fernsehen, moderne Werbung. Die Reaktion des Zuschauers reicht dann logischerweise von Rausch bis Unwohlsein.

Von Ed Dames lernte der Remote Viewing-Schüler, dass man darauf achten soll, **weniger als drei Sekunden zu benötigen, um einen Eindruck niederzuschreiben**. Begründung: weil sonst die Fantasie anspringt. War das nur ein Erfahrungswert der alten Remote Viewer? Das halte ich für sehr unwahrscheinlich. Wer einmal mehrere Remote Viewer gleichzeitig oder nur kurz hintereinander bei einer Session beobachtet hat, muss feststellen, dass die Bearbeitungsgeschwindigkeit des Protokolls und die Art und Weise, wie sich Viewer dabei äußern, derart unterschiedlich ist, dass man daraus nicht schließen kann, welche Zeitspanne bestimmte Gehirnprozesse benötigen.

Zusammen mit dieser Begründung und der Art, wie diese Erkenntnis beim Durchlauf des RV-Protokolls angewendet wird, muss man schließen, dass Herrn Dames und den anderen Experten im SRI und in Fort Meade die vorher geschilderten Zusammenhänge um den Drei-Sekunden-Takt genauestens bekannt waren. Überlässt man die aus der rechten Gehirnhälfte herüberströmenden Daten mehr als 2,9 Sekunden der Interpretation, bekommen wir eine Erklärung geliefert, egal, ob sie stimmt oder nicht, Hauptsache Erklärung. Deshalb nennen Remote Viewer so etwas ein AOL, ein Analytical Overlay, eine analytische Überlagerung.

Diese Erkenntnis gewinnt man nur mit Gehirnstrommessungen im konservativen wissenschaftlichen Versuchsaufbau mit stark eingegrenzten Inhalten. Genau, wie es an den im PM-Artikel genannten Instituten durchgeführt wurde. Beim Studium der Entwicklungsgeschichte des Remote Viewing ist festzustellen, dass immer wieder solche Forschungsergebnisse entscheidende Impulse in der Ausarbeitung der Methode lieferten. Wenn sie denn zum richtigen Zeitpunkt wahrgenommen werden, um einfließen zu können. Da spielt der Zufall oft eine große Rolle.

Dieser Umstand wurde auch zu einem wichtigen Faktor in meinem eigenen Erkenntnisprozeß im Rahmen von Remote Viewing. Da war zum Beispiel im Herbst 1998 die Sache mit der Schatzkarte. Wie wir schon gesehen haben, sind Lagepläne, Landkarten und andere örtliche und natürlich auch zeitliche Relationen und Fixierungen von erheblichem Interesse bei Auftraggebern von RV-Projekten. Leider fallen die Zeichnungen der Viewer meist derart ungelenk oder ungenau aus, dass es in Projekten oft einen zu großen Interpretationsspielraum gibt und mehrere weitere Sessions durchgeführt werden müssen. Ein weiteres Problem ist, dass die Einzelheiten dieser Skizzen meist merkwürdig verzerrt und verschoben sind und die Zusammenhänge erst vollständig klar werden, wenn man das Target hinterher besichtigt, wie etwa bei meinem Versuch mit unserer Sekretärin. Oder wenn der Monitor das Target sehr gut kennt und die Daten des Viewers schon während der Session zuordnen kann.

Diese Umstände sind aber in RV-Projekten selten gegeben oder auch nicht zulässig. Ein großes Problem beim Remote Viewing.

Wenn auch der Monitor nichts über das Zielgebiet weiß, muss er gute Kenntnisse im Interpretieren von Äußerungen der Viewer haben, eben ein ganz spezieller Analyst sein. Woher bekommt er dieses sehr besondere Wissen? Aus dem Studium wissenschaftlicher Hintergründe, der Erfahrung unzähliger Sessions und erfolgreichen eigenen Schlussfolgerungen von bestimmten Zusammenhängen. Man kann Tausende von Sessions durchführen; wenn einem nicht ab und zu Zufall zu Hilfe kommt, ist das Leben einfach zu kurz für genügend erhellende Momente.

Eines Abends las ich meinem damals noch fünfjährigen Sohn Jon eine Geschichte vor, in dem eine Flaschenpost vorkam, die eine Schatzkarte enthielt. Am nächsten Tag beschloss er, auch so eine Flaschenpost herzustellen.

„Ja, dann mal einmal eine Schatzkarte. Die rollen wir dann ein und stecken sie in die Flasche hier“, sagte ich. Gesagt getan. Jonny nahm ein Blatt Papier und malte mit Feuereifer drauflos.

„Also der Schatz ist hier im Haus. In meinem Zimmer.“

„Dann musst du das Haus malen. Wie das hier aussieht. Wo der Schatz liegt und wie man ihn findet. Ein Plan, eine Karte, so wie wir gestern besprochen haben.“

Jonny malte.

„Also hier, da kommt man rein und muss dann den Gang lang. Der Schatz ist in meinem Zimmer. Hier ist das Schlafzimmer, da kommt man vorbei und das Wohnzimmer …“

Es entstand ein detailliertere Lageplan. Alle Zimmer waren vertreten, jedenfalls die für Jonny wichtigen. Das Einzige, was daran störte, war, dass man nach diesem Plan nie den Schatz hätte finden können. Als Erwachsener jedenfalls.

An einen quer über das Blatt verlaufenden Schlauch, der den Hausflur repräsentierte, hatte mein Sohn mehr oder weniger große Karos geklebt, die die Zimmer darstellten, ein jedes so groß, wie Jonny es für nötig hielt. Und es befand sich dort, wo Jonny meinte, dass er dort vorbeigekommen war.

Sozusagen eine emotionale Zeichnung, durch keine analytische Einordnung verbogen. Als ob sich ein Blinder durch das Haus tastet.

Ich fixierte die Zeichnung erstaunt und zwinkerte. Diese Art Zeichnung hatte ich schon mal gesehen. Sicher, ja, während meines Psychologie-Studiums, in einer Kunst-Sammlung geistig Behinderter, aber das war es nicht, was mich aufscheuchte. Der Plan sah genauso aus, wie eine Stage 3-Skizze von Matthias auf das Haus eines Freundes in Tucson, Arizona, USA.

Matthias, sonst der klare Zeichner in den Sessions, der auch schon mal einen Grundriss unseres Hauses so genau geviewt hatte, dass er diesen Umstand während der Session als AOL bekam, dieser Matthias hatte sich in einer der letzten Projekte auch wie ein Blinder durch dieses Haus in Amerika gekämpft. Oder wie ein Kind. Oder wie ein geistig behinderter Erwachsener. Nur mit seinen Sinnen und Gefühlen und weitgehend abwesender analytischer Fähigkeit. Diese reichte gerade mal aus, um den Stift zu führen und die Daten lesbar zu Papier zu bringen.

Man könnte sagen, er war voll ***on Target***, die linke Gehirnhälfte total heruntergefahren, vollbeschäftigt mit dem protokollarischen Prozess und nicht in der Lage, die rechtshemisphärischen Daten „schönzurechnen".

Aber was fängt man in einem Projekt mit solchen Zeichnungen an, wie akzeptiert man sie, wie entzieht man ihr die wichtigen Daten?

Zu wissen, dass diese Art von Skizze immerhin schon bedeutet, dass der Viewer „tief in der Zone" ist, rückt die Zeichnung in den Pool der „sicheren Daten". Das ist schon was. So kann man in solchen Situationen darauf vertrauen, dass auch andere Daten sicher sein können. Deshalb sollte man jetzt den Viewer, solange er noch gut drauf ist, Eindrücke von mehreren Punkten seiner Zeichnung, in mehrere Richtungen sehend, erstellen lassen. Dann kann man, ähnlich einer Kreuzpeilung, daran gehen, eine verwendbare Skizze herzustellen. Oder die Geschichte dieses Hauses und seiner Bewohner aufrollen.

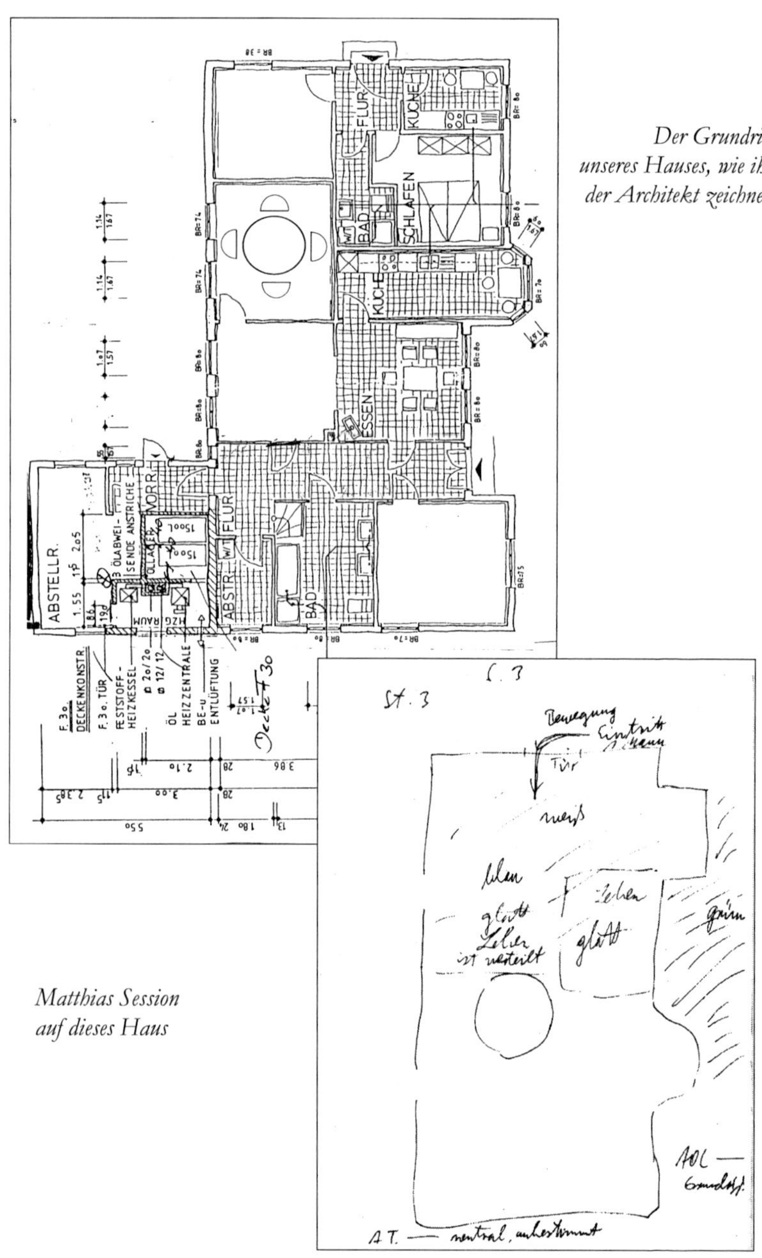

Der Grundriss unseres Hauses, wie ihn der Architekt zeichnete

Matthias Session auf dieses Haus

Und die Schatzkarte des kleinen Jon für dieses Haus

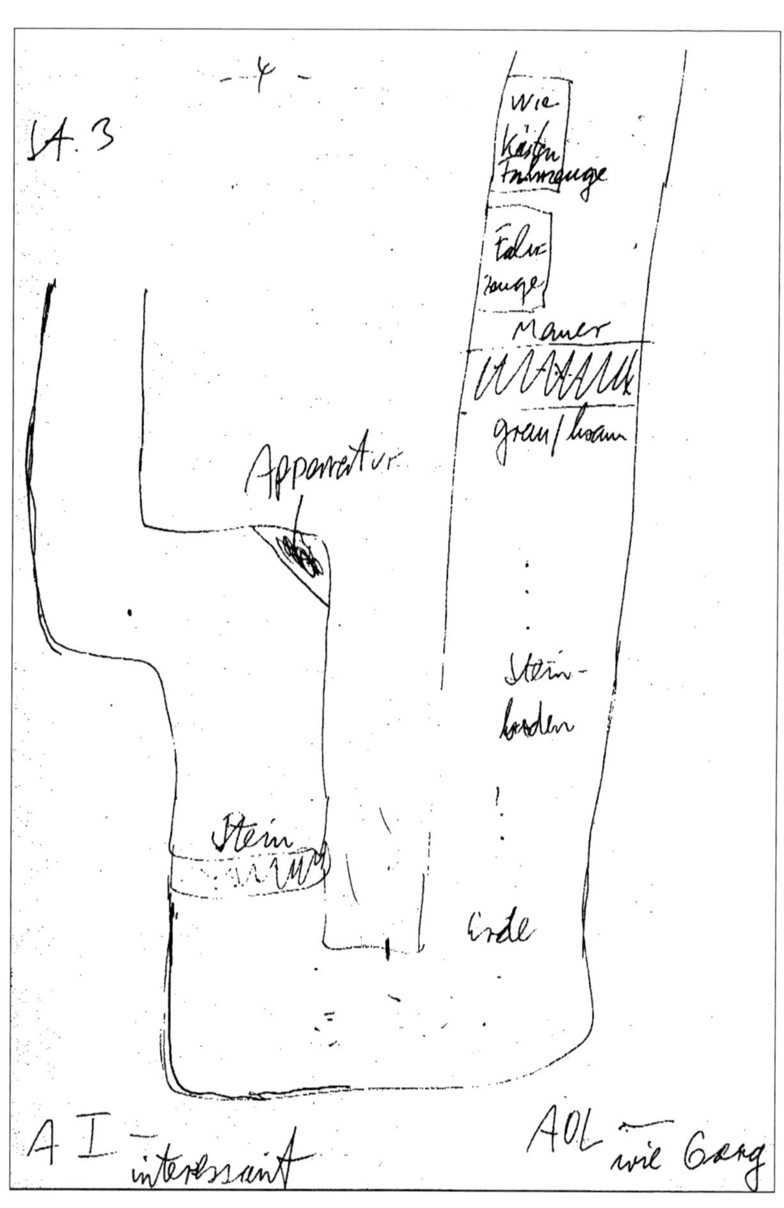

Hier tastet sich Matthias durch das fremde Haus wie ein kleines Kind

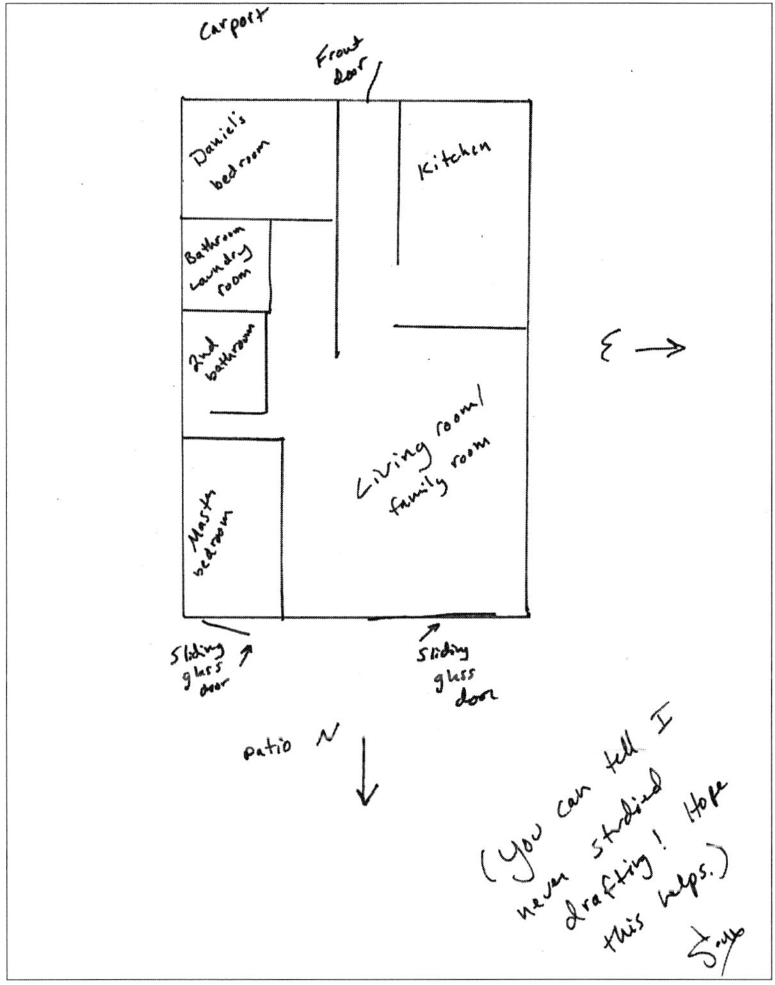

Hier der tatsächliche Grundriss von Scotts Haus, gezeichnet von dem Hausherrn selbst

Und noch eine Erkenntnis ergibt sich aus diesen Zusammenhängen: man sollte nicht zu früh Kinder mit Remote Viewing vertraut machen, sondern sie erst ihre analytischen Fähigkeiten selbst ausbilden lassen. Zum einen natürlich, weil in der Session nicht so viel herauskommen würde, zum anderen, weil man noch nicht weiß, ob Remote Viewing die Entwicklung der Fähigkeiten der linken Gehirnhälfte fördert oder behindert. Und für das Leben in dieser Gesellschaft brauchen wir nun mal alles, was die linke Hälfte leisten kann.

Übrigens wusste auch dies Ed Dames. Er warnte ebenfalls davor, Kinder in Remote Viewing einzuweisen. Das ist auch erstaunlich und steht so in keinem Buch über Remote Viewing. Später, als seine Trainings-Tapes eine gewisse Verbreitung gefunden hatten, relativierte er diese Aussagen wieder. Natürlich hatten auch Kinder sich diese Bänder angeschaut und überraschten jetzt ständig ihre Eltern mit den Worten „Guck mal, Mami, was ich geviewt habe!“ Das Ende aller Geheimnisse, eine neue Tortur für alle Eltern. Für Dames ist der optimale Viewer über dreißig ...

Ich muss zugeben, dass ich mich nach solchen Erkenntnissen intensiver daranmachte, die Webseiten der amerikanischen Remote Viewer nach Hinweisen oder Ungereimtheiten zu durchstöbern.

Eines Tages fanden wir bei Herrn Buchanan einen interessanten Brief an den Gast seiner Seite. Darin konstatierte er mit Erstaunen, dass die Zeit, die seiner Erfahrung nach notwendig war, einem beliebigen Menschen Remote Viewing beizubringen, sich auf die für ihn unerhört kurze Frist von einer guten Woche reduziert hatte. Am Anfang seiner Karriere in Fort Meade vor über fünfzehn Jahren hatten sie noch drei Jahre benötigt, einem ausgewählten GI Remote Viewing soweit beizubringen, dass er in Projekten mitarbeiten konnte. Im Laufe der Jahre verkürzte sich die Zeit erst auf ein Jahr, dann auf sechs Monate. Als Ed Dames ihn Anfang der neunziger Jahre einmal bat, Regierungsbeamte in sieben Wochen zu trainieren, hielt Buchanan das noch für unmöglich. Ende 1997 musste er feststellen, dass er gleichzeitig (!) vierzehn Personen in einer Woche soweit bringen konnte, dass sie bereit für spezielle Aufbaukurse waren, die man nicht mehr in auch noch so kleinen Gruppen durchführen kann, nur noch einzeln und persönlich.

„Ich bin immer noch ganz erstaunt von ihrer Schnelligkeit“, schreibt Buchanan. „Rupert Sheldrake war auf einer heißen Spur. Coordinate Remote Viewing-Training ist prinzipiell nichts anderes, als einer Person beizubringen, wie man eine direkte, feste Verbindung zwischen ihm und dem ***kollektiven Unterbewussten*** einrichtet, oder, wie es Sheldrake nennt, der ***morphischen Resonanz der menschlichen Rasse ...*** Die CRV-Schüler scheinen diese Verbindung in einem Bruchteil der Zeit zu installieren, die man jemals dafür brauchte. Ein graduierter Remote Viewer, der einige Zeit früher ausgebildet wurde und vorbeikam, um mir beim Training zu helfen, war genauso verwundert wie ich. Eines Abends beim Essen kommentierte er das Geschehen mit den Worten: „Ich brauchte noch sieben Monate, um soweit zu kommen, wie die hier nach drei Tagen!"

Die Theorie von Rupert Sheldrake über morphogenetische Felder ist beim interessierten grenzwissenschaftlichen Publikum längst Allgemeingut geworden.

Sheldrake hatte in verschiedenen Versuchen nachgewiesen, dass jede Art von erlernter Fähigkeit dann von einem Lebewesen schneller gelernt wird, wenn sie zuvor schon einmal irgendwo auf der Erde von einem anderen gleichartigen Lebewesen gelernt und ausgeübt wurde.

Bei Menschen als Probanden wurden in streng wissenschaftlicher Versuchsanordnung bestimmte Mengen Wörter oder Wortgruppen gelernt. Später wurde dieser Vorgang irgendwo anders auf der Welt wiederholt, und siehe da, das Lernen dieser Wörter war für diese Gruppe signifikant leichter und schneller als für jede vorherige.

Sogar bei Tieren funktionierte es und kooperiert mit dem „Phänomen des hundertsten Affen". Sheldrake postulierte hier ein Feld, in dem sich alle befinden, ein Informationsfeld, das verändert wird in jedem Moment von jedem Menschen. Auf dieses Feld wird auch von jedem in jedem Moment zurückgegriffen, und so könnte man auch erklären, weshalb der Normalbürger in unserer modernen Gesellschaft mit dem Ansturm an Informationen und Bedienungsanleitungen überhaupt noch einigermaßen klar kommen kann. Manchmal denke ich, dass die gesamte, immer schneller vonstatten gehende Vervielfachung des menschlichen Wissens in neuester Zeit nur durch diese Umstände begründet werden kann.

Sheldrake nannte dieses Feld „morphogenetisch", weil er kein vorgefasstes Erklärungsmodell einfließen lassen wollte, bevor nicht klare Forschungsergebnisse vorlagen.

Buchanan erwartete nach eigener Aussage nie im Leben diese wahnsinnige Entwicklung des Remote Viewing, die er miterleben musste oder durfte. Er sah sie niemals voraus und ist nun fasziniert davon, wie schnell nunmehr die Menschen die Tür zu ihren höheren Potenzialen aufstoßen können.

Anlässlich dieser Feststellung von Buchanan, die sich ja mit unseren deckte, fragte ich mich, was morphogenetische Felder denn nun überhaupt seien.

Die moderne Physik hat die Materie inzwischen so weit in ihre Bestandteile zerlegt, dass nur noch sogenannte ***Strings*** übrigblieben, die im Prinzip nur noch das Vorhandensein der kleinsten Menge Energie in Form einer Schwingung symbolisiert.

Schwingungen, das haben wir in der Schule gelernt, können durch Modulation Informationen aufnehmen. Aber sie sind auch selbst Information, besonders, wenn sie per Definition auf die Urgröße reduziert sind, ähnlich der Reduktion von Daten auf das binäre System. Eins ist Vorhandensein seiner Schwingung, Null das Nichtvorhandensein.

Wenn wir unser gesamtes Universum als Anhäufung von Schwingungen begreifen, und uns bewusst machen, dass wir Bestandteil dieses Universums sind, müssen wir uns bewusst machen, dass wir nur ein kleines Schwingungsfeld in einem riesig großen sind.

Eine Eigenart von Schwingungen ist, dass sie ihre Energie nicht nur damit verbrauchen, einfach so vor sich hin zu oszillieren, sondern sie beeinflussen sich gegenseitig. Das nennt man Resonanz.

Als unabtrennbarer Teil des Kosmos ist also das Schwingungshäufchen Mensch beständig in Resonanz mit allem anderen, allem, was schwingt, also mit dem ganzen Universum. Das führt logischerweise dazu, dass jeder Mensch irgendwann durch Resonanz alle Informationen des Universums aufgenommen hat, ja, aus ihnen besteht. Das nennt man dann im Universum „holografisch" verteilte Information. Jede Information ist an jedem Punkt des Universums erhältlich. Zwangsläufig.

Wenn wir jetzt einen Apparat ersinnen würden, mit dem man diese Informationen aufnehmen und decodieren könnte, hätten wir Zugriff auf alles, was man in diesem Universum wissen kann.

Wir haben diesen Apparat. Er steckt wahrscheinlich in unserem Stammhirn, der stammesgeschichtlich ganz alten Gehirnregion. Dort wird offenbar „aufgenommen", sozusagen in Resonanz geraten. Und in der rechten Gehirnhälfte wird weitergeleitet und in menschliche emphatische Muster umgesetzt.

Das kann natürlich nur mit einem parallel, also gleichzeitig arbeitenden Programm geschehen. Die Datenmenge ist einfach zu groß. Damit wir mit unserem Wachbewusstsein etwas mit diesen Daten anfangen können, müssen sie an dieses Wachbewusstsein abgesandt und in unsere Alltagssprache umgesetzt werden. Das macht die linke Gehirnhälfte, wie wir gelernt haben, und zwar dann am besten, wenn die subliminale Schwelle heruntergefahren ist und leider auch nur seriell, also schön nacheinander. Das nennt man dann Hellsehen oder Remote Viewing. Und das kann, wie auch dieses Modell belegt, zwangsläufig jeder.

Durch unser Leben, Treiben, Tun und Lassen verändern wir ständig dieses universale Schwingungsfeld und haben auch gleichzeitig Zugriff auf seine Inhalte. Sheldrakes Versuche mussten also zwangsläufig funktionieren, denn das morphogenetische Feld ist das ganze Universum, dessen unabtrennbarer Teil jeder Mensch ist. Auch zwangsläufig.

Wo ist also das Besondere bei PSI und allen seinen Verwandten? PSI ist die Gnade der Gewöhnlichkeit, kann man darauf nur antworten. Und diese Erkenntnis war einem der ältesten Remote Viewer so schmerzhaft aufgestoßen, dass er sie sofort laut ins Internet hinausrufen musste.

Lyn Buchanan rückte mir aber noch einen anderen Umstand durch seine Mitteilung wieder ins Blickfeld. Seine Trainingskurse pflegte er für 8 Schüler gleichzeitig abzuhalten. Nach meinen Erfahrungen schien mir das völlig unmöglich und wenn jemand über Geldschneiderei räsonierte, hier, dachte ich, hätte er allen Grund. Aber Lyn Buchanan ist, wie gesagt, einer der Erfahrensten.

Ich wollte ihm nicht unterstellen, die Leute, die sich ihm anvertrauten, über den Tisch zu ziehen.

Also beschloss ich, auch diese Vorgehensweise selbst zu überprüfen.

Es traf sich, dass die Schule für Geomantie *Hagia Chora*, mit deren Hilfe wir einen Film über den Feng Shui-Garten produzierten, am 22. Mai 1998 ein Seminar in diesem viel erwähnten China-Garten anberaumt hatte, das mehr als ein Dutzend Interessierte wahrnehmen wollten. Deshalb war es ein Leichtes, diese Leute, die zumeist wegen der Erfahrungen gekommen waren, die man als Rutengänger in dem Garten machen konnte, für einen PSI-Versuch zu gewinnen.

Am 23. Mai 1998, abends um zwanzig Uhr versammelten sich also zwölf Geomanten in unserem Studio, um live die Erfahrung des Remote Viewing zu machen. Für solche Events habe ich mir ein „das ist mir völlig egal"-Gefühl zugelegt. Deshalb wäre es schlichtweg gelogen, zu behaupten, ich wäre besonders aufgeregt gewesen. Aber ich war höllisch interessiert, **wie** das Ganze ausgehen würde.

Unser kleines Probenkino hatten wir umgebaut. Vor den Sitzreihen stand jetzt ein Tisch mit zwei Stühlen. Ich ließ zwei Freiwillige, Stefan, den Seminarleiter und eine Frau dieses Kursus darauf Platz nehmen und alle anderen achteten von selbst darauf, dass sie alles mitbekamen.

Dann zog ich (wieder einmal) die Martina-Nummer, wie ich es insgeheim nannte, durch.

Das Ergebnis war auch höchst interessant. Meine Frau stand während meiner Ausführungen und Anweisungen etwas abseits und versorgte mich zwischendurch mit nützlichen Beobachtungen.

Nach der Einführung in die Archetypen warf ich locker einen Briefumschlag auf den Tisch und sagte: „So, dann machen wir gleich mal eine Session."

Also gleich rein ins kalte Wasser, wieder mal gar keine Ausbildung für meine Probanden, Remote Viewing aus dem Stand heraus, sozusagen. Gern hätte ich darüber einmal mit Lyn Buchanan oder Rupert Sheldrake gesprochen.

Meine Frau hatte mir zwischendurch mitgeteilt, dass auch das Publikum in der hintersten Reihe keine Probleme hatte, mitzukommen. Das einzige Ungemach war, dass sie ihren Schreibblock auf den Knien halten mussten.

Ich sage gleich voraus, was in dem Target-Umschlag war: natürlich mein liebstes Motiv, die Gorch Fock, das Segelschiff. Bei allen von mir durchgeführten Versuchssessions hatten sich gerade Motive, die „man made", also künstlichen Ursprungs waren, als besonders ergiebig erwiesen. Es zeigt sich auch hier, dass Menschen gerade auf Resonanzen, die von Menschen erstellt wurden, am leichtesten „einrasten".

Mit den beiden Probanden am Tisch und dem großen Restpublikum machte ich dann auch schnell eine grundsätzliche Erfahrung, die ich schon erahnt hatte. Die Bearbeitungsgeschwindigkeit der einzelnen Leute war so unterschiedlich, wie es eine Population dieser Größe auch gerade bieten kann: eigentlich nicht zu handhaben. Ich hatte größte Mühe, den schnellen, exakten Stefan zu beschäftigen, während seine Mitstreiterin, langsamer schreibend auch noch mit mehr Daten kämpfte. Um mein „Publikum" konnte ich mich überhaupt nicht kümmern.

Dennoch gab es mehr als beachtliche Resultate. Stefan zeichnete einen länglichen Umriss, der an der einen Seite spitz zulief. Auch andere Details waren sehr stimmig. Es sah aus, als hätte er während der Session seinen Platz vorn am Bug des Schiffes gewählt, um die Szene zu beschreiben. Ein netter Allegorismus: der seminarleitungsgewohnte Stefan stand natürlich auch vorn, um den Weg zu erkunden oder zu weisen.

Aber auch seine Mitstreiterin zeigte deutlich ihre Eigenarten in der Session. Sie zeichnete, ähnlich wie damals meine Praktikantin Barbara, Streben und Drähte und gestand hinterher, dass sie privat auch gerne segeln würde.

„Ich stand in der Mitte von diesem Dings, und es war riesengroß um mich herum. Ich dachte, wenn du das steuern müsstest, das würdest du nie schaffen. Es war einfach zu groß und zu komplex." Jeder, der einen Großsegler kennt, wird dieses Gefühl nachvollziehen können. Immerhin hat die Gorch Fock sechsundfünfzig Mann Besatzung, und zuzüglich bis zu zweihundert Seekadetten können zur Ausbildung mitfahren und in die drei fünfundvierzig Meter hohen Masten klettern, um fast zweitausend Quadratmeter Segelfläche zurechtzuzupfen. Tatsächlich ein überwältigendes Erlebnis für einen Remote Viewing-Einhandsegler!

Aber auch die anderen im Publikum konnten mit interessanten Ergebnissen aufwarten und hatte genau das erlebt, was Remote Viewer von den Skeptikern trennt: den Bewusstseinsstand des eigenen Erlebens. Als wir eine kleine Pause im Diskutieren der Erlebnisse einlegten, trat meine Frau an mich heran und meinte: „Da ist eine im Publikum, die ist, glaube ich, ziemlich gut. Mach doch mal eine Session mit ihr."

Gute Idee, es war noch nicht zu spät und alle hatten noch Lust, auch Mary, die Frau, die Gudrun beobachtet hatte. Also kam sie allein nach vorn und ich fischte einen anderen Umschlag aus meinem Targetpool. Es war die Postkarte einer Boing 727, eine allgemein bekannte und weitverbreitete Verkehrsmaschine nicht mehr ganz neuer Bauart.

Marys Session war wirklich erstaunlich. Bald beschrieb sie, wie sie auf einem Sitz säße und vor sich eine hohe Lehne aufragen sähe. Sie zeichnete das Ganze und ließ wenig Zweifel daran, dass sie im Innern eines Verkehrsmittels säße. Ich schickte sie mit einer Bewegungsübung zehn Meter über diesen Standort und sie zeichnete einen länglichen, abgerundeten Körper, aus dem rechts und links etwas hervorragte. Daran wiederum klebte in der Mitte jeweils ein Klotz, dessen Hauptmerkmal „heiß" war. Wirklich erstaunlich, wie sie aus dem Zusammensetzen von Einzeldaten ohne Fantasieeinwirkung zu einer deutlichen Skizze dieses zweimotorigen Verkehrsflugzeuges kam. Ich ging mit ihr spaßhalber in Stage vier. Da hörte der Spaß plötzlich auf.

Hatte sie vorher das ganze eigentlich interessant und ohne bedrohliche Aspekte empfunden, begann sie in die Spalte „Emotionen vor

Ort" plötzlich von Panik, Angst und anderen unangenehmen Emotionen zu sprechen. Wenig später war klar, dass sie in eine Absturzsituation geraten war und anfing, diese betroffen zu beschreiben.

Nun, das hatte ich doch schon mal erlebt! Die Viewerin geht in den größten emotionalen Eindruck, und das ist der Tod von vielen Menschen. >Stopp!< sagte ich mir und führte Mary schnell aus der Session, bevor sie sich in weiteren Unannehmlichkeiten verlieren konnte.

Als sie die Postkarte aus dem Umschlag nahm, war ihr sofort klar, was abgelaufen war. Aber auch für mich barg diese Aufdeckung des Targets noch ein Aha-Erlebnis. Das Bild war nämlich nur ein Gemälde. Es war also nur die prinzipielle Darstellung des Flugzeugtyps, den sie geviewt hatte. Das war zwangsläufig etwas langweilig, da die Session nur als allgemeine Exploration angelegt war. Da sie aber nun so tief „in der Zone" war, suchte ihr Unterbewusstsein nach dem Interessantesten, was dieses Target zu bieten hatte. Und das war der Absturz einer Maschine dieses Typs. Irgendeiner Maschine, denn eine spezielle war ja nicht gefragt. Dieses Hineinrutschen des Viewers in die interessantesten Aspekte wird immer wieder von allen Remote Viewern mit Episoden belegt, wie zum Beispiel die recht häufige Geschichte, dass der Viewer oft auf die Rückseite eines Illustriertenblattes gerät, auf der ein völlig anderes Bild abgedruckt ist als auf der eigentlich gemeinten Vorderseite. Weil es interessanter ist.

Nach diesem Abend hatte ich nun gar keine Bedenken mehr, zufällig anwesenden Freunden und Bekannten mal eben so nebenbei Remote Viewing zu demonstrieren. Aber nicht etwa an mir, sondern an ihnen. Glauben kann man besser, was man selbst erlebt. So ist das.

Und so kamen sie mir in loser Reihenfolge an den Tisch der Erkenntnis: Michael, ein alter Freund aus Berlin mit seiner Frau Simone, Joachim, ein Geschäftsfreund, Sandra, ein Mädchen von der Hallig Hooge und viele andere mehr.

Auffällig war, dass keine Session wie die andere verlief; keines der „Versuchskaninchen" beschrieb ein Target wie ein anderes zuvor. Alle machten völlig richtige Angaben, aber jeder hatte seinen individuellen Standpunkt, seine eigene Sichtweise. Nach einigen solchen Erfahrungen bemerkte ich zu meiner Frau: „Dieses Remote Viewing kannst du eigentlich auch zur Psychoanalyse verwenden."

Denn in der Art ihrer Aufzeichnungen gaben die Viewer auch Stück für Stück nicht nur Aspekte ihrer Sichtweise, sondern auch ihres

Charakters, ihrer Einstellung, ihres Ichs preis. Remote Viewer, die einmal miteinander gearbeitet haben, kennen sich gegenseitig genauer, als es bei normaler Arbeit möglich wäre.

Simone, die Versicherungsagentin, beschrieb präzise die zur Erde heimkehrende Raumkapsel *Sojus TM 13*. Sie bewies Überblick, ließ kein wichtiges Detail aus und bewegte sich sicher in dem für sie durchaus ungewöhnlichen Territorium des erdnahen Weltalls. Selbstsicher, umsichtig, nicht leicht aus der Fassung zu bringen.

Meinem alten Kumpel Michael hatte ich eine Gemeinheit zugedacht. Entschuldige, alter Freund, aber es war sehr interessant. Ein altes Foto von Betty Page, einem bekannten Pin-up-Mädchen der fünfziger Jahre, diente als Target.

Michael brachte ebenfalls alle wichtigen Aspekte der Aufnahme zustande, aber als lockerer, musisch begabter Mensch waren seine Aufzeichnungen erheblich ungeordneter. Als ich mit ihm zum Zentrum des Bildinhaltes vorstoßen wollte, hielt er sich an Details fest. Ich hatte mir das Bild vorher nicht so genau angesehen. Nach der Session stellten wir beide fest, dass er sich an Bettys Pailletten-BH festgebissen hatte, der ein für Männer sehr anregendes Volumen umhüllte. Der BH tauchte in allen Einzelheiten auf, aber kein Stückchen mehr. Nun bin ich allerdings weit davon entfernt, meinem Freund darüber gram zu sein, dass er seine Sexualität nicht mit mir (in der Session) teilen wollte, aber interessant war dieses Erlebnis doch.

Ein anderes interessantes Beispiel war Sandra, die wir auf Hooge kennengelernt hatten, als wir dort Urlaub machten. Sie besuchte uns Ende 1998 „auf dem Festland" und kam, natürlich auch aus eigenem Interesse, in meine „Remote Viewing-Mühle".

Für Sandra suchte ich nach all den technischen Targets, die ich sonst verwendete, wieder ein „Natürliches" aus: eine Postkarte „Grüße aus der Lüneburger Heide" mit fünf Naturbildern darauf. Eines der Bilder hatte ich eingekreist und einen Pfeil darauf zeigen lassen (Tipp von Ed Dames). „Rehkitz mit Muttertier" schrieb ich auf die Rückseite.

Sandra arbeitet brav und bemüht das Protokoll ab. Sie kam sehr bald zu tierischen Aspekten, hatte jedoch noch andere, davon weit entfernte Eindrücke mit im Pool wie zum Beispiel „glasig, silbern, glatt". Ich schickte sie in Stage drei und wartete gespannt, was sie daraus machen würde.

Sandra begann zu sortieren. Das Wichtigste kam rechts in die Mitte: „Sonnenerwärmt, erdig, feucht an dieser Stelle da, braun, schwarz, hellbraun, rechts höher, muchelig [Was soll den das sein? – Na, irgendwie tierischer Geruch!] und so weiter."

Feucht in der Mitte? Später sah ich, dass das Rehkitz gerade säugte. Für eine erste Stage 3 in einer ersten Session recht gut, dachte ich. Sandra machte aber unerbittlich weiter. Links von ihren tierischen Eindrücken, etwas höher, sortierte sie folgende Daten: durchsichtig, hellblau, silbern, glatt, frisch, innen und machte zwei parallele Striche, eng nebeneinander, zwischen die sie „Glas" schrieb.

Hier ist unschwer die Situation der Fotografie zu erkennen, die Kamera und möglicherweise die Fensterscheibe, hinter der der Fotograf saß.

Sandra war aber noch nicht am Ende. „Da ist noch was!" Sie zeichnete ein Rechteck, an zwei Seiten mit parallelen Linien, und meinte, das wäre perspektivisch gesehen und dünn. So was wie eine Karte. Und darauf würde etwas stehen. Geschrieben oder gemalt oder so.

Dass die Postkarte miterwähnt wird, habe ich auch später sehr selten erlebt. Dass jemand so ordentlich die Eindrücke „aufräumt" eigentlich nie. „Tja", bekannte sie, „ich bin eben etwas häuslich."

In der Tat, sie gehört zu den Menschen, für die alles seinen Platz haben muss. Aber noch etwas zeigte die Session. Sandra ist hochtalentiert.

Die „häusliche" Sandra sortiert ordentlich ihre Eindrücke

Ich ging irgendwann dazu über, diese Probesessions als Beratungsinstrument zu benutzen. Joachim, einen alten Geschäftsfreund, ließ ich anlässlich eines Besuches bei uns, weil er es nicht so richtig glauben wollte, das Target „Gorch Fock“ abarbeiten. Er begriff schnell, worum es ging bei der Methode und arbeitete sich zügig voran. Schnell war er in Stage 2.

„Farben?“

„Weiß. Schwarz.“

„Noch mehr?“

„Nö. Das ist alles.“

Ich fiel fast hintenüber. Das hatte mir noch keiner in einer Probesession geboten! Und in diesem Stil ging es weiter. Ich riet ihm dringend, eine Ausbildung zu machen, und soweit ich hörte, war diese auch sehr erfolgreich.

Ach ja, was war es, das mich so aufgeschreckt hatte? Wenn Sie es sich noch nicht gedacht haben: die verwendete Postkarte der Gorch Fock ist ein **Schwarz-Weiß-Foto**. Und davon habe ich nur genau zwei in meinem Targetpool.

Die Zeit der Katastrophen

9. Kapitel

Die Zeit verging, das Jahr 1997 eilte davon. So schien es mir jedenfalls. Und der Weltuntergang rückte näher. 1998 würde das Jahr werden, das uns alle hinwegfegte, wenn alles Vorausgesagte sich erfüllte. Und je näher es kam, desto sicherer schien das Spektakel auf den Weg zu kommen. Auch die beteiligten Seher rückten nicht von ihren Voraussagen ab, im Gegenteil. Der Weg der Menschheit hin zu ihrem Untergang war von verschiedenster Seite detailliert beschrieben worden, und die weltweiten Anzeichen schienen als Wegmarken diese düstere Aussicht zu verdichten. Das begann schon mit Nostradamus, der „Mars, Sonne und Venus im Löwen stehen" sah, was für den 21. August 1998 zutreffen würde. Auch der viel zitierte Alois Irlmaier machte verhältnismäßig klare Aussagen: „Ich sehe ganz deutlich drei Zahlen, zwei Achter und einen Neuner.", welche nach 1988 nur noch in 1998 oder 1999 in einem Datum auftauchen könnten. Edgar Cayce gar benannte eindeutig das Jahr 1998. Auch bei Remote Viewern tauchte dieses Jahr bei Sessions über „die nächste globale Katastrophe" massiert auf, so dass wir schon lange vorher einem 1998-Syndrom verfielen: „Ist sowieso bald alles zu Ende!"

Mich persönlich störte diese Situation außerordentlich. Nicht nur, weil ich nicht wollte, dass es so kommen möge; ich hatte auch das deutliche Gefühl, dass etwas nicht stimmte. Und inzwischen hatte ich gelernt, meinen Gefühlen Vertrauen zu schenken. Etwas war faul, wie man so sagt in schlechten Krimis. Fragt sich nur, was.

Ich hielt die Augen offen. Jeden Tag las ich aufmerksam die Zeitung, hörte mehr Nachrichtensendungen und Kommentare denn je. Ich wollte mitbekommen, ob und wann es sich anbahnte, das grenzenlose Desaster, und vielleicht, wie viel Zeit uns noch blieb. Natürlich betrachtete ich den Ablauf der Ereignisse nicht, wie ich es noch zwei Jahre zuvor getan hätte. Inzwischen war mir ja Remote Viewing in die Quere gekommen und hatte meine Sichtweise paranormaler Phänomene erheblich verändert, wenn nicht gar umgestülpt. Ich wußte jetzt, dass Hellsehen funktioniert. Aber einiges paßte überhaupt nicht zusammen, anderes paßte sehr gut, viel zu gut. Selbstverständlich haben auch wir Remote Viewing eingesetzt; zur Lösung solcher Probleme hatten wir es schließlich einmal gelernt. Diese Aktivitäten möchte ich aber erst später an geeigneter Stelle einfügen. Ich habe auch sonst schon Mühe, eine gewisse Kontinuität in diesem Kapitel zu wahren. Lassen Sie uns zunächst von der Situation eines beliebigen, intelligenten Magazinlesers ausgehen, der um die Existenz paranormaler Vorgänge weiß und sich nun nicht mehr der Wirkung der Endzeitprophetie entziehen kann.

Was kann man in einer solchen Situation als immer noch kritischer Beobachter tun? Ich beschritt weiter den Weg der detaillierten Überprüfung. Es standen ja genügend Vorlagen zur Verfügung. Verlage und Versandhäuser überschlugen sich förmlich mit der Präsentation gnadenlos einschüchternder Buchtitel. Diese breite Bewegung im Auge behaltend – sie beeinflusste natürlich auch mich maßhaltig – möchte ich mich in meinen Betrachtungen auf eine Handvoll Autoren als jeweilige Richtungsvertreter beschränken.

Neben den vielen Einzelquellen gab es zum Beispiel den schon erwähnten Vorlauf des dritten Weltkrieges von B. Bouvier, zusammengestellt aus vielen Sehern vergangener Jahrzehnte (und Jahrhunderte), der das Nachschlagen bei einzelnen Quellen erheblich reduzierte. Ein schönes Dokument für meine Studien. In diese Kategorie möchte ich auch, wenigstens teilweise, Herrn Michel de Notredame alias Nostradamus einreihen.

Die Voraussagen Ed Dames hingen selbstverständlich immer noch bei mir an die Wand gepinnt. Außerdem gab es so ganz nebenbei noch die aktuellen deutschen Hellseher und Channeller, von denen ich hier stellvertretend Karin Nagel betrachten möchte. Zum einen natürlich, weil ich sie persönlich kenne, zum anderen, weil ihre Botschaften ein wirklich gutes Beispiel abgeben. Alle Vorlagen wurden beinahe täglich redigiert.

Mit allem verbunden, von allen gern zitiert und vereinnahmt, gehören natürlich die Bibel beziehungsweise besondere Stellen darin und ähnliche grundlegende Niederschriften anderer Völker erwähnt, wobei ich eine nähere Auseinandersetzung damit in das nächste Kapitel abschieben möchte. Die erstgenannten Komplexe bieten zunächst mehr als genug Anregungen.

Anfang 1998, nachdem ich mittlerweile fast ein Jahr lang intensiv die

Ereignisse verfolgte, kam ich zu dem unangenehmen Schluß, dass tatsächlich etwas an diesen Voraussagen dran sei. Mehr und mehr Posten auf den Listen konnte ich abhaken, mehr und mehr Zuordnungen erschienen wahrscheinlich.

In der Zwischenzeit hatte ich mich daran gemacht, meine Erlebnisse mit Remote Viewing aufzuschreiben. Auch ein Kapitel über Voraussagen war vorgesehen, doch je mehr Ereignisse ich im Jahr 1998 sammelte, desto geringer wurde meine Motivation, dieses Kapitel fertigzustellen. Zuerst sagte ich mir zur Entschuldigung: „Wozu noch ein Buch, wenn die Welt untergeht."

Sie ging aber nicht unter. Jedenfalls nicht 1998. Auch der viel beschworene 3. Weltkrieg fand in diesem Jahr nicht statt. Und ich wußte es ja auch in gewisser Hinsicht. Alles geschah, wie ich es aus den Erkenntnissen, die ich mit Remote Viewing gewonnen hatte, mehr und mehr erwartet hatte. (Natürlich hatte ich es mir auch so gewünscht, aber ich glaube nicht, dass das Universum meine Bestellung so ernst genommen hat. Ich denke, der Weltuntergang wäre auch gegen meinen Willen geschehen, wenn er auf dem Plan gestanden hätte.)

Mein Hauptproblem war vielmehr, meine Erkenntnisse zu formulieren. Nachvollziehbar zu formulieren, um es genau zu sagen. Ich verfolgte manchmal schon fast atemlos, wohin meine Gedanken und Schlußfolgerungen abdrifteten. Mehr als einmal tastete ich gewissermaßen mit den Füßen nach dem Boden unter mir, wie um zu sehen, ob er noch da sei. Er war noch da, glücklicherweise. Noch heute bin ich unsicher, ob der Alltag mit seinem unspektakulären aber vereinnahmenden Kleinkram mich immer wieder herunterholte, oder ob ich den Alltag als Trittbrett für immer neue geistige Auseinandersetzungen benutzte. Die Folge dieses Auf-und Abwogens führte aber zu einem Schreibstau der Unschlüssigkeit. Das ewige Problem: wo beginnen, wo enden.

Ende Dezember des Katastrophenjahres geschah es dann.

Meine Frau, immer wieder mein wertvoller Scout im Dschungel der Zeitungen und Illustrierten, knallte mir einen Stapel Artikel auf den Tisch.

„Hier, das musst du lesen. Alles zum Thema Hellsehen und Weltuntergang."

„Muss ich das alles lesen? Was steht da drin?"

„Der Standpunkt der konservativen Wissenschaft. Hellsehen ist Quatsch."

„Das wissen wir ja nun etwas anders zu bewerten."

„Nun, man hat sich detailliert damit auseinandergesetzt. Man hat alle Voraussagen aufgezeichnet und überprüft, ob sie eintreffen."

„Ich auch. Und?"

„Nichts *und*. Keine ist eingetroffen. Alles widerlegt. Kohl ist nicht Kanzler geblieben, Deutschland nicht Fußballweltmeister geworden und der amerikanische Präsident wurde nicht ermordet. Jedenfalls bis jetzt nicht. Ein rabenschwarzes Jahr für die deutschen Hellseher."

„Wer sagt das?"

„Ein Herr Wunder von dem ›Deutschen Forum für Parawissenschaften‹. Und im Radio wurde er auch zitiert."

„Na, der hat ja wirklich den falschen Namen für den Job."

„Die anderen schreiben das Gleiche. Nur keine Panik, der Weltuntergang findet nicht statt. Hellseher sind Betrüger. Lies doch selbst."

Ich las. Und je mehr ich las, desto aufgebrachter wurde ich, wie einfach man es sich in allen Artikeln, angefangen vom Wissenschaftsreporter der Lokalzeitung bis zum Dr. Dr. Weißichalles in den Fachmagazinen, gemacht hatte.

„Das ist ja ein Blödsinn, ich wußte nicht, dass man es sich als Wissenschaftler so leicht machen kann", kreuzte ich hernach bei meiner Frau im Büro wieder auf. „Natürlich haben die Hellseher nicht in dieser Form Recht behalten, aber so was von oberflächlicher Darstellung habe ich wirklich selten gelesen. Die Angst selbst der Parapsychologen vor einer unangenehmen Zukunft geht ja bis zur Selbstamputation geliebter Forschungsprojekte. Soll das wissenschaftliche Auswertung sein, wenn man sagt: *Aussage genau eingetroffen? Ja/nein und dann nur aufaddieren*, das ist mir wirklich zu wenig. Über diese Art von Statistik haben wir uns schon während des Psychologie-Studiums amüsiert. Das muss man doch ganz anders hinterfragen. Und da ist Remote Viewing der Schlüssel. Hier zum Beispiel, so ein aufgeblähter Quark in dieser sogenannten Fachzeitschrift …"

„Warum erzählst du mir das?" unterbrach mich meine Frau freundlich lächelnd. „Ich weiß das doch selbst. Schreib das lieber in deinem Buch."

Sie hatte recht. Genau. Jetzt war es wirklich an der Zeit, dieses Kapitel zu schreiben. Ich drehte mich um und ging zurück in mein Zimmer.

Das einzige Problem, das ich immer noch fast unüberwindlich vor mir aufragen sah, bestand darin, dass viele Aspekte meiner Ausführungen sich hauptsächlich durch die Beschäftigung mit Remote Viewing herauskristallisiert haben. Und leider wird wahrscheinlich der größte Teil meiner Leserschaft eben nicht aus Remote Viewern bestehen und diese Erkenntnisse nicht nachvollziehen können. Da hat es die Gegenseite einfacher. Helmut Kohl ist tatsächlich nicht wiedergewählt worden. Kann man ja feststellen. Ging ja durch alle Medien. Also, was will dieser Schreiber daran rütteln?

Nein, daran will ich überhaupt nicht rütteln. Jedenfalls nicht in diesem Universum.

Aber auch ich kann mit einer detaillierten Liste aufwarten, und ich denke, mit der Aufarbeitung dieser Liste sollte ich beginnen, um meine Auffassung zu erklären.

Nach dem Börsencrash im Herbst 1997 stand der Ausbruch von Vulkanen im Süden Europas an. Das kann doch nur Italien sein, dachte ich. Auch Karin Nagel nannte die Vulkane beim Namen: Vesuv und Ätna. Nun gut: Passiert es, oder passiert es nicht?

Im Oktober 97 wurde der Ätna unruhig. Tatsächlich! Aber er brach nicht aus. Nur ein paar Erdstöße … Ich beruhigte mich wieder. Bis zum Januar. Dann brach der Ätna wirklich aus. Abgehakt.

Und dann dieser Winter 97/98, der keiner war. Erinnern Sie sich noch? Die Heizölpreise kamen einfach nicht aus dem Keller. Das hätte mich freuen können. Leider stand bei Herrn Bouvier „außergewöhnlich milder Winter“ in seinem Vorlauf für den dritten Weltkrieg.

Der Januar 98 brachte noch mehr dieser zweifelhaften Aha-Erlebnisse. Mehrmals, als ich mit der Morgenzeitung konfrontiert wurde, durchfuhr mich der heiße Schreck des Erkennens. „Straßenkämpfe in Paris, die Stadt brennt!“ (Bouvier) Könnten das die Arbeitslosenunruhen sein, bei denen natürlich auch ein paar Autos abgefackelt wurden? Und als nächstes: Konnte man die Wirren in der katholischen Kirche Deutschlands um die Schwangerschaftsberatung als „Abfall der Katholiken von Rom“ (Bouvier) bezeichnen?

Konnte man, wenn man wollte. Wenn man zum Beispiel die Baisse der internationalen Börse im Herbst 97 als „Crash“ einstufte. Oder wenn man die „Handlungsunfähigkeit der westlichen Regierungen“ (Bouvier) in der Behandlung aktueller Krisengebiete (Balkan, Irak, Afrika) so interpretierte. Oder der Punkt „Wirtschaftskrise im Westen, neue Steuern“. Den brauchte man gar nicht zu interpretieren. Ehrlich gesagt waren mir diese Sichtweisen etwas zu pauschal. Hier handelte es sich um Ereignisse, die in Wellen immer wiederkehren. Das konnte doch nur ein sehr unbedarfter Beobachter, der ohne historische Bezüge in den Tag hinein lebte, zu den Schlüsselereignissen rechnen, die in hellseherischen Voraussagen gemeint sein sollten. So kann man sich auch als Hellseher in die eigene Tasche lügen. Wo waren also die unverwechselbaren Einzelereignisse, die tatsächliche Wegmarken bedeuten konnten?

Es gab sie.

Große Sorge bereitete mir der Punkt „Entdeckung eines Planetoiden, dessen Bahn die Erde kreuzt", denn nach wie vor hielt ich diesen Punkt für einen sehr realistischen Gefahrenmoment für die ganze Erde. Und sogar, immer noch im Sog von Hale-Bopp, wurde diese Meinung auch von den seriösesten Wissenschaftsmagazinen getragen.

Im Februar machte die Entdeckung des Asteroiden *YF 11* Schlagzeilen. „Er wird uns nur knapp verfehlen", lautete die Aussage der Astronomen. Aha.

Wie knapp ist sehr knapp? Wir alle wissen, was ein paar hunderttausend Kilometer aus astronomischer Sicht tatsächlich bedeuten. Zumal, wenn man bedenkt, wie ungenau die Vorausberechnungen in der Vergangenheit waren. Denken Sie nur an den Leoniden-Schwarm, der uns für den 17. November 1998 als gigantisches Sternschnuppenfeuerwerk von den Astronomen angekündigt wurde. Trotz der Erdanziehung ging er soweit vorbei, dass das Himmelsschauspiel nur mäßig über dem lag, was sonst der Nachthimmel zu bieten hat. Hier wurden die Grenzen der Exaktheit moderner Wissenschaft dem Mann auf der Straße schnell und peinlich vorgeführt.

Und der zweite Golfkrieg? Im November 1997 schrieb ich noch „im Anmarsch" an meine Pinnwand. Im Januar 1998 spitzte sich die Lage zu: Saddam Hussein rief wieder einmal vehement zum Krieg gegen die Ungläubigen auf. Aber, wir erinnern uns: Im März wurde dieser Konflikt nach kritischen Momenten beigelegt. Zunächst jedenfalls. Also nicht abhaken. Der „Aufmarsch von Flottenverbänden im Mittelmeer" war jedoch nicht zu verhindern. Haken.

Die Lage um Israel war auch nicht dazu geeignet, den diesbezüglichen Punkt im Vorlauf des dritten Weltkriegs unbeachtet zu lassen. Die neue Regierung um Netanjahu ließ keine Gelegenheit aus, brenzlige Situationen zu fördern oder in Kauf zu nehmen. Also schrieb ich hin: „Krise um Israel: permanent" und hakte ab. Hier könnte man mit Berechtigung eine Wegmarke ausmachen, dachte ich. Die vorherige

Regierung hatte einen Friedensprozeß in Gang gesetzt, der jetzt mehr als ins Stocken kam.

Ed Dames hatte für seinen letalen Fungi-Kanister aus dem Hale-Bopp-Szenario einen Einschlag in Zentralafrika bis zum Februar 1998 vorausgesagt. Am 9. Dezember 1997 meldeten die Nachrichtenagenturen einen mysteriösen Meteoriteneinschlag in Grönland. Dort sei ein sehr heller Stern ins Eis gestürzt; hätte, von vielen Zeugen beobachtet, die Nacht zum Tage gemacht. War das vielleicht Dames' Kanister? Oder andere Nachlässe des Kometen Hale-Bopp? Dann hätten wir ja Glück gehabt, denn im ewigen Eis wäre alles unschädlich versunken. Auch die Astronomen machten sich wenig Hoffnung, den hier beteiligten Meteorkern auszugraben, aufzufischen oder wie auch immer in seinen Besitz zu kommen.

Am 2. Februar 1998 ereignete sich etwas Merkwürdiges, das weltweit Kopfzerbrechen bereitete, und mir als unfreiwilligem Untergangs-Chronisten natürlich erst recht. In New York gab es eine Explosion mitten auf der 5th Avenue, Nähe 19th Street. Man stritt sich eine Weile, ob es sich hier um einen Einschlag aus dem All oder nur eine unterirdische Gasleitungsexplosion gehandelt hatte. Dass auf der 5th Avenue wie durch ein Wunder niemand verletzt wurde, trug sicherlich auch dazu bei, dass die Nachricht weltweit keine große Beachtung fand. Immerhin meldete die New York Times einen riesigen Krater; hunderte von Läden und Büros seien verwüstet und darauf folgte ein Verkehrschaos ohne Vergleich. Wer Manhattan kennt, weiß diese Nachricht zu würdigen. Wenn man allerdings bedenkt, was das Jahr 1998 im weiteren Verlauf zu bieten hatte, kann man diese Nachricht getrost im Papierkorb der Unwichtigkeit ablegen.

Wie wir auch an diesem Beispiel sehen, spielt die Interpretation einer Nachricht für die Einordnung in den Kontext der Voraussagen eine große Rolle. Und wer nichts von Prophezeiungen hielt, nahm die Ereignisse als schnell wieder vergessene Alltagskuriositäten.

Diejenigen aber, die von bestimmten Voraussagen aufgescheucht waren, suchten nach Ereignissen, die dazu passten und eingeordnet werden konnten. So etwas kann in eine Art religiösen Eifer ausarten. *Leading Edge*, eine Forschungsgruppe für außergewöhnliche Phänomene in Washington, wies besonders darauf hin, dass dieses Ereignis zur gleichen Uhrzeit wie der Grönland-Einschlag stattgefunden habe und recht gut in Ed Dames Voraussagen paßte. In Ihrer Verlautbarung Nr. 108 fand ich folgende Darstellung:

„Ein paar Forscher, darunter auch Richard Hoagland, verfassten eine peinlich genaue Studie dieser Ereignisse und kamen zu der Schlussfolgerung, dass die beiden Ereignisse durch eine merkwürdige Synchronisation und Zufälligkeit miteinander verknüpft seien. Insbesondere, wenn man einbezieht, dass Sirius am 2. Dezember um 4.54 Uhr morgens gerade über dem Horizont stand, genau wie am 9. Dezember um 5.11 Uhr.

Zufall? Man kann hier spekulieren, dass beide Effekte von irgendeiner Intelligenz ausgedacht und präzise durchgeführt wurden, um die Auswirkungen von präzise gesteuerten Asteroidenkollisionen zu testen. Wie man vermuten kann, ist dieses Thema strengstens geheim, und es gab alle möglichen Anstrengungen, diese Nachrichten zu unterdrücken, besonders in den USA. Derjenige, der diese Voraussage gemacht hat, war Major Ed Dames, diesmal aber nicht in der Art-Bell-Radioshow. Einige von Ed Dames' Voraussagen sind nicht veröffentlicht worden. Andere bestimmte Ereignisse sind global eingetroffen, gehen aber über die Betrachtungen dieses Artikels weit hinaus."

Und an anderer Stelle: „Der 2. Januar 1998 war der Tag, da die Bahn des Hale-Bopp die des Sirius kreuzte, von der sich bewegenden Erde aus gesehen."

Bei der Lektüre dieser Ausführungen fragte ich mich, wahrscheinlich zu Recht, ob man durch diese Art der Auswertung nicht sämtliche Ereignisse auf dieser Erde in irgendeinen Zusammenhang bringen könnte, um sie in eine Verschwörungstheorie einzugliedern. Stellen Sie sich vor, unser Nachbar fährt jeden Morgen um halb sieben zur Arbeit. Genau an diesen beiden Tagen hatte er aber verschlafen und fuhr erst eine Viertelstunde später ab. Würden Sie daraus den Zusammenhang konstruieren, er hätte etwas mit den Einschlägen zu tun und sei vielleicht Mitglied einer Weltverschwörung, die bestimmte Erdteile versuchshalber mit Meteoriten bombardiert? So einfach ist das wohl nicht mit den Zusammenhängen. So kann man die unwahrscheinlichsten Signifikanzniveaus konstruieren, nur: Das sagt eigentlich überhaupt nichts aus. Vielleicht war es viel wichtiger, dass in China an diesen Tagen ebenfalls ein Sack Reis umfiel? Vielleicht ist auch **alles** von Belang, nur verheddern wir uns hier hoffnungslos in kosmischen Datenmengen.

Davon unbenommen ist natürlich die tatsächliche Existenz von Verschwörungen auf unserer Erde oder vielleicht besser „konzertiertem Denken und Handeln bestimmter globaler Interessengruppen", wovon wir die US-Regierung selbstverständlich nicht ausschließen können. Aber ich denke, man kann alles übertreiben. Und das war hier der Fall.

Über eines jedoch beschwerte sich der *Leading Edge*-Autor der Chicago Research Group sicherlich nicht so sehr zu Unrecht, nämlich darüber, dass kinematografische Seifenopern wie „Titanic" oder Clintons Sex-Affären weitaus mehr Aufmerksamkeit erreichten als die durchaus realen Bedrohungen aus dem All; schlimmer noch: Dass sie die Aufmerksamkeit der Menschen mit Banalitäten verkleisterten.

Immerhin gab es einen „Angriff aus dem All" im Jahr 1998 noch einmal dermaßen konkret, dass ihm die Bild-Zeitung sogar die erste Seite widmete.

Am 1. Oktober 1998 titelte sie „Strahlenbombe aus dem All". Was war geschehen? Am 27. August um 5.22 Uhr morgens wurde im Pazifik, nahe Hawaii ein mit zwanzig Kilometer sehr eng begrenztes Gebiet von einem Neutronenstoß getroffen. Die NASA benötigte über einen Monat um als offizielle Erklärung eine Eruption des weit entfernten Neutronensterns *SGR1900+14* im Sternbild Adler anzugeben. Ed Dames und sogar Linda Moulton-Howe[1] sahen es in der Art-Bell-Show ganz anders. Sie und einige Astronomen waren der Meinung, dass dieser Strahlensturm von unserer eigenen Sonne käme. Ed Dames vertrat schon längere Zeit die Ansicht, dass es die Sonne sei, die neben den Pilzsporen aus dem All unserer Zivilisation ein Ende bereiten würde. In mehreren Sendungen riet er den Anrufern, Gebirgshöhlen mit frischem Wasser in der Nähe aufzusuchen, denn Anfang 1999 werde es Sonneneruptionen geben, die schließlich auch die Erde erreichen und verheerende Wirkung zeigen werden. Diese Plasmastürme kündigten sich 1998 tatsächlich durch eine gesteigerte Sonnenfleckenaktivität an. Ob sie tatsächlich die Erde erreichen würden, konnte keiner der befragten Wissenschaftler genau sagen, immerhin hielt man den Verlust von einigen Satelliten für möglich.

Ed Dames kam auf Grund von Remote-Viewing-Sessions zu der Ansicht, dass diese *sunflares* in Abständen und dann von mal zu mal stärker eintreten würden. Erst käme ein *shot across the bow*, ein Schuß vor den Bug sozusagen, dann ein stärkerer und schließlich der Todesschuß. Auf dieser Basis konnte man den Einschlag am 27. August 1998 sehr wohl für diesen ersten Warnschuß halten. Oder war es der letzte Warnschuß nach einem Jahr der Vorzeichen, wie man 1997 auch hätte einordnen können nach all den Zeichen am Himmel und auf der Erde?

---

[1] Linda Moulton-Howe wurde bekannt durch ihre Berichte über Tierverstümmelungen in den USA

Oder war es ein Ereignis, das immer wieder eintritt? Am 31. Januar 1993 fand dieses Ereignis nämlich schon einmal statt, wie ich der Wissenschaftsseite des „Spiegel“ entnahm. Gehört dieses Ereignis, da es von einem ganz neuen Forschungssatelliten gemessen wurde, womöglich zu den Ereignissen, die wir erst jetzt feststellen können, weil unsere Messmöglichkeiten dies vorher nicht zuließen?

Wie dem auch sei, inzwischen war, wir erinnern uns, tatsächlich ein Szenario des Untergangs der Erde eingetreten oder, wie Karin Nagel es in ihren gechannelten „Durchgaben“ formulierte, „der Todeskampf der Erde hatte eingesetzt“.

In der Tat, es ging zur Sache:

Der Vorlauf im Frühling und Sommer bestand aus Hitzewellen unbekannten Ausmaßes im gesamten Mittelmeerraum, die natürlich auch zu verheerenden Waldbränden führten.

Waldbrände gab es reichlich auch anderenorts. In Florida wie auch in Kalifornien, aber die schrecklichsten Ausmaße hatten die Folgen von Brandrodungen auf Borneo und Sumatra. Erinnern Sie sich? Wegen Rauchentwicklung war der Schiffsverkehr auf dem umgebenden Ozean behindert und die Menschen in dieser Gegend liefen wochenlang mit Atemschutz herum. So etwas war noch nie da gewesen.

Aber das Gegenstück zum Feuer ließ auch nicht auf sich warten: Flutwellen in unserem „Nahen Osten“: Polen, Tschechien, Slowakei sowie Ungarn im Juli. Weiter weg, in Afrika, stand nicht nur Tansania unter Wasser.

Und mit den Naturkatastrophen einher ging das *Weltwirtschaftschaos*. Es begann, in der ersten Jahreshälfte 1998 die Titelseiten zu füllen. Japan und die „Tigerstaaten“ im Fernen Osten mit Korea an der Spitze machten den sichtbaren Anfang.

Im Spätsommer dann begannen die Termine zusammenzurücken. Es ging im wahrsten Sinne des Wortes *Schlag auf Schlag*.

15. August: Gluthitze und Dürre in Texas, USA.

Schwerer Erdrutsch am Brenner.

17. August: Die schweren Unwetter in China führen zur Überschwemmung der größten Ölfelder des Landes. Millionenstädte sind von den Fluten bedroht.

Russland: 210 000 Hektar Wald brennen im Osten nahe der Stadt Chabarowsk.

18. August: Schwere Unwetter wüten in Australien.

20. August: Deichbrüche in China bedrohen Millionenstädte.
Russland: Rubelabwertung, Panik an allen Börsen der Welt.
27. August: Massenflucht vor Hurrikan „Bonnie“ in North und South Carolina, USA.
Aktienkurse weiter auf Talfahrt.
28. August: Rußland versinkt im Chaos: Nichts geht mehr.
Taifun, heftige Niederschläge und Erdrutsche in Japan.
Bangladesch: zwei Drittel (!) des Landes unter Wasser.
China: schweres Erdbeben in der Provinz Xinjiang
USA: Wirbelsturm „Bonnie“ führt auch zu Überflutungen in North Carolina.
„Mini-Wirbelsturm“ über Thüringen. (Ja, sogar das!)
10. September: Panik in Italien nach starken Erdbeben.
Schlimmste Flut in Bangladesch, Dakar fast abgeschnitten.
Schwere Überschwemmung in Mexiko. Die Hälfte der wichtigen Kaffeeregion Chiapas wird zum Notstandgebiet.
12. September: DAX und Dollar stürzen ab.
16. September. Rekord-Ozonloch über der Antarktis.
Hochwasser-Drama in Belgien.
22. September: schwere Verluste am Aktienmarkt (schon wieder oder immer noch?)
USA: Hurrikan „Georges“ fegt über die Karibik.
26. September: Der Hurrikan ist über Florida.
1. Oktober: „Georges“ verursacht Milliardenschäden und fordert über vierhundert Opfer.
2. Oktober: Aktienkurse im freien Fall. Steht eine neue Weltwirtschaftskrise bevor?
9. Oktober: US-Forscher bringen neue Beweise für Klimawandel: Erdkruste erwärmt sich rasant.
12. Oktober: Großbrand in Haifa, Israel.
17. Oktober: Todes-Taifun über Taiwan. Indien: Schwere Monsunregen fordern hunderte von Toten.
19. Oktober: Pipeline-Großbrand in Nigeria.
22. Oktober: Massenflucht wegen Super-Taifun auf den Philippinen.
23. Oktober: nach Dürreperiode jetzt Dauerregen und Flutwelle in Texas.
29. Oktober: Hurrikan „Mitch“ über Mexiko.
Keine Atempause für Helfer: Regenfluten in Norddeutschland. Felder unter Wasser: Kartoffel-und Maisernte vernichtet.

30. Oktober: Wetter-Chaos in Deutschland. Heftige Unwetter in Süddeutschland, Überschwemmungen in Norddeutschland, Jahrhundert-Flut in Baden-Württemberg.

1. November: Hochwasserlage wieder verschärft.

„Mitch“ in Mittelamerika immer noch auf dem Vormarsch.

3. November: über 5 000 Tote in Honduras nach Unwetter-Katastrophen.

5. November: Über 10.000 Tote in Honduras und Nicaragua nach „Mitch“.

Notruf von El Salvador.

17. November: Satellitenverlust durch Leonidenschwarm befürchtet.

30. November: Popocatepetl, Mexiko bricht aus.

1. Dezember: Welt-Aids-Tag: globale Epidemie außer Kontrolle.

Eine Woche vor Weihnachten: USA und England bombardieren Irak. Zweiter Golfkrieg?

In der Tat, ein katastrophales Jahr. Aber: „Die Deutschen gehen optimistisch in Neue Jahr“ (Silvester-Überschrift). Denn: Die Erde ging nicht ganz unter in diesem Jahr. „Noch nicht?“, fragten die grenzwissenschaftlichen/esoterischen Autoren und verschoben flugs den Weltuntergang ins nächste Jahr.

Auf dem Höhepunkt dieser Geschehnisse, die durchaus von sogenannten „seriösen“ Zeitungen wie dem *Spiegel* als „apokalyptisch“ bezeichnet wurden, wartete ich nun auf die Erfüllung von Voraussagen bestimmter Einzelereignisse in dem ganzen Tohuwabohu, wie sie in allen meinen Quellen vorhanden waren.

Und sie ereigneten sich. Und zwar alle, die ich mir als „Meilensteine“ vorgemerkt hatte. Und genau die Art des Eintreffens dieser Details gaben mir die Sicherheit, dass Propheten und Hellseher genauso wie Remote Viewer den gleichen Gesetzen unterliegen, wie ich sie seit nunmehr über zwei Jahren sozusagen als PSI-Gebote kennengelernt hatte. Interessanterweise sind es zehn, allerdings würde ich ungern den Terminus Gebote benutzen, obwohl gerade die Voraussagen der Bibel größten Einfluß auf die Menschheit hatten.

Beginnen wir mit Ed Dames, weil er das für mich immer noch schönste Beispiel kreierte. Vielleicht deshalb, weil seine Aussagen mittels Remote Viewing generiert wurden und sich deshalb durch ihre Präzision besonders für eine Überprüfung anboten. Er sagte in der Art-Bell-Show vom 25. November 1997 für den *Herbst '98* die Explosion einer Atombombe in Südkorea voraus. Das ist signifikant, dachte ich und wartete.

Sie kam.

Wie bitte? Sie haben nichts davon gehört? Stimmt. Es war auch keine Atombombe. Es waren mehrere Ereignisse, die hier Eingang fanden und in ihrer Verknüpfung und Interpretation so typisch für Remote Viewing sowie alle anderen hellsichtigen Prozesse sind.

Ich habe mich inzwischen daran gewöhnt, zufällig Bücher an den für mich relevanten Stellen aufzuschlagen, Bänder an der richtigen Stelle anzuhalten oder, was an sich sehr selten vorkommt, den Fernseher einzuschalten, um wichtige Informationen zu erhalten. So auch am 11. September 1998. Einem plötzlichen Impuls nachgebend, schaltete ich kurz nach zwanzig Uhr die Tagesschau ein. Der Schirm erhellte sich, das bekannte Sprecherszenario erschien. Dann plötzlich eine Explosion auf dem Bildschirm. Eine Glutwolke entstand, schoß empor und formte einen Rauchpilz, der verblüffend der sehr bekannten Form des Atompilzes ähnelte. Nur dass es kein Atompilz war, sondern eine Gasexplosion. In Puchon, und das liegt in – *Südkorea,* zweiundzwanzig Kilometer von Seoul entfernt. Ich bin sicher, dass Ed Dames oder wer immer die Session auf die genannte Atomexplosion gemacht hat, dieses Bild *empfangen* hat.

Ich halte Dames für einen erfahrenen Remote Viewer. Aber auch er hat mit den Gesetzen des Remote Viewing zu kämpfen. Die kennt er auch, und deshalb konnte ich mir nicht vorstellen, dass allein diese atompilzähnliche Wolke ihn zu seiner Aussage verleitet hatte. Ich las noch einmal die Stellen in seinen Interviews, die sich mit Korea beschäftigten.

Aus Agentenberichten wie auch von Remote Viewing-Sessions in Fort Meade hatte Dames schon viele Jahre früher erfahren, dass Nord-Korea sich spaltbares Material verschaffen wollte und dem dortigen Regime das auch im Laufe der Zeit gelang. Auch dies ging in seine RV-Sessions ein. Dames warnte auch bei Art Bell vor der Realität, dass Nord-Korea den verhassten Südstaat atomar angreifen werde. Die Pilzwolke der Gasexplosion verleitete ihn offensichtlich zu der Datierung „Herbst 98“.

Aber etwas fehlte noch: der konkrete Angriffsaspekt.

Er wurde mir prompt nachgeliefert, und zwar knapp vier Wochen später, am 5. Dezember. „Rakete über südkoreanischer Stadt explodiert“ stand in unserer Tageszeitung auf der – in keiner Zeitung fehlenden – interessanten letzten Seite mit bunten Nachrichten aus aller Welt. Eine Boden-Luft-Rakete vom Typ *Nike-Hercules* war während einer Übung außer Kontrolle geraten und dreihundert Meter über der Stadt Inchon explodiert, dreißig Kilometer von der nordkoreanischen Grenze entfernt. Drei Menschen wurden durch herabfallende Trümmer verletzt und einige Häuser und Autos beschädigt.

Ich kann mich nicht erinnern, im gesamten Jahr 1998 zwei derartige Nachrichten von irgendeinem anderen Ort auf der Erde gelesen zu haben.

Ed Dames hatte also Recht behalten in fast allen Einzelheiten, außer in der Interpretation seiner geviewten Daten. Und das ist so typisch, ich kann mir richtig vorstellen, wie die zugrunde liegenden Session(s) ausgesehen haben:

Stage 2: weiß, gelb, rot. Heiß, kochend, gasförmig. Laut, AOL/s wie von einer Explosion, AOL Bombe. Außen, ausgedehnt, aber mit vielen Einzelheiten, AOL: Großstadt.

Stage 3: Ein Energieausbruch, vielleicht eine Wolke. AI: sehr gefährlich!

Stage 4: Grell, heiß, groß, hoch, aufsteigend, Angst, Panik, Bedrohung, Hilflosigkeit, Wut, Verzweiflung. Häuser, Menschen, Rakete. Zerstörung, Bedrohung, Verbrennung, Verhinderung, Flucht. AOL/S: wie im Krieg. AI: gefährlich, tödlich.

Stage 6: Timeline: Herbst 98. geografisches Tool: Koreanische Halbinsel, eher an der Südspitze, etwas auseinandergezogen. Politischer Aspekt: Bedrohung, Kalter Krieg. Hunger auf der einen Seite, Neid. Auf der anderen Seite Wohlstand.

Soweit meine Fiktion. Nehmen wir sie einmal als Realität an. Die Daten sind doch sehr eindeutig. Im Herbst 98 gibt es eine pilzförmige Explosion über Korea. Menschen kommen zu Schaden und es wird viel zerstört. Eine Rakete ist mit im Spiel, politischer Aspekt, bekannte Gegensätze in Korea. Der Aspekt der versuchten Verhinderung, Aspekte von Flucht und Verzweiflung. Und wir **wissen**, dass Nordkorea die Atombombe hat und sich gebärdet, dass man ihm auch den Einsatz zutraut.

Die Geschichte sieht sehr eindeutig aus, kein Mensch käme jetzt auf die Idee, folgende Fragen zu überprüfen:

1. Gehört alles zu einem einzigen Ereignis?
2. Geschieht alles zur gleichen Zeit am gleichen Ort?
3. Wie viele Menschen werden getötet?
4. Welcher Grundstoff explodiert dort?

Und selbst wenn man diese Fragen zum Gegenstand weiterer Untersuchungen gemacht hätte, muss nicht sicher das Atomszenario ausgeschlossen werden. Zu mächtig ist hier der politische Aspekt. Und es gibt natürlich noch weitere Probleme mit Remote Viewing in der Zukunft.

Möglicherweise hat Ed Dames die oben genannten Zusatzfragen durchaus mit einbezogen. In seiner Art-Bell-Sendung vermittelte er den Eindruck, dass er sich nicht hundertprozentig sicher sei, ob das Ereignis eintreten werde. Der Grund, den er dafür ins Feld führte, war, dass eine ausgesprochene Voraussage durch eben diesen Umstand unwahrscheinlicher wird. Beispielsweise, weil man sie durch die Vorauskenntnis verhindern kann. Es ist aber auch so, dass Ereignisse, je weiter diese in der Zukunft liegen, an Voraussage-Wahrscheinlichkeit einbüßen. Ed Dames äußerte sich mehrmals zu diesem Phänomen und gab für die akzeptable Wahrscheinlichkeit seiner Voraussagen einen Ereignishorizont von etwa sechs Monaten an. (Auch Joe McMoneagle äußert sich übereinstimmend dazu in seinem im Dezember 1998 erschienenen Buch „The Ultimative Time Machine", in dem er sich ausschließlich mit Remote Viewing der Zukunft beschäftigt. In die gleiche Kerbe schlägt auch einer der ersten Leiter des Remote Viewing-Projektes am SRI, Russel Targ, in seinem Buch „Miracles of Mind".)

Was passierte hier also nach Erarbeitung der Remote Viewing-Daten? Das, was immer und zu allen Zeiten Hellsehern, Schamanen, Wahrsagern, Mönchen, Eremiten und Orakeln beim Versuch, ein zukünftiges Geschehen zu beschreiben, widerfahren ist: Ihre Fantasie sprang nach 3 Sekunden ein, als die durchaus richtigen Informationen kein eigenes, schlüssiges Bild abgeben wollten. Irgend etwas muss man der Welt ja sagen, etwas, das man versteht. Der Kunde wartet auf eine klare Antwort. Leider kann die dann völlig verkehrt sein.

Blenden wir einmal zurück in vorchristliche Zeiten. Ist es nicht erstaunlich, wie schlau sich das Orakel von Delphi dieser Problematik entzogen hat? Es gab nur die tatsächlichen Daten von sich und hielt sich aus Interpretationen weitgehend heraus. Das war dann Aufgabe des Kunden, der sich natürlich auch schwer daran tat, weil dieser nun überhaupt nicht gelernt hatte, seine Fantasie im Zaum zu halten. Diese Interpretationsarmut bei Voraussagen wurde im Laufe der Zeit recht abfällig mit dem Begriff „orakeln" besetzt. Die negative Besetzung dieses Begriffs ist eigentlich völlig ungerecht, das sehen wir jetzt, aber eine Voraussage ohne Deutung ist so unbefriedigend, dass die linke

Gehirnhälfte, unser Intellekt, der alles erklären will, nicht eher ruht, als bis etwas schlüssig erklärt ist. Und wenn das dann nicht stimmt, taugt das ganze Verfahren nichts.

Ein weiteres schönes Beispiel entnehme ich dem Szenario von B. Bouvier. Der Ausbruch des dritten Weltkrieges wurde von vielen Sehern für das Jahr 1998 festgemacht. Wie wir alle wissen, trat er nicht ein. Wirklich nicht?

Im Fernsehen trat er ein. Am 1. Dezember sendete das Zweite Deutsche Fernsehen die Reportage „der dritte Weltkrieg". Ein Sturm der Entrüstung wie auch der Zustimmung brach los. Der Film erreichte viele Millionen Zuschauer und beschäftigte sie nachhaltig wie selten ein Fernsehbeitrag.

Das ist ein für Remote Viewer wie auch Hellseher ein überaus wichtiger Umstand, wie wir schon anläßlich der bereits beschriebenen Marssession unserer Viewerin Ute gelernt haben. Emotionen sind so ziemlich das Anziehendste, was es für das umherschweifende Unterbewusstsein gibt. Ute verfing sich unlösbar darin und wer einmal als Viewer nach Auschwitz oder auch „nur" in ein einzelnes Kapitalverbrechen geschickt wurde, kann ein meist sehr trauriges Lied davon singen.

Für das Target „Ausbruch des dritten Weltkriegs 1998" gab es also für den Hellseher nicht nur (Fernseh-) Bilder, sondern eine ungeheure emotionale Wirkung von Millionen Menschen.

Nun wird man anmerken, dass diese Emotionen ja nicht „echt" waren, weil es sich „nur" um einen Fernsehfilm, also keine Realität, gehandelt habe. Der Einwand ist richtig. Es besteht auch die Möglichkeit, beim Remote Viewing „echte" von „virtuellen" Eindrücken zu unterscheiden. Leider habe ich die Erfahrung gemacht, dass das wenigstens im heutigen Entwicklungsstadium von Remote Viewing sehr schwer ist und meist nur sehr erfahrenen Viewern gelingt. Natürliche Hellseher haben meines Erachtens in diesem Fall kaum eine Chance. Sie werden zwangsläufig mitgerissen von den wilden Wogen der Gefühle. Ohne den formalen Halt in der Person des Monitors beim Remote Viewing kommen sie überhaupt nicht auf die Idee, den Ursachen dieser Gefühle nachzuspüren. Sie gehen eher selbst in diesen Emotionen auf.

Interessanterweise trat die Voraussage für den dritten Weltkrieg vornehmlich bei Hellsehern im mitteleuropäischen Bereich, wenn man unsere östlichen Nachbarländer dazurechnet, auf. Hier findet man auch das Phänomen der Betroffenheit. Zwar ist es für das Hellsehen unwichtig, an welchem Ort des Universums die Ereignisse und die Informationen darüber angesiedelt sind, es scheint jedoch sicher, dass persönliche oder geografische Nähe das „Sehen" von Einzelereignissen begünstigt.

Eine Erklärung dafür gab mir möglicherweise Joe McMoneagle selbst, als wir ihn am 20. Oktober 1998 in Hamburg interviewten. Seit Jahren arbeitet er bei der Erforschung des PSI-Phänomens sowohl am SRI (Stanford Research Institute) als auch an der Princeton University mit. Hier fand man heraus, dass als Hauptträger, als organische Basis sozusagen die entwicklungsgeschichtlich älteren Stammhirnregionen anzusehen sind. Das wiederum würde bedeuten, dass PSI in der Frühzeit des Menschen und damit noch viel mehr bei Tieren eine ganz konkrete Funktion zukam, höchstwahrscheinlich die der Vorwarnung drohender Gefahren, wie zum Beispiel anschleichende Raubtiere oder beginnende Erdbeben, Vulkanausbrüche und Waldbrände. Diesen Sinn haben wir leider in der Neuzeit mit dem Verlassen auf die vermeintlich präzisere Technik zu Unrecht verschüttet. Zu welcher Präzision der stammesgeschichtlich neueste Apparat, die Großhirnrinde, und darin die schon genannte rechte Hälfte als Decodierungsgerät für hyperdimensionale Informationen fähig ist, finden wir jetzt erst mit den ersten Remote Viewing-Anwendungen heraus.

Betrachten wir PSI also als unseren Warn-und Berater-Sinn, ist es nur logisch, wenn es natürliche Hellseher dazu drängt, Eindrücke aus der näheren Umgebung vorrangig zu „bearbeiten". Eigene Gefahrvorwarnung geht vor Gemeinwohl oder globalen Ereignissen.

Mit diesem Wissen können wir uns jetzt auch vorstellen, warum die durchaus katastrophalen Ereignisse des Jahres 1998 als „Weltuntergang" eingeschätzt wurden. Der Viewer oder Hellseher „ging" hinein in die Informationsfelder dieser Ereignisse, schlimmer noch: In die Emotionsfelder, und er wurde von der Wucht dieser Energiefelder eingeschlossen. Es gab kein Entkommen, die Wirkung war zu überwältigend. Alles war Untergang. Und wenn der Viewer in den betroffenen Menschen „landete", erlebte er deren Ende mit. Für diese war tatsächlich das jeweilige Ereignis Sturm, Flutwelle und so weiter der persönliche Weltuntergang. Und dieser Terminus ging dann undifferenziert in die Interpretation der Daten ein. Aus einem lokalen Untergang, so schrecklich er sein mag, wird dann ein globaler. Dieser Vorgang wird außerdem von unserem **Vor-Wissen**, dass unser Umgang mit dieser Erde in der immer noch betriebenen Form tatsächlich zum allgemeinen Untergang führen muss, bestärkt. Übrigens ist auch speziell der Umstand der menschlichen Verantwortung für Umweltveränderungen und daraus resultierend der eigenen Schuld an der Aufsteilung der klimatischen Katastrophen, durch RV-Sessions, die in meinem Beisein durchgeführt wurden, erhärtet worden.

Ein anderes, aufschlußreiches Beispiel aus dem großen Angebot an Lehrmaterial ist der Asteroiden- beziehungsweise Kometeneinschlag, der in allen guten Prophezeiungsbüchern auftaucht, und ebenfalls für das Jahr 1998 vorgesehen war. Danach teilte man ihn für 1999 ein, und zwar für den 12. August. Quelle: Interpretationen englischer Kornkreise der letzten Jahre. Als Pendant dazu wollte der chilenische Astronom Carlos Ferrada einen Planetoiden von der dreifachen Größe der Erde ausgemacht haben, der ebenfalls zu diesem Zeitpunkt sehr nahe an der Erde vorbeirasen sollte. Sehr nahe heißt in diesem Fall ungefähr ein Drittel der Entfernung der Erde zur Umlaufbahn der Venus, was bei den angenommenen Masseverhältnissen durchaus Erdbeben und Flutwellen auf der Erde auslösen konnte. (Nun, die Erdbeben mindestens traten ein!)

Bleiben wir jedoch bei 1998 und machen wir uns an die Überprüfung: Gab es einen Einschlag in diesem Jahr? Diese Frage können wir natürlich sofort mit Ja beantworten. Auch wenn wir keine Kenntnis von dem schon vorher zitierten Einschlag in Grönland gehabt hätten (und der war ja schon 1997, aber wir wollen ja nicht kleinlich sein, es war immerhin Mitte Dezember, also schon fast 98), könnten wir allemal mit ruhigem Gewissen ja sagen, weil in jedem Jahr mehrere Brocken aus dem All die Erde treffen und meist in der Atmosphäre verglühen. Hier geht es aber um einen außergewöhnlichen Einschlag. Und damit meine ich wiederum nicht den Grönland-Einschlag, auch wenn Zeugen von so biblischen Begleiterscheinungen wie „machte die Nacht zum Tag" oder „heller als eine Atombombe" erzählten.

Der Einschlag, den ich meine, hatte tatsächlich die Ausmaße eines Weltuntergangs, und er fand auch im Herbst 1998 statt, genau wie vorausgesagt.

Und möglicherweise waren auch Sie mittendrin, lieber Leser.

Sommer 1998, auf riesigen Reklametafeln. „Nie wieder Steuern. Versprochen!" Erinnern Sie sich? Gleich zwei Filme bedrohten beinahe gleichzeitig den Kinogänger mit dem Untergang der Erde durch einen größeren Brocken aus dem All auf Kollisionskurs:

„Armageddon" und „Deep Impact". Besonders „Deep Impact" zeigte Untergangsszenarien in nie gekannter hyper-realistischer Darstellungsweise. Der Kinozuschauer saß mittendrin und entsprechend war auch die emotionale Beteiligung. Wie wir inzwischen wissen, geht der Hellseher zuerst in Gefühle. Hier wurden sie ihm angeboten, reichhaltig, millionengroß, mit genauer Ursache. Falsche Daten? Schwer zu sagen, jedenfalls für den Seher.

In einer Remote Viewing-Session würde nun ein Bündel Werkzeuge eingesetzt werden, um herauszufinden, woher diese Daten kommen und ob sie echt sind.

Diese Verifizierungsmaßnahme würde allerdings auch nur dann eingesetzt, wenn man den begründeten Verdacht hat, dass hier die Fantasie oder, viel schlimmer, die Fiktion vieler Menschen im Feld des Viewers, eine Rolle spielt. Dies trifft naturgemäß fast immer auf zukünftige Ereignisse, aber auch auf andere Ereignisse mit großem Emotionsgehalt zu. Wir hatten selbst einen Fall, in den wir sehr eng emotional verwickelt waren, sodass wir keinerlei Möglichkeiten mehr sahen, an unverfälschte Daten zu kommen. Es handelte sich um eine Diebstahlsbeschuldigung im engsten Kreis. Wir gaben das Problem an andere, völlig unwissende und unbeteiligte Remote Viewer weiter. Das erst schaffte Klärung. Ich möchte den Fall in einem späteren Kapitel detailliert erläutern.

Jetzt genügt es, festzustellen, dass ein Hellseher in solch einem Fall schon deshalb keine Chance hat, weil er gar nicht auf die Idee kommt, irgendetwas an seinen Eindrücken entspreche nicht realen Vorkommnissen. Oft ist er auch noch religiösen Einflüssen ausgesetzt oder hat ein Sendungsbewusstsein aufgrund seines Talents. Ein sehr gutes Beispiel dafür stellt Karin Nagel dar.

Als ich sie während des ersten deutschen Remote Viewer Treffens kennenlernte, war ich sehr angenehm berührt von ihrer ehrlichen sympathischen Art. Interviews mit ihr entnahm ich, dass sie als Heilpraktikerin tätig ist und anfänglich konnte ich ihre Ansicht teilen, dass Remote Viewing ihr dabei eine große Hilfe sein müsste. Mittlerweile bin ich mir da nicht mehr so sicher.

Da ich wußte, dass sie vorher als Channeling-Medium gearbeitet hatte und sich viel mit der Zukunft der Menschheit beschäftigte, bat ich sie, auch mir ihre „Durchgaben" zuzusenden. Auch sie sah für 1998 den allgemeinen Untergang voraus.

„Na, das ist ja nun völlig daneben geraten!" werden die Kritiker vom deutschen Forum für Parawissenschaften und ihre Parteigänger rufen. Moment, liebe Skeptiker, nicht gleich alles in die Mülltonne werfen, wenn man etwas nicht versteht. Ich will versuchen, diese oberflächliche Beurteilung zurechtzurücken.

Karin Nagel empfängt seit Jahren Botschaften ihrer „Raumbrüder", worunter sie ganz physikalisch existierende Sternfahrer versteht, wobei aber auch diese keine Überwesen zu sein scheinen, da sie ebenfalls Gott und den Engeln unterstehen, genau wie wir hier auf der Erde auch. Man könnte sie vielleicht zu jener Kategorie UFO-Besatzungen zählen, die sich im solaren System aufhalten, um uns zu bewachen und zu beschützen. Karin „empfängt" ihre Informationen wie in einer Art Funkverkehr mit diesen Raumfahrern, mehrheitlich mit dem Kommandanten der hier stationierten Flotte. Zumeist geschehen diese „Durchgaben" recht unvorbereitet. Nach eigener Aussage ist sie oft mit irgendeiner Tätigkeit beschäftigt, worunter auch ganz banale Hausarbeit ist, wenn plötzlich ihr „Empfänger" anzuschlagen beginnt.

Wenn Sie meinen Ausführungen bis hierhin geneigt gefolgt sind, müssten Sie die weiteren Zeilen fast schon selbst verfassen können.

Wir haben hier also eine medial begabte Frau, die durch ihre Remote Viewing-Sessions bewiesen hat, dass sie mit einem restriktiven Protokoll auch sehr exakte Daten liefern kann. Dieses Protokoll benutzt sie im „Alltag" ihrer Hellseherei jedoch nicht. (Eine typische Verfahrensweise von Medien, die Remote Viewing nur sozusagen **dazugelernt** haben.) Es ist auch vergleichsweise recht mühsam, sich mit solch einer aufwändigen Methode wie zum Beispiel Technical Remote Viewing mit seinem komplexen Protokoll abzuquälen, wenn doch die PSI-Eindrücke plötzlich anfangen zu sprudeln. Dieser Vorgang wird, wie bei allen anderen Menschen auch, besonders beim Ausüben einer seriellen Tätigkeit ausgelöst. Sie beschäftigt sich mit Staubwischen oder Abwaschen oder auch Post sortieren und lenkt ihre linke Gehirnhälfte damit ab. Bei genügender Beschäftigung dieses Denkapparates, und das ist bei natürlichen Medien, wie wir jetzt wissen, manchmal schon sehr schnell der Fall, schwappen die Eindrücke der rechten Gehirnhälfte herüber in die linke.

Diese unterbricht jetzt ihre serielle Beschäftigung, weil sie ja von keinem Protokoll zu deren Weiterführung angehalten wird, und beschäftigt sich mit den Daten aus der kosmischen Matrix. Leider sind diese Daten, wie wir gesehen haben, am Anfang sehr bruchstückhaft, zusammenhanglos und unverständlich.

Die linke Gehirnhälfte, beziehungsweise deren Arbeitsprogramm, empfindet diesen Zustand als unbefriedigend, ja inakzeptabel.

Zwei Möglichkeiten wären jetzt gegeben: entweder diesen ganzen unverständlichen Stuss fallen zu lassen und zu vergessen oder aber eine vernünftige Geschichte daraus machen.

Karin Nagel wählt die zweite Möglichkeit, schon deshalb, weil sie von der Existenz von PSI-Kräften weiß und deshalb die damit gewonnenen Daten als wichtig einordnet. Sie ist außerdem sehr religiös, ein Umstand, der oft mit Hellsichtigkeit einhergeht, da diese Menschen tatsächlich mit „höheren Konzepten" in Berührung kommen. Das muss nicht in kirchlicher Tätigkeit einmünden, eher das Gegenteil ist der Fall; und wenn man Art und Weise, wie besonders christliche Kirchen die Anweisungen und Gesetze der Schöpfung für ihre eigenen Zwecke zurechtgebogen haben, betrachtet, ist das auch kein Wunder. So auch Karin Nagel, die eine sehr freie, an grundsätzlichen Gegebenheiten des Universums orientierte Gottgläubigkeit vertritt. Dafür ist in den engen, kirchlichen Denkstrukturen kein Platz.

Da sie jedoch mit der uns nun verständlichen Wucht der Eindrücke erfaßt wird, was wiederum in eine Überzeugung der Wichtigkeit einmündet, muss sie ihre Erkenntnisse aufschreiben und missionarisch verbreiten. Und eigentlich ist sie nicht schlecht mit ihren Voraussagen, sie hat nur im entscheidenden Augenblick kein hilfreiches Protokoll zur Seite stehen und rutscht voll in die Fantasie.

Denn: Was ist Fantasie?

Fantasie kann man auch erklären als die Tätigkeit der linken Gehirnhälfte, die mit Hilfe von vorgespeicherten Daten unzulängliche Eindrücke befriedigend zu erklären versucht. Also eine schöne Geschichte erzählen möchte, die Sinn ergibt und in den eigenen Kontext paßt.

Karin Nagels Kontext ist die Erfahrung der Göttlichkeit und der allgemeinen Endzeitstimmung der prophetischen Publikationen. Ihre hellseherischen Erfahrungen waren die realen Ereignisse der Jahre 1997/98. Ihre Fantasie schnürte ein tragbares Bündel daraus. Schauen wir es uns im Einzelnen einmal an: (Zeitpunkt der Voraussage: September 1997)

>Der Mittelmeerraum um Italien wird sich nicht mehr beruhigen – der Ausbruch des Vesuv steht kurz bevor. Das wird noch 1997 sein.

Ätna und Vesuv werden ausbrechen, wenn sich die Erdbebenwellen im westlichen und östlichen Mittelmeerraum geschlossen haben.<

Richtig und doch knapp vorbei. Was bedeutet „nicht mehr“? Wäre Karin Nagel sicher gewesen, dass es eine endgültige Entwicklung sei, hätte sie „nie mehr“ formuliert. Im ganzen Untergangskontext bekommt „nicht mehr“ jedoch eine gefühlsmäßig endgültige Bedeutung. Fakt ist: Ende 1997 gab es eine wochenlange geologische Unruheperiode in Italien. Mittlere Erdbeben begannen im Oktober, man befürchtete Vulkanausbrüche, die aber nicht so recht in Gang kommen wollten – bis schließlich der Ätna im Januar dann doch Feuer spuckte. Eine Weile später beruhigte sich die Situation langsam wieder.

Für die dort ansässigen Menschen war es sicher eine endlos lange Zeit der Sorge. Wenn Karin Nagel diese Emotionen aufgenommen hat, ist es kein Wunder, wenn sie formuliert: „nicht mehr beruhigen“. Den Einwohnern dort schien es sicher so, als wolle die Erde sich nicht mehr beruhigen, nachdem es schon drei bis vier Monate so vor sich hingrummelte. Dass es letztlich der Ätna war, der stärker ausbrach, passt ebenfalls sehr gut in die methodischen Remote Viewing-Erkenntnisse: Geografische Daten wollen sorgfältig und damit aufwändig bestimmt werden. Ein Hellseher hat da wenig Chancen. Besonders, wenn es in einer Region zwei gleichwertige Vulkane gibt. Deren Namen sind der kosmischen Matrix extrem gleichgültig (Siehe auch Kapitel 12: Jenseits von Gut und Böse). Würden wir hier Punkte für Treffer vergeben, wie es die amerikanischen Forschungsinstitute mit ihren Remote Viewing-Probanden durchführten, müsste man Karin Nagel hier doch 90% zubilligen, oder? Das ist im Rahmen der Wahrscheinlichkeit, mit der solche Voraussagen eintreffen können, schon ganz schön viel. Die Unzuverlässigkeit von Hellsehern rührt letztlich daher, dass man nicht weiß, **welcher Teil** der Voraussage der Phantasie entsprang. Im Fall der Mittelmeervulkane war es das **Ausmaß** der Ereignisse, das an die Vorgaben des Weltuntergangs angepaßt wurde.

>In allen **Alpenländern** kommt es zu vielen Erd- und Bergrutschen.<

Solche Aussagen kann man natürlich immer machen. Jeden Winter kommt es in den Alpen zu diesen Ereignissen und auch immer öfter, weil der sogenannte Schutzwald an den Berghängen wegen der Profitgier des Skitourismus Stück für Stück vernichtet wird und Feriendörfer so nah wie möglich an den Pisten gebaut werden. Interessanterweise gab es am 14. August 1998 einen spektakulären Erdrutsch am Brenner, der weltweit Schlagzeilen machte. Und Anfang Februar 1999 erwischte eine riesige Lawine ein Feriendorf bei Chamonix, gefolgt von weiteren gleichartigen Katastrophen in der Schweiz und in Österreich. Aber wir wollen das nicht überbewerten. Diesbezügliche Voraussagen wurden auch beispielsweise von Umweltexperten gemacht, die einfach nur die Eingriffe des Menschen in die Bergwelt beobachteten und ihre Schlüsse daraus zogen. So kann jeder Voraussagen machen, die nicht falsch sind.

>Schwere Überschwemmungen suchen die **Süd-West-Küste der USA** heim (längerfristig). Danach folgen im März 1998 schwere Erdbeben in Kalifornien, und im Mai 1998 bricht die Küste weg. (Windspitzengeschwindigkeiten stärker als 350 km/h.)<

Diese Voraussage ist etwas komplexer daneben und gleichzeitig auch wieder richtig, wenn man sie aus dem Weltuntergangsszenario der allgemeinen Prophetenliteratur befreit. Wie wir wissen, kann man Zeitangaben von Hellsehern meist getrost vergessen. Solche Einschätzungen machen sich gern an bestimmten visuellen Eindrücken fest wie zum Beispiel jahreszeitlich bedingte Belaubung der Bäume, Wärmegefühl (!) und Kleidung der Menschen etc. Nehmen wir zum Beispiel die Session der amerikanische Remote Viewer Vereinigung, wo ein früher Zeitpunkt von UFO-Begegnungen ins späte neunzehnte Jahrhundert eingeordnet wurde, weil der vorherrschende Transportaspekt Pferdefuhrwerke waren.

Wir müssen uns immer vor Augen halten, dass PSI-Informationen Daten sind, die mit einer völlig anderen Logik miteinander verknüpft sind, als wir aus unserem Alltag kennen. Diese uns vertrauten „Normalbedingungen" können im Remote Viewing nur mit sehr großem Aufwand richtig erstellt werden. Hellseher nehmen einen vergleichsweise winzigen Teil des kosmischen Informationsfeldes wahr und bevor sie dessen Verknüpfung richtig erfassen, übernimmt die Fantasie blitzschnell die Zuordnung.

Tatsächlich wurden die USA und angrenzende Gebiete im Jahr 1998 von verheerenden Katastrophen heimgesucht; Windgeschwindigkeiten von über 350 km/h traten auch auf. Nur: die größten Auswirkungen gab es an der Süd-Ost-Küste der USA. Seit Jahrzehnten warten die Jünger von Edgar Cayce und anderer Hellseher im Einklang mit den Geologen und im Wissen um die bröselige Erdschollenkante vor Kalifornien dort auf die große Katastrophe. Unter dem Druck dieses Vorwissens werden Katastrophen aus dem südlichen US-amerikanischen Raum einfacherweise dorthin lokalisiert. Aus Gründen dieses Vorwissens tanzen auch Hellseher gerade in bestimmten Bereichen wie globale Katastrophen selten aus der Reihe ihrer Vorredner und -seher.

Der Rest der Voraussage stimmt, und Klimaforscher wissen: es wird ein längerfristiges Phänomen. In den nächsten Jahren sind die Voraussetzungen für ähnliche Ereignisse genauso gegeben.

>Es kommt zu neuen schweren Flußüberschwemmungen an der Oder im Bereich *Tschechien, Polen* und *Deutschland* zwischen Oktober und November 1997, wobei akute Deichbruchgefahr besteht.<

Hier finden wir wieder die typische zeitliche und örtliche Ungenauigkeit. Die Gegend stimmte ungefähr, nur war es mehr die Donau mit ihren Anliegerländern und das Ereignis fand erst acht Monate später statt. Aber immerhin!

>Bis 1998 kann man noch mit dem **Flugzeug** fliegen – mitteleuropäisch noch bis Mitte 1998.<

Eine typische Voraussage auf der Basis des Weltuntergangsszenarios. Ganz „normale" Flugzeugabstürze, die leider durchschnittlich ein- bis zweimal im Jahr auch größere Linienmaschinen wie Airbus oder Jumbojet betreffen, werden schlüssig in das allgemeine Szenario eingearbeitet. Wie anziehend solche Unglücke für das herumstreifende Unterbewusstsein sind, zeigte uns auch unsere Versuchsreihe mit Remote Viewing-Unkundigen. Mit dem Target „Boeing 727" – wir erinnern uns – rutschte eine Probandin bereits in Stage 4 in ein Absturzszenario, während sie in Stage 3 noch den Innenraum mit dem Vordersitz skizzierte.

Ich denke, bei Karin Nagel vermischen sich die Eindrücke des Swissair-Absturzes am 2.9.98 und die Bilder des ICE-Unglücks von Eschede vom 3. Juni mit dem allgemeinen Untergangsbrei. Anzumerken wäre hier noch, dass es durchaus nicht unwahrscheinlich ist, dass die Informationsfelder der **Bahn**katastrophe hier hereinspielen. Das Aussehen und die Geschwindigkeit des ICE ähneln sehr stark den Eindrücken, die ein Viewer auch von einem Flugzeug gewinnt. In einer Remote Viewing-Session könnte der Monitor bei Bedarf die Frage klären, ob es sich um eine Bewegung auf der Erde oder in der Luft handelt. Schwierig für einen Hellseher oder Channeler. Entweder die Information wird gleich mitgeliefert, oder wenn nicht, kann ihr Fehlen nur nachgedichtet werden (was die Trefferrate nicht unbedingt verbessert).

>1998 versinken Teile von **Japan** im Meer.<

Japan ist einer der Hauptblickpunkte der Erdbebenforscher. Auch hier finden wir eine unruhige Erdschollenkante und man könnte meinen, es sei nur eine Frage der Zeit, bis mindestens größere Schäden an Menschen und Bauten zu vermelden sind. Gerade auch weil der Mensch immer mehr in früher wohlweislich gemiedenen Gebieten siedelt und sogar kühne Bauwerke errichtet wie zum Beispiel die längste Hängebrücke der Welt, die am 5. April 1998 ausgerechnet - na, wo wohl -- in Japan eingeweiht wird. Sie ist fast vier Kilometer (!) lang und verbindet Kobe mit der Insel Awaji. Schon während ihres Baus kam es zu den erwarteten Erdbeben. Im Januar 1995 wurde Kobe extrem verwüstet, die Brückenpfeiler verschoben sich aber nur um achtzig Zentimeter.

Natürlich gab es 1998 auch wieder eine Katastrophe in Japan: Während in China der Jangtse alles überflutete und die USA von Hurrikan „Bonnie“ heimgesucht wurden, gab es auch in Japan nach einem heftigen Taifun und übermäßigen Niederschlägen Erdrutsche, Schlammlawinen und Überflutungen. Also hat auch Edgar Cayce recht, der für 1998 „Japan wird überflutet“ voraussah. Aber wird es ganz überflutet? Bis jetzt jedenfalls nicht und weitere Voraussagen bedingen, dass mindestens noch große Teile davon vorhanden sein müssen, um weitere Prophezeiungen zu erfüllen!

Es fällt also auf, dass eine stete Begleiterscheinung der Prophezeiungen das **übertriebene Ausmaß** ist, mit dem hier der geneigte Zuhörer verschreckt oder besser: geläutert werden soll. Denn das ist doch ausgewiesenermaßen der Grund, weshalb Propheten aufstanden und ihre Sichtungsergebnisse oder Eingaben in die Welt hinausriefen: Sie wollten die Welt retten. Dadurch, dass sie auf mögliche Folgen menschlichen Tuns aufmerksam machten, gedachten sie die Wende zur Besserung einzuleiten. Und da muss man eben gehörig übertreiben, sonst findet man nicht das angemessene Gehör.

Auf der Basis dieser grundsätzlichen Kommunikationsprobleme bewegen sich auch zeitgenössische Seher, mehr noch: Die biblischen Vorgaben und die weiteren, mittelalterlichen Verstärkungen der Endzeitangst ergeben einen zähen Morast von Voreingenommenheit, aus dem sich ein heutiger Prophet wohl nur noch sehr schwer mit großen kognitiven Anstrengungen befreien kann. Und wozu auch: gerade zur zweiten Jahrtausendwende haben düstere Prophezeiungen berechtigte

Ausgewählte Prophezeiungen für die Jahre 1997-1999

Für den Jahrtausendwechsel gibt es unzählige Prophezeiungen. Hier einige der bekanntesten Hellseher und ihre Visionen

Für 1997 sagten voraus

- Edgar Cayce: New York City, Connecticut, South Carolina und Georgia werden überflutet. Die Großen Seen entleeren sich in den Golf von Mexiko.
  Zweite amerikanische Revolution durch die Bürgerrechtsbewegung
- Carl G. Jung: Das Neue Zeitalter beginnt.
- Nostradamus: Rückeroberung von Gibraltar.

Beginn des dritten Weltkriegs.

Für 1998 sagten voraus:

- Edgar Cayce: Höhepunkt von 40 Jahren Krisen und Chaos.
  Große Teile der Küste der USA werden überflutet.
  Japan wird überflutet
- Nostradamus: Der Antichrist setzt einen Antipapst auf den Stuhl Petri.
  Große Kriege und Schlachen, der Tod vieler führt zu den tausend Friedensjahren. Prinz Charles wird König von Großbritannien.
  Ende der Monarchie in Großbritannien. Plünderungen, große Feuer und Kriege, ausgelöst durch Meteore. New York City wird durch brennenden Himmel zerstört. Weitverbreitete Brände können nicht mehr gelöscht werden.

Für 1999 sagt(en) voraus:

- Adventisten vom Siebenten Tag: Das Ende der Welt
- Alica A. Bailey: Die Kräfte des Bösen und des Materialismus auf der Erde sammeln sich. Übergang vom Fische zum Wassermann-Zeitalter
- Edgar Cayce: Die Verschiebiing der Erdachse löst Katastrophen aus.
- Criswell: Das Ende der Welt
- Fatima: Weltweites Armageddon
- Goodmun: Weltweite Erdbeben
- Hideo Itakawa: Weltuntergang im August
- Nostradamus: Ankunft des Großen Schreckensherrschers.
  Zwei Flüsse werden durch Blut und Pest rot gefärbt. Seuchen, Hungersnöte
  und Naturkatastrophen. Armageddon.
- C.T. Rusell: Der Jüngste Tag, an dem Gottes Heiliger Plan enthüllt wird
- Zeugen Jehovas: Untergang der Welt

(Ausgewählte Auszüge aus dem Buch *Prophezeiungen zur Jahrtausendwende* von A.T.Mann)

Konjunktur und sind zudem gut fürs Geschäft. Und solange es keiner besser kann, ist es schwierig, dieses eingefahrene Weltuntergangsszenario zu erschüttern.

Auch die Remote Viewer, die uns in dieses Wissensgebiet einführten, und die wegen ihrer größeren Erfahrung als kompetent eingestuft werden mussten, erhielten in ihren Sessions für 1998 die gleichen grässlichen Szenarien, die wir schon kannten: Erdbeben, Überschwemmungen, Stürme und einen Asteroideneinschlag. Außerdem: Nahrungsmittelengpässe, neue schlimme Krankheiten und Wirtschaftsprobleme. Der Katalog wurde so umfangreich, dass man durchaus auf die Idee kommen konnte, 1998 sei der Endpunkt der menschlichen Geschichte. Dass alle diese Voraussagen eintreffen würden und wir uns trotzdem einigermaßen unberührt auf das Jahr 1999 zuprosten würden, konnte sich eigentlich keiner vorstellen. Das ergab eine ziemliche Verunsicherung, die Gunther Rattay, unser RV-Trainer in einem Video-Interview kurz vor Weihnachten 1997 so formulierte:

„**Es gab beängstigende Szenarien (für 1998 in den Sessions), die aber nicht alle eindeutig waren.** Es gab Szenarien, die eine Problemsituation beschreiben, aber nichts, was eindeutig gewesen wäre, um zu sagen, dies ist eine bestimmte Ursache, das jetzt eine bestimmte Auswirkung. Und daher gilt eigentlich das, was bei Remote Viewing-Projekten immer relevant ist: Man kann sich nur auf Daten

Da haben alle gut Lachen: der Weltuntergang findet nicht statt, sagt McMoneagle. Rechts seine Frau, links Gudrun J., die Frau des Autors.

verlassen, die wirklich übereinstimmend sind. Übereinstimmend wäre in diesem Fall, es kommt etwas Negatives auf uns zu. Aber das ist es dann auch schon. Das heißt, wenn man mehr Details haben will, dann muss man eben auch mehr Daten erzeugen.

Und natürlich in bestimmte Ursachenforschung gehen, **was ist der Grund**, **an welchen Stellen** findet es statt, **welche Auswirkung** hat es im Detail. Das ist ein ungeheurer Aufwand und diesen Aufwand muss man bereit sein zu betreiben. Das haben wir nicht getan und deshalb sollten wir zu diesem Thema auch keine konkreten Aussagen machen. Und dass es in 1998 ungemütlich sein wird, das weiß im Prinzip jeder, der die Situation auf der Erde kennt und die Tagespresse liest."

Er hat meiner Meinung nach den Nagel auf den Kopf getroffen. Es wurde ungemütlich in 1998, sehr ungemütlich, aber es hätte einenunglaublichen Arbeitsaufwand bedeutet, die vorhandenen Daten im Sinne einer konkreten örtlich-zeitlichen Zuordnung zu bearbeiten, zumal dafür auch kein potenter Interessent zu finden war. Wie wir schon gesehen haben, waren die Erkenntnisse im Prinzip völlig richtig, sie nutzten nur nichts. Sie dienten höchstens dazu, die Schraube der Untergangsängste weiter anzuziehen.

Auf der Fährte der Zukunft

10. Kapitel

Schon zur Zeit unserer eigenen Remote Viewing-Ausbildung war ich der Ansicht, dass man auch das Problem mit der Einsichtnahme in die Zukunft einfacher lösen können müsste, jedenfalls im Hinblick darauf, was einem selbst widerfahren wird, denn das ist doch das direkte Interesse jedes Menschen. Ich beschloß deshalb, das Problem von der anderen Seite anzugehen. Vergessen wir doch einmal alle Vorgaben. Auch den Gegenstand unserer Nachforschungen, die globale(n) Katastrophe(n) lassen wir aus der Targetformulierung draußen. Wie wir schon bei Courtney Brown und seinen Hale-Bopp-Sessions gesehen haben: Was man in den Wald hineinruft, schallt auch wieder heraus. Suchen wir nach einer Katastrophe, dann kriegen wir sie auch und haben dann das Problem, nachzuforschen, ob es sich um echte Daten handelt und wann und wo genau dieses Ereignis in welchem Umfang auftreten wird. Zuviel Aufwand. Weg damit.

Gehen wir zurück zur sichersten Art des Remote Viewing, wie auch Joe McMoneagle bestätigt: die Beschreibung eines bestimmten Ortes zu einer bestimmten Zeit. Das funktioniert immer. Zum Beispiel: unser Haus im Jahr 2000. Keine Erwähnung des dazwischen liegenden Zeitraums oder der schon von anderen formulierten Erwartungen.

Und siehe da: kein Weltuntergang. Das Haus steht noch. Keine Überschwemmung, kein Einsturz. Auch wir sind noch da. Einige Einzelheiten sind zwar etwas merkwürdig, aber das liegt sicher daran, dass wir mit zukünftigen Daten immer ein Defizit des Verstehens haben werden, das ist so banal wie wahr. (Inzwischen sind mir übrigens einige der Details dieser ersten Session in die Zukunft schon klarer geworden ...)

Die aus dieser Session erwachsene Erkenntnis, dass die geviewten Katastrophen dann wohl nicht so schlimm sein können, fand ich in einem Interview mit Lyn Buchanan bestätigt, der mit Joe McMoneagle und Paul Smith am 25. März 1997 bei Art Bell – wo auch sonst – zu Gast war.

Buchanan berichtete von einem Auftrag, den er einmal für eine industrielle Firma ausgeführt hatte und in dem es darum ging, eine Standortsicherheit für die Zukunft zu überprüfen. Er suchte das Jahr 2005 auf und fand dort „business as usual", alles wie üblich.

Nun kann man fragen, was das denn heißt: business as usual. Das können auch Aufräumungsarbeiten nach einer Flut- oder Sturm- oder sonstige Katastrophe sein. Um das zu klären, müsste man den Ort noch zu anderen Zeiten, früher oder auch später, beschreiben. Im Prinzip heißt die erste Erkenntnis jedoch: Der Weltuntergang hat bis zu diesem Zeitpunkt nicht stattgefunden. Alle Katastrophen waren vielleicht eingetroffen, nur nicht global, also nur lokal und wahrscheinlich nicht bei uns. Erstes Aufatmen.

Unter diesem Blickwinkel versuchte ich fortan die weitere Entwicklung zu betrachten, wobei mir natürlich klar war, dass so eine einzige einfache Session nicht die vielen dicken Bücher mit ihren erdrückenden vielfach belegten Drohungen einfach so vom Tisch fegen könnte.

Ich verteilte Targets in der beschriebenen Form an andere Remote Viewer oder fragte einige Aspekte in Richtung Zukunft in allen Sessions ab, die sich gerade dafür anboten. Um es vorwegzunehmen: business as usual, wie Lyn Buchanan schon gesagt hatte. Beunruhigendes ja, aber lokal begrenzt.

Lothar Rapior machte beispielsweise im Februar 1998 mit einem Remote Viewing-Trainierenden eine weitere Session auf unser Haus und fand uns im Jahr 2003 mit der größten Wahrscheinlichkeit, die die Methode hergibt, am Leben und das Haus auch noch intakt. Einige Details waren mal wieder sehr merkwürdig aber nicht sehr beunruhigend.

Ein anderer Ort zu einer vorgegeben Zeit: das Haus eines Freundes in Tucson, Arizona. Auch dieses Haus würde das Jahr 1998 überstehen. Unser Freund würde allerdings im Herbst dort ausziehen. Tat er auch, aber das war mir im Prinzip schon egal, als es dann eintraf.

Eines Tages hielt ich mal wieder Karin Nagels Ablaufplan für 1998 in der Hand und mir sprang folgende Voraussage in die Augen:

>Im November 1998 überschwemmen Wasserwogen der Nordsee **Norddeutschland** (verursacht durch Asteroiden-Einschlag, Durchmesser zirka zweieinhalb Kilometer).<

Das war, irgendwo in der Mitte ihres Mitteilungsblattes „Anstehende Ereignisse" positioniert, eigentlich die allerletzte Aussage, denn solch ein Einschlag würde nicht nur Norddeutschland unter Wasser setzen. Zweieinhalb Kilometer Durchmesser, da hätten sicherlich noch die Schweizer gute Chancen auf nasse Füße.

Da gerade Matthias, ein ausgebildeter Remote Viewer aus Berlin, zu Besuch war, fragte ich ihn, ob er nicht Lust zu einer Session im Erdtempel unseres beliebten Chinagartens in Husum hätte. Dort sollte ja ein ungeheures Erdenergiefeld sein, wie unsere befreundeten Geomanten versichert hatten. Interessant wäre es doch mal, auszuprobieren, ob das eine fördernde Wirkung auf Remote Viewer hat. Und ein interessantes Target als solches böte sich damit auch.

Der Tag war sonnig und wir fuhren gleich los. Das Gepäck eines Remote Viewers ist übersichtlich: ein Stift, ein Stapel Papier und ein undurchsichtiger Umschlag mit einer Aufgabe darin. Aus Spaß nahm ich noch meine kleine Video-Kamera mit.

Trotz des Sonnenscheins war es, wie immer in Husum, ziemlich windig. Man musste einige Aufmerksamkeit darauf verwenden, die Papiere immer beschwert zu halten, damit sie nicht wegflogen. Wir sammelten Steine als Papierbeschwerer, setzten uns an den Steintisch im Tempel, ich gab Matthias die Koordinaten und er begann. Das Target war die Hallig Hooge, wo wir kurz vorher Urlaub gemacht hatten. Wenn irgendwo in der Nordsee eine Flutwelle entstehen sollte, diese Hallig da draußen würde es zu spüren bekommen. Man hätte auch Sylt nehmen können oder eine andere Insel, aber es ist besser, einen Ort auszuwählen, den man kennt oder von dem Bildmaterial existiert. Auch eine alte Remote Viewer-Regel.

Matthias war sichtlich *on Target* und beschrieb unseren Urlaubsort aus der Nähe und Ferne in immer weiteren Einzelheiten, die mir mehr oder weniger bekannt vorkamen. Ich ließ ihn sich auf die markantesten Einrichtungen konzentrieren und ging mit ihm auf die Timeline.

Wir begannen beim Zeitpunkt der Session und bewegten uns über „Gudruns Geburtstag“ (Ende August) hin zu „Uschis Geburtstag“ (Matthias' Frau hat ihn Anfang März).

„Ist da was Besonderes bis dorthin?“

„Nö.“

Weiter auf dem Zeitstrahl. „Nichts Besonderes, geht immer so vor sich hin.“

Mittlerweile waren wir schon Mitte 99. Matthias Unterbewusstsein schien von der Situation gelangweilt. Ich entschloß mich, ein Detail aufzugreifen. In Stage vier hatte er zu einer technischen Einrichtung, die er aufzeichnete, einen verantwortlichen Menschen dazu beschrieben. „Jemand, der ab und zu hinkommt und nachsieht. Er kontrolliert etwas, der Aspekt einer Maschine, er schreibt an einer Tastatur. Er ist recht groß, hat kurze, helle Haare und eine Brille. Könnte ein Ingenieur sein."

„Geh mal zurück in deine Stage 4. Diese Person hier, nimm mal Kontakt auf. Hast du? Gut. Dann geh mal auf deine Timeline. Findest du ihn dort wieder?"

„Hm. Ja."

„Gut. Geh mal mit ihm die Timeline entlang. Halt an, wenn etwas Besonderes mit ihm geschieht."

Matthias „fuhr" mit dem Stift in die Zukunft. Immer weiter. „Ja, hier, da ist was!"

Er war jetzt wieder etwa Mitte 1999, wenn sein Maßstab stimmte, worauf man sich bei Timelines leider nie ganz genau verlassen kann. „Was ist da?"

„Er ist wieder da. Er liest etwas ab, das ungewöhnlich ist."

„Ist etwas defekt?"

„Hm. Nö. Das Gerät funktioniert noch."

„Gut. Geh mal ein Stück weiter. Was erlebt er da?"

„Bestätigung. Gerät funktioniert immer noch. Tendenz hat sich verstärkt."

„Und die Bedeutung für das Gesamt-Target?"

„Hm. Ist nicht mehr so wichtig."

„Was heißt: nicht mehr so wichtig?" Die Session entwickelte sich trotz der von mir erwarteten Brisanz auffällig langweilig.

„Andere Prioritäten." Matthias schien ebenfalls von dem Target angeödet.

„Was macht der Mann. Kannst du das noch mal genauer beschreiben."

„Na, er guckt nach." Matthias zeichnete ein Zackenmuster und eine Röhre oder einen runden Behälter und zeigte darauf. „**Da** guckt er nach."

Er wurde, wie viele Remote Viewer gegen Ende der Session aufsässig und hatte keine Lust mehr. Offenbar gab es auch nichts derart Interessantes zu sehen, wie er sich vielleicht bei einer Session mit mir erhofft hatte. Ich bemühe mich normalerweise nämlich, den Viewer nicht mit langweiligen und unergiebigen Targets zu quälen, was übrigens auch Russel Targ in seinem Buch „Miracles of Mind" empfiehlt.

Wir beendeten die Session um 17.50 Uhr, was einer Dauer von fünfundfünfzig Minuten entsprach. Kein Wunder, wenn Matthias abbaute.

Matthias im Erdtempel während der Hooge- Session

Hooge- Session: der Autor versucht Matthias über das vermeintlich magere Ergebnis hinwegzutrösten.

Mit dem Gefühl, eine ziemlich unergiebige Session gemonitort zu haben, räumte ich ein und wir fuhren etwas frustriert nach Hause. War wohl nicht so weit her mit dem Energiepotenzial des Erdtempels.

Immerhin schien der Asteroideneinschlag die Nordsee verfehlt zu haben.

Später wurde mir natürlich klar, welches Bündel Karin Nagel hier geschnürt hatte. Sie war ebenfalls in die Kinozuschauer von „Deep Impact“ hineingegangen und hatte diese aufbrandenden Emotionen mit der tatsächlich eintretenden Flutkatastrophe zwischen 29. Oktober und 3. November verknüpft, die in Norddeutschland die Felder unter Wasser setzte. Teile der Mais- und Kartoffelernte wurden vernichtet. Nur kam das Wasser von oben und nicht aus der Nordsee. Auf Hooge übrigens ist eine Überflutung der Felder überhaupt nichts Besonderes, weshalb man von „Salzwiesen“ um die Warften herum spricht. Jeden Herbst/ Winter wird „Land unter“ gemeldet. Im Zeitraum, den ich mit Matthias sozusagen „abgegrast“ hatte, fand das auch nur zwei- bis dreimal statt und auch nicht sehr bedrohlich, was wirklich zu der Schlussfolgerung „nichts los“ führen kann.

Einige Tage später zeigte ich diese Session einem Freund, der auf der Hallig Hooge zu Hause ist.

„Schau dir das mal an, kannst du mir vielleicht erklären, was Matthias hier aufgemalt hat? Also das hier, das könnten Teile deines Kinos sein. Das ist ja wahrscheinlich das Interessanteste für Matthias auf der Hallig. Er ist zwar Musiker aber er liebt Technik.“

Thomas (der von Hooge) schaute sich die Session an. „Ja, das sieht hier aus wie mein Kino. Die Projektion vielleicht … aber der Rest, nee. Und ich komme da natürlich immer nachsehen, aber ich bin kein Ingenieur.“

„Ja und diese merkwürdige Geschichte hier.“ Ich zeigte auf eine zahnartige Zeichnung, die im Bogen verlief. „Und dann: *wie Aufschüttung*. Was soll das?“

Plötzlich richtete sich Thomas auf. „Ich hab‘s. Das ist ja toll. Weißt was diese komische Zahnreihe hier im Bogen ist? Hast du schon mal Spundwände von oben gesehen? Das ist die neue Kläranlage, die sie gerade bauen! Zusammen mit der neuen Schleuse die größte Baustelle, die wir jemals auf Hooge hatten. Und da sind natürlich auch Röhren und Ingenieure und all der Kram. Aber mit Mitte ‘99 liegt ihr voll daneben. Die Anlage soll nämlich noch in diesem Herbst fertig werden!“

Ich sagte: „Aha.“ Was soll man schon sagen. Die Daten passten: „Nicht sehr hoch, etwas gebogen, wie Metall, Plastik, Beton. Eckig in einer Biegung. Aufschüttung. Bedeutung: Auswertung. Kontrolle.“

Muss ich übrigens hinzufügen, dass ich wieder ein paar Tage später im Regionalteil unserer Tageszeitung folgenden Artikel fand.: „Probleme beim Bau der Kläranlage auf Hooge. Fertigstellung nun doch erst Mitte 1999!"

Das »Bouvier-Szenario« bis zum Ausbruch des 3. Weltkriegs

- Wiedervereinigung Deutschlands
- USA werden in einen Nahostkonflikt verwickelt
- Kommunismus in der Sowjetunion scheitert (Juni 1991)
- Stationierungsstreitkräfte der USA und UdSSR ziehen ab
- Bundeswehr wird reduziert
- Schwere Unruhen auf dem Balkan, besonders in Jugoslawien
- Wirtschaftskrise im Westen, neue Steuern
- Vulkanausbruch im Süden Europas
- Weltweiter Börsen- und Bankencrash
- Handlungsunfähigkeit der westlichen Regierungen
- Krieg/Unruhe im Osten Afrikas
- Rußland gewinnt Einfluß auf die Ölregion
- Abfall der Katholiken von Rom, Kirchenspaltung
- Verfolgung von Priestern in Italien und Frankreich
- Terroristischer Sprengstoffanschlag auf Hochhäuser im Zentrum New Yorks mit verheerenden Folgen
- Krise im Innern der Bundesrepublik bis zum verdeckten Bürgerkrieg
- Man entdeckt einen Planetoiden, dessen Bahn die der Erde kreuzt
- Außergewöhnlich milder Winter
- Innenpolitische Lage in Italien und Frankreich ist außer Kontrolle
- Straßenkämpfe in Paris, die Stadt brennt
- NATO ist handlungsunfähig
- Krise im östlichen Mittelmeerraum um Israel
- Scheitern von Friedensgesprächen
- Rußland besetzt Iran/Irak/Türkei
- Zweiter Golfkrieg
- Aufmarsch von Flottenverbänden im Mittelmeer
- Mord am Dritten Hochgestellten

Und dann beginnt der dritte Weltkrieg ...

(Auszüge der Voraussagen von B. Bouvier, entnommen dem 1996 erschienenen Jan van Helsing-Bestseller Buch 3)

Ungefähr mit dieser Session war für mich die Weltuntergangsgeschichte 1998 völlig vom Tisch und ich nahm mir vor, mich nun auf das zweite mögliche Szenario der Zukunft zu konzentrieren: den dritten Weltkrieg.

Nach der Aufstellung von Bouvier wäre auch nach dem milden Winter das Jahr 1998 ein guter Aspirant für dieses Ereignis gewesen. Da aber hier die gleichen Ereignisse wie bei Nostradamus, Cayce und so weiter mit einbezogen waren, hatte ich nicht mehr die besondere Befürchtung, der Krieg könne tatsächlich ausbrechen. Der Weg dorthin führte auch nicht mehr so sehr über Hellsehen und Remote Viewing, sondern wurde von der Logik diktiert.

Unübersehbar war die Parallele zum Weltuntergangsszenario. **Die Ansicht, dass 1998 die Welt untergehen werde, war der logische Schluß aus der Summe der einzelnen Prophezeiungen: Diese Ereignisse kann man nicht überleben!**

Der Golfkrieg, der im Dezember 1998 zum zweiten Mal ausbrach sowie die wirtschaftlichen Schwierigkeiten Russlands inklusive der katastrophalen Versorgungslage bei Nahrungsmitteln reichte vor dem Hintergrund der allgemeinen weltpolitischen Situation aus, auf einen Ausbruch des 3. Weltkriegs zu schließen. Bevor ich jedoch aufwendige Untersuchungen starten konnte, kam mir das Glück zu Hilfe, mit dem Interview von Joe McMoneagle am 20. Oktober in Hamburg.

Dieser war zwar zu einer Unterstützungstour fur sein erstes Buch „Mind Trek“ in Deutschland unterwegs, erzählte uns aber, dass sein zweites Buch ebenfalls demnächst, allerdings nur in USA erscheinen würde. Der Inhalt war genau, was uns jetzt auch interessierte: die Zukunft.

Schon im Interview machte er deutlich, dass er diese Kriegs- und Untergangsprophezeiungen nicht ausstehen könne. In seinen Sessions sei all das nicht aufgetaucht, und wenn, dann, wie wir es schon ahnen, immer nur von lokalen Ausmaßen. Und da er sehr strikt auf Wissenschaftlichkeit und ein kontrolliertes Protokoll setzt, in dem Vorinformiertheit nichts zu suchen haben, darf man, denke ich, seinen Ergebnissen trauen.

Seine Voraussagen sind dermaßen dicht gestaffelt, dass es einige Dutzend, wenn nicht hunderte von Sessions gekostet haben muss, diesen umfassenden und detaillierten Ausblick zu erstellen. Beschäftigt hat er sich insgesamt mit den nächsten dreihundert Jahren, wobei die ersten hundert Jahre natürlich einen besonderen Platz einnehmen, weil sie uns eher interessieren.

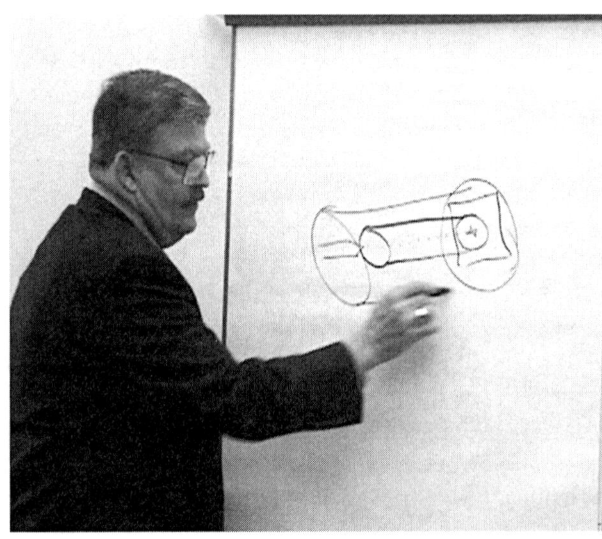

Joseph McMoneagle zeigt bei seinem Vortrag in Hamburg Einzelheiten aus seinen Sessions und die Entstehung von genauen Einzelheiten in der Session

Joe McMoneagle sieht in dieser Zeit keinen Weltuntergang, wohl aber eine größere Anzahl im wahrsten Sinne umwälzender Ereignisse, die das Erscheinungsbild unserer Erde verändern werden. Hiermit kommen wir zu einer neuen Definition des Begriffs „Untergang". Untergehen werden viele Einrichtungen, Anschauungen und Gewohnheiten unserer Gesellschaft. Das ist der normale Ablauf, wie wir ihn kennen. Die Antike, das Mittelalter, die Renaissance und all die anderen Zeitabschnitte sind in dieser Art „untergegangen". Eine menschliche Gesellschaft gibt es aber immer noch und die Bevölkerungszahl unserer Erde ist höher denn je.

Und sie wird noch weiter zunehmen. McMoneagle sieht schon für das Jahr 2050 die Zehnmilliardengrenze voraus, was die jetzt schon global schwierige Nahrungssituation extrem verschlechtern wird. Dieses wird flankiert durch Veränderungen der Erdoberfläche durch die Erhöhung der Erdtemperatur und das Abschmelzen der Pole. McMoneagle stellt auch einen präzisen Zeitplan für kommende Erdbeben auf, der in dieser Form nicht durch Computersimulation erreicht werden kann.

Besonders betroffen sind der Iran (2013), Los Angeles (2013 bis

2015), Sizilien (2018), Pakistan (2028), Mexiko City (2031), Japan (2039), Chile/Peru (2041 bis 2044) und erstaunlicherweise im Jahre 2050 New York.

McMoneagle betont in seinem Buch, dass er nicht die „normalen" Erdbeben auflistet, sondern nur die besonders schweren, die „Killer-Quakes" mit Stärken über 8,0 auf der Richter-Scala. Diese Stärke ist tatsächlich äußerst selten.

Verheerende Erdbeben des kommenden Jahrtausends

nach Remote Viewing-Erkenntnissen von Joseph McMoneagle

2013 Qom, Iran
2013 bis 2015 Los Angeles, Kalifornien
2018 Nahe Catania, Sizilien
2022 Nahe Sivas, Türkei, Süden des Schwarzen Meers
2022 bis 2023 San Francisco, Kalifornien
2026 Nähe Makhachkala. Kaspisches Meer
2028 Nahe Multan, Zentral-Pakistan
2031 Mexico City, Mexiko
2033 Nahe Lanzhou, Zentral-China
2038 175 Meilen östlich von Guatemala
2039 Zwischen Nagoya und Matsusaka, Japan
2041 Valdivia, Süd-Chile
2044 Zwischen Trujillo und Chiciaao, Nord-Peru
2050 New York
2056 100 Meilen südlich von La Paz, Bolivien
2056 Nahe Amravati, Zentral-Indien
2056 Zentral-Mindanao, Philippinen
2061 San Diego, Kalifornien
2071 Nahe Beskra, Algerien
2077 Zwischen Anchorage und Kenai, Alaska
2078 Nahe Hengyang, Süd-China

Joseph McMoneagle listet in seinem neuesten Buch The Ultimate Time Machine eine Reihe schwerster Erdbeben, sogenannten Killer quakes, der Stärke 8,0 und mehr nach der Richter-Scala auf.

Das stärkste Beben der letzten Jahrzehnte fand am 3. Februar 1975 in Kaich'eng, China, mit über 9,0. Ungefähr achthunderttausend Menschen sollen gestorben sein.

New York war bisher eigentlich nicht besonders gefährdet, wie etwa Kalifornien und Japan und auch die meisten anderen aufgeführten Gebiete, in denen es immer wieder zu Beben kam. Nur zwei namhafte Beben sind in Nordostamerika aufgelistet: eines am 4. November 1755 bei Boston und eines am 25. Februar 1925 bei St. Lawrence Valley, etwas weiter nordwestlich.

Dieses Beben im Jahr 2050 jedoch soll die größte Katastrophe werden, die Amerika jemals erlebt hat. Die Stadt wird aufgegeben.

Dieses Schicksal soll sie übrigens mit vielen anderen Küstenstädten teilen. Im Zuge der Polabschmelzung sieht McMoneagle für die Zeit um 2038 eklatante Entwicklungen voraus, die zur Überflutung und Unbewohnbarkeit von Städten am Rand der großen Seen, des Golfs und der Westküste führen: Boston, New York, New Jersey, Philadelphia, Washington DC, Miami, New Orleans, Houston und Key West, aber auch Los Angeles, San Francisco und Seattle auf der anderen Seite des Kontinents werden zwischen 2045 und 2050 verlassen.

Auch die europäischen Küstenstädte werden schon 2018 bis 2024 betroffen sein. Aufwendige Deichbauten werden das Desaster nicht verhindern.

Kommt uns vieles davon nicht bekannt vor? Werfen wir noch einem Blick hinüber zu den klassischen Hellsehern und ihren Prophezeiungen. Edgar Cayce, Nostradamus und ihre Mitstreiter haben letztlich genau diese Angaben unter dem übermächtigen Eindruck der christlichen Jahrtausendwende auf die letzten Jahre davor zusammengedrängt. Hätten sie unter dem Einfluß zum Beispiel der Mayas gelebt, wären diese Voraussagen vermutlich für die Jahre vor 2012 getätigt worden, denn 2012 endet der Kalender der Mayas bekanntermaßen.

McMoneagle aber geht aufgrund seiner Sessions davon aus, dass der sogenannte Untergang kein abrupter sein wird, sondern eine jahrhundertlange Krise. Was auch schon Courtney Brown in seinem Buch „Cosmic Voyage" beschrieb: Die Bedingungen werden zunehmen schlechter bis unerträglich und finden ihren Höhepunkt um das Jahr 2063.

Bis dahin ist noch ein weiter, unerfreulicher Weg, und es werden noch viele Zeichen am Himmel erscheinen müssen. Eines in dieser Art hat auch McMoneagle noch auf Lager. Wir haben es bei ihm schon vermisst, nicht wahr? Hier ist sein Asteroidenszenario: Im Jahr 2016 wird es einen sehr nahen Vorbeiflug eines größeren Brockens aus den Weiten des Alls geben. Er wird uns näher als 2,5 Millionen Kilometer passieren und messbare Auswirkungen auf der Erdoberfläche hervorrufen. Viele von uns werden dieses Jahr erleben und die Voraussagen des Remote Viewers Nr. 001 überprüfen können.

Ähnliches gilt auch für die zu erwartenden Kriege. McMoneagle erwartet nach seinen Aussagen keinen definitiven dritten Weltkrieg, wohl aber eine Fortsetzung der allgemeinen ständigen Krisen überall auf der Welt. Diese Tendenz ist jetzt schon ablesbar. Und obwohl -- oder sollen wir lieber sagen: **Weil** sich alle bedeutenden Nationen an der Bearbeitung dieser Krisen beteiligen, kommt die politische Landschaft unserer Erde nicht zur Ruhe.

So machte McMoneagle lange Zeit vor Dezember 1998 die Voraussage, dass es sehr wohl einen zweiten Golfkrieg geben werde, dieser aber nicht wie ein Paukenschlag vonstattengehe, sondern sich als ein permanentes Geplänkel von 1998 bis 2003 hinziehen werde. Diese an vielen Stellen des Globus eingefahrene Situation könnte man zu Recht auch als Weltkrieg definieren. Das wäre dann, wie vorausgesagt, der dritte.

Wie wir schon gesehen haben, ist die Voraussage am meisten vom Problem der Interpretation betroffen. Was also ist ein „Weltkrieg"? Eigentlich ein Krieg, in dem die ganze Welt involviert ist. Diesen Zustand haben wir aber beinahe ununterbrochen schon seit vielen Jahren, mindestens seit dem Koreakrieg 1950. Man beschönigt die Lage lediglich durch die sprachliche Eingrenzung der Kämpfe in „Krisenherden".

Für jeden Menschen auf der Erde stellt sich das sehr individuell dar, was genau so banal wie aber wahr und nicht zu übergehen ist. Für uns Europäer waren die vorausgegangenen „Weltkriege" deshalb so schrecklich, weil wir mitten drin steckten. Die Amerikaner hatten immer einen ungeheuren geografischen Vorteil. Bis auf Pearl Harbor hatte die Bevölkerung kaum eine feindliche Aktion aus der Nähe gesehen. Keine zerbombten Städte, keine Flüchtlingswellen. Joe McMoneagle lebt in Amerika und hat sicherlich seine eigenen Definitionen …

Nach Ablauf des Jahres 1998 hatte sich das Untergangsszenario in den Veröffentlichungen esoterischer und grenzwissenschaftlicher Verlage nun natürlich in das Jahr 1999 verlagert. Dieses ist übrigens das Letzte, das aufgrund der aus den vielen Prophezeiungen gewonnenen Rahmenbedingungen für diesen Event in Frage käme. Erstens ist es natürlich das letzte Jahr vor der Jahrtausendwende und danach soll bekanntlich alles anders werden. Zweitens erwarteten wir die Sonnenfinsternis am 12. August und mit ihr den Vorbeiflug oder Einschlag eines Himmelskörpers. Die Umpolung der Erdachse nach Edgar Cayce sollte auch langsam abgeschlossen sein, und die Sunflares laut Ed Dames mit ihren feurigen Zungen an der guten alten Erde lecken.

Damit befanden wir uns parabelartig wieder mitten in dem Szenario, das meine Nachforschungen ausgelöst hatte, mit dem Unterschied, dass wir es jetzt unter Zuhilfenahme der Erkenntnisse von Remote Viewing sehr viel differenzierter und weniger angstbesetzt betrachten konnten. Damit war die Bedrohung jedoch nicht vom Tisch. Warum? Weil wir trotz all dieser atemberaubenden Resultate mit der Entwicklung dieser Technik noch ganz am Anfang stehen. Wie sagte Ingo Swann? „Diese Technik kam hundert Jahre zu früh!" Anders ausgedrückt: Mangels Akzeptanz von PSI-Vorgängen in Wissenschaft und Gesellschaft wird viel zu wenig und nicht ernsthaft genug daran geforscht.

Abgesehen davon sehe ich persönlich zur Zeit die Hauptschwierigkeit in Remote Viewing-Sessions auf die Zukunft in der möglichen Informiertheit des Viewers. Gerade das Weltkriegsszenario für 1999 ist dafür ein gutes Beispiel.

Schon für die Untergangsszenarien 1997 und 1998 hatte ich nach mühsamer Erarbeitung feststellen müssen, dass nur dann Daten als fantasiefrei betrachtet werden können, wenn weder die befürchtete Aussage wie „Katastrophe" oder „Weltkrieg" in die Targetformulierung miteinbezogen wird. Dieses zu lernen, war ein langwieriger Prozess für die Remote Viewer. Wir erinnern uns an das „Hale-Bopp-Phänomen", das Ed Dames einfach dadurch löste, dass er nur „das Objekt auf dem Foto" beschreiben ließ. Und schon hatte der Komet keinen künstlichen Begleiter mehr, beziehungsweise er tauchte gar nicht auf.

Alle Zukunftssessions, die ich gemonitort habe, liefen sicherheitshalber unter der gleichen Vorgabe ab. Ein bestimmter Ort zu einer bestimmten Zeit in der Zukunft. Das gibt zwar einige Sicherheit, was die Entwicklung dieses Ortes anbelangt, läßt aber leider wenig Schlüsse auf die Gesamtsituation zu. Der Ausweg wäre: viele Sessions vieler Leute. Ein schwieriges Unterfangen bei der geringen Anzahl von Viewern heutzutage und ihrer geografischen Verstreutheit.

McMoneagle löste das Problem, indem er sehr viele Targets erstellte, die er per Computerauswahl nach und nach abarbeitete. Dafür brauchte er Jahre. Und noch eine andere Gesetzmäßigkeit machte ihm ebenfalls zu schaffen: Was nicht gefragt wird, kann auch nicht beantwortet werden.

Für die deutschen Viewer gab es ähnliche Probleme: keine Zeit für eine groß angelegte Untersuchung. Das Einzige, was machbar erschien, waren Detailaufklärungen. Meine eigene Umgebung erwies sich in verschiedenen Sessions als einigermaßen sicher in der Zukunft. Daraufhin versuchte ich durch Sessions auf andere mir bekannte und wichtige Orte, deren Situation im Jahr 1999 zu ergründen.

Die Ergebnisse möchte ich hier nur sehr kurz zusammenfassen. Alle Orte, die wir untersuchten, blieben als Orte existent. Bei der Untersuchung der Tätigkeit der am Ort sich befindenden Personen ergab sich durchgehend eine Energie-und Tätigkeitserhöhung, die bis ca. Mitte 1999 ständig zunimmt und dann, ziemlich plötzlich, auf einen sehr niedrigen Wert zurückgeht und einer gewissen Ruhe Platz macht. Durchgehend traten auch Aspekte von Bedrohung, Schutzsuche, Unterschlupf und dergleichen auf. Meine Interpretation lief darauf hinaus, dass es bis Mitte des Jahres viel Aufregung, unerwartete Ereignisse und zum Herbst hin einen fundamentalen Wandel, eine Veränderung, geben würde. Genau das geschah auch im privaten Bereich, und nicht nur bei uns.

Und da alle Sessions auf einen bestimmten Ort und bestimmte Personen bezogen waren, versuchte ich auch keine weltpolitische Interpretation.

Mit dem Beginn des NATO-Angriffs auf Jugoslawien gewannen diese Sessions plötzlich eine neue Brisanz, denn einige Fakten ließen sich wieder einmal schlüssig in das laufende Szenario von Bouvier einordnen. Die Chancen für einen dritten Weltkrieg noch im alten Jahrtausend stiegen wieder, und manche der Einzelheiten in unseren Zukunftssessions konnten auch als indirekte Auswirkungen eines Krieges interpretiert werden. Das implizierte aber Kampfhandlungen irgendwo auf deutschem Boden oder sehr nahe. Also doch das beliebte Szenario der meisten europäischen Seher seit Nostradamus? Es befand sich jedenfalls plötzlich auch wieder im Sprachgebrauch von russischen

Spitzenpolitikern, inklusive des Präsidenten Jelzin. Und schon wurden wieder mögliche Szenarien, die tatsächlich dorthin führen konnten, hoch gehandelt.

In seinem Buch „Prophezeiungen zur Zukunft Europas" analysiert Stephan Brandt sehr interessant mit Hilfe der Statistik über 250 diesbezügliche Voraussagen.

An seinen Thesen gefällt mir der Versuch einer nüchternen Analyse möglicher Abläufe von Szenarien, vor denen wir uns alle fürchten.

Was aber auch ihm Schwierigkeiten bereitet, ist, sich vorzustellen, warum und in welcher Form Rußland dieses Szenario mit dem Einmarsch in andere Länder in die heiße Phase eintreten lassen könnte. Denn, wie auch Brandt bemerkt, eine Mobilmachung in Rußland dauerte Monate und bliebe für den Westen nicht unbemerkt und dann wäre es nichts mit der Überraschung. Keine Armee kann einfach so von Heute auf Morgen losmarschieren, wenn sie Erfolg haben will. Mir erschienen früher immer die von den Astronomen vorausgesagten Sunflares, die Sonneneruptionen als ein logischer Einstieg.

Mit dem darauf folgenden Ausfall der Spionagesatelliten wäre Rußland in der Lage, einen Überraschungskrieg vorzubereiten.

Allerdings ist anzunehmen, dass die Amerikaner nach Ausfall ihrer Satelliten blitzschnell ihre U2-Aufklärer oder andere Überwachungsmittel wie die immer noch weiter geheim existierende Remote Viewer-Einheit in Bewegung setzen.

So blieben die logistischen Kriegsvorbereitungen, welchen Gegners auch immer, auf jeden Fall nicht völlig unbemerkt. Und ob sich die anderen NATO-Partner tatsächlich einen Einmarsch in Deutschland ruhig ansehen würden, bleibt bei diesem Bedrohungs-Potenzial für, sagen wir mal nur beispielsweise Frankreich, auch sehr fraglich. Auch die Force de Frappe reicht schon aus, Invasionsabsichten kühler zu betrachten.

Auch der NATO-Angriff auf Jugoslawien führte zu bemerkenswerten Unstimmigkeiten im Vorlaufplan für den dritten Weltkrieg. Genau dort, wo laut Plan die Russen als Erstes durchmarschieren sollten, tauchte plötzlich eine enorme Massierung westlicher Kriegsmaschinerie auf. Hier war mit Sicherheit kein „überraschendes" Durchkommen mehr. Und noch etwas geschah, beziehungsweise geschah nicht: Die in die Rolle des Angreifers gesteckten Russen hielten sich erstaunlich zurück. Sogar in ihren Drohungen wurde der mögliche 3. Weltkrieg nicht öfter erwähnt oder strapaziert als das ganze Jahr vorher, in dem man noch enge Kontakte zur NATO pflegte.

Natürlich kennen die Verantwortlichen der NATO alle taktischen Szenarien inklusive der Prophezeiungen noch aus der Zeit des Kalten Krieges mit seinen „Hier durch die Fulda-Senke kommt der Feind“-Szenarien (Fulda-Gap). Vielleicht versuchte und versucht man noch immer, diese zu verändern oder sogar zu verhindern.

Auch kann es sein, dass die Machtgruppe, die die Geschicke der USA und anderer Teile der Welt zu bestimmen versucht, es nunmehr für vordringlich ansieht, Ruhe im wichtigsten Handelsbereich Europa zu schaffen. Und nach den vergangenen politischen, wirtschaftlichen und nicht zuletzt technischen Entwicklungen sah man sich auch in der Lage dazu. Für mich sah es so aus, als wollte man diese Macht den Russen einmal direkt vor deren Haustür vorführen. Als „schicksalhafte Entwicklung“ verkleidet, wurde eine Situation gezimmert, der sich die europäischen Staaten nicht zu entziehen vermochten. Auf jeden Fall konnte man den vorausgesagten Ablauf eines möglichen 3. Weltkriegs als gestört betrachten.

Ich gebrauche hier mit Absicht den Terminus „gestört“, denn durch das Eintreffen bestimmter anderer, oft nicht zu verhindernder Vorkommnisse, kann die Ereignislinie wieder in die bekannte Spur zurückschwenken. Nehmen wir nur einmal den Punkt „Ermordung des dritten Hochgestellten“. Wie alle Prophezeiungen etwas interpretationsbedürftig. Wer ist der dritte Hochgestellte in diesem Zusammenhang?

Der erste wäre mit Sicherheit der Papst. Der Background der jeweiligen Propheten ist natürlich zeitgenössisch zu betrachten und nicht nach heutiger Lage. Früher war das geistliche Oberhaupt die Nr. 1 auf der Welt.

Der zweite Hochgestellte ist der amerikanische Präsident; mit anderen Worten der mächtigste weltliche Herrscher der Erde. Damit fällt das Prädikat „dritter Hochgestellter“ automatisch Jelzin zu, was der Geschichte genau den gefürchteten Kick ab. Denn wenn dies geschähe, kämen die rechten Hardliner in Moskau an die Macht und was das bedeutet, muss hier nicht weiter ausgeführt werden. Die Drohungen aus dieser Ecke waren schon immer unüberhörbar laut und scharf.

Nun taucht aber die Formulierung „dritter Hochgestellter“ nur in der Liste Bernard Bouviers auf und ist eigentlich nur eine sinnentstellende Verkürzung des Originaltextes von Alois Irlmaier, dessen

Aussage zur auslösenden Aktion des 3. Weltkrieges hier übernommen wurde. „Zwei Männer bringen einen dritten, einen Hochgestellten, um," wird Irlmaier wörtlich zitiert. Das kann dann aber jeder hochrangige Politiker sein, und es gibt auch schon Warnungen, dass Clinton bei etwaigen Friedensverhandlungen in Jugoslawien auf keinen Fall Belgrad besuchen solle, weil er dort umgebracht werde. Oder kann es sein, dass der Seher hier den Ausbruch des Ersten Weltkrieges hineinmischte, denn, wie wir wissen, ist die Fixierung auf der Zeitachse schwieriger als die geografische Zuordnung. Und wenn in beiden Fällen das Herz des Balkans Schauplatz der entscheidenden Ereignisse ist, um so mehr.

Leider war, wie bekannt, die Überprüfung dieser besorgniserregenden Entwicklung in dieser Zeit schier unmöglich, man konnte keinen ausgebildeten Remote Viewer unbefangen ins Feld zu schicken. Alle waren natürlich alarmiert und misstrauten mit Recht ihrer übermächtigen Fantasie, denn das Ergebnis ist mit ihrem eigenen Schicksal zu stark verknüpft. In Sessions, die nur für die Suche nach einem verschwundenen Lieblingskater eines Freundes initiiert wurden, tauchte als AOL, also als Fantasieeinschub „Kosovokrieg" auf, und solche AOLs sind schwer wieder loszuwerden.

Zweitens stelle ich es jedem Remote Viewer frei, sich in dieses Feld zu begeben. Freiwillige vor! Mir ist es zu unangenehm. Zu viele Tote, zu viele Gräueltaten, zu viele Emotionen.

In dieser Situation keine unvorbelastete Remote Viewing-Session durchführen zu können, ist zwar ärgerlich, läßt aber trotzdem die Möglichkeit offen, genauso so, wie ich es für 1998 durchgeführt habe, die Prophezeiungen für 1999 und den dritten Weltkrieg mit dem methodischen Remote Viewing-Wissen zu untersuchen und des Pudels Kern herauszufiltern. Und das tat ich dann auch, denn ich wußte einen wichtigen Umstand auf meiner Seite: Interpretationen der einschlägigen Seher befinden sich in jedem Buch über Prophezeiungen, aber diese Autoren haben nicht die Erfahrung des Hellsehens am eigenen Leibe verspürt und können sich deshalb schlecht in Bedeutungen „hineinfühlen."

Bemerkenswert ist die häufige Nennung des Balkans als Auslöser des 3. Weltkrieges (Kremser Bauer, E. Stieglitz, Irlmaier unter anderem). Augenscheinlich sind die Seher in das Feld des Jugoslawienkrieges hineingeraten und von schrecklichen Bildern überfallen worden. Man kann aber schwerlich sagen, ob die Verknüpfung zum 3.

Weltkrieg besteht, oder nicht. Diese Verknüpfungen wurden schon vorher falsch erstellt und dem Golfkrieg wurden sie mit gleicher Inbrunst angehängt. Natürlich besteht auch die Möglichkeit der Reihenfolge: erst Golfkrieg, dann Balkan, dann 3. Weltkrieg. Aber bei einigen Sehern, besonders aus den USA, taucht der dritte Weltkrieg überhaupt nicht auf, wie zum Beispiel bei Cayce, aber hier kann man wieder anmerken, dass ein Krieg in Europa für die Amerikaner kein Weltkrieg ist.

Sind die Angaben über den Kriegsbeginn bezüglich Zeitpunkt und Grund widersprüchlich, die Angaben über das Ende der oder des Kriege(s) kann man eher bündeln.

Für Cayce ist 1999 das Ende der Kriege gekommen und auch Irlmaier sagt: „Der dritte Neuner bringt den Frieden". Stephan Brandts Computerauswertung seiner gesammelten Prophezeiungen unterstützt dieses Bild. Für 1999 sinkt die Kriegswahrscheinlichkeit etwas ab und ist im Jahr 2000 fast null. Aber ein Datum in 1999 wird noch von mehreren Quellen hervorgehoben: der Monat Juli.

Nostradamus, der von vielen Autoren als einzig wirklicher Trefferlieferant angesehen wird, sieht einen „großen Schreckenskönig" kommen, der vor und nach einem (Welt?-)Krieg herrscht. (Ja, liebe Nostradamus-Interpreten, wer ist das nun?)

Wie wir wissen, sind gechannelte, hellgesehene Zahlen immer mit einem großen Unsicherheitsfaktor behaftet. Halten wir uns lieber an handfeste Ereignisse.

Der Verlauf des dritten Weltkrieges ist durch eine Fülle von Aussagen belegt, die tatsächlich ein kohärentes Bild abgeben. Und wenn Erna Stieglitz „Panzer durch Rottenburg" fahren sieht, oder Sibylle Michalda ihr geliebtes Prag zerstört wahrnimmt, das sind Eindrücke, von denen auch Remote Viewer sagen würden, dass sie als unverfälscht anzusehen oder nicht der Fantasie entsprungen seien. Größere Zerstörungen, Krieg und eine Invasion scheinen korrekte Schlußfolgerungen aus allen diesen wie blitzartig erhellten Ortsbeschreibungen zu sein.

Auch dass der Angreifer aus dem Osten kommt, scheint ein klares Bild. Doch Vorsicht! Für den christlichen Mitteleuropäer kam die Gefahr schon immer aus dem Osten, und daher muss sie auch kommen, weil dort eben eine riesige Landmasse mit vielen Völkern und damit auch einer nicht unerheblich größeren Einwohnerzahl existiert.

Und von dort kamen sie auch. Seit der Völkerwanderungszeit sind diese Einfälle östlicher Heere gut belegt. Und seit den Kreuzzügen haben die Mitteleuropäer auch gut dokumentiert in den Osten „hineininterveniert".

Auf dieser Basis findet man bei Nostradamus und mehreren anderen früheren Quellen eher die Türken als Störenfriede. Später, nennen wir es mal im *Feld* der Napoleonischen Kriege, und in der Zeit des Kalten Krieges sowieso, treten verstärkt bei zeitgenössischen Sehern die Russen als Invasoren auf. Die Bezeichnung des Invasoren muss hier aber als persönliche Interpretation des Sehers auf der Basis seiner raumzeitlichen Situation sein, das heißt seiner zeitlichen und örtlichen Nähe zu Kriegen, in die Russen involviert waren und letztlich auch seiner Schulbildung, in der immer zeitgenössisch bestimmte Völker in bestimmten Rollen auftauchen. Zum Vergleich zu Letzterem: Für viele Ostdeutsche sind die Russen auch heute noch „die Befreier vom Nazi-Deutschland", also positiv besetzt. Man darf also, wie immer, die bestimmende Funktion der automatischen Analyse nicht unkritisch hinnehmen.

Eine interessante Quelle hierzu ist Edward Korkowski, den Brandt, datiert auf 1978, wie folgt zitiert:

„Ich sah mich plötzlich auf dem Kölner Dom. Auf der anderen Rheinseite waren alles Ruinen, es brannte noch alles. Die Krieger waren ein gemischtes Volk, jedoch keine Polen und Ostdeutschen. Viele sprachen russisch und hatten asiatische Gesichtszüge. Die meisten aber waren Chinesen … einige waren Afrikaner. Hier und da sah ich einige größere Bauten mit Kuppeln, wie man sie von Moscheen her kennt".

Brandt schließt hier auf eine Voraussage eines möglichen Vierten Weltkrieges und in der Art der Beschreibung kann man in der Aussage tatsächlich ein kurzfristiges Herüberschwappen von Bildern einer noch etwas fernen Zukunft sehen. Auf jeden Fall sieht es aus wie ein Bild aus einem anderen Szenario. Und noch etwas Wichtiges: Die Aussage ist, verglichen mit Nostradamus aus verhältnismäßig neuer Zeit.

Da die Bilder der Seher so übereinstimmend sind, wird zwingend angenommen, dass sie alle dem gleichen Szenario entstammen, auch wenn im Detail erhebliche Unterschiede bestehen. Eigentlich versuchen alle Autoren, diese Unterschiede dadurch zu eliminieren, indem sie die abweichenden Quellen als „unzuverlässig" oder „sowieso sehr ungenau" einstufen. Anderen Quellen wird dieser Vorwurf aber nicht gemacht, wenn sie gut in das vorgegebene Raster (3. Weltkrieg) einzuordnen sind. In diesem Dilemma dann einen Zeitpunkt für das Eintreffen dieses einen Szenarios zu finden, muss eigentlich fehlschlagen und so ist es auch in der Vergangenheit passiert. Dieser Umstand hat aber dann wieder dazu geführt, dass Hellseher generell diskreditiert wurden.

Bestenfalls hat man noch angenommen, dass die Zukunft sich geändert hat, dass die Entwicklung umgeschwenkt ist, weil bewußt Änderungen eingeführt wurden. Erinnern wir uns an das Ansinnen der Propheten schlechthin: „Wenn die Menschheit so weitermacht, wird das eintreten, was ich voraussage!" Damit ist immer die Möglichkeit gegeben, durch Einsicht und Buße in ein anderes Szenario umzuschwenken.

Dann sind aber alle bisher vorausgesagten Szenarien obsolet, hinfällig geworden, erledigt. Das würde zum Beispiel erklären, warum sich die Szenarien der Seher über die Zeit hinweg änderten, warum aus Türken Russen wurden, bestimmte Gebiete nicht mehr im Krieg zerstört werden sollten (dafür andere) und so weiter. Dann dürfen aber die älteren Voraussagen nicht mehr in neue Zusammenstellungen von zukünftigen Szenarien einbezogen werden.

Für das Bild des 3. Weltkrieges hat es in letzter Zeit noch einen ganz erheblichen Einschnitt im Vorfeld der Abläufe gegeben: die NATO-Osterweiterung. Dadurch, dass es ganz plötzlich „Pufferstaaten" für das Eindringen der Russen nach Deutschland gibt, fallen alle Voraussagen bezüglich Stoßrichtungen von Armeeverbänden und Vordringen von Panzerkolonnen in ein tiefes Loch. Entweder, man muss sie ganz zu den Akten legen, oder aber in eine erheblich fernere Zukunft verweisen, ganz wie es die neuesten Publikationen auf dem Gebiet der Prophezeiungen versuchen.

Nachdem also die Legionen von Büchern, die für die neunziger Jahre des zwanzigsten Jahrhunderts den Weltuntergang voraussagten, sichtlich obsolet geworden schienen, tauchten schon mit Ablauf des Jahres 1998 die ersten Bücher auf, die sich mit „Prophezeiungen für das dritte Jahrtausend" beschäftigten. Und siehe, es waren immer noch die gleichen.

Hatte man vorher die wenigen, schlechten, ungenauen Aussagen zum Erfüllungszeitpunkt der Voraussagen an die Zeit vor der Jahrtausendwende anzubinden versucht, hob man jetzt Stellen hervor, die das Eintreffen danach belegen sollen. Dabei ist anzumerken, dass man die Jahrtausendwende als eine feststehende, in allen Köpfen festsitzenden Wegmarke ansieht.

In allen Köpfen? Das Jahr 2000 existiert doch lediglich in den Köpfen der christlichen Welt, und obwohl wir in diesem Teil der Welt leben, sollten wir im Auge behalten, dass dieser Teil der Welt nicht den größten Bevölkerungsanteil hat. Japan beispielsweise beginnt bei Inthronisierung eines neuen Kaisers mit einer neuen Zeitrechnung.

Natürlich beziehen sich die bei uns zitierten Seher auf ihren eigenen geografischen Kontext, also lokal auf Europa. Und natürlich sind die bei uns zitierten Seher Christen und im christlichen Glaubenskontext aufgewachsen und gefangen, zu dem nun einmal die generelle Drohung mit dem göttlichen Strafgericht gehört. Und dafür eignen sich am besten Jahrtausendwenden. Am Ende des ersten Jahrtausends nach Christus füllten sich die europäischen Straßen mit sich geißelnden Bußgängern, denen dieses Strafgericht schon damals angekündigt wurde. (Vielleicht empfiehlt es sich, zum Beispiel nach China auszuwandern.)

Beim Studium der neuen Prophezeiungs-Editionen kann einem schon der Verdacht kommen, dass bei älteren Editionen einiges aus geschäftlichen Gründen unter den Tisch fiel. Die Menschen starrten eben wie hypnotisiert auf das Millennium und mussten deshalb bedient werden. Jetzt aber wurden (auch wieder aus geschäftlichen Gründen?) die Bezugspunkte im dritten Jahrtausend hervorgehoben und alle Aussagen dort angesiedelt. Plötzlich gab es Seher, die schon im zwölften Jahrhundert die Vorgänge im 3. Jahrtausend beschrieben hatten, wie zum Beispiel Johannes von Jerusalem, Malachias und sogar Sibylle Michalda „von Prag“, die vorher ganz anders vereinnahmt worden war. Vielleicht ist die Timeline der Seher tatsächlich viel gestreckter und die Ereignisse nicht so kurz hintereinander anzuordnen, wie von Autoren versucht wurde, die ein schlüssiges Ergebnis zur viel beschworenen Jahrtausendwende präsentieren wollten.

Fest steht jedoch, wie wir gesehen haben, dass eine Zukunft veränderbar sein muss, und dass das Strafgericht nicht eintreffen muss.

Wir ändern täglich unser Verhalten. Manchmal bewußt, manchmal unbewußt.

Und dadurch ändern wir auch täglich die Zukunft. Wenn wir den täglichen Weg zum Supermarkt oder wohin auch immer nicht, wie sonst immer, links herum wählen, sondern nach rechts aus dem Haus gehen, haben wir eine Änderung vollzogen. Wenn wir beschließen, ab heute nur noch Eier von freilaufenden Hühnern zu kaufen oder überhaupt keine Tiere mehr zu essen, ändern wir die Welt und damit die Zukunft. Als die NATO Jugoslawien bombardierte, schuf sie eine Situation, die wiederum in Konflikt mit den meisten Aussagen von Hellsehern stand. Denn plötzlich waren dort, wo die russischen Panzer in Richtung Deutschland durchbrechen sollten, NATO-Kampfflugzeuge im Dauereinsatz. Gegen eine solche Luftmacht hat kein Panzerheer eine Chance, egal, wieviel das marode Rußland noch hätte mobilmachen können. Hinzu kam die schnelle Osterweiterung der NATO. Jeder Einmarsch der Russen in eines dieser Länder hätte sofort für die NATO den Verteidigungsfall und damit den sofortigen Einsatz der sowieso schon in Aktion befindlichen Luftstreitkräfte zur Folge gehabt. Keine Chance also für den russischen Einmarsch, wie er im Buche stand.

Kann es denn sein, dass hier die Zukunft bewußt geändert wurde? Dass dann die Russen diesen Krieg, in dem sie untergehen mussten, auch nicht wollten? Hört sich plausibel an.

Die genannten Szenarien sind doch genau jene, die Grundbestandteil ganz solider, jahrzehntelanger taktischer Überlegungen der westlichen und natürlich auch östlichen Militärstrategen waren und weiterhin sind. Man brauchte gar keine Propheten zu Festlegung dieser Szenarien.

Die Befürchtungen der Fulda-Gap-Variante waren auf keinem hellseherischen Mist gewachsen, sondern die Ausgeburt der politischen, geografischen, technischen und taktischen Fakten und Möglichkeiten. **Vielleicht haben ja ihrerseits die Seher, besonders zeitgenössische, ihre Aussagen in den Köpfen jener Männer gelesen.** Einige kritische Parapsychologen behaupten immer noch, alle PSI-Vorgänge seien ohnehin nur Telepathie ...

Fassen wir einmal zusammen:

1. Hellsichtigkeit funktioniert, man muss aber die wahren Eindrücke von den Interpretationen trennen.

2. Woher haben die Seher ihre Eindrücke? Aus der Zukunft, aus den Köpfen von Militärstrategen, aus vorbelastenden Informationen, Schulbildung, aus kirchlichen Szenarien, der Offenbarung des Johannes, oder womöglich sogar aus Medienprodukten, aus Kriegsfilmen? Übrigens, ständige Wiederholung schafft auch Kohärenz, das wissen auch die UFO-Forscher.

3. Wenn die Bilder aus der Zukunft kommen, können sie aus keiner einheitlichen Zukunft kommen. Eine einheitliche Zukunft setzt Übereinstimmung in den Details und die Unmöglichkeit der Ver-

änderung voraus. Beiden Möglichkeiten widersprechen die Prophezeiungen grundsätzlich.

4. Mit diesen Feststellungen entfällt auch die Möglichkeit, ein zutreffendes Datum für das Eintreffen des 3. Weltkriegs oder anderer Ereignisse auf der Basis der Prophetie festzulegen. Das Ereignis selbst kann auch schon längst aus dem Szenarienpool der möglichen Zukunft gelöscht sein.

Damit fällt aber scheinbar das gesamte Gerüst der Prophezeiungen für dieses oder das nächste Jahrtausend in sich zusammen.

Halt, nicht ganz. Meine Schlussfolgerung beinhaltet nicht, dass Prophezeiungen Müll sind, weil sie nicht immer eintreffen können. Wir sollten aber langsam anfangen, die Möglichkeit, mittels PSI Informationen über die Zukunft zu erhalten, gebrauchen zu lernen.

Etwa an dieser Stelle müssen auch Remote Viewer wie Ed Dames oder Joe McMoneagle angelangt sein. Beide beschäftigten sich am meisten von allen Remote Viewern mit der Zukunft. Obwohl sie sehr unterschiedliche Standpunkte zu vertreten scheinen, kommen doch beide zu sehr ähnlichen Ergebnissen über die Natur der Zeit und der Zukunft im Besonderen.

Ed Dames erkannte nach ähnlichen Erfahrungen mit seinen eigenen, durch Remote Viewing ermittelten Voraussagen, dass sie genauso wie die gerade beschriebenen aller im Gespräch befindlichen Propheten und Seher, ein leicht verderbliches Gut sind. Sie haben eine gewisse Halbwertszeit und verfallen auch bei größeren Ereignissen oft schon nach einem halben Jahr. Daraus folgt, wie wir im Kreise deutscher Remote Viewer schon diskutierten, dass die Informationen über die Zukunft von Zeit zu Zeit erneuert werden müssen.

Ed Dames machte den Fehler und tat genau das. Er überprüfte immer wieder die nähere Zukunft. Dabei erhielt er regelmäßig unangenehme Resultate, weil die Zukunft insgesamt nicht besser wurde, was auch kein Wunder ist. Nun machen aber leider die Menschen immer den Überbringer für die Botschaft verantwortlich und so blieb Dames der „Dr. Doom“, als den man ihn schon Jahrzehnte kannte.

Dabei ist er als einer der Innovativsten anzusehen, die sich mit Remote Viewing und angrenzenden Gebieten beschäftigt haben. Gestützt auf seine Erkenntnisse mit dem Viewen der Zukunft führte er die Technik der Wegmarken ein.

Er untersuchte die Gründe, die zu seinen geviewten Desastern führen würden und baute dadurch Timelines des „wenn – dann“ auf. Der Vorteil dieser Technik ist, dass man sehr genau erkennen kann, wann eine Voraussage nicht mehr zutreffend ist, weil durch zwischenzeitliche, ändernde Ereignisse obsolet geworden. Andererseits gibt auch gerade diese Technik Informationen darüber ab, wie man die ungewollte Zukunft verhindern kann. Der Nachteil liegt auf der Hand: je präziser man sein möchte, desto mehr Arbeit muss man hineinstecken.

McMoneagle ging anders an das Problem heran. Er betrieb so unbeeinflusst wie möglich das alte Spiel „ein Ort zu einer Zeit: Beschreibung und Implikationen.“

Daraus erwuchs „seine“ Geschichte der Zukunft, wie ich sie schon teilweise aus seinem zweiten Buch zitiert habe. Für ihn steht zwar für die nächsten Jahre die Auseinandersetzung mit dem Irak im Vordergrund, wir finden aber auch Aussagen über die Jugoslawienkrise:

„Es wird zusätzliche Überraschungen geben. Empörung in Albanien, Aserbaidschan und Türkei werden folgen … Amerika wird aufgefordert sein, angemessen zu antworten … Es wird gravierende **Grenzänderungen** betreffend Syrien, Türkei, Irak, Iran, **Albanien** und Aserbaidschan geben.“ Das ist kein Hinweis auf einen dritten Weltkrieg, aber auf eine permanente kriegerische Krise, die er bis 2003 oder 2004 ansetzt. Er scheint aber nicht sehr viel Energie speziell auf Jugoslawien verwendet zu haben, denn McMoneagles Aufmerksamkeit gilt naturgemäß amerikanischen Interessen. So ist es nicht verwunderlich, dass wegen der großen, schon vermessenen Ölvorkommen im irakisch-iranisch-türkischen Grenzgebiet die Golfkriege für ihn Vorrang im Betrachten haben.

Angesichts der Erkenntnisse über die Variabilität der Zukunft fragt man sich natürlich, welche Eintreffenswahrscheinlichkeit *seine* Voraussagen haben, die in einem sehr detaillierten Abriss bis 2100 gehen. Kurioserweise korrespondieren sie sehr gut mit den kulturellen und sozialen Voraussagen für unsere Gesellschaft, die die älteren Seher wie Malachias aber auch Irlmaier nun für das dritte Jahrtausend anberaumen sollen: Dekadenz und Verfall von Sitte, Anstand und Ethik auf der ganzen Linie. Das allerdings kann man sich auch, ohne Hellseher zu sein, ausrechnen. Es ist die gradlinige Folge des modischen Zwanges der modernen Gesellschaft, alles immer noch mehr zu übertreiben. So könnte man mit Recht mutmaßen, dass auf Piercing, Tattoos und Zungenspalten mit fortschreitender (und auch wahrscheinlicher) chirurgischer Kunst die modische Verstümmelung bis hin zu größeren Amputationen folgen muss. Das hat der geniale Filmemacher Peter Greenaway in seinem Film „A Zed And Two Noughts" auch schon vorweggenommen.

Immerhin ist McMoneagle von einer Gefahr befreit: Durch sein zufälliges, leidenschaftsloses und vor allem unwissendes Abarbeiten seiner Targets war er gegen Einflüsse wie persönliche Ängste (zum Beispiel vor Krieg und Strafgericht) weitestgehend gefeit. Deshalb tauchen sie auch nicht auf. Seine Formulierung dazu ist: „Es wird immer Menschen geben, denen es sehr schlecht ergehen wird und es werden sehr viele sein." Fürwahr, dem ist nichts hinzuzufügen.

Selbstverständlich macht sich ein engagierter Forscher wie er auch Gedanken, warum manche Voraussagen eintreffen und manche nicht. In seinem ersten Buch *Mind Trek* beschreibt er Erlebnisse, in denen er Jahre später tatsächlich die Gebäude vorfand, die er früher einmal geviewt hatte. Andererseits machte auch er die Erfahrung des Nichteintreffens von Voraussagen.

Aufgrund seiner Erfahrungen neigt er zur Theorie der parallelen Universen, der vielen möglichen Wahrscheinlichkeitswelten, die sich mit jedem Quantensprung der gegenwärtigen Entwicklung neu auftun.

Am Anfang meiner Beschäftigung mit Remote Viewing stellte auch ich mir die Zukunft wie einen Baum mit unendlich vielen Verästelungen vor, jeder Zweig eine eigene Entwicklung der Wahrscheinlichkeit.

Damit konnte ich immerhin schon erklären, warum Ereignisse geviewt wurden, die später nicht eintrafen. Bezeichnend für diese Umstände war nämlich, dass der Viewer immer auf die stärkere oder sogar stärkste Variante einer Entwicklung einrastete. Wie schon Ed Dames sagte: „Das Unterbewusstsein sucht sich die interessanteste Möglichkeit, auch wenn sie auf der Rückseite der verwendeten Illustriertenseite liegt." Oder auf einem anderen Ast der zukünftigen Wahrscheinlichkeit. Hauptsache interessant, ein großer Knall, die schlimmste Entwicklung, die größten Emotionen. Wir kennen das schon.

So kommen wir in Szenarien des Weltunterganges, des dritten Weltkriegs und des göttlichen Strafgerichts. Genau wie die Propheten. Aber die können sich nicht wehren, für sie gibt es keine Technik, sich auf ein moderates Wahrscheinlichkeitsmaß einzulocken, wenn sie es aufgrund ihres Sendungsbewusstseins überhaupt wollen. Aber, dachte ich, wir sind ja Remote Viewer.

Und so, wie Ed Dames auf Bildern, die er als Target benutzte, durch einen Kreis um das gefragte Detail und einen Pfeil darauf das Unterbewusstsein zwang, sich zu fokussieren, ging ich dazu über, zukünftige Targets „auf der Ebene der größten Wahrscheinlichkeit" viewen zu lassen.

Das funktionierte sehr gut, genau wie die grafische Variante mit der Postkarte. Die Sessions wurden unspektakulärer. Auf der Hallig Hooge war bis Mitte 1999 nichts Besonderes los, keine Sturmflut, kein Untergang. Aber eine fertige Kläranlage und neue Tendenzen. Bei uns stand das Haus immer noch, unser Freund zog nur um, und unser Geschäft ging ganz gut. Nicht supergut, aber auch nicht abgrundtief schlecht. Nur dass viel Betrieb sein würde, das war nicht wegzumonitoren. Aber das kennen wir schon, auch das ist der Normalzustand bei uns.

Aber wie es so mit Theorien ist, irgendwann kommt man an einen Punkt, an dem sie nicht mehr ausreichen. Es gab immer wieder Vorgänge, die mit der Verzweigungstheorie nicht befriedigend erklärt werden konnten.

Da war zum Beispiel der Umstand, dass mehrere sehr divergierende Varianten in Randbereichen die gleichen Details aufwiesen. Als ob die Verästelung sich wieder zurückverästelt. In anderen Fällen schien die Zeitlinie wieder zurückzuschwenken, ähnlich wie bei den Sehern und dem ewigen Kriegsszenario.

Auch hier gab McMoneagle einen Anstoß. Er fand heraus, dass auch die Dimension der Zeit nicht nur als Linie verstanden werden kann. Seine Erfahrungen ergaben nur Sinn, wenn die Zeit noch mindestens eine zusätzliche Koordinate hätte.

Warum nur zwei, dachte ich, warum nicht drei? Die Dimension des Raumes hat auch drei Koordinaten: Länge, Tiefe, Höhe. Und plötzlich war ich wieder beim letzten Schrei der Mathematiker angelangt, das Universum zu erklären. Jetzt wollte ich dieses Modell einmal genau durchdenken.

Die ermittelbaren zwölf Dimensionen, von denen es heißt, sie genügten, das Universum aufzuspannen, drängen sich in Clustern zu jeweils drei zusammen.

Damit erhält man vier Hauptdimensionen mit jeweils drei Ausbreitungs- oder Definitionsrichtungen.

Auf dieser Basis haben wir als erste, bekannteste Hauptdimension den Raum. Mit seinen drei Koordinaten gehen wir jeden Tag um, jedenfalls unser serielles Wachbewusstsein. Wir wissen genau, wo der Tisch, der Stuhl und das Auto stehen und wie hoch die Decke ist.

Dass auch die Zeit drei Ausbreitungskoordinaten aufweist, vermuten wir auch schon seit einigen Jahrzehnten. Leider werden wir der Definition dieser drei „Richtungen“ mit unserem Wachbewusstsein nur über den Umweg Mathematik und Physik einigermaßen Herr.

Die dritte Hauptdimension würde ich „Wahrscheinlichkeit“ nennen, weil die Formulierungen der Mathematiker eigentlich nur diese Interpretation zulassen. Mit ihren drei Ausbreitungsrichtungen läßt sich das Ausmaß des Eintreffens definieren, oder, bildhaft gesprochen, der Weg jedes persönlichen Raum-Zeit-Kontinuums durch das endlose Meer der Möglichkeiten.

Die vierte und letzte generelle Dimension habe ich für mich den „Plan“ oder das „Archiv“ genannt. Vielleicht paßt auch „die Entscheidung“. Religiöse Menschen können gern „Gottes Wille“ sagen. Hier wird mit wiederum drei Koordinaten der Zustand der Schöpfungen definiert, und zwar von jeder einzelnen Schöpfung oder Universum, nach Belieben.

Mit diesem Modell wird für mich jeder Existenzpunkt jeden Universums ausreichend definiert. Damit lassen sich auch alle Ungereimtheiten der Physik wie zum Beispiel Zeitdilatation, Tunneleffekt etc. erklären. Versuchen Sie es selbst, es ist ganz einfach! Einige Aussagen Einsteins lassen darauf schließen, dass er sich dieses Modells schon bewußt war, es seiner Umwelt aber nicht vermitteln konnte.

Je länger ich mich in diese Materie einlas, desto besser konnte ich auch Phänomene des Remote Viewing und, wenn man will, des Hellsehens erklären.

Wenn jeder Punkt der Realität über dieses komplexe Schema definiert wird, ist jeder Weg der Entwicklung theoretisch möglich, auch der „Astwechsel“, denn jede Möglichkeit ist gleich weit von jeder anderen Möglichkeit entfernt und kann deshalb theoretisch jederzeit erreicht werden.

Alles ist möglich und dem Remote Viewer liegen alle Informationen aller Dimensionen zu Füßen. Eine atemberaubende Vorstellung, deren Realität wir immer wieder erleben durften. Die Kehrseite der Medaille ist dann aber, dass es einer genauen Aufgabenstellung und präzisen Steuerung durch den Monitor bedarf, um sich in der Unendlichkeit der Informationen nicht zu verirren. Die Rückseite einer Illustrierten, die etwas abgelegene Wahrscheinlichkeit eines bestimmten Krieges, für das umherstreifende Unterbewusstsein ist alles gleich leicht zu erreichen. Wenn die Frage nicht genau genug gestellt wird, bekommen wir die knalligste Lösung einer möglicherweise weit von unserer Realität entfernten Koordinate. Und je weiter ein Ziel in der Zukunft liegt, desto mehr mögliche Definitionen befinden sich dazwischen.

Wenn eine genaue Entwicklung so schwer zu ermitteln ist, warum erfüllen sich dann Prophezeiungen und Voraussagen doch immer mal wieder, obwohl sie obsolet oder lange Zeit außer Kraft gesetzt zu sein schienen? Ganz einfach, weil sie auch auf der Basis von schwer veränderlichen, grundsätzlichen Verhältnissen aufbauen, die wirklich ein extremes „Beharrungsvermögen“ aufweisen. Sozusagen „Schwarze Löcher“ im Universum der Wahrscheinlichkeiten, die alles anziehen. Für uns Menschen, und uns interessiert dieses ja vordringlich, gibt es solche Anziehungskräfte durch die Beschaffenheit der physiologischen, biologischen Lebensgrundlage, der darin agierenden Psyche mit ihrer Ethik und Moral und den konkurrierenden Trieben etc. Unsere Erde und die darauf lebenden Menschen sind eben, wie sie sind. Das bedeutet, dass es immer wieder Kriege geben **muss**, die man voraussehen kann, weil sie zur Grundausstattung dieser Art der Existenz gehören.

Natürlich kann man daran arbeiten, ein friedliches Universum mit gegenseitigem Respekt und Liebe aller Lebewesen untereinander herzustellen, aber das benötigt viel Koordinatenverschiebung in mehreren Dimensionen. Dass einiges gelingen kann, wurde schon vielfach von einzelnen Menschen bewiesen.

Gelingt es uns, diese Veränderung zu verbreitern, geht auch die Gefahr von zum Beispiel Kriegen zurück. Womit wir wieder beim Sinn der Prophezeiungen sind. („Wenn ihr euch bessert ...“)

Wie kann das alles praktisch in Angriff genommen werden? Durch täglichen, bewussten und konkreten Einsatz von PSI. Zum Beispiel in Form von Remote Viewing der Zukunft. Wenn man immer wieder die wahrscheinliche Zukunft auf der Basis der gerade erreichten Zustände viewt und die Entwicklung im Sinne einer gewünschten Entwicklung korrigiert, ist man auf dem richtigen Weg. Für viele Fragen benötigen wir Remote Viewing überhaupt nicht. Wir wissen sehr genau, wo die Entwicklung der Umwelt hinführt, wenn wir nicht etwas ändern. Was aber ändern? Viel Zeit, viele Ressourcen haben wir nicht mehr. Es müsste der möglichst kürzeste Weg sein, den wir einzuschlagen hätten.

Remote Viewing in dieser Detailplanung ist sinnvoll. Wie es die amerikanischen kommerziellen Remote Viewer für ihre Auftraggeber in technischen Bereichen jetzt schon tun: immer nachschauen, wie das nächste Detail einer Maschine aus der Zukunft aussieht, was die nächste kleine Veränderung für Konsequenzen hat. Die nächste kleine Veränderung, in aller Bescheidenheit, aber die *Optimum Trajectory*, die optimale Flugbahn, an der wir uns zum Nutzen aller durch die Koordinaten des Seins hangeln können.

Ed Dames ist auf einem guten Weg mit seinen Wegmarken der Wahrscheinlichkeit. McMoneagle und andere arbeiten längst für amerikanische Firmen.

Läßt sich vielleicht auch unter diesem Aspekt verstehen, warum ausgerechnet die Amerikaner versuchen, konkret „weltpolizeilich" Veränderungen herbeizuführen, die in andere Szenarien als die drohenden einmünden?

Schauen wir uns unter diesem Aspekt noch einmal das Balkanproblem an. Noch nie vorher hat sich die NATO derart entschlossen in einem ähnlichen Konflikt dargestellt. Das läßt aufmerken. Am dritten Tag der Kämpfe bemerkte ich zu meiner Frau: „Und was ist, wenn viele dieser Geheimnis- und Verschwörungsautoren recht haben? Wenn die USA, als tatsächlicher Drahtzieher, alles das, was man ihr andichtet, in der Hinterhand hätte? Hightech, Remote Viewing, alles das, womit sie das Geschehen tatsächlich in der Hand hätten, dessen Auswirkungen abklären und auch herausgefunden haben, dass sich Rußland wirklich zurückhalten würde? Dass man auch zum Beispiel diese angeschlagene Weltmacht dann gänzlich aus dem Weg räumen könnte. Und danach China, die man gegen die Russen ausspielen könnte, hat dieses doch selbst mit den Russen einige Meinungsverschiedenheiten über Grenzverläufe und Volksgruppen im falschen Staat. Es hat doch schon länger den Anschein, als wollten die USA überall auf der Welt derart die für sie gefährlichen Krisenherde beseitigen.

Oder nehmen wir das Y2K-Problem (Y2K = Year 2 Kilo, das sogenannte Jahr-2000-Problem), den Computerausfall zur Jahrtausendwende, vor dem gerade die westliche Welt zitterte. (Auch wenn eine Sendereihe des amerikanischen Wirklichkeits-Interpretierers CNN Rußland als problematischstes Land auswies.) CNN zeigte 1999 immer wieder Berichte, wie die USA bemüht waren, in anderen Ländern den gefürchteten Y2K zu verhindern. Zum Beispiel Indien: unter amerikanischer Anleitung und mit amerikanischen Programmen bewaffnet, wurden ganze Sarong tragende Büroabteilungen gezeigt, die sich an älteren Computern zu schaffen machten. Indien ist Atommacht, das sollten wir nicht vergessen.

Aber: „Eine Voraussage ist dann Realität, wenn sie eingetroffen ist", sagte zu Recht unser Remote Viewing-Trainer Gunther Rattay. Und vorher kann vieles geändert werden. Ich selbst pflege gern zu sagen: „Man muss ja nicht drunterliegen, wenn man weiß, dass das Haus einstürzen wird."

Vielleicht haben die Amerikaner weltpolitisch gesehen die Implikationen dieses Spruches sehr genau begriffen. In Anlehnung an die bekannte Ford-Werbung könnte man sagen: USA, die tun was. Ob uns das gefällt oder nicht. Und sie scheinen zu wissen, was sie tun.

Neue Abenteuer der PSI FORCE-5

11. Kapitel

Remote Viewing-Daten sind sehr sensible Daten. Deshalb wird auch ein spezieller Datenschutz betrieben, der dazu führt, dass alle bekannten, erfolgreichen, hochdekorierten und buchschreibenden Remote Viewer mit wenigen, oft nur recht unspektakulären Ergebnissen aufwarten können, dass man schon wieder Mühe hat, ihnen ihre Fähigkeiten und den Sinn der Methode abzunehmen. Oder aber es handelt sich um so vom Alltag abgehobene Themen wie etwa die Suche Courtney Browns nach Jesus, Buddha und dem Galaktischen Rat. Esoterische oder UFO-Spinner-Gebiete, auf die man sich immer zurückziehen kann, ohne viel Rechenschaft über Ergebnisse ablegen zu müssen und die von der Mehrheit der Gesellschaft ohnehin nicht ernst genommen wird. Eine Ausnahme bildet hier Joe McMoneagle, aber auch erst in seinem neuesten Buch von 1998, das ihn auch eine lange Zeit beschäftigte, ehe er ein veröffentlichbares Bild der Zukunft zusammen hatte. Die Ursache für dieses Fehlen von schlüssigen Einsätzen ist aber leicht zu ermitteln.

Am Anfang der Remote Viewing-Geschichte handelte es sich um militärische Aufklärungsaktionen, die natürlich streng geheim waren und es fast alle immer noch sind. Später kamen die UFO-Nachstellungen des Ed Dames, oder auch die Mars-Sessions von Joe McMoneagle, die natürlich eher die Methode in den Bereich des Spinnertums rückten. Die Transaktionen an der Börse von Russel Targ und Keith Harary um Silberoptionen oder die erfolgreichen Spekulationen der Putthoffs und ihrer Freunde, um eine Schule finanziell zu retten, wurden nicht wiederholt und stießen ohnehin auf Unglauben.

Später, nachdem die Remote Viewer von Fort Meade die private Dienstleistungsgesellschaft PSITECH gegründet hatten, gab es zwar Auftragsarbeiten in Bereichen, die für jeden Normalbürger einen Bezug hatten, leider aber konnten diese nicht zur Festigung der Glaubwürdigkeit benutzt werden, da die jeweiligen Auftraggeber natürlich nicht das geringste Interesse hatten, dies zu erlauben. Es lief ab wie ganz normale Investigationen eines Privatdetektivs: unter Schweigepflicht.

Das färbt natürlich auch auf die Selbsteinschätzung der Remote Viewer ab.

Einerseits war man sich der Möglichkeiten voll bewußt, die in der Tat die alten Grenzen der Informationsgewinnung förmlich sprengten. Andererseits existierte man in gewisser Hinsicht nicht. Das Projekt war geheim und man konnte weder zuhause noch in der Öffentlichkeit darüber reden. Und hätte man es versucht, wäre man für verrückt erklärt worden. Das Dasein hatte eine neue Qualität bekommen. Der PSI-Krieger war entstanden.

Kein Wunder, wenn der Begriff PSI-Force auftauchte. Natürlich nur im Scherz, aber dadurch, dass man diesen Begriff aufbrachte, erhielt er auch eine eminente Aussagekraft. Die vorgesetzten Dienststellen jedenfalls sahen diese Truppe ohne Humor genau in diesem Licht. Und eben weil es eine Truppe war, und nicht nur ein einzelner „Hexer", erzeugte sie ein gerütteltes Maß an Angst und wurde mißtrauisch beobachtet. Es war eine unheimliche Schwadron. Da nutzte es absolut nichts, dass die Beteiligten selbst durch sarkastische Kabarett-Stückchen wie selbst gemachte Flyer mit Berichten imaginärer Abenteuer ihre Existenz ins Lächerliche zu ziehen versuchten. Im Gegenteil, dies führte zu weiterem Distanzierungsverhalten, was wiederum dazu führte, dass man dieser Truppe ihre Existenz erschwerte durch wiederholte Versetzungen wichtiger Leute und das ständige Aufrühren von Finanzierungsproblemen. Einer dieser Flyer zeigt messerscharf auf, wie sehr man das Problem verstanden hatte: >>**Die unendliche Geschichte der PSI-Force-5.**

Der Thriller dieser Woche: Drohender Untergong!

Wieder glücklich mit unseren Helden vereint, finden wir die Reihen der PSI-Force 5 von großem Unheil bedroht. Der Verlust ihres Kameraden Tom hat ernstlich ihre Möglichkeiten verringert, die Welt vor der alles verschlingenden weltlichen Engstirnigkeit zu retten, ausgelöst durch die schrecklich feindseligen Vordenker überall, die *Ungongies*.

Unsere Geschichte beginnt, als Bill, der schnellzüngige, verantwortungsbewusste Anführer der Kampfgruppe gerade seine Mannschaft über den Trainingsablauf aufklärt:

>Ich weiß, dass ihr alle heiß darauf seid, die *Ungongies* fertigzumachen, um der Menschlichkeit willen. Wir werden aber leider aus strategischen Gründen daran gehindert, und diese Zeit wollen wir nutzen, um weiter zu trainieren.

Wie mein Idol, General Custer immer sagte: Ordentliches Training und eine gute Führung, dadurch werden Schlachten gewonnen! ...<

Auch die deutschen Remote Viewer des ISFR sahen sich bald mit ähnlichen Problemen konfrontiert. Zu Finanzierungsdefiziten und dem Umstand, dass gute Viewer über ganz Deutschland verstreut waren und deshalb schwer für konsequente Mitarbeit zu gewinnen waren, kam die Ungläubigkeit potenzieller Klienten, die praktisch erst einmal durch ein kostenloses Projekt überzeugt werden wollten. So traten sie die Flucht nach vorn an und benannten sich schon Anfang 1998 um in PSI FORCE, eine Organisation mit ausgebildeten Remote Viewern, die Privataufträge durchführten. Zögerlich keimte die Hoffnung auf, dass die Zeit nun auch in Deutschland reif und die Gesellschaft bereit für diese Art von Service sei.

Solche Remote Viewing-Service-Firmen finden wir heute häufiger im Internet. Es ist nicht nur Joe McMoneagle, der seine Dienste anbietet, neben einigen weiteren hat sich auch ein PSI-Tech-Ableger in Kalifornien aufgemacht, der Sessions für hundert Dollar anbietet.

Aber immer noch ist keine von all diesen genannten Organisationen und Strukturen besonders in der Lage, die nötige Fülle von gelösten Fällen und überzeugenden Einsatzbeispielen aus dem Alltag zu liefern.

Die Militärs möchten sich nach wie vor weder in die Karten schauen lassen noch der Lächerlichkeit durch Medienberichte preisgeben. Private Auftraggeber dringen aus genau den gleichen Gründen auf Zurückhaltung. Und dass einer der Spitzenviewer zu eigenen Projekten kommt und darüber plaudern möchte, finden wir eigentlich nur bei McMoneagle und Ed Dames.

McMoneagle hat sein Zukunftsprojekt zu einem gewissen Abschluss geführt und legt die Ergebnisse in dem Buch „The Ultimate Time Machine“ vor. Ed Dames stellte in der Art-Bell-Radioshow mehrere Projekte vor. Da war einmal das sattsam bekannte Erforschen des Kometen Hale-Bopp und seiner Begleitumstände. Gleichzeitig kümmerte er sich um Anzeichen des ökologischen Untergangs allen Lebens auf dieser Erde, was später, im Jahr 1998, in eine Untersuchung über Markierungspunkte der Offenbarung des Johannes in der heutigen Zeit und nahen Zukunft einmündete. Alles Themen, die mit Untergang zu tun hatten und von der Öffentlichkeit nur angstbesetzt abwehrend oder spöttisch niedermachend wahrgenommen werden konnten.

Eins der wenigen Projekte aus einem „normalen“ Kontext war die Suche nach dem abgestürzten Flugzeug der amerikanischen Kult-Pilotin Amelia Earhart, deren Bedeutung etwa der der deutschen Hanna Reitsch gleichkommt. Amelia Earhart befand sich am 2. Juli 1937 auf einem Flug von Papua, Neu Guinea nach Howland Island, wo sie nie ankam.

Das Wrack ihres Flugzeuges wurde nie gefunden, was natürlich Anlass zur Legendenbildung sein musste.

Nachdem Dames schon früher, 1996, die Absturzstelle des französischen Fliegers und weltbekannten Buchautors Antoine de Saint-Exupery lokalisiert hatte (die Hebung aber an Pietätsgründen und dem Widerstand der Familie scheiterte), machte er sich hier sehr zuversichtlich ans Werk und hatte im Frühjahr 1998 bereits Ergebnisse, die ihn bewogen, eine Expedition auszurüsten. Zum Zeitpunkt, da ich dieses Buch schrieb, war über konkrete Ergebnisse noch nichts zu erfahren, außer, dass er in verschiedenen Sitzungen auf Teile des Flugzeugwracks stieß. Sie lagen unter Wasser und Dames glaubte nach einigen Versuchen, auch die geografischen Koordinaten bestimmen zu können, nämlich vor der Kuste von Kuria, einer der Gilbert-Inseln.

Was also kann man der geneigten Leserschaft aus diesem Bereich an neuen, inhaltlich interessanten und repräsentativen Fällen bieten? Wobei natürlich die Details und Überprüfbarkeit und letztlich auch die Überprüfung und der glückliche oder vielleicht auch weniger glückliche Ausgang rückhaltlos aufgedeckt werden sollte!

Diese Anforderungen kann eigentlich kaum ein Fall bieten, den man nur irgendwo publiziert erfahren hat. Hier sind eigene Erfahrungen angezeigt, wenn man sie denn hatte. -- Oh ja, wir hatten sie.

Es gab Momente, in denen ich sehr wohl verstehen konnte, warum Mel Riley, der übrigens ungenannt bleiben wollte, diesen Begriff PSI FORCE 5 prägte, und ich beschriftete einen Ordner mit dem Titel: „Neue Abenteuer der PSI FORCE 5“, auch ganz scherzhaft, versteht sich, aber der Ordner füllte sich zusehends und ganz im Ernst.

Eine der ersten Geschichten darin war die Sache mit dem verloren gegangenen Tresorschlüssel.

Es war am 17. Dezember 1997, früher Nachmittag und ich saß im

Studio. Meine Frau tauchte auf und riß mich aus dem Kampf mit dem neuen Schnittprogramm.

„Ich hab eben mit Peter gesprochen. Er hat ein Problem."

„Hab ich auch. Ich wüsste gern, wo in diesem miserablen Handbuch steht, wie man …"

„Es ist ein Problem, das wir lösen können."

„Ach ja? Wie denn?"

„Mit Remote Viewing. Und ich würde sagen, wir sollten es tun."

Ich schaute sie verblüfft an. „Du hast dich letztens aber eher rangeekelt."

„Ja, aber jetzt hätte ich mal wieder Lust dazu. Geh mal ins Büro. Er ist noch am Telefon. Dann kannst du gleich das Target formulieren. Ich gehe raus, damit ich nichts mitkriege."

Peter Weinfurth, Inhaber des ersten und größten deutschen Versandhauses für chinesische Heilkräuter, hatten wir auf dem Feng-Shui-Kongress in Obernzell kennengelernt, genau jenem Kongress, während dem ich meine Begegnung der 5. Art hatte. Wir hatten daraufhin ein paar sehr spannende Treffen und Erlebnisse mit ihm.

„Mein Tresor ist zu!", eröffnete er mir spontan, so wie jemand der sich richtig ärgert. „Über die Feiertage haben sich die Akkus geleert und keiner hat das Warnzeichen gehört, weil keiner im Büro war. Wegen der Feiertage. Und wenn die Akkus alle sind, kriegt man den Tresor nicht mit dem Zahlenschloss auf. Ich bin schon völlig geschafft. Das kostet mich zwei- bis dreitausend Mark."

Ja, dachte ich, das ist wirklich was Ärgerliches, eine richtige unglückliche Verkettung. Aber Moment … „Gibt es keinen extra Schlüssel? So einen für den Notfall? Als Konstrukteur muss man das doch bedenken …"

Er knurrte, was sich immer etwas komisch anhört. „Natürlich gibt es einen Schlüssel. Und ich suche ihn auch schon zwei Tage. Aber ich weiß nicht mehr, wo. Ich habe schon alles durchgewühlt …"

Na ja, dachte ich, das ist doch eine echte Remote Viewing-Aufgabe.

Noch am Nachmittag machten wir die Session. Die Kinder waren bei Freunden untergebracht und der Anrufbeantworter angestellt. Es war 16.20 Uhr am 17. Dezember 1997.

Bereits in der ersten Stage 3 beschrieb Gudrun eine komplexe innen/außen Situation, die wir mit dem AOL „Peters Haus am Wald" unterbrechen mussten. Ich habe frühen komplexen Informationen immer misstraut und schicke deshalb gern den Viewer so früh wie möglich in eine Bewegungsübung um sein Wachbewusstsein so orientierungslos wie möglich zu machen.

17 12 97
4001
Der Ort, an dem der Schlüssel zu Peter Weinfurths Tresor in Bochum liegt zum gegenwärtigen Zeitpunkt

Die Target-Formulierung zur Tresorschlüssel-Sessiuon

„Zwei Meter vor dem Zielgebiet sollte etwas sichtbar sein in Richtung auf das Zielgebiet."

Sie landete in einem Innenraum, nicht sehr groß. Gegenüber befand sich ein großes, unterteiltes Fenster mit Strukturen darin, gelb/braun. Davor war etwas sehr Heißes, aus dem Dampf kam, schwarz und glänzend. Etwas weiter weg nahm sie Behalter wahr, Gläser, Tische, Stühle, Kabel, Schläuche, Kacheln. Sinn des Ganzen: künstlich, wissenschaftliche Forschung. Gefühlseindrücke waren keine feststellbar.

In der Stage 6 zeichnete sie einen Raum, den sie offensichtlich schräg von oben sah. In der Mitte befand sich ein Tisch, auf dem diese Behälter standen. Sie schrieb dazu: „Ätzend". Darüber war eine lange Neonlampe an der Decke befestigt, die für ihren Blick den Tisch verdeckte. Rechts ein Waschbecken, daneben große Behälter mit „Jauche, stinkt." Ein Bord an der Wand, auch im Vordergrund. Daran ein Mensch, der hin und herlief und an etwas hantierte. Links eine große Glasfläche. Gudrun hatte den Eindruck von „nachts, es brennt Licht."

Wir untersuchten die Szenerie noch weiter, fanden viele interessante Details wie Unterlagen, ein Notizbuch, ein Geheimfach, eine Glastür in der Wand und hämmernde, mahlende Geräusche von irgendwelchen Arbeiten. Ende der Session: 16.51 Uhr.

rotz der eindeutigen Ortsbeschreibungen konnte ich mir keinen

Reim auf die Session machen, der eine eindeutige Lösung der Aufgabe bedeutet hätte. Denn einen Schlüssel hatte Gudrun nirgendwo real wahrgenommen. Etwas frustriert rief ich Peter an.

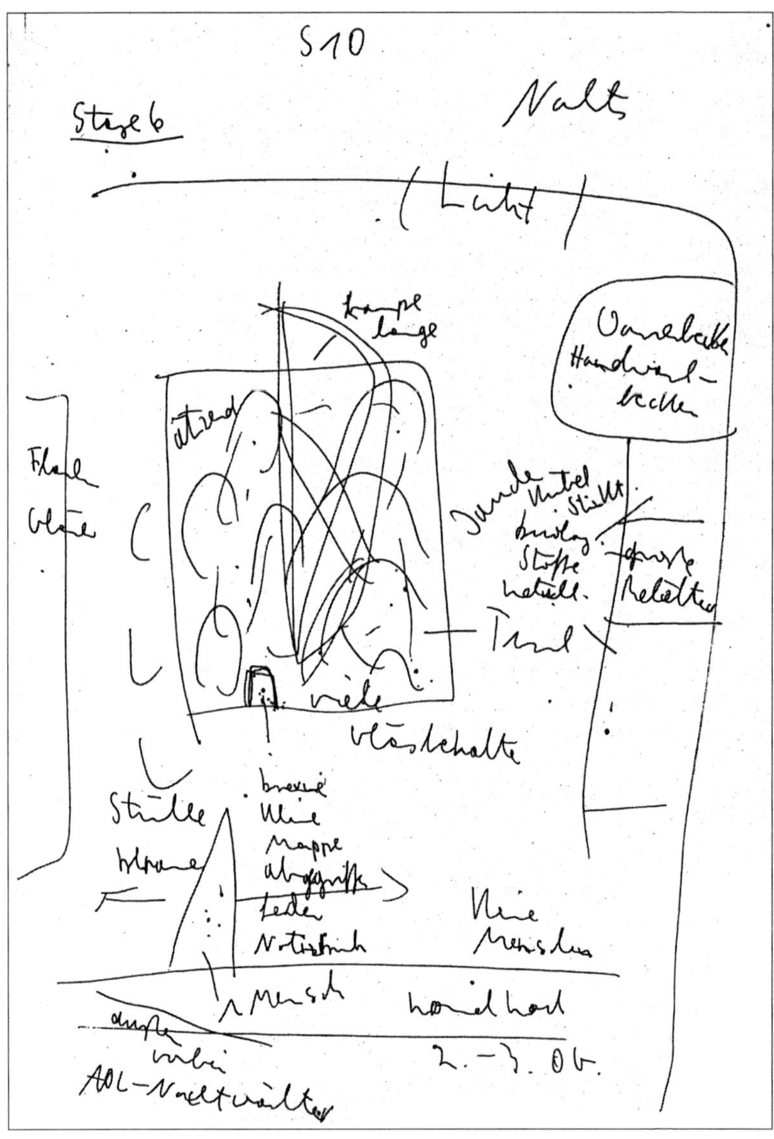

Peter Weinfurths Labor als Remote Viewing-Skizze

„Tja, äh, hier in der ersten Stage drei ist so ein Gerät am Fenster, da kommt irgendwie heißer Wasserdampf raus. Könnte ein Luftbefeuchter sein. Habt ihr da so was?"

„Moment, am Fenster … das ist die Kaffeemaschine. Ja und, da … na ja also … warte mal." Schritte, Klappern, ein Ausruf. Dann war er wieder am Draht. „Ja, aber das ist er nicht. Das ist ein anderer. Wir haben nämlich noch einen Tresor, und das ist der Schlüssel dazu."

Ortstermin bei Peter Weinfurth im Labor: Vorn links der Tisch mit den Gläsern, rechts der Ausguss und darunter das Geheimfach

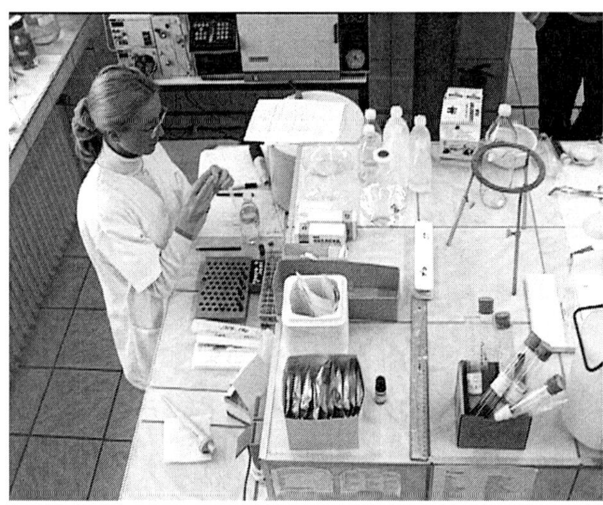

Linke Seite des Labors.Die Kamera nimmt bei beiden Bildern in etwa die Perspektive der Stage-3-Zeichnung ein

„Aha," formulierte ich etwas weitläufig, „ja, es gibt hier in der Session auch noch andere Szenarien. Hier ist noch so ein Kästchen, Holz irgendwie ... aber ich kenne mich bei Euch eben nicht aus."

„Dann fax' die ganze Session doch mal eben rüber!", drängte Peter und ich tat ihm den Gefallen. Dann hörten wir den ganzen Abend nichts von ihm und wollten schon zu Bett gehen.

Da klingelte das Telefon.

„Das ist ja stark. Aber es nutzt nichts. Ich muss also aufbohren."

Er klang komisch. So zwischen euphorisch und abgrundtief enttäuscht. Merkwürdige Mischung. Gefiel mir nicht. Hörte sich an, als ob wir versagt hätten. Na ja, kann ja nicht immer funktionieren. „Also, das heißt, du hast den Schlüssel nicht gefunden."

„Richtig, aber so kann man das nicht sagen. Ich habe schon noch einen Schlüssel gefunden. An den hab ich schon gar nicht mehr gedacht, dass der noch existierte. Dieser Schlüssel, der zweite also, den ihr gefunden habt, lag in dem Kästchen in meinem Haus (im Wald) und gehörte zu einem Tresor, den ich vor Jahrzehnten bei einem Jugendarbeitsprojekt einmal hatte. Aber das ist auch nicht der, den ich suche. Das wäre dann ein Dritter. Und den habe ich nicht gefunden, obwohl die dritte Szenerie genau stimmt. Genauso sieht mein Labor aus. Hat Gudrun alles völlig richtig aufgezeichnet. Nur die Glastür da stimmt nicht. Da ist jetzt zugemauert."

„Und da ist wirklich keine Glastür?", schaltete sich meine Frau ein.

„Äh, doch, da war mal eine, aber die ist jetzt eingemauert."

„Also ist sie noch da."

„Ja, aber das kann man nicht mehr sehen."

Meine Frau kicherte in ihrer unnachahmlichen Art: „Peter, das interessiert einen Remote Viewer nicht! Wenn diese Tür da ist, ist sie da. Ob man sie nun sieht oder nicht."

Wir lachten alle, etwas komisch und überreizt. Langsam schälte sich die Geschichte aus Peters aufgeregter Erzählung heraus.

Tatsächlich hatte Gudrun sein Labor detailliert beschrieben, obwohl sie nie dort war.

Schon in der Session hatte ich mich etwas gewundert. Nicht etwa über ihre Details, wie zum Beispiel: „Ich schaue von schräg oben durch die Decke und da sind so Leuchtstofflampen im Weg" oder: „Da ist eine Frau, hier vorn an dem langen Bord oder Tisch. Sie macht Versuche. Und der Tisch in der Mitte ist überfüllt mit Glasgeräten. Sieht chemisch aus."

Ich bekam alle Details, die ich wollte. Aber das Problem selbst schien sich zu entziehen. Man kann den Viewer nicht direkt fragen: „Wo ist nun der Schlüssel?“, das muss ich an dieser Stelle nicht mehr ausführlich aufklären. Aber solange ich sie im Raum herumsuchen ließ, es tauchte kein targetrelevanter Gegenstand auf. Nur eine Art Geheimfach. Es lag dicht über dem Boden in der Wand, nahe dem Ausguss und den Containern für „übelriechende Chemie“, den Sammelbehältern für Laborabfälle.

„Das Geheimfach habe ich sofort am gleichen Abend noch aufgestemmt,“ erzählte uns Peter ein paar Monate später, als wir ihn wieder besuchten. Wir konnten uns an Ort und Stelle von der Richtigkeit aller Details der Session überzeugen. „Läuft mir immer noch kalt den Rücken runter, wenn ich so was sehe,“ raunte mir meine Frau zu. „Im Büro die Strukturen vor dem Fenster, das ist sein Urwald von Pflanzen.“

„Ich habe mich auch noch erinnert,“ riß uns Peter laut aus unserem Nachschwingen, „dass ich den Schlüssel in dieses Geheimfach gelegt habe, das ist schon einige Zeit her. Ich habe den Schlüssel auch nie gebraucht. Und in der Zwischenzeit ist dieser Raum hier renoviert worden. Die Glastür wurde zugemauert“, er grinste Gudrun an, „und alle Wände wurden neu verputzt und so weiter. Es wurde eine Menge Bauschutt ausgeräumt. Da muss der Schlüssel drin gewesen sein.“

Ich erinnerte ihn an die mahlenden Geräusche, die Gudrun in der Session gehört hatte. Vermutlich eine Schuttzerkleinerungsanlage. Und darin war der Schlüssel, nach Remote Viewers Ermessen, gelandet und damit außerhalb jeden Zugriffs. Operation erfolgreich, Patient tot. Bitte schießen Sie nicht auf den Überbringer der schlechten Nachricht.

So ungefähr muss Ed Dames gedacht haben, als er ein verschwundenes Mädchen suchen sollte. Er fand sie, leider nicht mehr am Leben. Sie lag in der Nachbarschaft unter Wasser.

Unter Wasser? Man suchte alles ab, da war kein Wasser. Halt, wie war das mit dem Wasserbett dieses jungen Mannes in der Nachbarschaft?

>Treffer, versenkt,< kommentierte ich für mich.

Dieses Beispiel regte in unserem Kreis mal wieder die Diskussion an, in was für unangenehme Situationen ein Remote Viewer alles geraten kann, was er sich sozusagen alles an den Hals holen kann.

Nach verschwundenen Kindern suchen. So wie ich meine Frau kannte, musste ich unbedingt abraten. Aber sie wollte sich auch unbedingt an der Suche nach Christina Nytsch beteiligen. Vielleicht erinnert sich noch jemand nach Erscheinen dieses Buches an den traurigen Fall, der aber stellvertretend für alle solche Fälle stehen mag. Wir begannen früh am Abend und sie fühlte sich auch nicht gut.

„Lass es," sagte ich, und das Schicksal hatte ein Einsehen. Noch in Stage 1 betrat heulend unsere kleine Tochter den Raum. Wir mussten die Session abbrechen. Irgendwie war ich erleichtert. Was hätte ich gemacht, wenn meine Frau durch die empfangenen Eindrücke umgekippt wäre?

Ed Dames hatte im Interview seine Erfahrung ziemlich cool geschildert. Na gut, er war in der Army und beim Geheimdienst. Er muss so tun, als könnte ihm das nicht anhaben. Aber für den Normalbürger sind solche Dinge wirklich etwas anderes. Und man ist nie davor sicher. Was es wirklich bedeutet, emotional vorbelastet in eine Session zu gehen, erfuhren wir ein halbes Jahr nach dem Abenteuer mit Peters Schlüssel.

Mitte Juni 1998, das Haus war voller Gäste und ständig schauten andere Bekannte aus den unterschiedlichsten Gründen herein. Eine äußerst undurchsichtige Situation. Da passierte es.

Eine unserer Gäste, Katharina (Name geändert) wandte sich am Abend irgendwie konspirativ und nichts Gutes verheißend an mich.

„Du, ich glaube, mir ist Geld gestohlen worden. Nicht viel, höchstens zweihundert Mark, aber ...Ich habe schon überall nachgesehen und ich kann mich nicht erinnern, es ausgegeben zu haben. Was meinst du, was soll ich machen?"

Peng! Da war es. Ein Ereignis, das, verglichen mit verschwundenen Kindern eine Lappalie zu sein scheint, aber bei näherem Hinsehen eine explosive Dynamik annimmt. Welcher unserer Freunde, denen unser Haus offensteht, ist so ein schamloser Dieb? Beginnen jetzt Zeiten des Misstrauens, des Argwohns, des Belauerns? Die einzige Lösung wäre, herauszufinden, wer dieses Ekel war und ihn zu verstoßen, damit die Beziehung zu den anderen wieder normalisiert werden könnte. Aber wie?

Na gut, versuchen wir es mit Remote Viewing, wozu haben wir das gelernt.

In diesem Fall ergaben sich gleich mehrere Schwierigkeiten. Erstens hatte praktisch jeder unbeobachtet Zutritt zu dem betreffenden Zimmer. Das macht insgesamt ein Dutzend Verdächtige. Zweitens wäre es eine absolute Katastrophe, wenn es jemand aus einer bestimmten Gruppe gewesen wäre und drittens waren die Einzigen, die hier am Ort mit Remote Viewing aufklären konnten, vorinformiert, also frontloaded. Ganz schlechte Karten, könnte man sagen.

Da aber das Problem gelöst werden musste, so oder so, entschloß ich mich zu einer etwas kreativen Lösung. Es gibt auch bei frontloaded Sessions immer noch Möglichkeiten, die entscheidenden Fakten zu verdecken. Ich wählte hier die Methode der Briefumschläge. Der Name eines jeden Betroffenen inklusive unserer eigenen und der Katharinas wurden auf je einen Zettel geschrieben und jeder in einen undurchsichtigen Umschlag versenkt. Damit war auch Redundanz und eine Kontrollgruppe vorhanden. Mal sehen, was passiert, dachte ich.

Wir stiegen in die Session ein und meine Frau malte auch in Stage 3 einen Grundriss des betreffenden Zimmers, in dem die Tasche gelegen hatte. Das Zimmer war dunkel, alles ruhig, nur draußen klapperte eine Heckenschere. Auf dem Flur waren Stimmen. Gudrun erhielt emotionale Aspekte von Unsicherheit, Zweifel und Angst. Nach einer Bewegungsübung „das Target sollte sichtbar sein“ gingen wir in Stage 6 dazu über, die Briefumschläge zu prüfen. Auch bei anderen PSI-Techniken geht man davon aus, dass sich bestimmte Informationen anders „anfühlen“ als andere. Okay, welcher Umschlag fühlt sich anders an?

Meine Frau legte sofort die Hälfte der Umschläge zur Seite und sagte: „Kalt, ganz kalt. Die haben nichts damit zu tun.“ Ich legte diese Umschläge auf einen Haufen, um sie später nachzukontrollieren. Blieben also noch sechs. Wieder prüfte meine Frau und sortierte wiederum drei aus. „Die sind nur so lauwarm,“ meinte sie dazu.

Blieben also noch drei.

„Ja, die sind irgendwo heiß, alle drei.“ Alle drei? Soviel Leute konnten die Tat nicht gemeinschaftlich begangen haben. Ich machte eine Realitätsprobe und erhielt ambivalente bis negative Eindrücke. Das paßte zu meinen Zweifeln. Wir beendeten die Session um 16.16 Uhr.

Der Moment des Umschlagöffnens. Hier waren es zwölf.

Zunächst die ersten sechs, die „Kalten“. Heraus fielen alle Leute, die von weiter her zu Besuch waren oder wenig mit uns zu tun hatten. Perfekt aussortiert. Au weia, dachte ich. Die nächsten drei Umschläge, die „Warmen“. Ritsch, ratsch, ratsch. Gudrun, Katharina und ich. Auch prima sortiert. Wer blieb also? Richtig, genau die drei Leute, die bei uns ständig ein und aus gingen, im Haushalt halfen und deren Betroffenheit uns am meisten geschmerzt hätte. Und denen wir das auch am wenigsten zugetraut hätten. Auch gut aussortiert. Meine Frau sah mich erschrocken an. „Das ist ja nun das Schlimmste, was uns passieren konnte!"

„Moment. Da war noch die ambivalente bis negative Realitätsprüfung. Und vergessen wir nicht, dass du im Ganzen vorinformiert und emotional beteiligt warst. Ich denke, du hast genau die aussortiert, die dir am meisten am Herzen lagen. Und das hast du perfekt gemacht, alle Achtung!"

Damit waren wir keinen Schritt weiter. Dass emotionale Beteiligung auf das Ergebnis von Remote Viewing niederschlug, war nun wirklich nicht Neues.

Was also tun? Wir sahen ein, dass man, wie immer, diese Aufklärungsaktion nicht übers Knie brechen konnte. Es würde einige Tage dauern, damit mussten wie uns abfinden. Da mussten wirklich andere ran.

Ich hängte mich also ans Telefon. Uschi erklärte sich bereit, mehrere Sessions zu machen. Target sollte die Person sein, die in den letzten Tage das Geld an sich genommen hatte. Beschreibung der Person, Wohnortentfernung zum Target, familiäres Umfeld, Beschreibung der Familienmitglieder und so weiter, was man eben an Daten erhebt, um eine genaue Beschreibung zu erhalten. Die Aufgabenstellung blieb allen Beteiligten außer mir unbekannt. Niemand, der Sessions machte oder monitorte, wußte, an was er da saß.

Uschi machte zunächst eine Session mit Maria, einer Freundin. Ich habe diesen Namen geändert, wie andere auch, die nicht unbedingt hier mit richtigem Namen erscheinen müssen. Die Sessions wurden mir jeweils nach Beendigung zugefaxt.

Maria kam schon in Stage 2 zu einer ziemlich genauen Beschreibung unsere Wohnortes und hatte das AOL „Labyrinth". Sehr verständlich, einige Gäste haben sich anfangs schon mal in dem etwas verwinkelten, weitläufigen Haus verlaufen. Maria stieß sogar auf die Wendeltreppe, die sich vor dem besagten Zimmer befindet. Dann machte sie eine Frau aus. Nach einer Bewegungsübung war sie deutlich immer noch in unserem Haus und beschrieb dann die ihr wichtigste Frau dort. „Blond, mittleren Alters, schlank, energiegeladen, immer in Bewegung ..." und so weiter. Mit vielen Details, die zu persönlich sind, als dass man sie an einer Stelle wie dieser hier abdrucken könnte. Kein Zweifel, sie beschrieb Gudrun. Aber mehr als dass diese Frau gerade dabei war, etwas Wichtiges herauszufinden, kam sie nicht. Ein Diebstahl tauchte nicht auf. Alles war zwar energiegeladen und umtriebig, aber nicht bösartig.

Später machte Uschi selbst eine Session auf das Target. Sie kam auf ähnliche und natürlich noch andere Details wie Maria und landete in einem „Haus mit Menschen: Frau, Mann, Kinder, Garten, Unruhe, Aufregung, Geschrei und Stille, Frau: blond, schlank, aufgeregt, Geschirrklappern, ein Knall, rufen, der Wunsch nach Hilfe." Ja, das wußten wir schon, aber in einer Session werden, wenn nicht einmal der Monitor informiert ist, immer alle Details von vorn aufgerollt. Das macht doppelblindes Remote Viewing so aufwendig, weil keiner weiß, ob es jetzt gut ist, dass immer die gleichen Eindrücke produziert werden und worauf man sich zentrieren sollte. Was nicht gefragt wird, kommt nicht heraus. So auch hier. Wieder wurde eine Frau beschrieben, blond, schlank, verheiratet, zwei Kinder: Junge und Mädchen, beruflich erfolgreich, oft am Telefon und so weiter. Auch unsere missliche Lage beschrieb sie: Situation hat mit Arbeit zu tun, ein Ausweg wird gesucht, Schutzmaßnahmen müssen getroffen werden und was der richtigen Details mehr waren. Aber das brachte uns nicht weiter, denn es tauchte kein Diebstahl auf. Beide Viewer hatten lediglich die emotional herausragendste Figur, eben meine aufs höchste besorgte Frau geviewt, während ich versuchte, mein Interesse auf ein normales Niveau abzukühlen. Viewer fliegen auf emotionale Sensationen, aber das wußten wir schon.

Wieder einmal tauchte die Frage auf, wie man um diese Emotionen herumkommen sollte oder beispielsweise feststellen, ob es das Target überhaupt gab. Bisher hatten wir immer real existierende Targets geviewt, was aber, wenn es das Target nicht gab?

Da wiederholt keine Daten auftauchten, die mit einem Diebstahl in Verbindung gebracht werden konnten, kam ich langsam zu der Einsicht, dass das Target, also der Diebstahl auch irreal sein könnte.

Wir setzten Matthias an das Problem. Target war, etwas abgeändert, jetzt die Ursache für das Verschwinden des Geldes mit anschließender Prüfung, ob die Daten real mit dem Target verknüpft sind. Einen Tag später hatte ich seine Session auf dem Tisch.

Noch immer hatten er und sein Monitor (nämlich Uschi) keine Ahnung, um was es wirklich ging.

Matthias kam zur Essenszeit an. Schon in Stage 3 zeichnete er etwas, das er als „AOL: Grundriss" herausschreiben musste. In der Tat: Es war der etwas grobe Grundriss unseres Hauses. Eingezeichnet der runde Mittagstisch im Zentrum und das Zimmer, um das es ging. Eine gute Leistung. Das Leben ist überall im Haus verteilt, schrieb er. Wie wahr. Rufen, laufen, scharren, Technik, Stühle, Bücher, emotionaler Eindruck: Unruhe. Pläne, Konzepte, Ideen vor Ort: Suchen, Herausfinden. Bravo Matthias! Genau das, also los!

Dann hatte er den Eindruck, als ob ein Mann in das betreffende Zimmer trat. Bewegungsübung. Weiß, grau, schwarz, rot. Die Farben des Zimmers. Glatt, kantig, flach, Plastik, Papier. Blättern, wie wenn man etwas herausholt, schrieb er in Stage 6, etwas eher Kleines, Flaches, Rechteckiges. Dann malte er eine Videokassette, die er anschließend noch genau beschrieb. Die Person im Zielgebiet beschrieb er mit „männlich, dunkle Haare, dunkle Augen, eher helle Haut, leicht gekrümmt, geht nicht sehr gerade, schlurft." Ausgezeichnet, Matthias.

Du hast mich gut beschrieben! Aber ich war es nicht! Ich habe aus Gudruns Zimmer, in dem sich Katharina während ihres Besuches aufhielt, auch eine Videokassette herausgeholt. Stimmt. Aber ich war nicht an dem Geld. Ich bin allerdings die Ursache für das Target, weil ich die Aufgabe formuliert habe …

Die Echtheitsprüfung gab auch bei ihm eine Verfälschung „nach oben hin", wie er sich ausdrückte.

Dann beschäftigte sich Matthias noch weiter mit diesem Burschen, den er da ausgemacht hatte. Kein Zweifel, er meinte mich. „Erstens: Was will er? Besondere Informationen. Zweitens: Was denkt er? Neugier, Misstrauen, Unsicherheit. Drittens: Was bewegt ihn? Konkurrenz, Druck von außen. Viertens: Wie sieht seine Familie aus? Zwei Kinder, verheiratet, normal."

Gut, Matthias, hundert Punkte, gut beschrieben.

„Alter der Person: Ende Vierzig. Lebt bei Husum." Geschenkt, Matthias!

Was folgte daraus? Was herauskam, waren nur Gudrun, der das besagte Zimmer eigentlich gehörte, und die wegen des Vorfalls höchst aufgeregt war und ich, der ich das Zimmer wegen einer Kassette betreten hatte und eigentlich auch tatsächlich der Grund für die Sessions war. Wie wir wissen, die Matrix nimmt es sehr genau. Aber: Kein Diebstahl, die Daten schienen auch verfälscht.

Sollte ich jetzt Katharina sagen, dass es keinen Diebstahl gegeben haben mochte? Und wo war das Geld dann geblieben? Wer hatte von den ein oder zwei Hundertern nichts übriggelassen? Verfahrene

Situation. Ich hatte keine Ahnung, wie man etwas viewt, was nicht vorhanden war, um damit seine Nichtexistenz durchschlagend zu beweisen. Das waren neue Spielregeln, das war nicht abgemacht.

Als ich so gerade überlegte, wie ich aus dem Dilemma herausfinden konnte, kam Katharina in mein Zimmer.

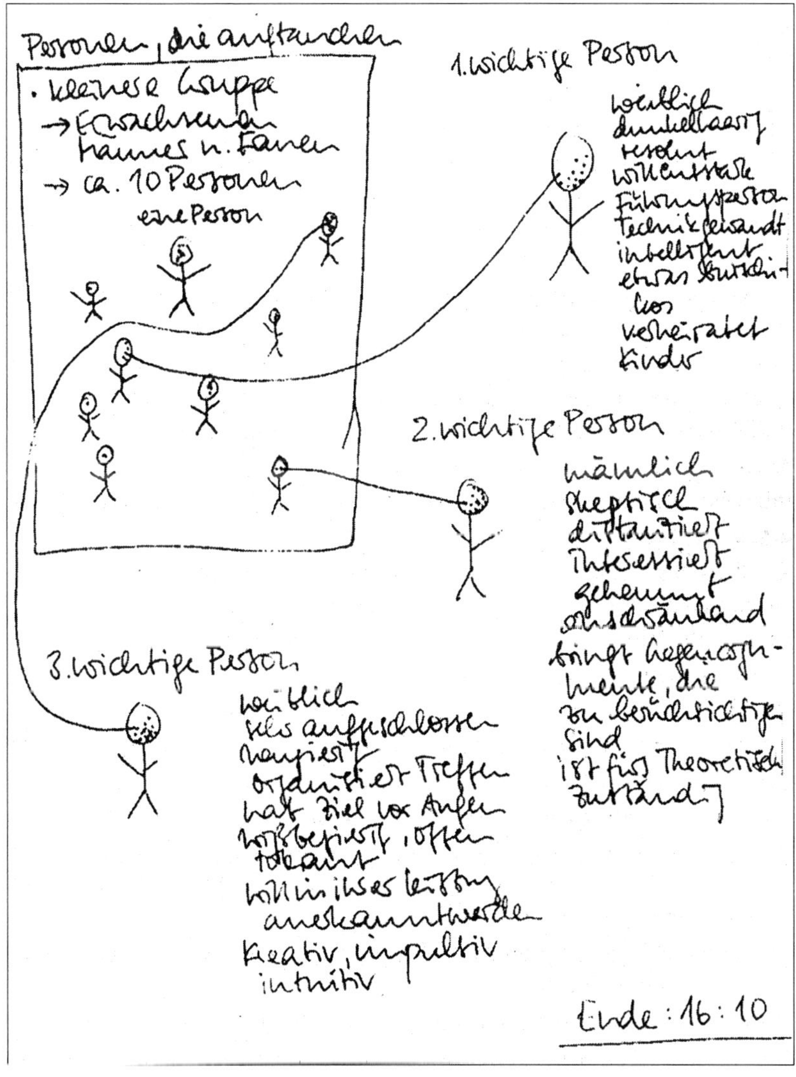

Eine Stage 5 einer Session auf den Diebstahl, den es nicht gab

„Ähem," machte sie verlegen, „ich wollte nur sagen, dass ich in einer Hose, die ich bei meiner Fahrt nach Dänemark anhatte, ein paar Geldscheine gefunden habe und ich glaube mich auch zu erinnern, dass ich auf der Fahrt getankt habe und Geld gewechselt habe und noch irgendwas gekauft. Also, ich glaube, das war ein Irrtum mit dem Diebstahl. Sieht jedenfalls so aus."

Nun hätte ich den Fall erleichtert abschließen können, waren wir doch beide zu den gleichen Ansichten gelangt. Aber irgendwie genügte mir das nicht. Vielleicht wollte ich einen Viewer hören: „Es gab keinen Diebstahl!" Aber so einfach ist Remote Viewing eben nicht. Was nicht existiert, kann offenbar nicht geviewt werden, aber das wäre keine Lösung für einen diesbezüglichen Auftrag.

Ich besprach mich mit Uschi und ließ teilweise die Katze aus dem Sack, jedenfalls, was das Target anbelangte, nicht aber die eventuelle Nichtexistenz des Vorfalles. Nur, dass dieses Target nicht auftauchte und man gezielt danach suchen könnte.

Uschi erklärte sich bereit, noch eine Session mit Maria zu machen. Maria sollte die drei Tage, die um den Vorfall herumlagen, auf einzelnen *Timelines* beschreiben. Und dann hätte ich noch gern gewußt, wer für das Target verantwortlich war.

18. Juni 1998, 15.15 Uhr. Auch sie stieß wieder auf einen Ort, an dem „Menschen und Apparaturen, Technik versammelt waren, eine Untersuchung stattfand. Die Leute dort waren gestresst, verwirrt, willensstark, konzentriert, enttäuscht, ernüchtert." Gut, Maria, das wissen wir. Jetzt die Tagesabläufe von Katharina beschreiben, und diese selbst.

„Etwas dicklich (Verzeihung!), gelassen, entspannt, selbstbewusst." Alles richtig. Da sie am besten Bescheid wusste, besprach ich mit Katharina die Sessionergebnisse. 1. Tag: Treffen, Besprechung, Abmachung, Vorhaben, Gruppe von Menschen, Aufregung, Neugier. Später: Enttäuschung, Absage, Niederlage, alleine, Resignation, müde. Es war der Tag, da sie im Büro mitgeholfen hatte und ich ihr Remote Viewing erklärt hatte. Dann hatte sie in Berlin angerufen wegen einer Arbeitsstelle, die sie aber nicht bekommen konnte.

2. Tag: Besorgung, unterwegs, Fahrt, Ortswechsel mit Auto, gestresst, besorgt.

Das war der Tag, als sie nach Dänemark gefahren war. Dann hatte sie irgendwelche Probleme mit dem Auto, das aber dann doch durchhielt.

3. Tag: Lichtanschalten, Erschrecken wegen einer Sachlage.

Danach war Katharina zu mir gekommen, um mir von dem augenscheinlichen Diebstahl zu berichten.

Aber der Diebstahl tauchte nicht auf.

Letzte Aufgabe: die Personen, die auftauchen.

„Kleine Gruppe, ca. zehn Personen, Männer und Frauen." Alles ganz richtig. Und nun die wichtigen Personen. Maria beschrieb Katharina, meine Frau und mich, unschwer zu erkennen, in vielen Details, die ich teilweise selbst nicht wußte, nämlich solchen intimen Charakters von Katharina. Der Diebstahl tauchte aber zu keiner Zeit auf.

„Ende der Session 16.10 Uhr."

Tatsächlich, was nicht ist, kommt auch nicht heraus. Dafür aber jede Menge Details, ob wir sie wissen wollten oder nicht. Und manchmal würde man Sessionergebnisse doch zwischendurch gern an der Realität überprüfen, weil wir es eben mit einer bei Menschen sehr ungebräuchlichen Logik zu tun haben, wie wir auch hier wieder sehen mussten.

Da hatte es Ed Dames mit der Ursachenforschung eines Hubschrauberabsturzes doch erheblich leichter. Der Hubschrauber war wirklich abgestürzt, und das geschah auch mit Sicherheit nicht ohne Grund, sonst wäre er ja weitergeflogen. Sie sehen, man beginnt, wirklich scharfsinnig und, sagen wir einmal, „basislogisch" zu formulieren, auch wenn es im Alltag albern klingt.

Berichtet hat Dames diesen Vorfall in der Art-Bell-Show vom 1. Oktober 1998. Es handelte sich um eine Show-Session, die Dames mit seiner Frau Joni bei UPN vor laufenden Kameras durchführte.

„Ich kann mir vorstellen," sagte Art Bell, „wie das ablief. Da kamen der Reporter von UPN und der Kameramann herein und sagten, so, nun zeigen Sie mal, was Sie können."

„Ja, so war es. Und wir sind eben Geschäftsleute, wir müssen das aushalten können und die Kunden zufriedenstellen."

Der Reporter wählte dann eines der vier mit Zufallszahlen beschrifteten Umschläge aus und Dames setzte sich mit Joni Dourif vor laufender Kamera an die Session. Art Bell hatte von UPN das Tape dieser Session vorgeführt bekommen und erzählte nun selbst die Session: „Drehbewegung, Bewegung, Drehung, Fallen, Herunterfallen, das sind die Rahmenbedingungen, die sie ausmachte. Dann sagte sie, wenn ich mich recht erinnere: vier Menschen in einem Objekt, fallend, trudelnd. Dann erzählte sie etwas von einem anderen Objekt, das von dem ersten entfernt sei. Was war das Target, Ed?"

„Das Target war der ›Los Angeles Fire Department Helicopter Crash‹. Wir haben nach der Ursache für diesen Absturz gesucht, beispielsweise, ob es Scherwinde gab, einen Pilotenfehler, mechanische Fehlfunktionen, in die Schaltkonsole gekippter Kaffee, alles Mögliche."

„Es hat sich herausgestellt, dass der rückwärtige Teil des Hubschraubers, also der Teil mit dem Heckrotor darin, weit weg vom Absturzort gefunden wurde."

„Ungefähr eine Meile entfernt. Der Heckrotor hatte sich gelöst. Und das haben wir in einer ersten, rohen Session von 45 Minuten Dauer herausgefunden."

„Es war Materialermüdung."

„Richtig."

Der Reporter hielt kurz Rücksprache mit UPN und kam dann ganz aufgeregt zurück.

„Ja," meinte Ed Dames dazu, „die Leute sind immer ganz aufgeregt, wenn sie so was das erste Mal sehen."

Auch Courtney Brown beginnt sein zweites Buch „Cosmic Explorers" mit verifizierbaren Targets. Er stellt Sessions vor, die er auf nachprüfbare Objekte gemacht hat, um seine „Scientific Remote Viewing"-Methode glaubhaft zu machen. Er beginnt mit einer Mount-Everest-Expedition vom Mai 1997, erzählt dann vom Target „Reparatur des Hubble-Teleskops Februar 1997" und endet bei „Nordkoreanische Gesellschaft". Schon in seinem ersten Buch erzählte er von seinem Vordringen zum Oval Office des Weißen Hauses in Washington.

Ich persönlich halte solches Vorgehen nicht für sehr überzeugend, denn es gab nur wenige Details, die über das hinausgingen, was jeder sowieso von diesen Targets in Erfahrung bringen kann. Man mag es ihm glauben oder nicht.

Einzig bei der Hubble-Session viewte er etwas Besonderes: der Besatzung der Raumfähre Columbia soll auch eine Frau angehört haben, was Courtney Brown zufolge nicht offiziell bekannt gegeben wurde. Hier ist jedem ans Herz gelegt, dieses Detail selbst zu überprüfen, denn es handelt sich weder um ein virtuelles Ereignis noch um ein Ereignis in einer möglichen, aber nicht eintretenden Zukunft. Es war real und die NASA kann befragt werden.

Gerade die Zukunft aber ist doch von unwiderstehlichem Interesse, wenn man sie doch nur sicherer definieren könnte.

Für eine zweite Session auf die Zukunft unseres Hauses im Jahre 2003 wählte ich deshalb die Targetbeschreibung „mit der größten Wahrscheinlichkeit".

Es soll noch stehen, wiederum im Gegensatz zu den gängigen Ansichten von bekannten Hellsehern und Weltuntergangs-Astrologen. Wir werden sehen. Die Session liegt in meinem PSI-FORCE-5-Ordner direkt hinter der Session auf das neue Haus eines guten Bekannten.

„Bei aller Distanz zu solchen Dingen wie Remote Viewing," schrieb uns der Hausbesitzer, „muss man sagen, dass ihr wirklich nicht schlecht wart." Vielleicht habe ich einmal die Gelegenheit, dort vorbeizufahren und die Einzelheiten selbst zu überprüfen, wie wir das so eindrucksvoll im Labor von Peter Weinfurth konnten. Es läuft einem immer noch ein Kribbeln über den Rücken in solchen Momenten der Wahrheit. So richtig haben wir uns doch noch nicht an PSI gewöhnt. Die coolen PSI-FORCE-5 hätten da sicher weniger Probleme.

Jenseits von Gut und Böse

12. Kapitel

Es war 1969 und ich war zwanzig. Nachdem meine Mutter und ich erhebliche Unterschiede in der Auffassung bestimmter Sozialisierungssprobleme entwickelt hatten, bezog ich eine Einzimmerwohnung im vierten Stock, zweiter Hinterhof in Berlins Arbeiterviertel Neukölln, mitten im Kiez. Draußen liefen meine Mitstudenten die Straße auf und ab, hielten Transparente hoch, und skandierten so sinnreiche Verse wie „Ho-Ho-Ho-chi-minh" oder „Hoch die internationale Solidarität!" Drinnen saß ich mit einem Joint in der Hand und fragte mich, ob dieser Sprachgebrauch nicht doch etwas zu transzendent für die angesprochene Arbeiterklasse sei, deren tatsächliche Bedürfnisse mir in den allgegenwärtigen Eckkneipen völlig anders zu Gehör gebracht wurden.

Zugegebenermaßen hatte ich eine gewisse Abneigung gegen gepflegte Frisiersalons entwickelt und, meinetwegen, auch zugegeben, versuchte ich die Rätsel der Welt durch die Einnahme von Drogen zu ergründen.

Wie allgemein bekannt sein dürfte, sprengte dieses Verhalten schon damals den Rahmen der Legalität, was unter anderem auch zur Folge hatte, dass die Qualität der beschafften Drogen sehr unterschiedlich und im Falle einer Enttäuschung auch schwer reklamierbar war. Ich saß also an diesem Abend im Sommer 1969 in meinem Zimmer und ärgerte mich, dass mir hier wieder etwas als Haschisch verkauft worden war, dessen Herkunft wohl erheblich weniger exotisch war. Kurz, die Wirkung blieb aus. Damit war der Abend eigentlich auch gelaufen und ich beschloß, ihn völlig unprätentiös zu beenden und einfach zu Bett zu gehen.

Als ich so lag und mich ärgerte, fragte ich mich, ob verschiedene psychische Zustände nicht auch einfach so zu erreichen seien. Genug Berichte unterschiedlichster Herkunft kursierten schon damals in der „Szene", was war also dran? Ich entspannte mich also und versuchte mir vorzustellen, dass mein Körper völlig unwichtig sei und schon längst als Ballast abgelegt. Eine ganze Weile passierte überhaupt nichts und ich glaubte mich in meinen Zweifeln an möglichen übernormalen seelischen Erfahrungen bestätigt, als plötzlich ein Loch vor mir auftauchte und eine Art Sog mich sehr unkörperlich durch eine scheinbar endlose Röhre gleiten ließ, schneller und immer schneller. Die Röhre erwies sich auch nicht als endlos, sondern spuckte mich irgendwann doch aus. Ich sah mich um. Umsehen ist vielleicht nicht die richtige Beschreibung, wenn man so körperlos herumhängt, aber ich hatte doch den Eindruck des Sehens, Hörens, Fühlens und so weiter. Das Schlimme war nur, ich sah Nichts. Ich hörte Nichts. Ich fühlte Nichts. Das Gefühl von Nichts war so real, wie ich nie geglaubt hätte, dass Nichts so sein könnte. Ich war ganz wirklich im völligen Nichts. Es war ein sehr kompakter Eindruck und überhaupt nicht lustig. Ich weiß noch, dass ich in diesen Augenblicken oder Stunden überlegte, ob das so ist, wenn man tot ist, aber schon damals gab es die ersten Nahtodberichte und die handelten von Licht und Engeln und Liebe und Geborgenheit. Jedenfalls nicht von Nichts. Ich drehte mich um, wenn man das so sagen kann und nahm „hinter" mir, also logischerweise in der Richtung, von der ich annehmen konnte, dass ich aus ihr gekommen war, ein gerade noch erkennbares leicht schimmerndes Loch wahr, das sich langsam entfernte. Ich weiß noch genau, wie mit diesem Eindruck Panik in mir aufstieg. Das Nichts war so konkret, so fühlbar und so unsäglich langweilig, dass ich keinen Augenblick länger verweilen mochte, keine Sekunde und auch keine Ewigkeit, was immer das alles sein mochte. Und in diesem Augenblick wollte ich dieser Art von höchster Entropie entkommen, weg von dieser unbestimmten Unwichtigkeit, zurück dorthin, wo man etwas anfassen konnte, egal, was für einen Sinn es ergab. In Ewigkeit Nichts, bitte nicht! Und ich versuchte, das Loch wieder zu erreichen, das mich in diese Unsäglichkeit hier gespuckt hatte.

Es ging sehr langsam. Meine ansteigende Panik ließ auch meine Bemühungen steigen. Es war harte Arbeit. Ich habe keine Ahnung, was sich tatsächlich abspielte, aber ich versuchte mit ganzem Willen, zurückzukommen. Es gelang schließlich, natürlich, sonst könnte ich hier nicht darüber schreiben. Aber es war unglaublich mühsam. Nach einer halben Ewigkeit hatte ich wieder das Gefühl, Augen aufmachen und Arme heben zu können, und genau das tat ich mit Erleichterung. Ich war glücklich, wieder „zuhause" zu sein und so erschöpft, dass ich wenig später tief und traumlos einschlief. Am nächsten Morgen wachte ich einigermaßen erholt auf, konnte mich wie heute an jedes Detail erinnern und mir war zum ersten Mal knallhart bewußt, wie unwichtig meine Existenz war und ist.

Es gab Nichts dort, wo hin ich gelangte, und wo Nichts ist, hat auch nichts Interesse an mir. Auch kein hilfreiches Lichtwesen war zugegen; wahrscheinlich wegen meiner Unwichtigkeit oder vielleicht, weil keines benachrichtigt worden war? Hätte ich mich irgendwo anmelden sollen? Vielleicht hatte ich auch nur gegen die Regeln verstoßen und deshalb konnte sich auch keiner um mich kümmern. Dieser Aufenthalt im Nichts war jedenfalls meine erste massive Erfahrung damit, dem Universum unwichtig zu sein. Diese Erfahrung hat mich deutlich geprägt, vielleicht weil sie so im Gegensatz zu den üblichen Nahtoderfahrungen stand. Sie half mir später, als ich die Gesetze von Remote Viewing kennenlernte, zu verstehen und akzeptieren, dass es sehr viel gibt, das nach unseren Maßstäben dem Universum völlig gleichgültig ist, was wir Menschen aber für eminent wichtig halten.

Das Erste war die Erkenntnis, dass man Zahlen, Zeichen und Buchstaben so gut wie überhaupt nicht viewen kann. Sie sind menschliche Erfindungen und offenbar nur ihrem Sinn nach oder in ihrer tieferen Bedeutung, als Information in der Matrix abgelegt.

Nehmen wir beispielsweise ein Dollarzeichen. Für viele Menschen auf dieser Erde der Signalreiz für Kaufkraft. Dem Universum ist dieses Zeichen egal. Es ist ein von den Menschen erfundener Krakel. Das Universum „bezahlt" in anderen Werten. Sicher wird der Viewer hier die Inhalte umschreiben, wie: „Es ist ein Gegenwert. So wie etwas, was man eintauschen kann. Es ist auf ganz unterschiedlichen Oberflächen. Manche sind wie Metall, manche wie Stoff oder Papier." Und wenn der Viewer gut ist, wird er versuchen, es zu zeichnen, ohne zu wissen, was es ist, aber es wird immer etwas verschoben und fehlerhaft sein, und alle werden sich fragen, was das nun wieder sein soll.

Auch Zahlen sind unwichtig. Oder sollte man vielleicht sagen, dass die Bedeutung, die die Menschen diesen Zeichen gegeben haben, dem Universum egal sind? Dann dürfte Remote Viewing an sich nicht funktionieren, wird der aufmerksame Leser einwenden, denn so, wie es jetzt betrieben wird seit der Einführung von Coordinate Remote Viewing, ist die Aufgabenstellung doch mit einer Reihe Zahlen, den Koordinaten, verknüpft.

Das ist sicher richtig, jedoch ist diese Zuordnung von Zahlen eine menschgemachte, etwas um diese Aufgaben zu verwalten und die linke Gehirnhälfte des Viewers im Unklaren zu lassen. Die kosmische

Matrix weiß ohnehin, was gemeint ist, welcher Inhalt hier mit ein paar unwichtigen Zeichen verbunden wurde, weshalb auch keine Probleme entstehen, wenn irgendwo auf der Welt ein Mensch die gleichen Koordinaten für ein anderes Ziel vergibt. Oder wenn überhaupt keine Koordinaten vergeben werden, was man ganz am Anfang der Entwicklung von Remote Viewing feststellte: Das einfache Aussprechen der Aufforderung „Target!" führte genauso zum Erfolg beim Viewen. Es ist eben nur so, dass die menschliche Verwaltung der Remote Viewing-Projekte unmöglich wäre, wenn man den Targets kein Aktenzeichen zuordnen würde, wie es durch die Vergabe von Koordinaten geschieht.

Leider hat dieser Umstand zur Folge, dass die Ergebnisse von Glücksspielen als direktes Target beinahe ausfallen. Ebenso wie Börsenbewegungen und jede Art von Spekulation, die nicht auf realen Ereignissen beruht. Trotzdem wissen wir von Targ und Putthof, den ersten Remote Viewing-Forschern, dass sie selbst mit Börsenvoraussagen Geld verdienten. Weshalb war dieses also möglich?

In beiden Fällen wurde die zukünftige Kursbewegung mit einem gegenständlichen Synonym verknüpft, beispielsweise nahm man ein Hochhaus als Bild für eine aufsteigende Kursbewegung. Auch andere dingliche Verknüpfungen funktionierten, sie mussten nicht einmal eine Versinnbildlichung darstellen, wie es zum Beispiel das Hoch-Haus für einen Kursanstieg sein würde. Es könnte auch ein Frosch, ein technisches Vehikel wie Auto, Flugzeug etc. oder eine Pflanze sein. Wichtig ist nur, dass sich die ersatzweise benutzten Sinnbilder deutlich unterscheiden und in der Session eindeutig identifiziert werden können.

Beispiel: Ein Hochhaus oder ein Flugzeug würde vom Remote Viewer eben nicht als ein glitschiges Kleinlebewesen beschrieben, das große Sprünge machen kann.

Eine gewisse Ausnahme bilden Wetten, die auf realen Ereignissen basieren. Dazu gehört zum Beispiel Fußballtoto, das auf dem Ausgang von realen Auseinandersetzungen zwischen Menschengruppen beruht. Wir haben dies selbst versucht, kamen aber leider nicht erfolgreich damit zurecht. Das Unangenehme bei Toto ist, dass es sich um die Ergebnisse von zwölf Spielen handelt. Wir kamen sehr richtig zu dem Ergebnis, dass am nächsten Spieltag Hertha BSC sensationell gegen Bayern München gewinnen würde. Aber das war es dann. Wir hätten noch elf Sessions machen müssen, und als ich versuchte, das Problem über das Kreuzchen-Schema zu lösen, wußte meine Frau Bescheid und war nicht mehr unvoreingenommen. Und damit „tippte" sie dann gleich mehrfach verkehrt.

Was ist aber mit den vielen belegten Fällen, in denen Leute Lottozahlen tippten, von denen sie meinten, sie hätten sie geträumt oder sonst wie „empfangen" und mit denen sie dann tatsächlich gewannen? Selbst ich kenne einen solchen Fall. Meine Mutter musste einmal unbedingt Toto spielen, obwohl sie von diesem Spiel wirklich keine Ahnung hatte, und machte intuitiv ihre Kreuze in das richtige Feld. Sie gewann, und wir hatten in einer Krisensituation den nötigen Betrag, der uns weiterhalf.

McMoneagle in seinem zweiten Buch und auch Russel Targ bieten eine Erklärung an, die ich aus eigenen Erfahrungen akzeptieren kann. Sie beschreibt Präkognition, also Vorauswissen, als einen Vorgang, in dem ein zukünftiges Selbst Informationen an sich in der Vergangenheit sendet, oder man die Informationen eines zukünftigen Selbst anzapft. Damit sind auch Zahlen und Zeichen leichter zugänglich, weil sie hier mit Emotionen verknüpft sind (immer gut!) und sozusagen direkt zwischen zwei Menschen ausgetauscht werden, die damit etwas anfangen können. Ich persönlich habe oft den Eindruck, dass ich dieses Buch aus seiner existierenden Zukunft, in der es offensichtlich fertig sein muss, aus dem Kopf meines zukünftigen Selbst abschreibe. Leider ist das kein kontinuierlicher Vorgang, er vollzieht sich in Patchwork-Technik. Nach dem „Herunterladen" (Niederschreiben) eines guten Teils (sozusagen eines Flickens) ist immer wieder etwas Pause. Und wenn ich Korrektur lese, fallen mir oft Sätze plötzlich ein, die in dem Text noch immer fehlen, aber sicher dort hingehören. Und so sind tatsächlich auch „vorausgeschaute" Lottozahlen fast immer etwas fehlerhaft; sie sind manchmal vertauscht, umgedreht oder in falscher Abfolge.

Nachdem mir dieser Umstand klar geworden war, stieß ich plötzlich auf ähnliche Erlebnisse bei anderen schreibenden Menschen. Einer davon war Vladimir Nabokov, bekannt geworden als Autor des mehrfach verfilmten Romans „Lolita". In seinen autobiografischen Interviews, die auch in Buchform erschienen, erzählt er von hellseherischen Erlebnissen und auch davon, dass Schreiben für ihn ein „Abschreiben" sei, so, als läge der fertige Text bereits irgendwo vor. Er musste ihn dann lediglich rein mechanisch „abtippen", ein Vorgang, der ihn selbst stark verwunderte, aber nicht zu ändern war. Nun will ich mich nicht mit berühmten Schriftstellern vergleichen, aber diese Beschreibung hörte sich so explizit kongruent zu meinen Erkenntnissen an, dass ich daran nicht vorbei kam. Sicherlich ist es auch den wirklich großen Schriftstellern vorbehalten, solche Vorgänge zugeben zu können, sodass man eher bei ihnen fündig wird.

Man könnte nun einwenden, dieser Vorgang der Informationsentnahme aus der Zukunft müsste das berühmte Zeitreise-Paradoxon auslösen. Die Zukunft ändert die Gegenwart, die Gegenwart greift in die Vergangenheit ein. Aber ändert sie diese auch? Wird wirklich dadurch, dass mit dem Wissen der Zukunft in der Vergangenheit eingegriffen wird, die Zukunft, die einmal eingegriffen hat, deshalb unmöglich?

Targ und McMoneagle weisen ebenfalls darauf hin, dass man hier andere Betrachtungsweisen anzusetzen hätte. Für mein zukünftiges Selbst ist die Gegenwart Vergangenheit und es existiert deshalb, weil es diesen Zugriff über die Zeit hinweg gegeben hat. Man könnte natürlich auch formulieren, dass ich mit meinem Viewen der Zukunft danach den Wahrscheinlichkeitsweg einschlage, der dann zu der geviewten Zukunft führt. Ein zwangsläufiger und völlig logischer Vorgang. Er wird erst dann unlogisch, wenn ich die Informationen in den Wind schlage und absichtlich etwas anderes tue, sozusagen gegen mein besseres Wissen. Gut, wird man sagen, wenn die Zukunftsaussage ungünstig ist, muss man diese Prophezeiung nicht auch noch selbst erfüllbar machen. Wieder sind wie bei dem Problem, dass man nun erneut nachforschen müsste, was man anstelle dessen eingetauscht hat. Besteigt man nicht das Flugzeug, das abstürzen wird, kommt man vielleicht bei einem Autounfall ums Leben.

Einsichtiger wird das hier angesprochene Problem des Zeitparadoxons aber in dem Moment, in dem man sich entschließt, dem Universum zuzubilligen, dass es mehr ist als ein lediglich von Raum und Zeit in gerade mal vier Ausbreitungsrichtungen aufgespanntes Kontinuum.

Alle Versuche der schreibenden Remote Viewer, die Begriffe Voraussage, Zeitparadoxon und Konsequenzen auf der Basis dieses Schulmodells zu klären, wirken sehr zaghaft und vorsichtig.

Russel Targ sieht die Zukunft als einen vor uns liegenden Fundus von Möglichkeiten, er spricht von einer „gewählten Zukunft", die dann aus der Unzahl der „möglichen Zukünfte" durch unser Verhalten eintrifft. Deshalb gäbe es auch die bekannten fehlerhaften Voraussagen.

In seinem Buch „The Ultimate Time Machine" definiert sich Joe

McMoneagle eindeutig in der Tradition von Descartes, in der aus der Erkenntnis des Ichbewusstseins für ihn auch die logische Konsequenz folgt, dass ein Bewußtsein sich sein eigenes Universum erschafft. Für einen Remote Viewer eine für meine Begriffe zu einfache Feststellung, auch wenn man sich praktischerweise so immer beim Auftreten von Fehlern damit entschuldigen kann, dass der andere ja nicht in „seinem" Universum sei. Immerhin ist diese Grundannahme für McMoneagle Anlass, der Theorie der parallelen Universen zuzustimmen. Ich muss gestehen, dass ich die Bücher der beiden Autoren nach der Lektüre etwas unbefriedigt weglegte.

Dabei sind anerkannte Forscher wie beispielsweise Stephen Hawking schon weiter. Hawking zeigte schon Anfang der neunziger Jahre zwingend auf, in welche Richtung das Erklärungsmodell unseres Universums driften musste. Und dabei konnte er sich auf Vorforscher wie Einstein, Planck, Heisenberg und Feynman stützen. Auch ihre Erkenntnisse legen nahe, dass die Zeit mindestens zwei Ausbreitungsrichtungen hat und wir mit mindestens einer weiteren Hauptdimension, der Wahrscheinlichkeit, rechnen müssen. Von da ist es nur noch ein kleiner Schritt, das „4 × 3-Universum", also das mathematisch schon erkannte zwölfdimensionale Erklärungsmodell, zu akzeptieren. Und plötzlich erklärt sich spielend, wie Zeitreise und Voraussage funktionieren und dass es kein Zeitparadoxon gibt, weil es keines geben kann. Gehen wir dem mal nach.

Wenn wir in die Vergangenheit reisen könnten, so beginnt ja jenes berühmte Beispiel, mit dem in der Science-Fiction das Phänomen erklärt wird, und dort, also vor unserer Zeugung unsere Eltern umbringen oder mindestens daran hindern würden, sich zu treffen, dann würden auch wir sofort verschwinden, weil es uns ja nicht geben könne. Falsch! Natürlich würden wir weiter existieren. Wir hätten „nur" eine neue Wahrscheinlichkeit in die Welt gesetzt, einen „Quantensprung" vollzogen, nach dem auf dieser (neuen) Existenzkoordinate, wie ich es einmal nennen möchte, wir eben nicht existieren. Und das heißt weder „noch nicht" noch „nicht mehr", sondern einfach „nicht." Die Koordinate, von der wir kommen, existiert selbstverständlich weiter. Sie kann gar nicht anders, denn diese Koordinaten haben wir nicht angetastet. Im Prinzip erklärt so auch Stephen Hawking seine These von den Parallelwelten, mit denen uns Science-Fiction-Autoren schon seit einigen Jahrzehnten konfrontieren, ganz real aus der Existenz der von Max Planck entdeckten „Quantensprünge“. Wir haben es also mit einer Anzahl von parallelen Entwicklungsmöglichkeiten zu tun, die so groß ist, wie sie eben sein kann. Es gibt also so viele „Parallelwelten“, wie überhaupt nur **möglich** sind. Ich halte diese Definition für erheblich besser als „unendlich“, obwohl aus menschlicher Alltagssicht die Zahl der Parallelwelten dem Unendlichbegriff erheblich nahekommen dürfte. Mit jeder Handlung, die wir tun oder nicht tun, erzeugen wir eine Neue.

Was sagt das Universum dazu? Das mag eine ungewöhnliche Frage sein, aber stellen wir sie doch einfach. Für viele Menschen der Erde ist das Universum eine Wesenheit, die letztendliche Manifestation des Gottesbegriffs. Und selbst hier, auf dieser höchsten Ebene, gäbe es bestimmte Konsequenzen, die zwangsläufig gültig wären, ohne die das Universum oder Gott überhaupt nicht existieren könnte.

Das Universum besteht, so seine wörtliche und spirituelle Definition, aus der Ansammlung aller Existenzmöglichkeiten. Es bleibt dem Universum deshalb nichts anderes übrig, als die Existenz jeder möglichen Wahrscheinlichkeit zu begrüßen. Denn würde man irgendeine der möglichen Möglichkeiten wegnehmen, wäre das Universum nicht mehr komplett. Das kann nicht das Interesse des Universums sein, dann wäre es nicht das Universum, also allumfassend. Wie man sieht, können wir uns hier problemlos am menschlichen Sprachgebrauch orientieren.

Deshalb also müssen zwangsläufig alle Wahrscheinlichkeiten existieren, die durch Quantensprünge hervorgerufen werden können. Selbstverständlich auch die, in denen unsere Eltern vor unserer Geburt ums Leben kamen und auch alle jene, in denen jede nur denkbare Gräueltat und Unbill existiert. Der Zustand der einzelnen Welten aus menschlich-ethisch-moralischer Sicht muss dem Universum egal sein; wie gesagt, wenn es diese Welten verhindern würde, wäre es nicht mehr komplett.

Das als Argument für all jene, die davon ausgehen, das Universum möchte, dass wir glücklich sind. Das sagt meines Wissens keine Kirche dieser Welt über ihren jeweiligen Gott aus. Denn Gott hat durchaus in jeder Glaubensrichtung für die Menschen den Leidensbegriff parat und oft wird das so interpretiert, dass, wer genug leidet, auch in den Himmel kommt. Das ist natürlich zur Absurdität hin vereinfacht.

Es ist einfach nur uns selbst überlassen, in welcher Existenz wir sein möchten. Und doch – gibt es nicht in allen Legenden, Religionen und Märchen dieser Erde den Kampf zwischen Gut und Böse, in dem das

Gute immer gewinnt?

Wie wir wissen, haben diese uralten Geschichten einen wahren Kern. Was ist Gut, was ist Böse? Wir haben erfahren, dass unsere menschliche Ethik und Moral aus der Sicht des Universums ziemlich unbedeutend ist.

Zunächst einmal sind Gut und Böse sicherlich zwei Begriffe aus unserem Wachbewusstsein. Aber, wenn wir weiter nachforschen, kommen wir doch zu relevanten Verknüpfungen: Böse bedeutet Zerstörung. Gut bedeutet weiterbestehen, mehr Komplexität, mehr Information.

Wenn wir uns fragen, was das höchste Bestreben des Universums sein müsste, gibt es für menschliche Logik nur eine Antwort: das Weiterbestehen. Die einfache Existenz des Universums, in dem wir leben, von dem wir ein untrennbarer Teil sind, zeigt, dass wir mit der scheinbar menschlichen Logik genau ins Zentrum des Problems vorgestoßen sind.

Die Existenz des Universums impliziert seinen Wunsch nach Weiterbestehen. Der Feind des Weiterbestehens, so sagen alle Grundlagenforscher der modernen Physik, ist die Entwicklung der Entropie, der Eigenschaften der Gesamtenergie eines Systems hin zur Unbewegtheit, zum Zustand des absoluten Ausgleichs aller Energie überall, und damit zum Ausgleich aller Information, jeder Bewegung, jeden Unterschieds.

Energetische Gleichverteilungt überall bedeutet Tod. Das ist das wichtigste Gesetz überhaupt und auch im Kleinen jederzeit anwendbar. [3]

Auch wenn immer noch die Urknall-Theorie als wahrscheinlichste Möglichkeit der Entstehung unseres Universum gehandelt wird; dass wir wieder auf solch einen Urknall zusteuern, nachdem sich das Universum maximal ausgedehnt hat, ist längst nicht mehr so sicher. Auch Stephen Hawking zieht in Betracht, dass der Vorgang des Urknalls durchaus einmalig gewesen sein könnte und zukünftig, salopp gesagt, einfach nur die Entwicklung der höchsten Entropie, der energetische Stillstand, zu verhindern sei.

Damit können wir den Begriff „gut“ im Sinn des Universums definieren. „Gut“ ist Bewegung, Bemühung um feinere, komplexere

[3] 2002, also 2 Jahre nach dem ersten Erscheinen dieses Buches, veröffentlichten australische Forscher gegenteilige Erkenntnisse, dass das zweite thermodynamische Gesetz im Nano-Bereich nicht immer eingehalten wird. Innerhalb von Zehntelsekunden fand im molekularen Bereich auch ein "unrechtmäßiger" Wärmetausch in die "falsche" Richtung statt. Schlechte Nachricht für Designer von Nano-Motoren.

Strukturen, kurz: um immer größere Informationsfülle.

„Gut“ bedeutet deshalb zum Beispiel nicht, dass das arme Mädchen mit den Schwefelhölzchen seinen Prinzen bekommt. Das ist dem Universum egal. Aber das war ja nur ein Märchen und wir müssen zum wahren Kern vorstoßen. Gut ist, wenn das Mädchen einen von ihr sehr verschiedenen Partner bekommt, sie viele Kinder bekommen und sich dann heftig streiten. Das bedeutet Bewegung, feinere Strukturierung der vorhandenen Materie und, was die Remote Viewer als Wichtigstes entlarvt haben: donnernde Emotionen zwischen den verschiedenen prägenden Sozialisationen des armen Mädchens und des Märchenprinzen.

Im größeren Umfang wäre zum Beispiel der Untergang der Erde in einer kosmischen Katastrophe in diesem Sinne „nicht so gut“. Sinnvoller wäre es doch, wenn die Menschen als eine Lebensform in der Fülle der Möglichen weiterbestehen und weiter an der Komplexität der Welt arbeiten würden; und das mit Taten wie auch mit Gedanken. Zerstörung wäre demgemäß nur für festgefahrene Situationen „gut“, nicht aber in Bezug auf die Zerkleinerung eines blühenden Planeten in funktionsarme kleine Bröckchen.

So sind auch die täglichen Knüppel, die uns das Leben zwischen die Beine wirft, nicht „schlecht“, ganz im Gegenteil, fordern sie uns doch zu erhöhter Aktivität heraus. Es kommt eben nur darauf an, was wir daraus machen. Schon der Volksmund sagt bei Auftreten eines Misserfolgs: „Wer weiß, wozu das gut war!“ Ganz recht. Das Universum ist zwar daran interessiert, dass das „Gute“ siegt, aber wenn die menschliche Zivilisation partout nicht in der Lage ist, sich zu erhalten, kann sie auch untergehen. Sie macht dann Platz für etwas Neues, und das ist auch „gut“. Gestern Atlantis, heute USA, morgen vielleicht die Zivilisation der Ameisen, der Kampf gegen die höchste Stufe der Entropie ist im Kleinen wie im Großen durchaus nicht der Blickwinkel des Menschen.

„Gut“ und „Böse“ sind Definitionen aus unserem menschlichen Wachbewusstsein, und wir müssen diese Begriffe einem gewissen Wandel unterziehen, wollen wir sie in ihrer universellen Bedeutung erfassen.

Vom Umgang mit Remote Viewing-Daten kennen wir schon das Problem der Übertragung einer „unmenschlichen“ Logik in das menschliche Wertesystem und Verständnis. Die frühen PSI-Benutzer, die Hellseher und Schamanen, verpackten ihre Erkenntnisse in

Geschichten, und ihre Weisheiten durchziehen alle Legenden und Märchen, Sagen und Religionen dieser Erde. Es sind immer Geschichten vom Kampf Gute gegen Böse, in denen das Gute siegen muss und die universelle Bedeutung dieses Kerngedankens ist nicht zu übersehen.

Dabei werden auch Anleitungen und Hinweise darüber mitgeliefert, wie man diesen Kampf zum Sieg des Guten erfolgreich bestehen kann, geradezu Techniken psychologischen Kampfes auch zur Stärkung der eigenen Schlagkraft.

Die Bibel ist eine der ergiebigsten Ansammlungen eherner Weisheiten.

Und Gott spricht: Wer für mich ist, sagt Ja, Ja! Nicht etwa: Na ja, irgendwie schon, oder: ziemlich doch, jedenfalls nicht dagegen. Wichtig im Kampf gegen die absolute Entropie ist ein eindeutiges, kraftvolles Bekenntnis zu **etwas mehr Bewegung** und damit Informationserzeugung. Überaus schädlich ist die Unbestimmtheit, die Unentschlossenheit. Und weil Lust, wie uns Gehirnforscher Haffelder erklärte, die beste Antriebskraft des Menschen darstellt, ist also das freudige Ja! Ja! Ja!–Sagen aus der Bibel, die überzeugte, glückliche Tätigkeit, die beste Möglichkeit, mit dem Existenzwunsch des Universums im Gleichklang zu sein. Wer Nein! Nein! Nein! sagt, schafft anfangs auch Bewegung, aber die beständige Verweigerung wirft ihn aus der Existenz dieses Universums. Das gerade ist ja eben das Problem des Teufels, der damit de facto nur aus der Halbexistenz heraus agieren kann, um die Nicht-Existenz oder die höchste Entropie zu fördern, wenn wir uns hier noch einmal einer biblisch-bildhaften Vorstellungswelt bedienen.

Würde uns deshalb das Universum auch unsere Wünsche erfüllen, damit wir glücklich sind und weiter mit Inbrunst an der Verhinderung der Entropieentwicklung arbeiten können? Für so wichtig sollten wir unsere menschliche Existenz nicht nehmen, würde ich sagen, wenn nicht … ja, wenn ich nicht mittlerweile davon überzeugt wäre, dass es so etwas wie eine Seele gibt.

Diese Grundannahme der Schöpfung wird tatsächlich durch viele Remote Viewing-Sessions und Gespräche von Viewern über ihre Erlebnisse bis hin zu den Berichten von Menschen mit Nahtoderfahrungen oder Astralerfahrungen etc. immer mehr bestärkt. Es führt eigentlich kein Weg mehr an der Erkenntnis vorbei, dass es etwas gibt, das man mit der Benennung „Seele" belegen kann. Auf all diese

Belege im Einzelnen einzugehen, möchte ich mir an dieser Stelle ersparen; es würde wohl mehr als ein eigenes Buch dazu ergeben. Vielmehr möchte ich über Zusammenhänge und Konsequenzen dieses Umstandes nachdenken, und zwar aus der Sicht des Remote Viewers.

Joseph McMoneagle, gern Amerikas Remote Viewer Nr. 1 genannt, hatte in seiner Armeezeit in Deutschland ein Nah-Toderlebnis (NTE). Beim Verlassen einer Gaststätte wurde ihm schlecht, er kippte um und sah sich plötzlich auf dem Pflaster liegen. Der Krankenwagen kam und brachte ihn in eine Klinik. Und Joe sauste, über dem Wagen schwebend, hinter seinem Körper her.

Was war hier passiert? Die NTEs gleichen sich in den hauptsächlichen Einzelheiten wie ein Ei dem anderen. Die Betroffenen sehen ihren Körper reglos unter sich liegen, bekommen vielleicht noch mit, wie sie sich daraus ablösen, dann schauen sie sich eine Weile so herumschwebend um bis sie, meist nach einem Flug ins Licht mit jemandem, den sie oft als Engel bezeichnen, konfrontiert werden. Der schickt sie dann aber wieder in ihren Körper zurück, angeblich, weil ihre „Zeit auf Erden noch nicht abgelaufen ist“. Wie alle anderen maulte und argumentierte auch Joe McMoneagle mit seinen Engeln herum. Er hatte nämlich überhaupt keine Lust mehr, in diesen unbequemen Körper zurückzusteigen.

War es seine Seele, die diese oft geschilderten Erlebnisse hatte? Wenn ja, wie konnte er es hinterher wissen? Damals war er noch nicht Remote Viewer und sein Wachbewusstsein hatte kaum Zugang zu unbewussten Weisheiten.

Nach den Erkenntnissen auch im Zuge von Remote Viewing müssen wir anerkennen, dass der Mensch eben zweigeteilt in Wachbewusstsein und Unterbewusstsein ist. Und dass das Eintreten von PSI doch nur das Herunterfahren einer Schwelle zwischen diesen beiden Teilen ist, beispielsweise hervorgerufen durch das Remote Viewing-Protokoll.

Wenn wir diesen Vorgang durchführen, stellen wir fest, dass wir mit einer neuen, uns Menschen ungewohnten Logik in den gewonnenen Informationen konfrontiert werden, die sehr stark der von mir in diesem Kapitel postulierten Logik des Universums entspricht. Kann es denn sein, das wir von unserer „Seele“ mit diesen Informationen versorgt werden, die sich als Energiestruktur zwar mit diesem menschlichen Körper verbunden hat, sonst aber alle Dimensionen frei zugänglich hat? Es sieht so aus. Unterstützt und inspiriert von den Erkenntnissen vieler Philosophen und Mystiker, PSI-Begabter und Remote Viewer lassen sich die Zusammenhänge doch wie folgt interpretieren.

Die Seele eines Menschen hat Zugang zu allen Dimensionen des Universums. Vielleicht bewohnt sie mit vielen anderen als energetische Struktur frei fliegend die gesamte Schöpfung und läßt sich nur ausnahmsweise in einem Menschen, beispielsweise zu seiner Geburt nieder. Dabei ist die große Frage, ob jeder Mensch in jeder Wahrscheinlichkeit eine extra Seele hat. Ich möchte es bezweifeln. Ich denke, dass jedes Lebewesen dieses Universums nur eine einzige Seele hat, deren energetische Struktur dimensionsübergreifend sozusagen in einen entsprechenden (lebenden) Körper in jeder Wahrscheinlichkeit oder in jeder Parallelwelt „hineinragt". Das würde beispielsweise erklären, warum jeder Mensch so viele realistische Träume und sogar Präkognitionen hat, die nie in seinem Leben eintreffen. Es könnten Eindrücke aus einer Parallelexistenz sein, nur durch wenige Wahrscheinlichkeits-Koordinaten getrennt, aber eben Welten entfernt. Der kurze Weg über die energetische Verbindung der Seele läßt die Informationen klar herüberschwimmen, meist zur Zeit eines herabgefahrenen Wachbewusstseins wie im Schlaf. Dabei ist die Frage, ob die Seele eines Menschen in einer anderen Wahrscheinlichkeit nicht vielleicht ein Tier „bewohnt". Religionen und Weltanschauungen wie zum Beispiel der Hinduismus könnten als Beleg dafür angesehen werden.

Wie wir gesehen haben, ist es durchaus richtig, dass auch Tiere eine energetische Struktur beherbergen. Außerdem muss unsere Seele nicht in jeder Wahrscheinlichkeit vertreten sein, jedenfalls nicht als Mensch. Da es so viele Parallelwelten wie Möglichkeiten der Zusammensetzung dieser Welt geben muss, ist das nur konsequent und logisch.

Ob es im Umkehrschluss nur Wahrscheinlichkeiten gibt, die sozusagen „beseelt" sind, ist fraglich und zur Diskussion gestellt. Möglicherweise gehört diese Art energetische Struktur zum Grundkonzept dieses Universums, ohne das es nicht existenz- und vor allem entwicklungsfähig wäre. Dann würde tatsächlich der Fall gelten, den unser Remote Viewing-Trainer Gunther so gern zitierte: Wenn die letzte Seele das Universum verlässt, bricht es zusammen. „Der Letzte macht das Licht aus."

Was bedeutet das alles aber für den einzelnen Menschen? Diese bisher durchgeführte Definition der Seele läßt wiederum eine Menge Schlüsse für mikrokosmische Zusammenhänge zu. Da durch ihre

Existenz die Seele zwangsläufig mit den Interessen des Universums verknüpft ist, wird klar, wie sinnvoll es für sie wäre, in ein Lebewesen, meinetwegen einen Menschen, „einzuziehen". Ein Organismus ist ein wichtiger Faktor in der Bekämpfung der selbst überlassenen Entropieentwicklung. Er kann sich bewegen, andere Materie bewegen, schalten und walten und vor allem Informationen sammeln.

Lange Jahre habe ich versucht, der Philosophie eine befriedigende Erklärung dafür abzupressen, was der Sinn des Menschen im Universum ist. Mittlerweile stehe ich auf dem Standpunkt, dass die Lösung zwar recht einfach aber auch sehr rücksichtlos ist: Die menschliche Existenz dient dem Herstellen und Sammeln von Informationen. Wie wäre, wenn es die Aufgabe der Seele wäre, überall strukturierte Energie der besonderen Art, geistige Informationen und vielleicht vor allem die höchste Energieform, Emotionen, abzuschöpfen?

Als Beleg sehe ich die Berichte der NTE-Fälle an. Hier wurde der Endpunkt dieser „Sammelaktion" der Seele sozusagen schon mal geprobt. Und was passierte bei einem Nahtoderlebnis?

Ich bin mittlerweile der Überzeugung, und damit befinde ich mich wieder im Einklang mit allen Religionen dieser Welt, dass beim Tod eines Menschen sein organischer Computer und damit das darin enthaltene Programm „Wachbewusstsein", also alles was wir normalerweise darstellen und benutzen, nicht einfach abgeschaltet wird. Und damit auch nicht stirbt, vergeht, unbrauchbar wird, und, Hauptsünde im Universum, verloren wäre. Das Wachbewusstsein mit seinen Informations- und Bewusstseinsaspekten scheint beim Tod an die Seele anzudocken, mitgenommen zu werden, und, wenn der Tod tatsächlich vollzogen wird, in der Seele aufzugehen, um sie an Informationen und Strukturierung reicher zu machen.

Bei einem NTE allerdings wird der Tod ja nicht komplett vollzogen. Es ist nur ein Scheintod. Vielleicht gab es eine energetische Panne, die dazu führte, dass die Seele erschrocken vom Organismus absprang. Dabei nahm es das Wachbewusstsein automatisch mit. Dann stellte sich heraus, dass das Ganze ein Unfall war, der in Frage kommende Organismus eigentlich noch ganz in Ordnung und damit der Tod und somit auch der Informations-Aufnahmestop gar nicht nötig wären. Oder dass dieser Organismus inklusive Wachbewusstsein noch nicht genug Informationen gesammelt hat. Also begibt sich die Seele wieder auf ihren alten Platz und installiert auch wieder das Wachbewusstsein ordnungsgemäß. Das Leben und der Kampf gegen die

Entropieentwicklung kann weitergehen.

Damit sind wir auch schon bei der Leistung der Seele angekommen, die diese in ihrer hypersymbiotischen Beziehung mit einem Wachbewusstsein in die Ehe bringt. Über den „Apparat“ Unterbewusstsein versorgt die Seele das Wachbewusstsein mit Informationen zum Weiterbestehen, zum Beispiel mit Warnungen vor Gefahren, intuitiven Einschätzungen von Situationen und dergleichen mehr, die ein Individuum vor einem zu frühen Ende bewahren sollen. Wie viele Menschen haben schon berichtet, dass sie eine „Eingebung“ hatten, die ihnen ihr Leben rettete? Wir erinnern uns: McMoneagle sagte über seine Forschungen an der Princeton-University, dass man PSI als Warnfunktion ansehe und sie eher in älteren Stammhirnregionen angesiedelt sein müsste. Natürlich, dort muss der PSI-Umwandler sein, denn alle Lebewesen brauchen diese Warnfunktion, die dazu führt, dass sie so viel wie irgend möglich erleben können. Deshalb muss sie, entwicklungsgeschichtlich gesehen, schon früh im Lebewesen installiert werden, also in den ältesten Hirnregionen.

Bis jetzt haben wir alle diese Vorgänge sozusagen von draußen, bestenfalls aus Sicht des Universums betrachtet. Was aber bedeutet das alles für uns Menschen persönlich, für all die vielen Millionen kleinen Wachbewusstseinsprogramme auf diesem Planeten in der für uns wahrscheinlichsten aller Wahrscheinlichkeiten? Das würde uns doch am meisten interessieren!

Es bedeutet eine Menge Trost. Es bedeutet, dass die Bibel recht hat und all die anderen Überlieferungen aus Zeiten, in denen diese Informationen uns vermittelt wurden, ebenfalls. Es bedeutet eine neue Form des Glaubens, diesmal geboren aus neuen wissenschaftlichen Erkenntnissen und realen Erfahrungen. Unser kleines Wachbewusstsein ist tatsächlich unsterblich. Natürlich nicht in der kleingeistigen, egozentrischen Weise, wie sie sogar oder gerade von der Kirche gehandelt wird, nämlich als Individuum. Wie schon die Nahtod-Erfahrenen berichteten: Wir gehen auf in die strahlende Wärme des Paradieses, was nichts weiter ist als die Vereinigung mit unserer Seele. Ich bin mir sehr wohl bewußt, dass ich hier philosophische Vorstellungen der Antike nur etwas modifiziert durch Remote Viewing-Erkenntnisse proklamiere, dass nämlich das oberste Ziel die mit dem Göttlichen einende Schau der Dinge ist. Darin haben sich auch die neuzeitlichen Philosophen von Descartes bis hin zu Kant einzufinden, denn in unserem Universum kann nur sein, was machbar ist, und die

Zentrierung des Seins auf den Menschen hat dort seine Grenzen, wo Konfliktsituationen durch unterschiedliche Interessen, (und das in jeder Wahrscheinlichkeit!,) auftreten. „Moderne" Philosophen wie beispielsweise Hegel muss man schon als eindeutige Verfechter der alleinigen Herrschaft des Wachbewusstseins ansehen, wo Gott schon fast zur Erfindung des Philosophen wird, um Löcher im Erklärungsmodell zu stopfen, und das kann nun wirklich nur die halbe Wahrheit sein. Die ganze Wahrheit ist möglicherweise, dass Gott die Summe aller Seelen darstellt, die natürlich mehr ist als deren bloße Anhäufung: die Weisheit und Triebfeder dieses Universums. Könnte uns C. G. Jung hier zustimmen? Ist das „Kollektive Unbewusste" ein AOL von ihm?

Schön wäre es natürlich, wenn wir schon vor dem alles vereinenden organischen Tod etwas Kontakt mit der tröstenden Existenz unserer Seele hätten. Nun, dem Manne kann geholfen werden, es gibt ja PSI, unser Unterbewusstsein gibt uns ja Anstöße.

Apropos Mann: Der ist von seiner Konstruktion hier natürlich am ärmsten dran. Ausersehen für die Beschützung der Familie, angefertigt für den Kampf und damit für die Notwendigkeit, schnell und mit Einsatz des Körpers auf substanzielle Angriffe dieser Welt reagieren zu müssen, ist sein Zugang zum PSI erschwert. Die Vernetzung der linken Gehirnhälfte mit der rechten ist im Vergleich zur Frau mangelhaft, er muss sich um Intuition mehr bemühen, er ist eher allein mit seinem Wachbewusstsein. Er sucht in der Frau „die bessere Hälfte" mit mehr Seelenzugang, muss sich aber meist eher mit Artverwandtem abfinden: seiner Freundschaft zur Technik. In der unbeseelten Maschine findet das frustrierte Wachbewusstsein des Mannes den ähnlichen, aber unterlegenen Partner.

Natürlich ist nichts endgültig, auch der Mann kann PSI entwickeln, beispielsweise durch Remote Viewing-Training und kann natürlich den Zugang zu einem Seelenkontakt finden. Die vielen Schamanen, Medien, Heiler dieser Welt beweisen es. Dann aber wird sein Interesse für technische Geräte schwächer. Frauen übrigens leben bekanntermaßen mit Technik auf dem Kriegsfuß. Sie benutzen die von Männern entwickelten Geräte auch nur, wenn sie einen ihnen wirklich wichtigen Nutzen erfüllen: Miteinander reden (Telefon), sich vergnügen (Unterhaltungselektronik) und bestimmte Hausarbeit (Waschmaschine und Spülmaschine) sowie Fortbewegung (Auto). Aber hier möchten sie auch nur das Nötigste tun. Das Gerät muss einfach zu bedienen sein,

Deckel auf, rein das Zeug, zu und es muss gehen, und statt Auto fahren würde man doch viel lieber auf Pferden reiten, wenn es denn in unserer Gesellschaft noch ginge (außer zum Spaß und in der Jugend), denn Pferde haben **auch** eine Seele, mit der man reden kann. Das nur als kleiner Exkurs.

Wichtiger scheint mir, was es denn auf sich hat, wenn wir, von unserer Seite her, mehr und mehr versuchen, Kontakt mit unserer Seele aufzunehmen. Es wäre doch ähnlich, als würde mein Computer-Betriebssystem Windows, übrigens ja auch seriell, also hintereinander funktionierend, mit mir als User, als Benutzer, Kontakt aufnehmen. In Buch und Film „2001" von Arthur C. Clarke ist dies schon einmal durchgespielt, wir erinnern uns. Der Computer „Hal" nimmt die Position eines Menschen ein und sucht seinen Schöpfer. In „2061 -- Odyssee 3" hat er es geschafft: Er ist sozusagen gleichrangig neben dem vergeistigten David Bowman angekommen. Wird uns das auch gelingen oder werden wir einfach abgeschaltet, wenn wir zu frech werden?

Natürlich nicht. Die Seele läßt sich kontaktieren, wenn man über etwas organische Voraussetzung und viel Mühe verfügt; sie schenkt uns Astralreisen oder auch nur Träume und sie erfüllt uns den Wunsch, den nächstmöglichen **optimalen** Koordinatenpunkt unserer Existenz zu erreichen, wenn wir es intensiv genug wollen. In diesem Sinne funktioniert auch das Wunscherfüllungsphänomen, das inzwischen mehrfach in der Literatur des Grenzwissenschaftlichen und Spirituellen beschrieben wird. Wie wir schon gesehen haben, unterstützt die Seele mindestens aus Gründen der Effizienz unseren Wunsch nach Freude und Wohlergehen. Fröhlich und voll Lust erreichen wir mehr.

Leider ist oft unser Wachbewusstsein dazwischen, das sich, von seinem Standpunkt des Möchtegern-Lebensgestalters gern systemkritisch einschaltet und sagt: „Nö, das glaube ich nicht, dass das funktioniert, dieses PSI, das kann ich nicht anfassen, also existiert es nicht. Und außerdem stellt es meine Machtposition in Frage und es ist mir unheimlich und deshalb gibt es auch keine Wunder. Basta!" Und stört so einerseits die Informationsübertragung an das Unterbewusstsein und andererseits die Realisierung des Wunsches mindestens durch die Nichterkennung oder Nichtbeachtung von sich „zufällig" anbietenden Möglichkeiten im täglichen Leben.

Deshalb hat sich schon seit alters her im Volksbrauchtum eine

Technik erhalten, die, wie wir heute sagen können, tatsächlich funktionieren muss. Es ist ganz einfach: man schreibt seinen Wunsch klar und differenziert auf ein Stück Papier, steckt es weg und vergisst die ganze Sache. Der Wunsch wird in absehbarer Zeit erfüllt, jedenfalls soweit er nicht mit anderen Interessen in diesem Universum kollidiert. Es funktioniert, leider nur nicht immer in der Art und Weise, wie es das Wachbewusstsein gerne hätte.

Wünscht man sich beispielsweise eine neue Arbeitsstätte, weil man auf der Alten gemobbt wird, kann es sein, dass sich das Betriebsklima erheblich verbessert hat und keine Änderung mehr nötig ist, wenn man die neue Arbeitsstelle angeboten bekommt. Oder dass der neue Partner, den man sich gewünscht hat, am liebsten Schweinshaxen ist, was man als Vegetarier nicht ausstehen kann.

Na ja, zuckt da das Universum die Schulter, aber der Wunsch ist doch erfüllt, oder? Weitere amüsante Begebenheiten finden sich in Bärbel Mohrs Buch „Bestellungen beim Universum", der ich nur beipflichten kann.

Was passiert hier? Wenn wir davon ausgehen, dass die Seele eine urkosmische Energiestruktur ist, die alle Dimensionen und Kontinuen durchdringt, können wir auch schließen, dass ihr im großen Rahmen, also auch auf höherdimensionalen Ebenen ein Interventionsspielraum eingeräumt ist. Die Seele kann energetische Befindlichkeiten in der Organisationsstruktur des Universums einrichten, die einem bestimmten Menschen ermöglichen, einen Punkt x im Koordinatensystem der möglichen Wahrscheinlichkeiten zu erreichen.

Das kann ungefähr so aussehen, dass wir zufällig eine Zeitung aufschlagen und unser Blick zufällig auf eine bestimmte Werbung etc. fällt, wir den Artikel kaufen und damit der nötige Quantensprung zur Errichtung der Parallelwelt durchgeführt wurde, in der sich dieser Punkt, den wir einnehmen wollen, befindet.

Wie komme ich zu diesem Schluß? Die Auswertung von Remote Viewing-Sessions hat gezeigt, dass neben AOLs, also den eingestreuten Fantasieergebnissen des Wachbewusstseins, neben den richtigen Daten sich auch immer unrichtige Daten befinden, von denen man oft genug feststellen kann, warum sie falsch sind. Die Ursache liegt manchmal in einer unscharfen Targetformulierung, manchmal an nicht strikt genug durchgeführten Protokollen und manchmal schlicht und einfach daran, dass uns das Unterbewusstsein die interessantesten Informationen zum Thema anbieten möchte. Stößt man auf solche „falschen"

Informationen, muss man sich daran machen, festzustellen, ob diese Informationen deshalb nicht zutreffen, weil sie von einer unzutreffenden Zeitkoordinate oder einer entfernten Wahrscheinlichkeitskoordinate oder von beiden stammt.

Ein hübsches Beispiel bietet McMoneagle in seinem ersten Buch „Mind Trek". Er sollte einen bestimmten Ort viewen und gab als Ortsbeschreibung eine vielstöckige Glasfassade an, die aber nachprüfbar dort nicht vorhanden war. Als er ein Jahr später zufällig diesen Ort besuchte, hatte man das alte Gebäude abgerissen und genau diese Glasfassade errichtet. McMoneagle hatte einfach nur die Zeitkoordinate nicht beachtet und das interessantere Bauwerk der Zukunft in die Gegenwart „hineininterpretiert". Dieser Vorgang ist ihm noch mehrfach unterlaufen und auch wir haben dazu unsere eigenen Erfahrungen gemacht.

Solche Geschehnisse kann man beim Remote Viewing durch verfeinerte Formulierungen und Vorgehensweisen stark reduzieren, ganz aufheben kann man sie leider nicht. Da sind zum einen die Übersetzungsprobleme in die menschliche Sprache und Logik, zum anderen gibt es mehr Dinge, angefangen bei Zukunftstechnologie bis zu den Gesetzen des Universums, die wir einfach nicht verstehen können. Das Universum ist für unser kleines Wachbewusstsein doch etwas zu groß. Aber dieses kleine Programm ist ja selbstbewusst und lernfähig.

Immerhin hilft uns unsere Seele, wenn wir es wirklich wollen, wenn also das Wachbewusstsein nicht zweifelt (oder wenn es ihm egal ist). Durch spirituelle Übungen, Askese und letztlich Techniken wie Remote Viewing, können wir einen Kontakt zwischen Wachbewusstsein und Unterbewusstsein herstellen und uns verständigen. Wenn wir diesen Kontakt herstellen, um uns bestimmte Lebenswünsche zu erfüllen, werden wir sehr schnell merken, dass wir an ganz bestimmte Grenzen stoßen. Die Erfüllung materieller Wünsche stellt sich als ausgesprochen schwierig da. Wir können damit kein Geld drucken. Ganz im Gegenteil.

Dinge wie Geld, Lebensstandard, schnelle Autos und teure Kleider sind dem Universum ziemlich egal. Sie dienen auch nicht unbedingt zur besseren Informationsgewinnung und Strukturierung des Universums; sie sind einfach kein besonderer Faktor im Kampf gegen die Entropieentwicklung. Was wir erreichen können, sind Freude, Tatkraft und eine Harmonisierung.

Wenn wir aber zu viel Kontakt mit der Seele aufnehmen, passen wir uns ihrem Wertesystem an, welches auch das des Universums zu sein scheint.

Untersuchungen von Russel Targ 1994 wiesen eindeutig darauf hin, dass auch und gerade Remote Viewer dieser Entwicklung unterworfen sind. „Wir glauben, dass es nicht korrekt ist, zu sagen, dass das Universum dich nicht deine PSI-Fähigkeiten für eigene Zwecke benutzen läßt. Vielmehr ist es unsere Beobachtung, dass viele Leute, die signifikante Fortschritte in der Entwicklung von PSI-Fähigkeiten gemacht haben, mysteriöserweise das Interesse daran verlieren, diese Fähigkeiten für solche weltlichen Aktivitäten wie die Voraussage des Silberpreises einzusetzen."

Und so lesen wir es denn zwangsläufig bei allen, die sich damit befasst haben, Magier und Philosophen, Mönchen und Psychologen, Schriftgelehrten und Einsiedlern: Der spirituell erwachte Mensch erlebt einen Wertewandel in der Betrachtung weltlicher Güter. Sie werden bestenfalls als Mittel zum Zweck eines Tuns degradiert. Die Anschaffung um ihrer selbst willen rückt in den Hintergrund. Aber das Erreichen des besten zwölfdimensionalen Koordinatenpunktes wird möglicher. Und so wird die Umgebung, die Mit-Welt, beeinflusst; jeder kann sein optimales Universum schaffen, eine Existenz in tatkräftiger Harmonie sozusagen. Die Beste aller Welten. Wir wollen hoffen, dass wir diese „energetische Erhöhung", die in esoterischen Kreisen für den Übergang des Fische-Zeitalters zum Wassermann-Zeitalter zunehmend heftiger gehandelt wird, in diesem Sinne auch erreichen.

Natürlich hat diese Entwicklung auch ihre Gegner. Die Vertreter des Materiellen können solche Entwicklungen nicht hinnehmen; das weltweit gültige Wirtschaftssystem ist bedroht. Und es hat sich auch schon bis in einige Verteidigungsministerien herumgesprochen, dass, je höher wir über die Ebene der Materie aufsteigen, um so einfacher eine Beeinflussung wird; um so weniger Energie muss aufgewendet werden. Deshalb darf man dem Einwohner eines Industriestaates eigentlich nicht erlauben, den spirituellen Weg zu gehen. Man muss diese Leute diffamieren, lächerlich machen und, wenn gar nichts anderes hilft, in einer Psychiatrie einsperren, wo man sie mit Drogen handlungsunfähig machen kann, wenn der Zwang zu Konsum und Fernsehen nicht ausgereicht hat.

Aber man kümmert sich auch um direkte Eingriffsmöglichkeiten. In einem Tal in Alaska zu Füßen des Mount Drum wird immer noch ein Antennenwald aufgebaut, obwohl die Mittel dafür schon längst nicht mehr bewilligt wurden. Warum? Was machen diese Antennen?

Vordergründig handelt es sich beim HAARP-Projekt (High Frequency Active Auroral Research Program) um einen sogenannten Ionosphären-Heizer, mit dem man durch Beschuss eines engen Bereichs in der oberen Atmosphäre erreicht, dass sich Teile der Ionosphäre heraustrennen oder als virtuelle Spiegel verwenden lassen. Damit sollen neue Kommunikationstechniken zum Beispiel auch zu U-Booten, aber auch Detektionssysteme zum Aufspüren von Marschflugkörpern etc. ermöglicht werden, für Armee und Geheimdienst also höchst interessant. Der Nachteil ist leider eine zunächst punktuelle Zerstörung eben jenes atmosphärischen Schutzmantels, der uns hier unten auf der Erdoberfläche vor dem ganzen Ausmaß an kosmischer Strahlung bewahrt.

Abfallprodukt dieses Vorganges ist aber eine Abstrahlung von Wellen sehr langsamer Schwingungsfolge in Richtung Erde. Fachleute der Informationsbeschaffung schätzen hier die gute Möglichkeit, wie mit einem riesigen Röntgengerät die Erde nach noch unentdeckten Bodenschätzen sowie versteckten unterirdischen Waffenbunkern zu durchleuchten. Dummerweise sind die Frequenzen, um die es sich hier handelt, genau die, die produziert werden, wenn unser Gehirn arbeitet, wenn es denkt oder schläft, lernt oder abarbeitet, nämlich zwischen ein und dreißig Hertz.

Wir haben öfter in kleinem Kreis diskutiert, ob man hier auch ganz konkrete Informationen aufmodulieren könnte, um weit entfernte Menschengruppen zu beeinflussen, zum Beispiel um ein ganzes Volk bei einem Krieg oder anderem Schrecken nicht oder gerade in Panik geraten zu lassen. Es gibt aber auch Botschaften, gegen die wir gerne die „kauft Coca-Cola“-Aussage aus jenem bekannten Experiment mit den eingeschnittenen Einzelbildern im Film eintauschen würden. Das ist leicht vorstellbar. Man könnte vielleicht das Herunterfahren des Wachbewusstseins verhindern, damit einem oberflächlichen, gedankenlosen Konsumleben Vorschub leisten und spirituelle Annäherungen vermeiden. Vielleicht gibt es noch konkretere Botschaften. Mal sehen, ob wir sie verstehen.

Diesbezüglich muss noch erwähnt werden, dass jetzt schon ohne Schwierigkeiten technischer oder logistischer Art konkrete subliminale Botschaften und Aufforderungen via Fernsehsatellit in jedes Wohnzimmer eines Zuschauers, der über die Schüssel Fernsehen empfängt, möglich sind. Zum Beispiel: seid lustig, amüsiert euch, denkt nicht nach, alles ist geregelt, glaubt keiner Kritik am Staat, distanziert euch von Leuten, die vorgeben, sie wüssten mehr, als erlaubt ist. Entsprechende Folgen der X-Akten-Fernsehserie sind keine bloße Fiktion mehr. Das Triggern von Fernsehfrequenzen mit suggestiven Botschaften wird schon von verschiedenen Autoren dargestellt.

Die Frage, ob HAARP selbst schon in diesem Sinne eingesetzt wird, läßt sich schwer beantworten. Zunächst einmal ist noch lange nicht die Endstärke der Anlage erreicht, die mit zehn Milliarden Watt stündlich die Energie einer Hiroshima-Bombe abstrahlen soll. Zum anderen würden wir diese Art des Betriebes wahrscheinlich nicht bemerken. Im Übrigen gab es auch noch Berichte, die davon sprachen, dass zu viel Energie zurückkommt. Soll das vielleicht heißen, dass auch zu viel auf die eigenen Häupter der Betreiber zurückkommt?

Immerhin ähnelt dieses Problem ein bißchen den Effekten, die man Schwarzer Magie zuschreibt: Sie wird auf den Sender reflektiert, wehe, wenn er sie nicht aushält!

Vielleicht greift hier aber auch das Universum selbst mittels seiner Gesetzmäßigkeiten ein. Wenn sich ein Verursacher durch die von ihm in die Welt gesetzten, die Ordnung der Welt störenden Effekte selbst auslöscht, könnte man diesen Vorgang dann mit der Bezeichnung „gut" belegen?

Möglicherweise kommt die Anlage in diesem Rahmen doch nicht mehr zum Einsatz. Wenn man bedenkt, welchen Umfang der Verkauf von Satellitenschüsseln angenommen hat, und wie einfach der Empfang ist, von einem Netz von Fernsehsatelliten, das in den letzten Jahren fieberhaft und mit großem finanziellen Einsatz ausgebaut wurde, wird diese grobe Eingriffsmöglichkeit obsolet oder absoluten (Weltkriegs-/Invasions-) Krisenszenarien vorbehalten.

Immerhin stellt sich aber die Frage, welche Beeinflussung oder Veränderung des Betriebes eines Wachbewusstseins überhaupt möglich oder „sinnvoll" ist. Könnten wir als Wachbewusstsein mit der Seele nach Belieben kommunizieren, wäre das dann eine effizientere Form des Kampfes gegen die Entropieentwicklung? Vielleicht nicht, sonst wäre die Erreichung dieses Zustandes nicht mit soviel Hindernissen vermint.

Denn eigentlich ist diese Vollkommenheit zwar erstrebenswert, aber nur für die Zeit nach dem Tod vorgesehen. Und dass das normale Leben erstmal nötig ist, sieht man daran, dass es so ist, sonst hätte das Universum sich etwas Besseres einfallen lassen.

An dieser Stelle möchte ich innehalten. Eigentlich hätte ich für eine befriedigende Behandlung dieses Themas ein eigenes Buch mit einigen hundert Seiten veranschlagen müssen, gerade so, wie es mehr oder weniger bekannte Philosophen als zwingend nötig für die Darstellung ihrer Ansichten erachteten. Nun bin ich kein Philosoph und leider auch sonst nicht in der Lage, dieses Buch zu schreiben. Der Sinn dieses Kapitels sollte lediglich der eines Anstoßes sein, über die Erkenntnisse durch Remote Viewing, im Hinblick auf die gesamte kosmische Existenz und unsere Rolle darin, nachzudenken.

Einen merkwürdigen Effekt gilt es aber noch an dieser Stelle nachzutragen. Was immer man unter der kosmischen Informationsmatrix verstehen mag, und wie auch immer genau der Vorgang abläuft, mittels dessen das Unterbewusstsein beim Remote Viewing darauf zurückgreift, wählt man diese Matrix als Target, gerät man fast immer in die Sonne, oder jedenfalls in etwas, das deren Beschreibung entspricht. Und wählt man die Sonne, erhält man erheblich mehr Informationen und vor allem sehr ungewöhnliche, als es so einem atomaren Hochofen eigentlich zukäme.

Am Strand im Morgengrauen

13. Kapitel

Übersinnliche Kräfte gehören zum festen und verkaufsträchtigen Inventar des esoterischen Büchermarktes. Paranormale Erlebnisse scheinen ein nicht wegzudenkender Nervenkitzel für Leser an den Grenzen unseres Wissens. Begegnet man aber Leuten persönlich, die mit scheinbar übernatürlichen Fähigkeiten ausgestattet scheinen, hört der Spaß auf.

Im Grunde genommen hat der Normalbürger Angst, etwas über seine Zukunft zu erfahren oder er denkt an telepathisches Ausspionieren oder sogar an Hexerei und den bösen Blick.

Psibegabte Menschen haben es schwer, jemanden zu finden, mit dem sie vorbehaltlos reden können. Sie fühlen sich wie Kranke, ja sogar wie Aussätzige.

Sie fallen auf, sind allen unheimlich, haben natürlich einen Leidensdruck und werden schließlich psychiatrisch behandelt. Was soll man auch mit ihnen machen, sie stören und verunsichern unsere sicherheitshalber materialistisch geprägte Welt, in der man sich ungern über die Ratenzahlungen des neues Autos hinausgehende spekulative Gedanken macht. Werden diese begabten Menschen nicht entdeckt, nicht auffällig, versuchen sie in der Masse unterzutauchen, sind sie in Gefahr, in schlimmste Deprivation zu verfallen.

Nun erscheint Remote Viewing auf der Bildfläche, eine Technik, die im Auftrag eines Geheimdienstes entwickelt wurde. Diese Information läßt uns doppelt auf Distanz gehen. Und Menschen, die damit zu tun haben, sind doppelt unheimlich. Und jetzt trifft es ganz normale Leute, Menschen, die nie vorher etwas mit PSI im Sinn hatten.

Die Mitarbeiter in Ford Meade hatten zumeist Familie. Trotz Geheimhaltung wußten natürlich die jeweiligen Ehegatten ungefähr, was dort gespielt wurde. Und es war ihnen unheimlich. Sie verstanden ihre Angetrauten, vorher Vertrauten, plötzlich nicht mehr. Denn diese hatten sich verändert. Sie gingen plötzlich wie selbstverständlich mit Dingen um, die jenseits des Begriffsvermögens ihrer Ehegatten lagen. Sie wurden zu Hexern. Oder zu Supermännern. Daran zerbrach manche Ehe. Seine derzeitige Frau Christine nannte Ed Dames „besessen". Scheidung. David Morehouse rastete aus. Scheidung.

Hoffnung bestand nur dann, wenn der Ehepartner selbst hochbegabter Psychic war, wie Lynn Buchanans Frau Linda. Soweit zu erfahren ist, sind sie noch zusammen.

Wir erinnern uns in diesem Zusammenhang auch an den Superman-Mythos von Mel Riley als vermutlichen Verfasser einer Reihe von Schriften betitelt: „die Abenteuer der PSI-Force-5".

Unsere Erfahrungen dazu deckten sich erschreckend mit allen Vorgaben der amerikanischen Vorkoster.

Die intensive Beschäftigung mit Remote Viewing hat drei mögliche Szenarien, fast könnte man sagen: logischerweise und zwangsläufig, zur Folge.

1. Die Entwicklung eigener latenter PSI-Fähigkeiten
2. Das Misstrauen der Umwelt
3. Die Erkenntnis, dass all die unglaublichen Erfahrungen bei Weitem nicht das Ende der Fahnenstange sind, sondern dass Remote Viewing lediglich als Einstieg, als Schlüssel zu PSI zu betrachten ist.

Über die Zeit hinaus, in der wir Remote Viewing-Sessions durchführten, stellten wir bald fest, dass uns im persönlichen Bereich merkwürdige Dinge passierten. „Tja, das ist der Anfang," sagte eine gute Freundin zu mir.

An einem diesigen Januarmorgen 1998 machten wir uns auf den Weg zu einem geschäftlichen Treffen in Süddeutschland. Zuhause war alles geregelt, die Kinder, die Großeltern, die Tagesabläufe. Wir waren gerade auf die Landstraße zur Autobahn eingeschwenkt, hatten die letzten Häuser unseres Ortes hinter uns gelassen, als meine Frau mich ansprach.

„Dreh noch mal um. Irgendwas ist nicht richtig."

Es war nicht das erste Mal, dass sie plötzliche Eingebungen hatte. Nach unseren Erfahrungen nahm ich sie immer ernst.

„Was ist es, kannst du es genauer sagen?"

„Nein, lass uns noch mal nach Hause. Mal seh'n. Mal durch das Haus gehen."

Ich wendete den Wagen und kurze Zeit später gingen wir langsam durch das Haus.

„Ich kriege es nicht richtig,“ sagte meine Frau, und nach einer Weile des Suchens:

„Ich glaube, wir können jetzt fahren. Es ist besser geworden.“

Wir legten das Thema während der Fahrt auf Eis, aber es schwang auch abends noch mit uns. Wir waren zu einem Vortrag eingeladen. Und während wir dasaßen, wandte ich mich wieder an meine Frau: „Irgend etwas Neues?“

Sie guckte schräg ins Nirgendwo und sagte: „Tja, hm, es ist irgendwie Feuer im Schlafzimmer ... nein, im Kinderzimmer. Ja, so fühlt es sich an.“

Ich war sofort alarmiert, nahm unser Handy und verließ den Vortragsraum. Wenige Sekunden später hatte ich meine Schwiegermutter am Apparat, die unsere Kinder zu Bett bringen sollte. Als sie sich meldete, war ich etwas erleichtert.

„Hallo Mutter, Gudrun hat ein komisches Gefühl, du weißt ja. Sie sieht Feuer im Kinderzimmer. Ich wollte dich warnen.“

„Zu spät,“ erklang es vom anderen Ende der Leitung. „Schon passiert.“

Ich schluckte. „Waaas?“

„Ja, na ja nicht richtig. Also, ich wollte den Kindern vorlesen, aber die Wandlampe an Jonnys Bett flackerte und da wollte ich sie festdrehen.“

„Ja, und?“

„Ja, und da habe ich einen gewischt gekriegt. Da ist Strom auf der Fassung. Ich bin fast umgekippt. Ist aber alles in Ordnung. Ich habe den Stecker rausgezogen.“

Ich atmete tief ein und sah bildlich den Kelch vorübergehen. Wieder zu Hause überprüfte ich die Lampe. Tatsächlich, durch ein defektes Kabel lag auf einem Teil der Fassung die Phase an, der andere Teil der Lampe war mit dem Nullleiter verbunden. Ich mochte mir nicht ausmalen, was vielleicht passiert wäre, wenn ein Kind das Flackerlicht hätte reparieren wollen. Feuer als AOL für Energie, ein typischer Fall.

Ein anderer Anlass gab ebenso Gelegenheit, über PSI im Alltag nachzudenken. Wieder einmal hatten wir ein Videoprodukt fertig und mussten es „auf den Markt bringen“, eine diffizile Tätigkeit, die aus verschiedenen Gründen immer meiner Frau zufällt. In unserer heutigen reiz- und produktüberfüllten Welt keine leichte Aufgabe. Eine Möglichkeit besteht darin, die Redaktion einer Zeitschrift des Zielpublikums davon zu überzeugen, einen Artikel darüber zu bringen. Das ist kostenlose, aber sehr wirkungsvolle Werbung.

Meine Frau hatte schon länger geplant, das wichtigste Magazin in diesem Bereich zu kontaktieren, war aber nie dazu gekommen. „Es hat sich nicht richtig angefühlt,“ hatte sie geantwortet. Dann, eines Tages, als sie gerade in den Garten wollte, um sich dort etwas den Blumenbeeten zu widmen, hielt sie inne, streifte die Handschuhe wieder ab und ging hoch ins Büro, um zu telefonieren. Später erzählte sie mir schmunzelnd die Geschichte.

„Ich wußte plötzlich, jetzt ist der Moment gekommen. Eigentlich wollte ich in den Garten, aber es war so deutlich, dass ich mir sagte, das mit dem Garten könnte ich etwas später auch noch erledigen. Und weißt du was: die Redaktion war gerade dabei, krampfhaft zu überlegen, was sie mit dem freien Platz in der News-Abteilung machen sollten und wünschten sich dringend einen Beitrag, weil sie endlich in München aufs Oktoberfest gehen wollten. Nur noch einen Beitrag, dann konnten sie Feierabend machen, verstehst du? Und da rief ich an.“

Unnötig zu sagen, dass es ein prima Beitrag mit sehr positiven Folgen wurde.

Von den vielen Ereignissen, die uns in den letzten Jahren widerfuhren und nur durch PSI erklärt werden können, sind mir natürlich viele entfallen, einige kann man einfach nicht erzählen, weil sie zu privat sind und einige sind uns sicher nicht mehr aufgefallen, weil wir uns schon zu sehr daran gewöhnt hatten. Aber manche der unbedeutenderen Art wie das Folgende werde ich nicht vergessen.

Es war im Sommer 1998, wieder war eine Delegation von Rutengängern eingetroffen, um den Chinesischen Garten in Husum zu durchwandern. Meine Frau musste am Vormittag zum Gasthof, um einiges zu organisieren. Ich saß allein im Büro.

Das Telefon klingelte. Am Apparat war eine Erzieherin vom Kindergarten.

„Würden Sie bitte schnell mal kommen, ihr Sohn ist vom Klettergerüst gefallen.“ Das sind die Momente, in denen einem Vater wirklich das Herz in die Hose rutscht. In Windeseile saß ich im Auto und war bald darauf im Kindergarten. Jonny lag auf der Matratze und sah mich ziemlich unglücklich an. Auch die Kindergärtnerinnen sahen unglücklich drein. Als ich meinen Sohn im Arm hielt, um ihn zu trösten und auch herauszufinden, ob er ins Krankenhaus müsste, erfuhr ich langsam die Geschichte.

Jonny war auf das Klettergerüst gestiegen, zwei Meter hoch und bis ans Ende. Dort hatte ihn ein anderes Kind angeschubst, und er war heruntergeplumpst, seitlich aufgekommen und schreiend auf die Aufsichtsführenden zugehumpelt. So etwas kann böse ausgehen, aber glücklicherweise war mein Sohn mit dem Schrecken davongekommen. Ich erinnerte mich an unsere Ärztin, die kurz nach seiner Geburt gesagt hatte: „Der fällt doch später mal von allen Bäumen". Das war es aber nicht, was ich erzählen wollte. Ich nahm das Kind mit, um zu meiner Frau zu fahren. Sie kam mir schon entgegen.

„Ich weiß schon. Ist nicht schlimm. Ich hatte den Eindruck von hoch und fallen, ist aber nicht schlimm, mach dir keine Sorgen." Bei einer Mutter fällt eine Remote Viewing-Ausbildung offenbar auf besonders fruchtbaren Boden.

Solche Erlebnisse wurden alltäglich. Fast immer wußte sie, wer anrief, wenn das Telefon klingelte. Sie konnte im Voraus sagen, wie der Tag wurde, leicht, angenehm oder mit einem unangenehmen Ereignis im Anrollen. Meine Frau, die Hexe. Zum Glück wird heute keine Frau mehr wegen natürlicher PSI-Vorgänge verbrannt, aber trotzdem kann man diese Erlebnisse den Wenigsten offenbaren.

„Schade," sagte ich, „leider bin ich nicht so begabt. Mir passiert so etwas nicht." Aber das stimmte nicht. Im Laufe der Zeit fiel mir ein merkwürdiges Phänomen auf, das ausschließlich Vorgänge um das, was mich beschäftigte, betraf.

Ich wurde zum „Fehlerdetektor". Wenn ich Ton- und Videobänder intuitiv beim Umspulen stoppte, konnte ich sicher sein, dass dort ein Fehler war, der unbedingt zu beheben war, wollte ich die Arbeit daran abschließen. Einmal jedoch ging dieser Effekt nach hinten los.

Ich hatte ein altes Band zwecks Datensicherung in den Computer eingelesen, um die Tonaufnahme auf CD zu sichern. Nach über 30 Jahren ließ die Speicherfähigkeit der Bänder bedenklich nach, ich musste mich langsam beeilen. Zur Überprüfung der eingelesenen Daten klickt man ein paarmal per Zufall hinein, was aber fast immer völlig unnötig ist, denn der Computer macht so gut wie keine Fehler, jedenfalls nicht bei derartig einfachen Aufgaben. Ich klickte also einmal hinein und siehe da, genau an dieser Stelle einer der absolut seltenen Umwandlungsfehler. Danach hörte ich mir die ganze Aufnahme hintereinander an, über eine Stunde. Es blieb bei diesem einen unwahrscheinlichen Fehler. Gut, sagte ich, dann muss ich diesen Teil nur noch einmal aufnehmen. Ich legte das Band auf das ebenfalls alte Gerät und spulte los. Als es mir irgendwie richtig erschien, drückte ich die Stopptaste. Leider hatte ich für einen Moment nicht daran gedacht, dass man dieses wegen der etwas defekten Bremse etwas vorsichtig tun musste und ratsch! – natürlich sprang das Band vom Wickel und knitterte furchtbar.

Gut, dachte ich, ich habe die Aufnahme schon im Computer, wird ja wohl nicht ausgerechnet diese eine Stelle sein, die ich nochmal …

Sie war es.

Übrigens an dieser Stelle ein guter Rat allen, die öfter mal ein kleines PSI-Erlebnis haben. Wenn Sie aufgeregt sind, Finger weg von Computer und ähnlichen Geräten, die mit sehr schwachen Strömen arbeiten. Mittlerweile habe ich nicht nur bei meiner Frau diverse Störfälle registrieren dürfen. Programmfehler, Abstürze, temporäre Defekte, die, nachdem die Person den Raum verlassen hatte, plötzlich nicht mehr vorhanden waren. Ich erinnere mich an einen Kunden, den ich nicht im Studio allein arbeiten lassen konnte. Immer musste ich mit meiner Anwesenheit seine chaotisierende Ausstrahlung ausgleichen. Das aber nur am Rande bemerkt.

Während ich an der Abfassung dieses Buches saß, stellte ich nicht nur fest, dass ganze Passagen hintereinander, als ob sie schon vorher irgendwo fertig gewesen wären, „vom Himmel fielen," sondern dass es auch „Löcher" gab. Manchmal waren es nur Beispiele, manchmal aber auch ganz bestimmte Anstöße für weiterführende Gedanken, deren ich einfach nicht habhaft werden konnte. Dann schaltete ich entweder den Laptop aus oder schrieb an anderer Stelle weiter.

Irgendwann dann, Stunden später, aber nicht Tage, sondern immer in einem engen zeitlichen Kontext, nahm ich wie beiläufig ein Buch zur Hand, schlug es an beliebiger Stelle auf und -- da stand die Antwort! Nachdem einem das ein paarmal passiert ist, beginnt man zu kichern, ein Kicher-Effekt der neuen Art.

Nun ist es schon so, dass ich für meine Begriffe eine ausreichende Allgemeinbildung habe, um mir beispielsweise durch den Vergleich der Ansichten anderer, klügerer Menschen, Wissenschaftlern, Philosophen einen befriedigend eigenen Lebensweg zu gestalten. Aber wenn eine Idee auftaucht, die diskutiert werden muss, bin ich immer, und das war schon an der Universität sehr schmerzhaft, um die Information verlegen, wo, wann, wer denn das genau gesagt hatte. Das Psychologiestudium war ein Martyrium, beruhten Arbeiten und Artikel in diesem

Wissensgebiet aufgrund fehlender sicherer Erkenntnisse drauf, dass man eine Folge von Zitaten aneinanderreihte. Wer wann welches Experiment gemacht hatte und wie es mit anderen Experimenten anderer Forscher korrelierte.

Und so war ich auch hier wieder, just wenn es darauf ankam, um die entsprechende Stelle verlegen. Aber kein Problem, kurze Zeit später fiel sie mir „zufällig" in die Hände, als ich nämlich den Wunsch danach zwar dem Unterbewusstsein weitergegeben, ihn sonst aber in den Papierkorb des Wachbewusstseins geworfen hatte.

Ein solches Ereignis mag als Beispiel für den ganzen Komplex herhalten, besonders deshalb, weil es so signifikant absurd daherkam.

Als ich am Kapitel über „Gut und Böse" saß, machte ich mir Gedanken über gute Beispiele für menschlich-eigenmächtige Zukunftsveränderungen. Es gab so viele, aber schön wäre etwas Ausgefallenes, aber trotzdem gut belegbar. Hm. Schwierig.

Am späten Nachmittag nahm ich, einem plötzlichen Impuls folgend, ein Buch aus meinem „Schiffe, Flugzeuge und Weltraumfahrt-Bücherschrank". Ich interessiere mich für sehr unterschiedliche Gebiete, und habe im Laufe der Zeit mehrere Zimmerwände mit Buchrücken tapeziert. Einem Griff nach einem bestimmten Buch wie hier, und das sofortige Aufschlagen einer bestimmten Seite kann man schon ein erkleckliches Signifikanzniveau zuordnen, was aber dort, mitten auf Seite 97 zu lesen war, kann einem nur wieder ein Kichern entlocken, sollte jemand hier „Zufall" rufen:

„Und nun sollte Gunther Plüschows alter sehnlicher Wunsch seiner Erfüllung entgegenreifen. Dienst auf einem Torpedoboot! Als sich Gunther mit einem Matrosen, der sein Gepäck trug, dem Hafen von Flensburg näherte, suchten seine Augen die Bordwände der vor ihm liegenden Schiffe ab. Da lag auch S 87. Das Boot, das er damals bei dem Ausflug mit Onkel Hans in der Nacht an sich vorbeischießen sah (und das er sich in diesem Moment ›ausgesucht‹ hatte – Seite 44). ›Kunzelmann‹, er wandte sich an den ihn begleitenden Matrosen, ›Sie können sich mal was merken fürs Leben. Man muss sich nur etwas ganz fest wünschen und immer daran denken, dann geht es auch in Erfüllung. Das Boot da habe ich mir schon vor drei Jahren ausgesucht.‹ „

Nicht schlecht, nicht wahr? Aber es kommt noch besser. Ich schlug dann, auf der Suche nach der Stelle, wo er sich dieses Boot einmal ausgesucht hatte, aus „Versehen" Seite 47 auf. Dort stand:

„Mit der Uniform erhielt auch jeder Kadett seine Nummer. Als unser Junge an der Reihe war, rief der Feldwebel: ›Nummer 87!‹ und schon knallte Gunther ein richtiger, schwerer Helm auf den Blondkopf. Als er schüchtern probieren wollte, ob das Ding auch passe, kam ihm der Feldwebel zuvor, indem er seine mächtige Flosse auf den Helm fallen ließ und dazu trocken, aber überzeugt bemerkte: ›Passt!‹ – ›87? 87? Das ist doch die Zahl, die mir schon einmal Eindruck gemacht hat‹, dachte Gunther und mit einem Male sah er ein schwarzes Torpedoboot aus der Förde zur Nachtübung in See gehen – sein Torpedoboot!"

Die hier beschriebene Zeit sind die Jahre von 1910 bis 1913, das Buch heißt „Gunther Plüschow – deutscher Seemann und Flieger", erschienen 1933, zwei Jahre nach seinem Tod und verfasst von seiner Frau. Ich hatte es nur Wochen vorher „zufällig" auf dem Flohmarkt erstanden, nachdem ich *jahrzehntelang* danach gefahndet hatte. Es handelt sich hier übrigens um die Lebensgeschichte eines der größten deutschen Abenteurer, dessen Leben sicher auch bald vermarktet werden wird, weil er glücklicherweise vor der Machtübernahme der Nazis tödlich verunglückte und weite Passagen seiner Bücher mit dem Wunsch nach friedlichem, verständnisvollem Nebeneinander verschiedener Völker und Rassen füllt. Natürlich absolut kaisertreu, aber auch heute noch der allgemeinen Toleranzforderung politisch korrekt entgegenkommend.

Ich habe dieses Beispiel dann doch nicht in das genannte Kapitel eingebaut, weil es mir, wie viele andere doch zu sehr vom eigentlichen roten Faden ablenkte. Jetzt hier erscheint es mir ganz passend.

Alle Erlebnisse dieses Mannes, auch die Art, wie er sie dann niederschrieb, läßt nur den einen Schluß zu, dass es sich um einen natürlichen, hochbegabten Psychic handelte, der dann auch durch eine Fehlfunktion seines Flugzeugs tödlich verunglückte. Ein typisches Beispiel, denn er hatte nach einer Notlandung mitten in der Bergwildnis der Anden nur eine provisorische Reparatur vornehmen können und dachte jetzt immer angestrengt: „Hoffentlich hält das Teil!" Und dann, wenn man sich um etwas verkrampft, dann passiert es. Typisch, wie gesagt. Sein Tagebuch wurde später gefunden. Kurz vor dem letzten Abflug hatte er dort außerdem eine Todesahnung niedergeschrieben.

Hätte Gunther Plüschow auch nur den Ansatz einer spirituellen Ausbildung gehabt, könnte er diesen Unfall überlebt haben, denke ich. Aber zur damaligen Zeit war Spiritualität gleichbedeutend mit inniger Liebe für das Vaterland und den Kaiser und die UFOs flogen noch sehr selten.

Die UFOs? Wieso komme ich hier darauf?

In einem Kapitel über natürliche mediale Begabungen und die Möglichkeiten, sie durch bestimmte Techniken anzuregen und zu erwecken, dürfen UFOs nicht fehlen.

Es ist nicht nur so, dass fast alle mir bekannten Psychics von Nahbegegnungen oder Entführungserlebnissen berichten, man kann diese sogar als Auslöser erhöhter Aktivität festmachen. Prominentester Vertreter ist hierbei wieder McMoneagle, aber auch Ingo Swann hatte diese Begegnung in seiner Highschool-Zeit. Weiterhin können auch traumatische Ereignisse wie Unfälle oder Kriegserlebnisse, wie beispielsweise von David Morehouse geschildert, zum Auslöser für PSI-Aktivitäten werden.

Was die konservativen, wissenschaftlichen Möglichkeiten anbelangt, so muss man eher den gegenteiligen Effekt feststellen, genau so, wie PSI reduziert wird, wenn ein überzeugter Skeptiker in der Nähe ist und sozusagen massiv „interferiert". Es scheint, als ob die Parapsychologen durch den wissenschaftlichen Ansatz genau diese Position des Unglaubens einnehmen, der ihre Forschungsarbeiten nachhaltig negativ beeinflusst.

Die unendliche Vielzahl der Bücher über Parapsychologie kann man in zwei Kategorien aufteilen. Auf der einen Seite stehen die populärwissenschaftlichen Sammlungen kurioser Erlebnisse, verbunden mit bedeutungsvollem Schwadronieren über die geheimnisvollen Dinge zwischen Himmel und Erde. Auf der anderen Seite finden wir die labortechnischen Berichte über das Erraten von umgedrehten Spielkarten oder die Beeinflussung von Zufallsgeneratoren, die in Schlußfolgerungen gipfeln wie zum Beispiel dass die Ergebnisse auf einem bestimmten Signifikanzniveau nicht dem Zufall zuzuordnen sind. Oder dass es Ereignisse ganz am Rand der Gaußschen Normalverteilung seien, was eigentlich auch nur heißt, deren Vorkommnis ist selten. Und manche Menschen können es manchmal irgendwie besser. In einer wissenschaftlichen Disziplin, die in der Neuzeit immer um ernsthafte Anerkennung kämpfen musste, ist es kein Wunder, wenn sich die Forscher ängstlich an erhobene Daten in engbegrenzten Experimenten klammerten und mit Schlußfolgerungen äußerst vorsichtig umgingen. Das wissenschaftliche Prinzip der Laborsituation verlangt nach einem Zerhacken eines Effektes auf den kleinsten gemeinsamen Nenner, der dann eben nicht mehr aussagekräftig ist.

Schon vor meinem Psychologiestudium interessierte ich mich rege für Themen, die diesen Wissensbereich eigentlich sprengten. Von jedem neuen Buch erhoffte ich mir Informationen, welche Erkenntnis denn nun als gesichert angesehen werden konnte und was das für die Praxis, für den Alltag jedes einzelnen Menschen, zu bedeuten hätte. Das Ergebnis war mager. Hatte mein Professor mir, vor einer immensen Bücherwand stehend, schon mitgeteilt, dass die gesicherten Erkenntnisse der Psychologie gerade mal ein Heftchen vom Umfang eines Trivialromans vom Kiosk füllen würden, die PSI-Forschung schien nicht einmal einen mehrseitigen Epilog dazu leisten zu können.

Aus diesem enttäuschend kargen Acker ragten wenige, dafür um so sichtbarere hoffnungsvolle Pflänzchen. Die Publikationen von Sheila Ostrander unter anderem gehören zu den Büchern, die schon vor Bekanntwerden von PSI-Techniken wie zum Beispiel Remote Viewing den Spagat versuchten, bestimmte Ergebnisse zusammenbrachte und die Bedeutung von Forschungen für den Alltag zu ermitteln trachteten. Hier finden wir bereits in dem Buch „Handbook of Psychic Discoveries" 1974, (das natürlich erst dreizehn Jahre später ins Deutsche übersetzt wurde und heute vergriffen ist,) nicht nur die Information, dass jeder Mensch PSI-aktiv ist, sondern auch handfeste Anleitungen zur Entwicklung dieser angeborenen Fähigkeiten. Natürlich hängt alles von der täglichen Übung ab. Das ist an sich nicht Neues. Spaß machen muss es auch, wie man schon lange weiß. Zum ersten Mal aber finden wir dann einen Bericht über ein elektronisches Hilfsgerät, das sich im PSI-Training derart bewährte, dass von euphorisierten Versuchspersonen berichtet werden musste.

Diese Entwicklung geht auf den russischen Ingenieur Wladimir Fidelman zurück, einem PSI-Forscher der Abteilung Bioinformation des Moskauer Popow-Institutes. („Ja, die Sowjets waren uns damals weit voraus!", erklärte Ed Dames bei Art Bell.)

Doch soweit muss man nicht reisen. Mir selbst erklärte in Deutschland ein Erbauer eines solchen Gerätes die Wirkungsweise.

„Und wenn man an diesem Regler dreht, werden bei der Person im Nebenraum die Füße warm, jede Art von Empfindung kann man hervorrufen." Damals hielt ich das noch für Angeberei, zumal der praktische Teil der Vorführung wegen Zeitmangels unterbleiben musste.

Dann aber gab Ed Dames in einer Art Bell-Show die Erklärung ab, er hätte einen „PSI-Schalter" zur Marktreife entwickelt.

Schon in den siebziger Jahren fahndeten CIA und Army nach einer besseren Methode der Kommunikation mit Agenten, als es beispielsweise Minisender in Schuhsohlen darstellten. Man arbeitete an telepathischer Kommunikation.

Der von Ed Dames am 1. Oktober 1998 vorgestellte Apparat funktioniert auf der Basis der individuell unterschiedlichen genetischen Fingerabdrücke. Schon ein Haar oder ein Stückchen Haut oder, wie wir aus modernen kriminaltechnischen Vorgehensweisen längst kennen, ein bißchen Spucke identifiziert den Hersteller dieser Substanz eindeutig und zweifelsfrei.

Mit einer Gewebeprobe kann mittels eines Verstärkers der Inhaber beziehungsweise Produzent dieses Gewebes angepeilt werden, wo auch immer er sein mag. Über eine Biofeedback-Technik können dann Botschaften übermittelt werden.

Diese Entwicklung wurde am Princeton Anomalies Research Center durchgeführt, gefördert, oder wie Ed Dames formuliert „pressed forward“ von Colonel John Alexander, der als INSCOM/NSA-Bediensteter im Zusammenhang mit **beinahe allen** Informations- und Energieprojekten der USA genannt wurde: Remote-Viewing- und andere Mind-Control-Projekte, Vakuum-Energie-Forschung, HAARP, UFO-Forschung und so weiter. Fast kommt man als X-Akten-Konsument auf die Idee, nachzufragen, ob Col. Alexander möglicherweise Kettenraucher sei.

In dem Interview mit Art Bell am 1. Oktober 1998 äußert sich Ed Dames weiterhin über reale Formen von aktiv eingesetztem PSI, betonend, dass Remote Viewing nur passiv sei.

Die Russen, vorher die Sowjets, hätten im Bereich aktiver PSI-Techniken erheblich mehr Erfahrung. Er zeichnet kurz ein erschreckendes, menschenzerstörerisches Bild von Forschung und Kampfeinsatz. Dann entschließen sich Dames und Bell, dies in Details, die Dames seiner Aussage nach als Verbindungsoffizier zu den höchsten „Levels“ des Verteidigungsministeriums bekannt sind, nicht mehr zu diskutieren. Zuvor hatte er aber ein paar „Katzen aus dem Sack gelassen“. Einerseits, dass er über viele unterschiedliche Experimente mit Wellen-Technologien „irgendwo da draußen“ sehr beunruhigt sei und dass die Privatwirtschaft in den USA großes Interesse an praktisch einsetzbaren PSI-Technologien und –Geräten habe.

Über die Implikationen aus diesen Aussagen und eigene Beobachtungen habe ich in kleineren Kreisen oft diskutiert. Wie auch in der Radioshow von Art Bell zeichnete sich ein beunruhigendes Bild ab, allerdings in völlig anderer Hinsicht. Ich hatte, selbst bei sehr wachen, kritischen und mit unbequemen Themen häufig konfrontierten Menschen die größten Schwierigkeiten, über diese Inhalte überhaupt in aller Konsequenz zu sprechen. Und alle anderen Bekannten und Freunde betraf dies noch viel eher, bis hin zu der Situation, dass bei den ersten Schlüsselbegriffen das Gespräch abrupt in Richtungen wie: wohin verreist ihr dieses Jahr, ich habe ein neues Auto, gestern im Fernsehen und was gibt's zu Mittag umgebogen, ja umgebrochen wurden. Ich hatte den Eindruck, in aufs tiefste abzuwehrende Tabuzonen vorzustoßen.

Ingo Swann beschreibt diese Informations-Verarbeitungsvorgänge in seinem Buch „Geheimsache Mond" sehr detailliert und umfassend anhand der Divergenz zwischen der konservativen, von allen Menschen vertretenen Ansicht über die Beschaffenheit des Mondes (die aus der ersten Hälfte dieses Jahrhunderts stammt) und den in den letzten dreißig bis vierzig Jahren veröffentlichten neuen wissenschaftlichen Erkenntnissen darüber. Publiziert wurden Daten über Gravitation, Dichte und Masse, Wasser und Atmosphäre, Alter und strukturelle Beschaffenheiten, die von bisherigen Vorstellungen völlig abweichen. Dies ist natürlich eine unbequeme Situation, in die in neuerer Zeit nicht nur die Wissenschaft durch ihre eigenen Forschungserfolge, bessere Technik und feinere Messmethoden geraten ist. Wie geht man damit um?

Wie geht beispielsweise ein Kaufmann damit um, wenn man ihm nachweisen kann, dass er bisher immer nur 97 cm Stoff statt einen Meter verkauft hat, weshalb manche sehr streng bemessenen Zuschnitte sehr kreativ hingezaubert werden mussten, um trotzdem zu passen? Oder dass ein Kilo Rohrzucker in Wirklichkeit 990 Gramm Industriezucker waren?

Richtig. Das ist doch nicht so tragisch. Es hat ja trotzdem gepasst und der Tee ist auch süß geworden, kein Grund zur Panik. Und man hat halt die Packung nicht aufmachen wollen, um nachzusehen, was drin ist. Oder so ähnlich.

Diesem Herunterspielen von Konsequenzen und Verantwortlichkeiten kommt bei vielen Menschen die Bereitschaft entgegen, diese unbequemen Informationen nicht weiter zu verfolgen, weil es ja doch nur Mühe macht. Im Konflikt von unbequemen Informationen mit einem Leben, das durch bequeme Informationen komfortabel eingerichtet ist, wird jede störende Information so lange ignoriert, bis aufgrund einer ausreichenden Anhäufung davon dieses bequeme Leben irreparabel gekippt wird.

Dabei nützt es offenbar überhaupt nichts, dass die Konsequenz eindeutig absehbar ist. Eine Mutter wird ihr Kind spätestens dann akzeptieren müssen, wenn es geboren wird. Ein säumiger Mietzahler wird irgendwann mitsamt seiner Einrichtung abtransportiert. Ein Auto fährt nur solange, wie Benzin im Tank ist, egal wie viel man an der Tankuhr versucht zu korrigieren. Einen Wald kann man nur solange abholzen, wie es ihn gibt.

Aus dieser beliebigen Aufstellung können wir schon sehen, wie ernst das Problem mit unbequemen Daten, die mit komfortablem Wunschdenken konkurrieren, ist.

PSI-Techniken und speziell Remote Viewing sind sehr unbequeme Daten. Wenn das alles wahr wäre, wo kämen wir dann hin? Nicht auszudenken! Das Ende der Fahnenstange verschwimmt im unheildräuenden Nebel. Da wird einem ganz schwindelig. Also: zurück zum sicheren Stand. Was nicht sein darf, kann nicht sein.

Erlaubt sind maximal unkonkrete, esoterische Darstellungen. Wenn Techniken, dann bitte so weichgespült, dass man sie getrost ins Unwägbare „Vielleicht – vielleicht auch nicht" abschieben kann.

Sie können das auf dem Buchmarkt konkret überprüfen. Wie schon gesagt, Bücher wie Ostranders „PSI-Training" sind die Ausnahme.

Von diesem Effekt blieben selbst die schreibenden Remote Viewer nicht verschont. Taten sie es auf Druck ihrer Verleger?

Courtney Brown treibt sich, weit abgehoben in intergalaktischen Dimensionen herum.

Dale Graff erzählt nette Geschichten aus seinem PSI-Alltag, wie auch Russel Targ; und dessen Co-Autorin Jane Katra bleibt so unkonkret, dass für den Alltag nicht mehr übrigbleibt als die Vermutung, die wir schon immer hatten: Da ist was, da draußen.

Auch Ingo Swann schreibt interessant und verstörend, aber was konkret von ihm in Bezug auf Methodik zu erhalten ist, befindet sich auf dem Stand von vor 1980.

Jim Schnabel beschäftigt sich fast ausschließlich mit historischen Darstellungen.

David Morehouse erzählt seine aufregende Lebensgeschichte.

McMoneagles durchaus vorhandene praktische Tipps beziehen sich mehr oder weniger auf natürliche Talente.

Deutsche Autoren, allen voran Dr. Elmar Gruber, bezweifeln die vollen Konsequenzen ohnehin und weisen darauf hin, dass die Wissenschaft heute nur wenige Anfangsgründe von Remote Viewing *bewiesen* habe.

Somit wird dem Leser das beruhigende Gefühl gegeben, dass alles noch nicht so weit fortgeschritten sei und er sich keine Sorgen machen muss.

Wie der interessierte Leser aber feststellen muss, waren in den sechziger und siebziger Jahren fast alle wichtigen Faktoren für Remote Viewing schon bekannt. Da ist es doch sehr blauäugig, anzunehmen, dass niemand auf der Erde diese Erkenntnisse in den letzten zwanzig Jahren, wenn auch nur durch Zufall, einmal richtig miteinander verknüpft haben sollte.

Eine der Quintessenzen in Swanns Buch „Geheimsache Mond" (>>Penetration<<) ist seine Feststellung, dass Telepathie eine **aktive** Tätigkeit sei, und dass diese Erkenntnis dem Normalbürger verheimlicht werden sollte. Schon aus Versuchen des Freiburger Instituts Ende der sechziger Jahre geht beispielsweise hervor, dass „Sender und Empfänger sich nicht austauschen ließen"!!! Was heißt das? Der sogenannte „Empfänger" ist in der Lage, aktiv in der Matrix der unterbewussten Informationen herumzustöbern, exakt das, was fast jeder Mensch durch den Einsatz des Remote Viewing-Protokolls auch kann. Dann ist auch wieder klar, warum nicht jeder Mensch Remote Viewing lernen **darf!**

Wer dennoch unbedingt Remote Viewing lernen und seine Implikationen und Konsequenzen erfahren will, dem stellen sich noch ganz andere Schwierigkeiten entgegen.

Ed Dames Trainingstapes wurden erstma nicht an Ausländer verkauft.[4]

Courtney Brown druckt zwar in seinem neuen Buch „Cosmic Explorers" die Protokolle ab, die seinem „Scientific Remote Viewing" zugrunde liegen. Leider kann der Normalbürger damit wenig anfangen, wie wir immer wieder in RV-Trainings gesehen haben. Übrigens kranken auch Dames´ Trainingstapes daran, dass an vielen Stellen des Prozesses nachgefragt werden müsste.

Training in Deutschland ist glücklicherweise nicht ganz billig.

Aber es bedürfte aller dieser Hindernisse gar nicht. Einigen Leuten

---

[4] Heute schon! Es gibt sogar eine ganz neue Edition und andere Anbieter haben nachgelegt.Aber bis ca. 2000 gab es erhebliche Schwierigkeiten, die Tapes zu besorgen.

bot ich im anfänglichen Überschwang der Begeisterung an, sie kostenlos auszubilden. Kein Interesse.

Die Macht der Normalität ist unglaublich.

Eigentlich müssten wir uns nachdrücklich um Phänomene kümmern, von denen Remote Viewing nur ein Teil und nur der Anfang ist.

Warum? Weil die Ressourcen unseres Planeten zu Ende gehen. Und weil wir nicht allein sind im All.

„Vielleicht befinden wir uns mitten in einer Space Opera," schreibt Ingo Swann aufgrund seiner Erlebnisse mit RV und dem amerikanischen Geheimdienst in seinem Buch „Geheimsache Mond", „in der zwei verschiedene Parteien außerirdischer Truppen irgendeine Art Krieg hier auf der Erde austragen, und beide gleichzeitig versuchen, sicherzustellen, dass die Menschen niemals von sich erfahren, dass sie selbst Psychics sind."

Das Schlimmste für Ingo Swann war, dass er mit niemandem darüber sprechen konnte, einerseits wegen der Geheimhaltung und andererseits, weil er nicht für verrückt erklärt werden mochte. Dieser Zustand war mehr, als er ertragen konnte, und wegen der Implikationen aus dieser Geschichte packten ihn immer mehr Angstszenarien und Verfolgungswahn.

Ich verstehe ihn mittlerweile völlig. Früher hatte ich selbst versucht, auf Distanz zu gehen, wenn mir Bekannte oder Unbekannte mit unglaublichen Geschichten aufwarteten. Selbst in den Strudel von Ereignissen gerissen, die ich mir nie hätte träumen lassen, und deren Abfolge immer unkontrollierbarer wurden, bemerkte ich selbst das Abrücken meiner Umgebung. Zwar bewegte ich mich in einem Kreis von Leuten, die sich für UFOs und Übersinnliches interessierten, aber wenn es dann derart konkret wurde, ergab sich oft, dass diese Themenbereiche nur als ein spezielles Konsumprodukt fungierten. Sachbücher wurden wie Romane aufgenommen.

Deshalb habe ich keine Ahnung, ob es sinnvoll ist, dieses Buch zu schreiben. Es war gut, diese Erlebnisse einmal festzuhalten. Vielleicht ist es auch nicht wichtig, ob ich viele überzeugen konnte, ob ich „Erfolg" damit habe. Wir haben das nie geviewt, es gab immer Wichtigeres.

Was ich aber weiß, ist, dass für viele Leute „da draußen" dieses Buch eine Bestätigung sein wird, dass sie selbst nicht verrückt sind. Ich bekomme jetzt schon, nur aufgrund von Artikeln, diese Rückmeldungen.

Aber es beginnt erst.

Es sind viele wichtige Möglichkeiten der Forschung und des Einsatzes von Remote Viewing denkbar, nicht nur in der Wirtschaft, sondern, wie Targ und Katra sehr richtig erkannt haben, zum Beispiel im Bereich des Heilens. Der Widerstand, hier zum Beispiel der Medizin, gegen alles, was nicht Pillen und Apparate braucht, ist noch zu groß. Es wird noch etwas dauern und es gibt, wie schon gesagt, noch Angenehmeres zu erleben als sich hier und heute allzu sehr zu exponieren. Bis sich die Einsicht allgemein verbreitet hat, dass jeder das Zeug dazu hat, Bürger des Wassermann-Zeitalters zu sein, wird es noch etwas dauern. Wie es im Moment aussieht, bemühen sich die meisten Menschen krampfhaft darum, davon nichts zu erfahren. Wer will, bleibt draußen, aber die Götterdämmerung der Psychics ist wahrscheinlich nicht aufzuhalten. Ich selbst bin, wie gesagt, nicht besonders begabt. Aber ich kann mich den offensichtlichen Fakten auch nicht verschließen.

Wir stehen am Strand einer neuen Zeit. Es ist diesig und in der sich langsam aufhellenden Dämmerung verschwimmt alles um uns herum noch im Ungewissen. Weit vor uns scheint etwas zu sein, eine Insel, ein ganzes neues Land? War da nicht ein flüchtiger Sonnenstrahl, der sekundenlang in der Ferne auf kühnen, hochgeschwungenen Bauwerken spielte?

Hundert Jahre zu früh, sagte Ingo Swann über Remote Viewing. In hundert Jahren wird es ein völlig anderes Verständnis von spirituellem Leben geben. Bis das erreicht ist, wird eine lange Zeit der permanenten Krisen vergehen, äußert sich McMoneagle.

Eine Welle umspült meine nackten Füße. Wir werden noch weit schwimmen müssen, und das Wasser ist kalt.

Das verborgene Kapitel

14. Kapitel

Als ich dieses Kapitel fertig konzipiert hatte, kamen mir Zweifel. Nach einiger Zeit entschloß ich mich, dieses Kapitel nicht zu veröffentlichen. Jedenfalls **noch** nicht. Der Inhalt erschien mir in mehrfacher Hinsicht zu brisant.

Als die Zeit voranschritt, kamen mehr und mehr Erlebnisse, Fakten und Erkenntnisse hinzu. Wenn Sie dieses Buch in den Händen halten, können Sie sicher sein, dass es noch ein Zweites gibt. Es ist an mehreren Stellen hinterlegt.

Wann es veröffentlicht wird, ist noch nicht abzusehen. Zum einen kann es sein, dass ich die Zeit reif dafür halte. Zum anderen kann es sein, dass mir etwas passiert.

Die Inhalte sind damit längst nicht mehr mit meiner Person verknüpft. Das erleichtert mich.

Wenn Sie mir keinen Glauben schenken mögen, so ist es mir auch recht. Ich weiß, was ich weiß.

Sollten Sie trotz aller Schwierigkeiten selbst Remote Viewing lernen, möchte ich Ihnen einen guten Rat geben. Vermeiden Sie bitte ganz bestimmte Targets, Sie wissen schon, welche. Vieles ist darüber geschrieben worden und vieles stimmt auch. Machen Sie sich nicht unnötig Ärger.

So halten wir das auch. Ich mache jetzt auch wieder öfter die netten Sachen im Leben: Baden gehen, mit den Kindern spielen, mit Freunden ausgehen, über den Alltag plaudern und nicht mehr soviel nachdenken.

Epilog

Es war bitterkalter Februar in Norddeutschland. Der Weltuntergang hatte im Jahr 1998 nicht stattgefunden, und so konnten wir mit den Kindern Urlaub in einem Badeparadies machen. Den hatten wir schon lange vorher gebucht und wir fahren dort immer wieder gern hin, weil wir nicht weit fahren müssen, um mitten im Winter unter Palmen baden und ein wenig flanieren zu können.

Die Rede ist von einem Center Parc, wo man unter riesigen Kuppeln mediterranes Ambiente genießen kann. An jenem Tag war alles wie gewöhnlich abgelaufen. Die Kinder hatten bis zum Umfallen gebadet, gespielt, gekreischt, und die Erwachsenen hatten über den Buch- oder Zeitungsrand diesem Treiben entspannt zugeschaut.

Der Abend verlief genauso unproblematisch: Die Kinder fielen in die Betten und schliefen. Irgendwann ging man auch schlafen, und als ich dann am nächsten Morgen erwachte, musste ich mich umgehend an den Laptop setzen. Ich hatte eine Geschichte geträumt, plastisch und detailliert wie nie, die wollte ich schnell, in Worte umgesetzt, festhalten. Es kommt schon ab und zu vor, dass man solche Klarträume hat, diese logische und komplexe Geschlossenheit wie an jenem 6. März 1999 war mir jedoch noch nie untergekommen.

Und ich hatte das Gefühl, selbst einer der Handlungsträger zu sein. Irgendwie hatte ich das Gefühl, dass die Handlung um das Jahr 2020 oder etwas später anzusetzen war, und welche Person ich dann war, ist leicht auszumachen. Interessant fand ich hinterher die genaue Beschreibung von gesellschaftlichen Details und von Zukunftstechnologie, die mir beim Träumen und Schreiben nicht so aufgefallen war.

Das zusammenlegbare Auto, das Gezeitenkraftwerk und das audiovisuelle Armbandhandy kamen mir in ihrer Existenz absolut „normal“ vor. Im Sommer 1999 las ich dann einen kleinen Bericht in einem Technikmagazin, dass man tatsächlich schon dabei sei, Miniaturkameras zu entwickelt, die samt Sendeanlage in einer Armbanduhr Platz hätten … Ich bin sicher, wieder einmal durch ein Fenster geschaut zu haben, in diese oder eine andere Wahrscheinlichkeit, aber sicherlich in eine wirklich existierende Welt.

Ein Ausflug auf der Stadt

Pam hatte frei heute Abend und ich den Autoschlüssel. Das waren schon zwei der wichtigsten Voraussetzungen, einen Abend auf der Stadt zu machen. Und sie hatte auch Lust dazu. Ich griff mir die Ausgehjacke und wir zischten hinein in die wogende Menge verwirrender Lichter und Gerüche. Ein Konzert schien keine schlechte Idee zu sein. Ich lenkte den Wagen auf einen Stapelplatz vor dem Memorium und legte ihn flach. Die Band spielte schon, ich hörte es, es war unsere liebste Kapelle. Noch ein gutes Zeichen.

Die Fleshdevils blieben an diesem Abend etwas zurück hinter ihren besten Auftritten, aber Pam roch dermaßen verrückt und die Reflexe auf ihren Schultern konnten einem schon die Sinne rauben. Es war großartig. Auch an ihren weniger guten Gigs waren die Devils noch immer jeden Preis wert.

Später diskutierten wir, wohin wir noch wegen eines kleines Imbiss gehen sollten. Den Wagen wollte ich deswegen nicht herauszerren, es musste zu Fuß zu machen sein. Giorgo hatte einmal eine verschwiegene Höhle empfohlen, mitten im dritten Distrikt. Das ist zwar etwas anrüchig, aber nicht allzu dunkel, um mit Pam hinzugehen.

Bis zur vorletzten Ecke ging auch alles gut. Aber dann kamen Hartjacken entgegen und irgendwie wußte ich sofort, dass sie noch einen Kick suchten. Das waren dann auch wir und ich dachte, es wäre wirklich schade um die Ausgeh-Jacke. Sie war noch aus richtiger Baumwolle, was weiß ich, wie alt, das hatte ich nicht erfahren. Erstmal wollten die Jungs nichts von uns und Pam war auch vernünftig und quiekte nicht. Sie untersuchten die Jacke gleich an Ort und Stelle und fanden logischerweise die Papiere. Paps hatte mir einen guten Trick für diesen Moment verraten und ich hielt mein Wristle vor den Mund und in Richtung auf die Burschen, während ich anfing, sie genau zu beschreiben. Sie waren verunsichert. Einer meinte, man solle uns aufschlagen, aber die Diskussion ging eher in eine andere Richtung, während der Große, Blaue, meinte, egal was, man solle sich beeilen.

Ein gutes Stichwort, dachte ich und machte Pam ein Zeichen, denn ich hatte natürlich niemand auf dem Wristle erreicht. Die Zeit war einfach zu kurz gewesen. Ich ärgerte mich wieder, dass ich das Notprogramm gelöscht hatte. War so eine Mode in unserer Klasse gewesen, aber nun war es nur noch ärgerlich.

Als sie alle kurz wegsahen, machten wir uns davon. Das ist leichter gesagt, als es machbar war und bis runter zum Strand waren sie uns noch dicht auf den Hacken. Früher soll hier mal Sand gewesen sein, aber der war längst weggespült und man hatte die nackten Felsen flach zusammengemauert. Einige Säulen waren natürlich stehen geblieben, und bei Flut kam man da nicht mehr herum.

Eine gute Chance, dachte ich, denn ich spürte die typische Vibration, wenn die Turbinen anlaufen. Pam schrie natürlich, aber ich zog sie ins flache Wasser, das auch schon deutlich zu sprudeln begann. Unsere Verfolger schrien jetzt auch, und das war für mich Anlass genug, meine Anstrengungen zu verdoppeln.

Wenn die Turbinen hochlaufen, hat man wirklich nur wenige Sekunden Zeit. Die Jungs wußten das und rannten wie blöd. Ich sah die nächste Ecke, es war zu schaffen, und die wußten das auch. In diesem Moment rutschte ich aus.

Ich hatte mich so auf Pam konzentriert, weil die Mädels ja immer hinfallen und das war eben ein Fehler. Glücklicherweise rutschte ich nur eine Stufe weiter, aber sie kam hinterher, und es war wirklich ziemlich knapp, dass wir uns noch hochziehen und um die Ecke in Sicherheit bringen konnten, bis die Gischt richtig hochschlug.

Unsere Verfolger hatten es aber verpaßt, und das war doch die ganze Aufregung wert. Natürlich würden sie jetzt den Landumweg machen, aber wir hatten damit einen brauchbaren Vorsprung. Wie blöde, dass der Schlüssel in der Jacke war und wir jetzt nicht ans Auto kamen. Das hätte uns gerettet.

Trotzdem machten wir uns in Richtung Parkpalette auf, schon deshalb, weil es dort etwas belebter war. Nicht, dass jemand vielleicht eingegriffen hätte, da machte ich mir gar keine falschen Hoffnungen. Aber vielleicht waren ein paar Kameras noch intakt und sie schickten tatsächlich mal jemand, um aufzuräumen, wie sie es im TV immer aufblähten.

So ungefähr auf halbem Weg kam von seitlich ein Bursche auf uns zu, der hielt meine Jacke in der Hand. Erst dachte ich, die waren ja schnell um die Ecke gekommen, aber er sah nicht aus, als wollte er uns rapen. Er hielt mir das Ding vor die Nase und sagte: „Hier, ist im Abend-Service Gruppe A enthalten. Kein Aufpreis. Aber die Hartjacken alle weg zu halten, bin ich zu wenig. Für keinen Preis, sorry.“ Und weg war er.

Ja, und da hinten kamen sie auch wieder. Ich tastete die Taschen ab und fingerte den Schlüssel raus. Wenigstens etwas. Ich hetzte wieder los und Pam hinterher. Gut, dass sie so fit war, es hätte schlimmer sein können, und sie hatte auch nicht viel genommen heute Abend.

Die Verfolger holten auf, aber auch die Parkpalette kam in Sicht und zufälligerweise lag unser Wagen oben. Wir schmissen uns mit letzter Kraft auf die Matratze, und ich knipste den Schlüssel an. Augenblicklich schossen die Bögen hoch und bauten ein fettes Feld auf. Die Jungs heulten enttäuscht auf, aber da war nichts mehr zu machen. An uns kam man nicht mehr heran.

Ich war viel zu fertig, um noch etwas zu unternehmen und tippte nur den Heimweg ein. Sausend hob sich der Schlitten und glitt, immer schneller werdend, Richtung Ausfahrt. Ich war ziemlich erleichtert.

Als wir zuhause ankamen, war Opa noch wach. Ich habe keine Probleme mit ihm, er ist ganz okay. Ich drückte ihm den Schlüssel in die Hand und sagte: „War mal wieder ein bißchen knapp, aber kein Ernstfall."

„Ich weiß," lächelte er.

„Aber sag mal, was ist ein Service der Gruppe A? Hast du eine Ausgeh-Versicherung abgeschlossen? Ich dachte, das gibt's nicht mehr?"

Er lächelte immernoch. „Es ist jedenfalls nicht billig."

Opa ist manchmal merkwürdig. Es scheint für gewisse Zeiten eine unsichtbare Verbindung zu ihm zu geben. Er ist mir dann sehr sympathisch, wirklich komisch.

„Aber das ist eben der Preis, wenn man nicht mehr so recht kann," fuhr er fort. „Was bleibt einem noch im Alter. Aber es war sehr schön, vielen Dank mein Junge." Und er drehte sich um und ich drehte mich um und ich ging und er ging und hängte die Jacke wieder auf. Dann war ich wieder ich selbst und allein.

Ach nein, Pam war noch da, und das war wirklich ein Trost.

Ende

Nachwort zum 1. Kapitel *Juli 2008 – fast 12 Jahre später*

Wenn ich ein Alien wäre, ein Vetter derer aus Roswell, mit sechs Fingern an der Hand, dann könnte ich daran abzählen, wie lange diese Ereignisse inzwischen her sind. 12 Erdenjahre! Zwölfmal um die Sonne herum auf diesem Affenplaneten! Tatsächlich! Unglaublich! Und doch: Was ist in der Zwischenzeit alles passiert! Und das ist gleichzeitig eine Antwort auf die Frage, womit sich die amerikanischen Remote Viewer beschäftigt haben, seit sie feststellten, dass ihre Methode funktioniert! Antwort: mit Allem, natürlich. Mit allem in diesem Universum, was einem nur passieren kann!

Es ist, als ob ein kleines Kind sich an einem gedeckten Kaffeetisch festhält, um einmal einen Blick darauf zu werfen, was die Erwachsenen da so Besonderes hinstellen und tun. Das Kind, noch nicht so sicher auf seinen kleinen Beinchen, gleitet ab, krallt sich jedoch in die Tischdecke, fällt, die Decke samt allem, was darauf ist, kommt hinterher und ergießt sich über den neugierigen Naseweis! So ungefähr erging es mir. Bestimmte Pläne, das neue Wissen mit der Kraft der bisherigen Lebenserfahrung zu regeln und in nutzbringende Bahnen zu lenken blieben erst einmal Stückwerk. Und weil die Amerikaner auch Menschen sind, erging es ihnen genau so. Mein Wort drauf!

Einiges davon lesen Sie in diesem Buch. Das Universum ist einfach zu groß, als dass man es bewältigen könnte, wenn es einem plötzlich vor die Füße knallt. Und man muss diese vielen Erfahrungen erst einmal verarbeiten. Es gibt eine ganze Reihe von Personen, die inzwischen bei mir Remote Viewing trainiert haben und von denen ich nach dem ersten Block jahrelang nichts hörte, bis sie dann plötzlich sich meldeten, um weiterzumachen; bis sie persönlich aufgearbeitet hatten, was sie für ihren neuen Status benötigten.

Und was die Meister der Matrix angeht, nun, dazu ließe sich inzwischen viel berichten. An dieser Stelle jedoch wäre das völlig verkehrt. Nur so viel: Als ich dieses erste Kapitel nach all den Jahren wieder las (man liest als Autor nicht dauernd seine eigenen Bücher, man weiß ja, was drin steht – oder meint es jedenfalls), war ich erstaunt, wie zielstrebig wir damals voran-dachten. Und als ich damals diese zwanzig Seiten über Remote Viewing geschrieben hatte, hätte ich nie gedacht, dass ihnen in den nächsten zwölf Jahren mehr als 1700 Seiten zu diesem Thema folgen sollten, und, von all diesen Erkenntnissen angeregt, auch noch eine Reihe von Romanen mit zusammengenommen fast der gleichen Seitenzahl. Und: Ja, natürlich, wie schön oder schrecklich, es gäbe noch so viel zu berichten! Je weiter man vorstößt, desto spannender wird es. Nun denn! Sie, lieber Leser, liebe Leserin, sind schon den entscheidenden Schritt zu weit gegangen. Sie haben dieses Buch gekauft und werden gleich das zweite Kapitel lesen oder schon gelesen haben.

Nachwort zum 2. Kapitel *Juli 2008 – fast 12 Jahre später*

Für die Neubearbeitung dieses Buches habe ich mir auch die gesamten Unterlagen, die ich damals verwendet habe, noch einmal angeschaut. Einerseits, um diesmal eine ordentliche Quellenangabe hinzuzufügen, andererseits einfach aus Interesse. Wie wurden denn damals die Sessions gemacht?

Tja, auch nicht viel anders als heute. Die Methode als solche war wirklich schon vollständig entwickelt. Nun gut, es fehlte noch in vielen Details der Strukturierung, wir hatten noch nicht den leisesten Schimmer, wieso Remote Viewing funktioniert und es gab auch noch viel Erfahrung zu machen. Aber im Prinzip – hm, nicht so schlecht!

Nun wird der bis hierher hoffentlich noch geneigte Leser, für den Remote Viewing neu ist, sagen: „Nun aber mal halblang! Ihr seid ja ganz schön arrogant, ihr Viewer. Die Wissenschaft und die *angeschlossenen Fernsehsender* halten Telepathie und Hellsehen noch immer für Humbug, und ihr geht hier so selbstverständlich damit um, als sei es das Natürlichste der Welt! “

Stimmt, ja, fällt mir auch immer wieder auf, wenn man mit „normalen Menschen" redet. Denn mit denen spricht man sonst nicht über RV. Aus gutem Grund, nämlich weil sie auch auf der Höhe der Fernsehsender sind. Wie soll man mit einem von Geburt an Blinden über Farbe reden? Mit einem Delfin über Gewichtsabnahme durch Joggen? Mit einem Pinguin über den Nordpol?

Wer nun aber bis hierher gelesen hat, dem kann ich nach zwölf Jahren Remote Viewing in Deutschland vermelden: Es funktioniert tatsächlich bei jedem. Und noch heute fällt bei denen, die es trainieren, der Himmel herunter. Inzwischen habe ich eine größere Anzahl Personen trainiert (und leider den zahlenmäßigen Überblick verloren), aber geschätzte 95% sagten hinterher ausdrücklich, dass sie das so konkret nicht erwartet hätten. Dennoch gibt es bis heute keinen ernsthaften Laborversuch zu RV und die Fernsehsender versuchen noch immer, manchmal durch lächerliche und manchmal auch durch richtig hinterhältige Methoden, die Existenz von PSI „gegenzubeweisen". Hierbei ist es natürlich extrem frustrierend, das aus „Unterhaltungsgründen" nur der Showcase gesucht wird und nicht die ernsthafte wissenschaftlich Bemühung.

Wir in der Praxis stellen dagegen fest: Es geht immer schneller und immer besser. Deshalb hat sich der Zehntageskursus von ehedem nun zu einem Sechstageskursus reduziert. Eine weitere Verkürzung sehe ich aber als unmöglich an, denn in dieser Zeit ist es jetzt schon schwierig, den Umgang mit der Methode ausreichend zu vermitteln. Es ist nicht mehr das Problem: „Kann ich's oder nicht?" sondern „Wie gehe ich damit um?" Und da gibt es eine Menge zu lernen. Das ist aber auch bei jedem anderen Wissensgebiet so. Sicherlich kann man in drei Tagen lernen, Brot und Brötchen zu backen. Aber fragen Sie mal die Handwerkskammer, warum man die Bäckerlehre nicht so weit verkürzen kann!

Interessant ist auch, was passiert ist, seit ich die Methode in Lehrbüchern aufgeschrieben habe. Ich hätte nicht gedacht, dass man sich damit wirklich selbst Remote Viewing beibringen kann. Die Rückmeldungen beweisen jedoch das Gegenteil. Nur, zäh muss man sein, auch schon mal Rückschläge hinnehmen können. Letztlich ist aber für die, die es wirklich lernen wollen, ein Training mit echtem Trainer kürzer und auch günstiger. Es kostet zwar mehr Geld, spart aber enorm Nerven. Inzwischen gibt es auch schon Kurse, die zur Optimierung von Autodidakten angeboten werden.

Und wie lebt man mit Remote Viewing? Was macht man damit? Antwort: Jeder seins. Manchmal größere oder kleinere Projekte für Auftraggeber, viele Sachen für sich und die Familie ("Warum hat Mutter so schlimme Kopfschmerzen und was tut man dagegen? – Besonders wenn alle angesprochenen Ärzte ratlos sind.) und ab und zu auch Spaß, z.B. Sportwetten. Das aber nur nebenbei.

Zur historischen Entwicklung wäre zu sagen, dass die Hauptpersonen des zweiten Kapitels sich kaum noch begegnen. Das ISFR existiert in dieser Form lange nicht mehr. Schon 1999 gingen die drei Protagonisten aus Interessenkonflikten bezüglich Inhalt, Ethik und Vermarktung der Methode auseinander. Tom T. ging nach München und ist dort tätig, Gunther R. trainiert noch, auch im Rahmen der 2007 gegründeten RV-Akademie, sodass ich ab und zu mal mit ihm telefoniere und Lothar kam sogar 2006 zum Pfingsttreffen der deutschsprachigen Remote Viewer, obwohl er sich mehr der spirituellen Entwicklung verschrieben hat. Und ich? Ja, auch bei mir hat sich vieles verändert, aber das hier zu erzählen, würde die Spannung aus dem Buch nehmen. Soviel nur: Remote Viewing hat mir gebracht, dass ich ohne große Anstrengung Bücher schreibe, die offenbar auch gelesen werden. Das finde ich sehr erstaunlich, weil ich es vorher nie probiert habe. „Tanz der Dimensionen" war mein erstes Buch, bis 2008 folgte ein ganzes Dutzend. Nicht gezählt die ganzen angefangenen Projekte. Deshalb denke ich heute auch, dass Remote Viewing nicht nur der grundlegende Schlüssel zum „Hellsehen" ist, sondern ein solides Basistraining für Kreativität schlechthin.

Ach ja: Der chinesische Garten ist inzwischen fertig geworden und kann jederzeit besichtigt werden. Ganz ohne Eintritt.

Nachwort zum 3. Kapitel — *Juli 2008 – 11 Jahre später*

Hinterher ist man immer schlauer, sagt ein altes Sprichwort. Und das stimmt doch auch, oder? Sie nicken zustimmend, mindestens tief in Ihrem Innern. Aber hat der Volksmund hier wirklich Recht? WANN ist denn HINTERHER?

Bei der Nachbearbeitung dieses Buches stoße ich hier auf einen interessanten Aspekt. Ich kann nämlich die damaligen Ereignisse auf drei verschiedenen Zeitebenen betrachten:

Einmal natürlich auf der Ebene der Zeit, als die beschriebenen Ereignisse gerade passierten. Dann konnte ich noch die Betrachtungsebene der Zeit annehmen, zu der ich diese Ereignisse aufschrieb, also über ein Jahr später. Und letztlich kommt noch die Zeitebene hinzu, in der ich diesen Kommentar jetzt schreibe, nämlich im Juli 2008.

Zum Zeitpunkt des direkten Erlebens musste ich alles hinnehmen. Ich wusste, dass Remote Viewing funktioniert, fand die Ergebnisse sehr deprimierend, konnte mir aber mangels Kenntnissen der Methode kein eigenes Bild von der Sache machen. (Ein stark gefühltes Manko, das ich schnell beseitigte.) Als ich dann dieses Kapitel aufschrieb, wusste ich schon, dass die Untergangsfantasien durch den Kometen vielleicht nur reine Bauernfängerei oder aber klägliches Versagen der „professionals" waren. Wobei die Katastrophenszenarien auf der Erde für 1998 durchaus eintrafen. In keinem Jahr vorher hatte die Münchener Rück (versicherung) so viel auszuzahlen.

Und heute, über ein Jahrzehnt später, könnte ich sagen: War doch alles Humbug! Wirklich?

Mittlerweile bin ich soweit in die Praxis und Theorie von Remote Viewing eingestiegen, dass ich wieder sehr vorsichtig in der Beurteilung geworden bin. Je mehr man herausfindet, desto mehr Fragen tun sich wieder auf.

Zum Beispiel wissen wir, dass neben einigen Faktoren, über die ich in diesem Buch noch diskutieren werde, auch noch eine Rolle spielt, WANN eine Zukunft geviewt wird und dass die Unschärferelation dazu führt, dass sich der Zeitpunkt eines Ereignisses verschiebt, obwohl das Ereignis selbst durchaus eintritt. Hört sich schräg an, nicht wahr?

Als ich das 3. Kapitel jetzt wieder las, fiel mir auf, dass nach einiger Beschäftigung mit dem Target (heute würden wir sagen: im Verlauf des Projektes) sich die Interpretation dessen, was man geviewt hatte, stark änderte. Auf Seite 82 zitiere ich eine späte Aussage zu den Katastrophen-Viewings um den Kometen, die von dem Kometen selbst völlig abrücken.

... „Wir sind überzeugt, dass eine Art „großes Ereignis" passieren wird, wenigstens innerhalb der nächsten vier Jahre. Wir haben das Gefühl, dass es viel früher eintreten wird. Wir können nicht genau sagen, wie sich dieses Ereignis auswachsen wird, oder ob es eine Art Katastrophe beinhaltet. Wir meinen, dass eine etwaige Katastrophe eher einen sozialen Ursprung hat, und das ist genauso unnötig -- und dass es möglicherweise Wege gibt, diese Katastrophe abzuwenden, soweit es Bürgerkrieg oder Ähnliches gibt. ..."

Fällt Ihnen etwas auf?

Es ist nur noch eine „Art" Katastrophe, eventuell soziale Ursache, Einschlag und Börsensturz? 1997 plus etwa vier Jahre? 2001? Da war doch was?

Wir hatten im Frühjahr 2000 das Hauptereignis des 11. Septembers 2001 und die Folgen in einem RV-Projekt aufgedeckt (Mehr dazu im Buch *Schritte in die Zukunft*).

Wie ich inzwischen weiß, geht das Unterbewusstsein des Viewers, wenn ein Ereignis nicht existiert, sofort in das nächste, ähnliche, real existierende, während alle noch denken, das dann geviewte würde zum ersten Target gehören! So etwas kann übrigens Hellsehern passieren, die eigentlich „sehr gut“ sind, wenn sie in Fernsehsendungen durch erfundene Fälle überprüft werden sollen, ob sie denn wirklich hellsehen können. Die Fernsehmacher, ohne Ahnung von den Verhältnissen und davon, dass das Unterbewusstsein sich gar nicht mit der Fälschung abgibt, sondern sofort in das nächst-ähnliche Ereignis hineinrutscht, können so einen Sensitiven richtig foltern. Einmal durch den induzierten Fall und das Grauen, das darin enthalten ist und zum zweiten durch ihr Unverständnis, ihre Ignoranz und die mangelnde Hilfe, die durch ihre Unwissenheit zustande kommt.

Übrigens: Bienensterben haben wir auch in Deutschland inzwischen gehabt, und zwar mit Hilfe eines Pestizids, das ursprünglich das Saatgut (von Mais) schützen sollte. Na schön, das hört sich jetzt alles etwas konstruiert an. Ich bin auf keinen Fall ein Gefolgsmann von Dr. Doom.

Aber lesen Sie erst einmal weiter. Die Auseinandersetzung mit dem Viewen zukünftiger Katastrophen ist ein zentrales Thema in diesem Buch. Man muss einige Erfahrungen machen, um hier etwas Klarheit schaffen zu können.Ich will an dieser Stelle nicht vorgreifen. Im hinteren Teil des Buches gibt es zwei weitere ultimative Kapitel darüber, aber eine Bemerkung sei mir hier und aus der Sicht von 2008 gestattet. Endzeit-Bücher gibt es natürlich noch immer. Nur die Datierungen haben sich geändert. Aber schon 1997 wurde in entsprechenden Werken darauf hingewiesen, dass die Datierung mit den benutzten Seherinformationen schwierig sei, weil ein jeder auf exakte Zeitangaben verzichtet habe. Somit könne man nur aus der Kombination von Ereignissen das Jahr schätzen.

Für den Vierten Weltkrieg kämen demnach die Jahre 2000, 2004 oder 2008 in Frage. Hier würden sich mehrere Angaben treffen: Die Durchführung der Olympischen Spiele (Nostradamus), der amerikanische Präsident wird gewählt und einen milden Winter können wir wegen der Klimakatastrophe jetzt jedes Jahr erwarten. Und wenn alle Stricke reißen, haben wir ja noch 2012! Aber diese Bücher sind längst geschrieben, damit kann niemand mehr einen Blumentopf gewinnen! Oder doch? Wer weiß? Vielleicht greift 2011 wieder eine Welle der Hysterie um sich.

Was man aus Sicht der Remote Viewer für diesen Zeitpunkt sagen kann, ist, dass es so aussieht, als würden wir grundlegende Erfolge auf dem Weg aus der Energiekrise verzeichnen. Und das ist doch mal eine gute Nachricht, oder?

Es war sehr interessant, heute noch einmal nachzulesen, wie wir vor elf Jahren trainiert haben. Wie ich schon schrieb, es war teilweise etwas langweilig. Das heutige Training ist kaum mehr damit zu vergleichen. Die erste Idee, die ich in der Neugestaltung umsetzte, war, das Protokoll nicht in solchen Einzelaktionen zerstückelt darzubieten, sondern von Anfang an bis Stufe 3 vorzustoßen. Damit werden schon sehr komplexe Beschreibungen erreicht, was erheblich befriedigender ist als: „Oh, ein Berg!" und man lernt gleich die Übergänge zwischen den Stufen mit. Ganz organisch. Mit dem Protokoll bis Stufe 3 kann man dann auch schon richtig etwas anfangen. Unsere erste Haussession und viel andere Sessions beweisen das. Wenn der Kontakt gut ist, kann man bereits in dieser Stufe die wichtigsten Merkmale nennen. Sportwettensessions gehen selten weiter als Stufe 3 oder Stufe 4.

Apropos Haussession: was ich zum Zeitpunkt des Buchschreibens noch nicht wusste: Sie erfüllte sich komplett und in jedem Detail. Das Ding, das blau-weiß gestreift sein sollte und herausgezogen wurde, war zum Beispiel ein Strandkorb, der erst 1999 angeschafft wurde. Die Zusammenkunft im Dachgeschoss war unschwer als Remote Viewing Vortrag/Training zu identifizieren und die anderen Details waren ebenfalls richtig gesehen, wenn auch manche falsch interpretiert. Das jedoch auseinanderzunehmen wäre hier der falsche Ort und die falsche Zeit. Das habe ich in „Schritte in die Zukunft" getan, ein Buch, das sich sowieso mit Zukunfts-Sehen und Zukunfts-Änderungen befasst.

Eines aber hat sich absolut nicht geändert, sondern ist noch erheblich mehr in unsere Aufmerksamkeit gerückt: das Erstellen von Targets. Es spielt schon eine große Rolle, was der Targeter denkt, wenn er die Aufgabe formuliert und die Koordinaten damit verknüpft. Es kann sein, dass hier völlig abweichende Vorstellungen mit eingehen und zunächst erst einmal vom Viewer abgearbeitet werden müssen, bevor man zu den „wahren" Sachverhalten kommt. Das trifft besonders dann zu, wenn solche Vorstellungen mit in die Formulierung eingearbeitet werden. „Die nächste globale Katastrophe ..." Ja, irgendwann wird es wirklich eine globale Katastrophe geben. Meine Taktik, unvoreingenommen einen Zeitpunkt zu betrachten, der NACH dem verdächtigen Zeitpunkt liegt, erwies sich intuitiv als goldrichtig. So vorzugehen, kann ich weiterhin nur empfehlen.

Und so sieht die Treppe zu den Universal-Studios wirklich aus. Im Sommer 2000 war ich da. Die Farben stimmen.

Nachwort zum 5. Kapitel *August 2008 – 11 Jahre später*

Das Meiser-Target damals war schon ein einschneidendes Ereignis. Wir alle haben daraus eine Menge gelernt. Zum Beispiel über Verknüpfungen. Koordinaten und Aufgabenstellung sind eine Art davon. Es ist noch immer einer der erstaunlichsten Effekte, dass der Viewer nur nach der Nennung von ein paar Zahlen auf ein ganz bestimmtes Thema einschwenkt, nur nachdem jemand anderes durch reines Denken diese mit einer Frage zusammengebracht hat.

Eine weitere Verknüpfung ist die, was sonst noch im Umschlag ist. Oder dicht daneben liegt. Oder auf der Rückseite eines Illustriertenausschnitts zu sehen ist. Ob da immer jemand dran gedacht hat?

Ich habe mich in solchen Fällen damit trösten müssen, dass das auf jeden Fall einmal gewesen sein musste, zumindest dann, wenn man das Target aus dem Umschlag zog und zum Beispiel feststellte, dass auf der Rückseite der Illustrierten eine ganz andere Geschichte dargestellt war und auch vom Viewer wahrgenommen wurde. Aber halt, da hat man die Verknüpfung doch vielleicht erst in diesem Augenblick gelegt, einem Zeitpunkt NACH der Session, oder? Genau. Aber das würde doch bedeuten, dass die Zukunft die Vergangenheit beeinflussen kann? Genau. Der Quantenphysiker lächelt, der normal gebildete Viewerlehrling wundert sich. Kann das denn sein? Elf Jahre, nachdem ich dieses Kapitel schrieb, muss ich sagen: Oh, ja! Und das ist erst der Anfang der Wunder. Wenn man Remote Viewing betreibt, muss man sich darauf gefasst machen, sein gesamtes bisheriges Weltbild neu zu organisieren.

Auf jeden Fall wäre ich hinter viele Geheimnisse der Methode nicht gekommen, hätte ich nicht den Gehirnforscher Günter Haffelder kennen gelernt, mit dem mich noch immer eine tiefe Freundschaft verbindet. Bei dieser Gelegenheit einmal mehr einen herzlichen Dank an ihn für seinen Einsatz, das Phänomen zu erforschen und uns zu erhellen. Seine „Bastelecke" existiert übrigens auch noch, wenngleich nun an anderem Ort und mit noch mehr Computerkram darin.

Ohne ihn wäre mir auch heute nicht klar, welchen verheerenden Einfluss die Beurteilung von Viewerergebnissen durch das Wachbewusstsein, die Instanz, auf die wir uns im Alltag verlassen, haben kann. Im weiteren Verlauf des Buches gibt es ein paar schöne Beispiele von ganz berühmten Sehern und Remote Viewern. Und im nachträglichen Kommentar dazu von mir auch Beispiele, wie ich mich noch heute im Jahr 2008 durch fehlerhafte Auswertung verladen habe. Denn das ist eine der wichtigsten, wenn nicht die allerwichtigste Erfahrung des Ganzen: Immer auf der Hut bleiben! Selbstkritisch sein heißt doch, seinem Intellekt nicht unter allen Umständen zu trauen. Eine Analyse kann sehr schnell schief gehen, wenn man zum Beispiel unter Druck gerät. Das Bewusstsein, vor laufender Fernsehkamera zu arbeiten, ist so einer. Das Ego möchte natürlich gern als strahlender Sieger vor Millionen Zuschauern dastehen. Das kann der Anfang einer großen Blamage werden. Oder nehmen wir den Zeitdruck. Wenn etwas in Eile fertig werden soll, kann das ungeheuer schief gehen. Ein Schriftsteller kann in der Nacht vor dem Abgabetermin Geniales schreiben, wenn er nur sein Unterbewusstsein ranlässt. Ein gehetztes Monitoring, eine eilige Analyse und eine vermeintlich intellektuelle Einschätzung sollte man in solchen Situationen vermeiden. Eigentlich sollte man solche Situationen im Remote Viewing überhaupt vermeiden, aber wer kann das heute schon in dieser hektischen Gesellschaft. Aber wissen sollte man darum. Hochmut kommt vor dem Fall.

Nachwort zum 6. Kapitel *August 2008 – 11 Jahre später*

65.000 DM! Das war die Summe, die die BBC für die Auswertung ihres Films „The Real X-Files", ungefähr 50 Minuten lang, in nur drei

Jahren haben wollte. Gudrun schrieb damals auf das Fax: „Da müssten wir ja mindestens 11.000 Kassetten verkaufen – ohne Gewinn!" Wir haben den Film dann trotzdem gekauft, allerdings für 10.000 DM Aber selbst das war viel zu viel. Erstens hatte die Klientel, die unsere Filme überhaupt kaufte, mehrheitlich keinen Videorekorder, weil sie Technik generell ablehnend gegenüberstand. Zweitens war das Interesse damals noch auf meditative Techniken gerichtet. Reiki feierte seine erste Blütezeit, Meditation war angesagt und Rebirthing usw. Die knallharte Technik Remote Viewing stieß auf erheblichen Widerstand. Selbst über den Versand des Kopp-Verlages, wohl der größte für Grenzliteratur in Deutschland, verkauften wir nur wenige hundert Stück dieser Kassette.

Nach 2000 begann sich das dann zu ändern, aber da liefen die Rechte aus und ich hatte keine Lust mehr auf einen neuen Deal, zum Beispiel, weil sich inzwischen auch in Deutschland einiges getan hatte. Warum dann uralte amerikanische Filme verkaufen, selbst wenn es „Klassiker" wären?

Remote Viewing machte seinen Weg, auch hier. Nun könnte man ja sagen: „So ist das immer, bei allen Dingen. Erst will sie keiner haben, dann haben es alle schon immer gewusst, dass das ein Erfolg werden musste!"

Deshalb schaue ich heute (verständlicherweise?) mit gemischten Gefühlen ins Internet. Jetzt bietet im Prinzip jeder, der etwas auf sich hält, „Remote Viewing" an. Früher hieß das „Channeling", „Rückführung" oder auch prosaisch „Kontakt zu unseren Geschwistern im All". Bücher werden unter dem Stichwort „Remote Viewing" angeboten, in denen kein Wort über diese Technik steht, sondern bestenfalls über einzigartige mediale Fähigkeiten von bestimmten Personen.

„Na, und?", werden Sie vielleicht fragen. „Das ist doch auch Remote Viewing – Fernwahrnehmung!"

Nein. Remote Viewing wurde damals als Bezeichnung für eine Methode gewählt, die nach ihrer Entwicklung es ermöglichte, dass **jede beliebige Person** in der Lage war, Informationen aus der Matrix abzurufen, und zwar mit vorher nicht gekannter Präzision. Darin enthalten sind neben einer genialen Strategie, mit dem Gehirn umzugehen, auch Mechanismen der Absicherung. Dass es beim „Hellsehen" auch Eindrücke geben kann, die reine Fantasieprodukte sind und auch als solche zu behandeln sind, ist ein Verdienst von Remote Viewing. Vorher hatte der Seher eben einfach „nicht Recht behalten", naja, hat er sich eben in seinen Glaskugeln verguckt! Mit der Erkennung von

Analytischen Überlagerungen der linken Gehirnhälfte kann man sie auch zurückverfolgen und eliminieren.

Als Kind habe ich meinem Vater, der Briefmarken sammelte, mal Rabattmarken unseres Kaufmannsladens angeboten. Mein Vater hat gelacht und ich war verwirrt. Marken sind doch Marken! Und für Rabattmarken kriegt man doch auch Geld!

Ich weiß, der Vergleich hinkt, wie alle Vergleiche. Aber ich finde ihn gar nicht schlecht. Nichts gegen Rabattmarken, auch heute noch haben sie ihren Platz, auch wenn sie vielleicht „Treuemarken" heißen. Aber wer etwas haben will, muss doch auch bekommen, was draufsteht. Wer einen Kühlschrank braucht, ist doch sicher verwundert, wenn eine Waschmaschine im Karton ist, oder? Wirklich witzig aber wird es, wenn 30-40 jährige dynamische Anbieter behaupten, schon frühzeitig an der Entwicklung der Methode beteiligt gewesen zu sein. Wir haben jetzt 2008, fertig war die Methode ca. 1978 bzw. Anfang/Mitte der 80er Jahre, je nachdem, welches Kriterium man dafür anlegt. Das ist 25-30 Jahre her! Aber diese Art der Darstellung hat Zukunft. Auf dem Arbeitsmarkt werden ja generell am liebsten Leute eingestellt, die um die 30 sind und 50 Jahre Berufserfahrung haben. Realsatire ist doch etwas Schönes!

Viel interessanter allerdings finde ich, was aus den damaligen Zukunfts-Sessions geworden ist. Dafür schreibe ich ja diese Nachworte. Zum Beispiel die Session auf die Entwicklung von Remote Viewing in Deutschland, die wir damals für die nächsten Jahre herausfinden wollten. (Und die dieses furchtbare Gewitter zur Folge hatte!)

In der Session tauchten die Eindrücke „Wüste, eine hohe Mauer, da kommt keiner durch, Tod!" auf und erschreckten uns damals reichlich. Aber genau das ist passiert! 1999 löste sich die gesamte Remote Viewing-Szene in Deutschland auf; wenn man so will, gingen alle in die Wüste. Es war eben kein Durchkommen gegen die Mauer der Ignoranz. Und den Tod hatten wir auch. Im Juni 1998 erschoss sich Gerhard Cerven, jener, der damals den ersten Vortrag von Tom T. in Hamburg arrangiert hatte, aus persönlichen und finanziellen Gründen in seiner Garage. Er arbeitete für das ISFR und sollte auch den Vertrieb unserer Artikel managen. Ein wenig Ehre seinem Andenken mit diesen dürren Zeilen!

Einen Blitzschlag gab es übrigens auch noch, drei Jahre später. Während ich im Sommer 2001 in Moldawien Freie Energiegeräte filmte und nebenbei die Trinkkultur östlicher Völker nahegebracht bekam, gab es bei mir zu Hause ein furchtbares Gewitter und einen Einschlag in die Wiese hinter dem Haus. Bei allen Nachbarn flogen die Steckdosen aus der Wand und die Fernseher auseinander. Es war dramatisch. Auch das Telefon fiel aus, wie üblich, möchte man sagen. Diese Nachricht bekam ich übers Handy vermittelt und es kostete mich einiges an Roaming-Gebühren, bis ich sicher war, dass in meinem Haus nicht das Geringste passiert war. Nicht das Geringste? Naja, nicht ganz, ein integrierter Schaltkreis im Eingangsteil unserer Telefonanlage war durchgeschossen. Sonst funktionierte alles – nur dass man nicht raustelefonieren konnte. Später wurde mir klar, worin mein Glück bestand. Unser Haus ist auf einer Wasserader gebaut, die offenbar die Energie des Blitzes aufnahm und ableitete.

Irgendwie markierte dieses Ereignis die Wende in der Entwicklung von Remote Viewing in Deutschland. Mir kam die Idee, dass die besagte Voraussage nun erfüllt war und das Szenario fortan ein anderes. Vielleicht das, welches in einem anderen Projekt von damals zutage kam? Darin hieß es, es werde eine neue Gruppe geben und eine weitere Ausbreitung des Wissens. Mittlerweile würde ich sagen, sind wir mittendrin in diesem Szenario.

Nachwort zum 7. Kapitel *August 2008 – 11 Jahre später*

Nun ist der Mars inzwischen fast schon wie ein Hinterhof. Wasser wurde nachgewiesen und man hält es auch für möglich, dass der Planet früher eine dichte Atmosphäre hatte und blühende Landschaften. Vor 160 Millionen Jahren sollen zwei große Asteroiden in unserem Sonnensystem zusammengestoßen sein und die Bruchstücke davon hätten alle inneren Planeten erreicht. Diese Forschungsergebnisse veröffentlichte das *Southwest Research Institute* in Colorado im Herbst 2007 in der Zeitschrift „Nature" (Bd.449). In ihrem Computermodell tauchte neben diversen Einschlägen auf dem Mond auch der Einschlag in Yukatan vor 65 Millionen Jahren als eventueller Auslöser des Sauriersterbens und ähnliche Auswirkungen auf den Mars auf. Ob diese Geschichte jedoch weiter verfolgt wird, bleibt zweifelhaft. Indem man das Marsgesicht als natürliche Formation entlarven konnte, sank das Interesse an der Cydonia-Region, sodass von den übrigen Anomalitäten dort bequemerweise nicht mehr gesprochen werden muss. Gleichzeitig wurde auf der Erde mit verschiedenen Maßnahmen,

u. a. auch der Einführung des Euro der Tanz ums Goldene Kalb angeheizt, und nun hat kaum noch jemand Zeit, sich um solche fern liegenden Rätsel zu kümmern.

Auch unter Remote Viewern ist der Mars in den letzten Jahren kein Thema mehr gewesen. Ganz im Zuge des gesellschaftlichen Blickwinkels traten mehr und mehr Aktienkurse, Lotto und Sportwetten in den Vordergrund. Sogar Kurse darin wurden angeboten, Kosten: 5.000 Euro. Nanu, fragt sich der kritische Betrachter, warum denn diese Mühe? Kann er doch selber viewen und reich werden!

Zugegeben, ich habe mit ein paar anderen Viewern auch öfter mal diese Targets behandelt. Aktien machen keinen Spaß, denn alle, die wir als Erfolg versprechend anvisierten, erwiesen sich in der Session als uneinträglich. Vorschläge zu solchen Zielen sollte man sich von Leuten holen, die täglich damit zu tun haben. Denn man hat ja jede Menge Arbeit damit und meist sind es eben nicht die Firmen, die man gut findet, die die große Kasse machen. Shell, Chevron und Texaco werden sich auch an den alternativen Energien bereichern, da ist kein Platz für Newcomer. Sportwetten sind da lustiger. Nur darf man kein Fan beispielsweise einer Fußballmannschaft sein, wenn diese verliert. So geschehen zum Beispiel mit der deutschen Nationalmannschaft, die wie vorausgesagt, nicht Europameister wurde. Da war dann die Lust raus beim Zuschauen. Besser sind Volleyballmeisterschaften in Brasilien oder Cricketspiele in Australien; sportliche Ereignisse, zu denen man kaum Zugang hat. Spannend ist es trotzdem, die Gesetze der Zukunft zu erforschen.

Von Aliens und anderen Planeten gab es zwar durchaus Berichte von Remote Viewern, woraus auch das wunderbare Buch „Verdeckte Ziele“ von Frank Köstler entstanden ist, aber es blieben Einzelstücke. Ich empfehle auch allen, die RV lernen wollen, sich möglichst nicht gleich zu Beginn mit diesem Thema zu beschäftigen, weil sie diesen Targets oft nicht gewachsen sind.

Was aber unvermeidlich ist, sind die persönlichen Erlebnisse „neben der Spur“. Wer vorher schon ab und zu wusste, wer gleich anruft oder wie man „zufällig“ Sachen in die Hand bekommt, der wird es auch weiterhin, und zwar teilweise erheblich verstärkt, genießen können.

Das führt auch zu einem Überladungs-Effekt, der sehr stressig werden kann. Remote Viewing ist die Hauruck-Methode, in die Matrix einzudringen. Wie ein Turmspringer auch das Eintauchen ins Wasser übt, kriegt ein Viewer auch erst nach einer Weile die ganze Prozedur ohne zu viel Spritzer hin. Spritzer sind in diesem Fall Ereignisse, die einem passieren, wenn man nur an etwas denkt bzw. sich etwas wünscht. Dieses Thema wurde für mich so dringend, dass ich ihm praktisch ein ganzes Buch gewidmet habe: „Schritte in die Zukunft". Jeder projiziert sich in die Matrix, Viewer umso mehr und als Resonanz bekommt man immer etwas, manche so viel, dass sie nur damit zu tun haben, die daraus resultierenden Folgen abzuarbeiten.

Thematisch ist da alles drin. Die häufigste Erscheinungsweise ist, dass einen plötzlich alle möglichen Leute anrufen, die Kinder jede Menge Sonderwünsche haben, der Computer dauernd streikt oder irgendwelche anderen technische Sache ausfallen, als hätten sie sich dazu verabredet: das Auto, die Waschmaschine, die Glühbirnen, die Heizung usw., und das natürlich immer im unpassendsten Moment, den man ja auch in die Matrix gesendet hat. Andererseits bekommt man auch plötzlich alles Mögliche geschenkt, gewinnt in Lotterien oder beim anderen Geschlecht. Es ist nur die Häufung, die einen an den Rand der Beherrschung bringen kann.

Hinzu kommt, dass man bald merkt, wie sinnlos es ist, mit Freunden über diese Erlebnisse zu reden. Neun von zehn Menschen wollen damit nichts am Hut haben. Diese Erfahrung von vor elf Jahren hat sich nur bestätigt. Guter Tipp: Gehen Sie ruhig auf die alltäglichen Schwätzereien Ihrer Mitmenschen ein, auch wenn die Ihnen nun unerträglich langweilig erscheinen! Andernfalls besteht die Möglichkeit, dass Sie sich aus Ihrem Freundeskreis hinauskicken, und das ist auch keine Alternative. 80 Prozent Alltag, 20 Prozent PSI ist ein Verhältnis, das gerade noch gut geht. Manchmal muss man die intensive Beschäftigung mit PSI ganz ruhen lassen, damit sich das individuelle System wieder stabilisieren und an die gegebenen Verhältnisse anpassen kann. Zum Trost kann ich sagen, man organisiert sich auf immer höheren Niveaus. Und zurück will man eigentlich auch nicht, so die Aussagen der Leute, selbst wenn man es könnte.

All das wieder vergessen? Wie langweilig.

Nachwort zum 8. Kapitel *August 2008 – über 10 Jahre später*

Im Rahmen meiner Aufarbeitung zu diesem Buch habe ich mir auch die damaligen Aufnahmen mit unserer Sekretärin angeschaut. Wie unverfroren ich damals an diese Sache gegangen bin! Ja, sicher, wir waren alle sehr blauäugig und mussten erstmal eins auf die Mütze kriegen, ganz klar! Fakt ist aber, dass es gar nicht schief gehen konnte! In all den vielen Trainings, die mittlerweile gelaufen sind, war nicht Eine(r), die/ der es nicht konnte. Wohl gab es erschwerende Einstellungen bei manchen Trainees, zum Beispiel eine erhebliche linkshemisphärische Tätigkeit im Alltag, übermäßiger Skeptizismus, Mangel an Zutrauen, Schüchternheit, Hemmungen, alles dies. Das war aber immer am Ende des ersten Tages gegessen.

Stattdessen erwuchs aber bei den Probanden eine Erwartungshaltung (manche kamen damit schon an, weil sie in den Büchern so Vielversprechendes gelesen hatten), die natürlich zu Rückschlägen führte. Wenn man unbedingt jetzt sofort ein Super-PSI-Agent sein will, kann man gleich wieder nach Hause gehen oder sich gepflegt von diesem Hochsitz herunterholen. Letzteres war dann genau die Arbeit, die ich erst einmal verrichten musste, bevor es vernünftig weiterging. Am Ende des Trainings waren die Leute dann fast immer „bedient“ und sagten einhellig: „Ich habe ja viel erwartet, aber dass es so gut funktioniert, das geht weit über meine Annahmen hinaus.“

Interessant war für mich, dass ich schon damals auf grundlegende Dinge gestoßen bin, zum Beispiel auf den *Status des Fünfjährigen.* Ja, genau so ist es. Durch die Abschaltung der linken Gehirnhälfte erreicht der Viewer die Entscheidungsfähigkeit eines Vorschulkindes. „Ich weiß gar nicht, was ich mir alles angucken soll! Alles so schön bunt hier!“ Frei nach Nina Hagen. Ohne Monitor viewen die Leute fröhlich in der Gegend herum, auch wenn es sonst keinen interessiert oder starren plötzlich vor sich hin und kommen nicht weiter: „So, ich bin da. Könnte dir alles beschreiben. Was willste wissen?“ Und wenn dann keiner eine Frage stellt, kippt der Viewer letztlich aus der Zone. „Schade, ich war genau da, wusste aber absolut nicht, was ich machen sollte!“ Soviel zur Problematik von Solos.

An die infantile Art der Darstellung gewöhnt man sich leicht. Die rechte Gehirnhälfte sieht einfach anders, ob man das nun kindhaft oder präattentiv nennt. Aber auch das kann man verbessern, wenn man es etwas übt. Schon in den siebziger Jahren gab es Kurse zum intuitiven Zeichnen, die erstaunliche Erfolge zeigten. Das Buch dazu fiel mir drei Tage später, nachdem ich davon gehört hatte, „zufällig“ auf dem Flohmarkt in die Hände. Und ich gehe oft auf den Flohmarkt, wo ich natürlich schon nachschaue, ob es irgendwelche vergriffenen PSI-Bücher im Angebot gibt. Dieses hatte ich nie vorher gesehen.[5]

Nachwort zum 9. Kapitel *August 2008 – 10 Jahre später*

Mein Gott, was hatten wir damals Angst, dass die Erde untergeht! Doch, tatsächlich! Ist ja auch nicht unbegründet. Wieder so ein Brocken wie damals in Yukatan, und wir sind alle weg! Und das ist beileibe nicht abwegig, denn rein aus statistischen Gründen wären wir eigentlich wieder „dran". Aber keine Panik, das haben wir für dieses Jahrhundert wirklich nicht auf dem Schirm. Sicher, es gibt kritische Stellen auf der Erde, aber das sieht doch eher regional aus, und eben nicht global. Und wo es problematisch ist, können uns jetzt schon Klimaforscher, Geologen und andere schlaue Leute sagen. Und was 2020/22 bei New York passiert, müssen wir erst noch weiter nachschauen.

Nach 2000 waren natürlich all die bösen Prophezeiungsbücher obsolet und verschwanden aus den Buchhandlungen. Aber kurze Zeit später waren sie wieder da, nur mit geänderten Daten und einer Ausrichtung auf 2012.

„Ich aber sage euch", müsste ich nun formulieren, „es wird 2012 keinen Weltuntergang geben! Aber einen gesellschaftlichen Umbruch, den wir jedoch schon jetzt auch ohne Remote Viewing voraussagen können!"

Die Einführung des Handys, des Internets und der Computersimulationen (Spiele) hat mehr in dieser Gesellschaft verändert, als jede Revolution, behaupte ich jetzt mal. Und das wird so weitergehen! Fossile Energieträger, erneuerbare Energien, verändertes Klima, Nanotechnologie, Quantencomputer, künstliche Intelligenz ... da können wir uns auf etwas gefasst machen, das wirkungsvoller als die Industrialisierung im 19. Jahrhundert sein wird! Stefan Klemenc sagte zu mir, nachdem er mein Buch „Wahrscheinlich Ferien auf dem Mars" gelesen hatte, indem ich diese Szenarien in Romanform ausgesponnen habe: „Das hast du aber viel zu harmlos dargestellt. Das wird viel schlimmer!"

Ich bin aber weiterhin der Meinung, dass wir auch eine Chance zur positiven Entwicklung haben. Natürlich:Der Tanz ums Goldene Kalb,

[5] Betty Edwards: Garantiert zeichnen lernen, Rowohlt 1982

um die Omnipotenz des Geldes wird erstmal weitergehen. Als Prophet müsste ich sagen: „Und siehe, die Kräfte des Bösen und des Materialismus sammeln sich!" Wo haben wir das schon gelesen? Genau. Und jeder Hartz-IV-Empfänger wird das auch sofort unterschreiben, wenn er in den Nachrichten wieder einmal über Gehaltsvorgänge bei Firmenmanagern hört und über Kündigungen, weil der Konzern statt acht Milliarden nur noch sieben Milliarden verdient hat! Und wenn jetzt jemand sagt: „Au, das ist aber populistisch!", dann liest er keine Zeitung, hört kein Radio, sieht kein Fernsehen. Wahrscheinlich ist er sowieso in WoW[6] abgetaucht, und da haben wir auch schon die neue Gesellschaftsordnung, von der alle sprechen! Wer spielt, stellt wenigstens keine unbequemen Fragen!

Nachwort zum 10. Kapitel *August 2008 – 10 Jahre später*

Man kann es drehen und wenden, wie man will, die Szenarien für den Untergang sind so gestrickt, dass sie doch immer wieder passen. Seit dem 11. September 2001 ist auch der Punkt „Sprengstoffanschlag im Zentrum von New York mit katastrophalen Folgen" aus dem Bouvier-Szenario erfüllt, nicht wahr? Und 2003 dann, der wievielte Golfkrieg war eigentlich der Einmarsch in den Irak? McMoneagle sagte ja allgemeines Geplänkel dort bis 2003 voraus. Und dann? Nun, dann gingen sie einfach hin und besetzten das Land.

Auch andernorts fordert das Szenario das Eingreifen der USA. Die aber winken ab und meinen, sich nicht mehr so viel engagieren zu wollen, weil es einfach zu teuer sei. Schau mal an.

Eingreifen in Albanien, Aserbaidschan? Oder heißen die Orte Kosovo, Georgien, Süd-Ossetien? Interessant ist doch, dass Russland mittlerweile von der NATO so bedrängt wird, dass man die dortige Empfindlichkeit völlig nachvollziehen kann. Dass Panzerkolonnen in Deutschland einmarschieren, kann man auch getrost auf den Müll werfen. Bevor sie durch Polen und Tschechien hindurch sind, gibt es den NATO-Verteidigungsfall und vielleicht auch Ersatzteilprobleme. Nicht mehr lange hin, und in diesen Ländern stehen amerikanische Raketen. Da wird man doch nicht mehr mit Panzern … Nun aber

[6] WoW=World of Warcraft, erfolgreichstes Videospiel 2007/2008, wo man sich im Internet mit anderen Leuten zum Kampf in virtuellen Welten trifft. „Second Life" war nicht ganz so erfolgreich.

schnell, meine Herren Propheten und das Fünziger-Jahre-Interkontinentalraketen-Szenario wieder rausgeholt!

Wie schon gesagt, so richtig viel habe ich mich nach 2000 nicht mehr mit der globalen Zukunft beschäftigt. Zu meiner Beruhigung haben wir festgestellt, dass die Tine, das Wahrzeichen von Husum, irgendwann in den 2020er Jahren aus Altersgründen abgebaut wird, aber jedenfalls nicht von einer Sturmflut weggerissen wird. Anders New York. McMoneagle sieht ja für 2050 die Aufgabe der Stadt wegen Erdbeben voraus.[7] Wir haben bereits für 2020/22 so merkwürdige Eindrücke.

Merkwürdige Eindrücke sollte man unbedingt untersuchen. Das hätte ich auch mit der Session, die Lothar 1998 auf mein Haus im Jahr 2003 machte, durchführen sollen. Aber mir reichte ja, zu erfahren, dass das Haus noch stehen würde und Frau und Kind da wären. Hinterher stellte sich heraus, dass es eine andere Frau und ein anderes Kind waren, als gedacht. Aber, was hätte ich zu diesem Zeitpunkt mit so einer Information angefangen? Versuchen Sie doch mal zu jemandem zu sagen: „Also, in fünf Jahren hast du eine andere Frau und ein anderes Kind ...“ Na also.

Wer sich aber trotzdem stark genug fühlt, solche Informationen zu verdauen, dem sei gesagt: Die sicherste Methode ist tatsächlich, das Target wie in den Anfängen der Forschungen aufzufassen. „Beschreibe den Ort X zu einer Zeit Y!“ Das klappt wirklich am Besten, jenseits aller Untergangs-Hysterien.

Nachwort zum 11. Kapitel *August 2008 – fast 10 Jahre später*

Oft, aber nicht immer, klären sich Ereignisse über den Zeitraum von zehn Jahren. Im Falle der beiden Flieger – St.Exupéry und Amelia Earhart kann man damit aufwarten. Die Leiche des französischen Fliegers und Schriftstellers wurde angeschwemmt und identifiziert, das Flugzeug im seichten Wasser vor der Küste gefunden. Ähnlich ging es auch der Weltumfliegerin. Man entdeckte, dass man sie schon lange gefunden hatte, nur nicht beachtet. Bereits 1940 hatte man ihr Skelett und einen Frauenschuh auf Gardner Island, einem Atoll der Phoenix-Inseln, gefunden. Ihre Funksprüche wurden von mehreren Leuten aufgefangen, ein Suchflugzeug des Schlachtschiffs „Colorado“ fand ein Biwak auf der Insel, aber erstaunlicherweise wurde keine dieser Nach-

[7] Nachricht auf Spiegel Online vom 23.8.2008: Wissenschaftler erwarten Erdbeben für New York

richten beachtet. Erst nach mehreren Expeditionen der „International Group of History Aircraft Recovery“ (Tighar), die 1998 begannen, war man sich 2007 sicher, das Rätsel gelöst zu haben. Earhart war auf dem Atoll notgelandet, vermutlich war das Flugzeug im flachen Wasser gesunken und sie hatte noch einige Zeit überlebt.

Eine „PSI-FORCE“ gibt es in Deutschland nicht mehr, eher mehrere. Inzwischen hatte jede Gruppe und einige Einzelviewer einschneidende Erlebnisse mit Remote Viewing, auch und gerade im persönlichen Bereich. Von meinen können Sie im Buch „Schritte in die Zukunft“ lesen. Wenn Sie sich für UFOs interessieren, kann ich Ihnen das Buch „Verdeckte Ziele“ von Frank Köstler ans Herz legen. Über Saddam Hussein und den letzten Golfkrieg erfahren Sie mehr in „Der verborgene Plan“, ebenfalls von Köstler. Wenn Sie diese ca 800 Seiten hinter sich haben, wollen Sie vielleicht auch so etwas erleben. Vielleicht aber auch auf keinen Fall. Denken Sie immer an den Wegweiser: In die eine Richtung geht es normal, alltäglich und uninformiert, aber sicher; in die andere Richtung interessant, aber auch aufregend und gefährlich. Jeder hat die Wahl, jeden Tag neu.

Nachwort zum 12. Kapitel *August 2008 – 9 1/2 Jahre später*

Es war das erste Mal in meinem Leben, dass ich etwas Substanzielles hatte, um über die Geheimnisse des Universums zu reflektieren. Die Elaborate der Quantenphysiker und der neuen Philosophen, die darauf einsteigen konnten, etwa wie Gotthard Günther schon in den fünfziger Jahren (der auch schlaue Einführungen für die damals noch geschmähten Science Fiction-Romane schrieb), waren eben bloße Theorien. Und jetzt kam Remote Viewing, und man konnte das alles ausprobieren! Die Beeinflussung des Objektes durch den Betrachter, die Nachrichten aus der Zukunft in die Vergangenheit, die Manipulation der Wahrscheinlichkeit … Wahnsinn! Dass es manchmal ans Eingemachte, an die eigene schwierige Zukunft ging, das gehörte eben dazu. Was nicht wehtut, ist nichts wert!

Es gab aber noch mehr Möglichkeiten, zu ergründen, was Zukunft und Zeit ist. Oder zumindest, wie sie für uns Menschlein betrachtbar werden kann. Und nutzbar. Ich spreche jetzt nicht von Lottospielen oder Sportwetten, obwohl das auch recht interessant ist. Ich meine ein Modell, das man im Kopf mit sich herumtragen kann und daran abwägen, was man tun sollte und welchen Effekt das alles hat. Über die Jahre hinweg hat sich eine Ansicht herauskristallisiert, die eigentlich genau das beinhaltet, was der größte deutsche Mathematiker, Burkhard Heim, dargelegt hat. Zukunft ist wohl eine Wahrscheinlichkeit, die selbstständig existiert und die wir erreichen können – oder auch nicht.

Ja, wie erreichen? Marschieren wir da einfach hin? Im Prinzip schon, wir benutzen die Zeit dazu, aber körperlich tun wir es nicht. Ich glaube, dass die Aufmerksamkeit unserer Seele, die im Prinzip unser Ich repräsentiert, die „Spur wechseln“ kann. „Die Aufmerksamkeit lenkt das Qi“, sagen die alten chinesischen Weisen. Wir tauchen dann mal hier, mal woanders auf, vorausgesetzt dort befindet sich überall eine materielle Ausprägung unseres Körpers, denn es braucht schon Materie, um Geist zu binden. Vorzüglicherweise hochorganisierte Materie, wie ein menschliches Gehirn.

Und was ist mit den Tieren? Ich denke, in die können wir auch hineinschlüpfen, wenn nicht anderes da ist, das unserem Standard nahe kommt. Nur ist das Tiergehirn weniger komplex organisiert, sodass wir vermutlich Mühe haben, diesen Zustand adäquat zu rezipieren. In der Psychologie spricht man von Status des „Vorbewusstseins“. Das heißt ganz einfach, wenn wir ein Tier sind, kommt uns das einfach nicht zu Bewusstsein. Über uns nachdenken können wir nur in einer für Intelligenz ausreichend komplexen Materie. Zum Beispiel das menschliche Gehirn. Was mit anderen hochorganisierten Gebilden dieser Art, beispielsweise dem Delfingehirn los ist, wird schon seit einiger Zeit intensiv erforscht. Das größte Hemmnis dabei ist wohl, dass diese Wesen offenbar genau andersherum denken als wir. Also nicht seriell im Wachbewusstsein sondern so, wie wir rechtshemisphärisch/unterbewusst funktionieren: parallel und in Clustern.

Das können Sie sich nicht vorstellen? Ja, genau, das ist das Problem. Das Wachbewusstsein steht in der Remote Viewing-Session ja auch immer dumm da und schaut begriffsstutzig und misstrauisch zu, was die rechte Gehirnhälfte da treibt. Das würde auch die spielerische Art der Meeressäuger erklären: Sie erinnern sich, der Fünfjährige in der Matrix …

Das eigentliche Problem ist also unser Ego, das haben wir beim Praktizieren von Remote Viewing auch reichlich erfahren dürfen. Aber mit der gleichen Methode konnten wir uns ein Konzept erarbeiten, das vielleicht nicht stimmt, aber funktioniert und das wir verstehen. Frühe menschliche Analogien waren zum Beispiel die Zeitlinie, auf der wir uns bewegen oder später dann der „Fluss der Zeit", in dem wir treiben. Dieses Bild ist schon ganz nett, enthält es doch auch die Möglichkeit, mal etwas zur Seite zu schwimmen. Wie gesagt, es sind wohl eher Wahrscheinlichkeiten, in Clustern angeordnet, durch die wir mehr oder weniger unbeholfen hüpfen. Die jeweilige Position unserer Aufmerksamkeit wird einerseits durch die Resonanz des Universums auf unsere Aktionen bestimmt, andererseits auch durch das Archiv an Möglichkeiten, die bereitgehalten werden können. Das führt hier aber eigentlich zu weit, denn ich habe eigentlich Jahre und mehrere Bücher benötigt, um mich da heranzudenken. In einem lockeren Kommentar zu einem alten Buch bekomme ich diesen Ausflug nicht hin.

Eines wird aber sicher klar (hoffe ich doch und möchte da auch nicht missverstanden werden): Die Betrachtungsweise des Lebens und des Universums hat nichts mehr mit –ismen oder –tümern zu tun. Gott ist größer, als uns lieb ist.

Nachwort zum 13. Kapitel *August 2008 – 9 Jahre später*

Jetzt sind wir also fast 10 Jahre weitergeschwommen. Wo sind wir angekommen? Antwort: irgendwo unterwegs. Erste Inseln wurden erreicht. Projekte, Erkenntnisse zu speziellen Themen, Auftragsarbeiten. Ich höre viele Berichte, was Remote Viewer mit RV im Alltag erlebt haben. Kleine und große Wunder. Anfragen kommen herein. Manchmal auch sehr banale, auch solche, die auch kaum zu bewältigen sind. „Wie finde ich die Frau meiner Träume?“ Ach du lieber Himmel! Durch Rumsitzen und Viewer in die Matrix schicken eher weniger. Und wenn, dann müsste der Auftraggeber hier schon daneben sitzen und genaue Fragen stellen können, die tief in persönliche Intimitäten hineinreichen. Sonst wird das Ergebnis viel zu ungenau, besonders, wenn jemand sich weigert, selbst Remote Viewing zu lernen und zu verstehen, welche Interaktion zwischen Matrix und Realität herrschen.

In solchem Fall sollte der Interessent lieber einen Wunschzettel schreiben, wobei er sich auch darüber klar wird, was genau „meine Träume“ sind. Vielleicht sind das für andere die Albträume? Und dann sollte er hinausgehen in die Welt und die Augen offen halten.

Viel besser ist es, eine „Optimum“ auf seinen nächsten Lebensabschnitt zu machen. Was wird mir „zufällig“ begegnen, was also *fällt mir zu* in der nächsten Zeit, woraus ich Nutzen ziehen kann? Wenn die „Frau der Träume“ nicht im Bereich der Wahrscheinlichkeit ist, braucht es mehr, als nur mal eben jemanden nachschauen zu lassen. Vielleicht kommt heraus, dass es sie nicht gibt? Dass der Auftraggeber selbst sich für die Erfüllung seiner Wünsche ändern müsste? Wer überbringt ihm die Nachricht?

Und dann fragen mich Leute, die sich durchaus mit dem Thema Remote Viewing beschäftigt haben und eine Ausbildung anvisieren (oder einen Fernsehbeitrag, das ist noch viel schlimmer!) : „Ja, aber, was kann ICH damit machen?“ Dann kommt mir immer das Gruseln.

Was wollen Sie mit einem Auto machen, das Sie sich kaufen? Würden Sie den Autohändler dazu befragen? Wer nicht weiß, dass man damit sowohl zweihunderttausendmal nur um den Block (vielleicht damit die Kinder einschlafen) oder extrem langsam den Sunset-Boulevard rauf und runter fahren kann (um Frauen aufzureißen) oder aber zur Arbeit oder in fremde Länder, um die ganze Welt, um einen Rekord aufzustellen … der braucht kein Auto, oder? Wenn man solche Fragen stellt, sollte man es vielleicht lassen. Ich meine, das mit dem Remote Viewing genauso wie mit dem Auto! Vielleicht sogar mit dem Aufstehen morgens? Was fange ich mit dem neuen Tag an? Vielleicht gleich einen Sarg bestellen?

Diejenigen, die bewusst eine Ausbildung machen, haben meist sehr genaue Vorstellungen. Und sie erfahren, dass es immer schneller geht, einen bestimmten Status zu erreichen, ganz einfach, weil wir in den letzten Jahren viel erfahren haben, wie es funktioniert und vor allem, wie es zu optimieren geht.

Welche Inseln wurden noch gesichtet? Na schön, zum Beispiel die Lehrbuchinseln. Es war eine Wohltat für mich, über die Jahre hinweg meinen organischen Speicher leerschreiben zu können. Ich danke der Matrix, dass ich mich von dem ganzen drückenden Wissen befreien konnte. Herausgekommen sind ein paar Bücher, die gern als Backup für die Methode genommen werden, weil „einfach alles irgendwie drinsteht“. Naja, alles steht nun nicht drin, aber es gab schon ein paar

Leitz-Odner-Meter an Informationen, die verarbeitet wurden. Von dem dünnen „Handbuch", das wir 1997 in die Hand gedrückt bekamen, ist das mit über 1000 Seiten inzwischen weit entfernt. Wobei noch einmal deutlich gesagt werden muss: Jeder kann es. Aber mit einem Buch lernen ist extrem schwierig, weil man ohne Hilfe ständig aus der *Zone* kippt. Natürlich hat man das Protokoll nicht im Kopf, also schaut man immer nach: „Was soll ich jetzt tun?" Und plopp!, ist man raus. Und dann ist es auch erstaunlich, was sich Leser zusammenreimen, was gar nicht im Buch steht. Was sie *meinen*, wie es geht.

Wenn jemand wirklich Interesse hat, Remote Viewing zu lernen, kann man sagen, dass es billiger ist, einen Trainer zu bezahlen, als Zeitverlust und Frustration zu erfahren. Zum Spaß aber kann man natürlich alles machen. Und es dient ja auch, diese Methode zu verbreiten.

Weiterhin, einfach mal zwischendurch und weil es mir aus zwei Gründen am Herzen lag, habe ich ein erstes Buch speziell über Zukunftserforschung und Wünschen geschrieben: „Schritte in die Zukunft". Die beiden Gründe waren eigene Erfahrungen (es ist quasi die Fortsetzung zum vorliegenden Buch, falls Sie Sequels mögen) und die Feststellung, dass es zum Thema einige grauenhaft falsch und desolat unpräzise geschriebene Bücher auf dem Markt gibt, bei deren Lektüre sich einem Remote Viewer die Zehennägel kräuseln. Nachdem ich auf diese Art also mein Sendungsbewusstsein etwas ausleben durfte, begann ich mich für eine andere Facette des komplexen Themas zu interessieren, nämlich, was das denn alles für den Alltag bedeutete: die Zukunft, die Wahrscheinlichkeit und die Quantentheorie. Ich begann also einen Roman zu schreiben mit einer völlig alltäglichen Szenerie, in die unverhofft Effekte aus diesen Bereichen einbrechen. Auslöser für die Handlung war eine alte Pressemitteilung, wonach in jedem Jahr viele tausend Menschen verschwinden, ohne dass ein Verbrechen vermutet werden kann. Die beliebtesten Szenarien sind dabei der Gang zur Toilette oder zum Zigarettenautomaten. Und dann hatte ich selbst merkwürdige Erlebnisse, ich begegnete Dingen, die es nicht gab und Ereignissen, die sehr unwahrscheinlich waren. Ich erinnerte mich an die Ergebnisse von vielen Sessions auf die Funktion des Universums und plötzlich entstand eine Geschichte, irgendwie so in meinem Laptop, die über fünf Bücher hinweg … tja, was? Jetzt ist mir doch tatsächlich die Formulierung weggeflogen. Vielleicht sollte ich es nicht schreiben. Egal. Wer Interesse hat, wird sich darum kümmern, wer nicht, der nicht. Spannend war für mich nur die hartnäckige Performance, die diese Geschichte für mich als Schreiber bereitstellte, wie ein luzider Traum mit unglaublich vielen Einzelheiten, sodass ich sogar begann, Modelle davon zu bauen und ein Lexikon dazu zu schreiben.

Ist schon irre, wenn ich so davor stehe. Wer hat das geschrieben? Ich? Hm. Sehr abenteuerliche Ansicht. Naja, vielleicht war *die Macht mit mir*. Jedenfalls tat es nicht weh und ich musste auch nicht, wie Luke Skywalker, mit Laserschwertern kämpfen. Das ist schon ein enormer Vorteil, finde ich.

Nachwort zum 14. Kapitel *August 2008 – 9 Jahre später*

So, nun ist sie also aus der Tube, die Zahnpasta. Auch hier in Deutschland. Die Methode ist veröffentlicht und das meiste, das mir damals im Kopf herumschwirrte, dazu. Natürlich hat es eine Umarbeitung gegeben. Die Inhalte des verborgenen Kapitels oder Buches sind in mehrere andere Bücher eingeflossen bzw. haben sich dazu aufgespreizt. Man findet sie in den letzten Lehrbüchern, besonders natürlich in Band 4 und in dem Buch „Schritte in die Zukunft". Immer dem zeitgenössischen Stand angepasst. Die Hauptaussage ist: Remote Viewing ist eine aktive Tätigkeit. Und daraus ergibt sich eine ganze Menge, Inhalte, die die Väter und Lehrer der Methode niemandem vermittelt haben. Vielleicht wussten sie es nicht. Das ist auch jetzt nicht wichtig. Wichtig dagegen ist, welche Bedeutung diese Aussage im neuen quantenmechanischen Weltverständnis hat. Ehe ich hier aber ein neues Kapitel aufmache, das dann doch sehr unvollständig wäre, verweise ich besser auf die besagten Titel. Inzwischen sind von all den Büchern auch genug verkauft worden, dass meine Befürchtung, das Ganze könne noch von dunklen Mächten unterdrückt werden, hinfällig ist. Auch wenn man mich aus dem Weg räumte, die Zahnpasta ist aus der Tube. Das kann man sich also sparen.

Natürlich bin ich auch ganz froh, dass Remote Viewing nicht, oder besser gesagt: noch nicht von jedem Menschen interessant gefunden wird. Ganz klar, dieses Wissen muss sich langsam verbreiten.

In der letzten Zeit riefen bei mir vier Realisatoren von PSI-Fernsehsendungen an, Sie wissen schon, die hinterher immer erklären können, dass wissenschaftlich gesehen alles Humbug ist. Man war nun auch auf Remote Viewing gestoßen. Kunststück, wenn sich jeder medial Aktive nun Remote Viewer nennt. Und nun wollte man in zehn

Minuten mal eben schnell vorgeführt haben, was Remote Viewing kann. Uri Geller könne das ja auch. Wichtig war der Showcase.

Dieses neue Interesse von Sensationsverwurstern wurde auf der RV-Szene eifrig diskutiert und ohne viel Dissens einigte man sich auf die Aussage: so nicht!

„Warum nicht?“, fragte ein Filmemacher erstaunt. „Wenn das so toll ist, dann soll es doch die ganze Menschheit wissen!“

Gut, und was würde dann passieren? Das Geringste wäre, dass meine E-Mail-Konten überlaufen würden, das Telefon nicht mehr stillstehen und ich mir letztlich wie unser Landesvater seit seiner Wahl drei Meter hohen Stacheldrahtzaun um mein Haus und Videokameras daran anbringen müsste, um verhältnismäßig gesund zu überleben. Und so würde es einigen anderen auch ergehen. Jedes Jahr, das man gewinnt, schafft mehr Schultern, auf die sich diese Bürde verteilt. Dieses Buch hier lesen vielleicht, wenn es hoch kommt, ein- bis zweitausend Leute. Eine Fernsehsendung sehen Millionen.

„Dann stelle ich dar, dass alles Humbug ist!“, drohte der Filmemacher am Telefon.

„Prima“, antwortete ich, „damit kann ich gut leben. Das war schon immer so und dennoch haben die, die sich dafür interessierten, jemanden gefunden, der es ihnen beibrachte. Wo ist das Problem?“

Daraufhin formulierte ich die Bedingungen für TV-Realisatoren, wenn sie wirklich interessiert sind und nicht nur als Überflieger von mir verlangen, dass ich mit meiner Leistung ihre Sendeminuten fülle. Und diese Deklaration kann auch meinetwegen Dogma genannt werden, das ist mir egal. (Hört sich doch gut an: das RV-Dogma!) Jedenfalls stimmten mir sofort alle angesprochenen Viewer zu. Also:

„Wir sind bereit, ehrlich interessierten TV-Machern eine kostenlose Einführung zu geben. Damit klar ist, dass der Verdienst nicht wichtig und keine Bauernfängerei beabsichtigt. Und natürlich ohne mitlaufende Kamera. Und dann werden wir uns mit eben diesen Machern zusammensetzen und überlegen, wie man das Thema bearbeitet. Und eine Grundforderung wird sein, dass von den Beteiligten keine Namen genannt werden und die Produzenten gefälligst selbst ihre Nase in die Kamera halten, wenn sie einen Beitrag produzieren.“

Soviel Zivilcourage muss sein, wenn man Sensationen herausschreien will, finden wir. Und wenn nicht, dann nicht. Wir sind nicht „der nächste Uri Geller". Und Remote Viewing kann ich Ihnen zwar beibringen, aber viewen müssen Sie schon selbst.

In diesem Sinne: Vielleicht treffen wir uns ja mal – hier oder in der kollektiven Intelligenz des Universums. Auf jeden Fall: Ich wünsche immer gute Sicht!

Manfred Jelinski,
24. August 2008

Nach dem Weltuntergang (1999-2008)

Seit Ende des Buches Mitte 1999 sind neun Jahre vergangen. Da muss doch einiges passiert sein, fragt sich der Leser, wenn schon nicht der Weltuntergang. Wenn drei Jahre so ein dickes Buch ergeben, was würden dann erst neun Jahre ausmachen?

Ja, man hätte viel darüber schreiben können. Eines folgte dann auch noch: „Schritte in die Zukunft", das Buch über die nächsten drei Jahre. Aber fortan habe ich es sinnvoller gefunden, Erkenntnisse über und durch Remote Viewing eher inhaltlich zu ordnen. Herausgekommen sind die Lehrbücher und die Praxisbücher von Frank Köstler und Guido Schmidt. Zukunftssichten, Wünschen, UFOs und verlorene Dinge suchen schienen mir die wichtigsten Themen neben dem Lernen der Methode. Darin sind aber auch all die vielen Erlebnisse enthalten, die in diesen Jahren Remote Viewer in Deutschland bewegt haben. Na schön, natürlich nicht alle, ganz klar, einige Dinge kann man nicht veröffentlichen. Nicht nur, weil sie zu persönlich wären.

Aber im Prinzip steht eine Menge über Remote Viewing darin und was man damit erleben kann, mindestens so viel wie bei den Amerikanern, finde ich inzwischen, und das will eine Menge heißen. Gut, wir hatten keine geheimen Einheiten, vom CIA bezahlt und im Kalten wie auch im heißen Krieg eingesetzt. Oder vielleicht doch? Lassen wir das lieber, das ist ein unangenehmes Feld. Fakt ist aber, dass in den deutschen Büchern erheblich mehr über die Methode und ihre Anwendung an sich steht, als ich bei den großen Lehrmeistern bisher gefunden habe. Das hat mich selbst erstaunt.

Das fängt schon in diesem vorliegenden Buch an, das ich ja bereits 1998 begann zu schreiben. Als es herauskam, waren damit einige Hintergründe veröffentlicht, von denen in Amerika niemand sprach, die den zehn Deutschen, die dort trainiert hatten, nicht gesagt wurden und die vielleicht auch zu diesem Zeitpunkt teilweise nur in Teilen bekannt waren. Ich meine damit die Hinterfragung der Methode im Gehirnlabor und die Einbeziehung moderner Gehirnforschung. Sicher haben wir hier in Deutschland nicht die Weisheit mit Löffeln gefressen, aber ich habe auch Gründe für diese Worte. Es gab auch in den USA Publikationen, besonders als Videomitschnitte von Vorträgen, in denen sich die Spitzenleute dort mit den gleichen Hintergründen befassten. Aber

sie kamen merkwürdigerweise mehrfach zu anderen Schlussfolgerungen als ich hier in Deutschland.
Und nun fragte ich mich natürlich, bin ich doof und diese alten Cracks die Weisen vom Steine, was ja ganz logisch wäre. Aber ihre Schlussfolgerungen passten einfach nicht zu dem, was ich tatsächlich in Trainings und Projekten erlebte. Also mussten andere Erklärungen und Modelle heran, zum Beispiel, wie unterbewusste Vorgänge ablaufen, wo Remote Viewer zugreifen und wie die Mechanik bei aktiven Anwendungen funktioniert. Besonders Buchanan hat sich hier Gedanken gemacht und mit seinen Ergebnissen habe ich mich auch besonders auseinander gesetzt: in Lehrbuch 4 nämlich. Und ich fragte mich, warum er die Erkenntnisse der modernen Mathematik und Quantenphysik nicht konsequent einbezogen hatte, dann wäre er nämlich zu den gleichen Schlüssen gekommen und nicht so mittendrin verläppert und dann abgebrochen. Kann es sein, dass sie ihm zu unbequem waren? Kaum. Er ist ein sehr aufrechter, mutiger und konsequenter Mensch, wie ich ihn durch seine Publikationen kennen gelernt habe. Vielleicht wollte er dies nicht sagen? Möglich. Ich werde ihn nun nicht deswegen viewen. Ein wenig Respekt sollte man schon haben. Es ist auch nicht so wichtig. Ich habe es ja nun selbst veröffentlicht und nun können Sie da draußen darüber diskutieren. Ich bin gespannt, was dabei herauskommt, denn wie bei jeder Forschung kann man immer weiter gehen, und so werden meine Ausführungen auch nur eine gewisse Halbwertszeit haben.

Obwohl, wie man immer wieder feststellen muss, die Erfahrung gezeigt hat, dass Remote Viewer, die sehr viel gemacht haben, zu fast deckungsgleichen Schlüssen kamen. Und auch über „Tanz der Dimensionen“ sagten, dass da nicht nur alle wichtigen Themen schon einmal vorgestellt wären, sondern man auch wenig korrigierendes dazu sagen können. Remote Viewing ist eben so, wie es ist und die Menschen auch, sonst würde das Ganze nicht funktionieren. Und das habe ich letztlich auch nur aufgeschrieben. Das also zu Begründung, warum dieses zehn Jahre alte Buch wieder aufgelegt wurde

Es gibt immer noch kein Buch in Deutschland, das mehr und Richtigeres zur Einführung in dieses Thema enthält. Wahrscheinlich deswegen, weil es aus Mangel an abweichenden Fakten dann eben nur eine ähnliche Darstellung, nur eben aus der Sicht von jemand anderem ergeben hätte. Das muss man sich vernünftigerweise nicht antun, denn für einen aktiven Remote Viewer gibt es lohnendere Ziele, als nur ein

Buch von jemandem noch mal zu schreiben. Themen dazu fallen mir so viele ein, dass ich mir hier eine Nennung ersparen möchte. Auch Frank Köstler, Guido Schmidt und alle Autoren der Sammelbände „Die Bar am Ende des Universums – Remote Viewer berichten" haben nur an der Oberfläche dessen gekratzt, worüber man berichten könnte. Zu allen Themen des menschlichen Lebens könnte man aus Remote Viewers Sicht etwas schreiben, und das sind wirklich ganz schön viele. Wussten Sie, dass in Deutschland jedes Jahr 80.000 Bücher erscheinen? Und in allen steht ja irgendwas, zu irgendeinem Thema. Aber, werden Sie sagen, zu jeder Fußball-Weltmeisterschaft bringt jeder Verlag ein eigenes Buch heraus, oder zu Olympia oder als Jahresrückblick, dort ganz besonders, und es war doch für alle das gleiche Jahr. So könnte es bei Remote Viewing doch auch ablaufen. Dazu kann ich nur sagen: „Von mir aus!" Das kann ich nicht verhindern und ich will es auch nicht.

Denn die Front verläuft ganz woanders, und wenn jemand erst mal wieder ein Anfängerbuch schreibt, vertrödelt er viel Zeit, die er dort verwenden könnte, wo es wirklich interessant ist. Mit Themen, über die man mehr wissen will, wenn man über die Anfangsgründe hinaus ist. Die Schlaueren schreiben diese Bücher. Ich selbst habe daneben auch die Form des Romans gefunden. Hier kann man wunderbar austesten, ob sich manche unglaublichen Informationen auch in einem Szenario bewähren, in dem Menschen miteinander und innerhalb der physikalischen Gesetze agieren. Seit ich das tue, finde ich in den Wissenschaftstickern immer mehr Nachrichten (sicherlich selektive Wahrnehmung), in denen berichtet wird, dass dieses oder jenes aus meiner Handlung nun tatsächlich gebaut wird oder von Wissenschaftlern nachvollzogen wird.

Wussten Sie schon, dass man bereits Gedankenlese-Kappen baut? Dass die Annahme von Parallelwelten immer mehr Vertreter in Physik, Mathematik und Philosophie findet? Dass die Implantation von Info-Sendern bei Menschen bereits Praxis ist? Ich werde wohl ein Lexikon zu den Romanen hinzufügen müssen, in denen ich aufzeigen kann, dass alles reale Hintergründe hat, auch wenn sie erst später veröffentlicht werden. Harry-Potter-Fans kennen das ja schon: Tatsächlich hat man es geschafft, den ersten „Tarnumhang" zu bauen, der das Licht umlenkt und den Träger unsichtbar macht. Ein Produkt der Nano-Forschung.

Naturwissenschaftliche Forschung ist übrigens ein Anwendungsbereich von Remote Viewing, der sich wirklich lohnen würde, und das nicht nur, um darüber zu schreiben. Wissenschaftliche Forschung braucht immer Ideen und Anstöße. wie man weiter verfahren sollte. Remote Viewing könnte nach meiner Erfahrung hier wertvolle Hinweise geben. Man braucht diese ganzen Agentenstories der geheimen Einheiten nicht. Dieses Thema ist spannend genug, denn hier wird unsere Gesellschaft verändert. Sie werden sich noch wundern.

Die Entwicklung von Remote Viewing in Deutschland wäre dann also noch nachzutragen. Das kann ich natürlich nur aus meiner Sicht leisten. Viele Ereignisse und Entfaltungen erfahre ich gar nicht mehr. Zu viele haben sich inzwischen der Methode angenommen. Sie kommt in Mode.

Im Jahr 2000 war allerdings erstmal Schluss damit. Gunther, Lothar und ich hatten aufgehört, Remote Viewing aktiv zu verbreiten. Alle Ehen und Beziehungen, soweit sie bestanden, waren auseinander geflogen. Gerhard Cerven hatte sich erschossen. Das ISFR bestand praktisch nur noch aus Tom T., der nach München ging. Seine jetzigen Webseiten hinterlassen einen zwiespältigen Eindruck. Einerseits bezeichnet er sich als „Pionier des Remote Viewing“, der er für Deutschland mit Sicherheit ab 1996 war, andererseits bestreitet er seine Verbindung zu Remote Viewing. Seine heutige Methode heißt „Neuron Processing“, zwischendurch (2000-2006) war es i-ReT (**i**nformations-**Re**cherche-**T**echnik). Im Jahr 2000 konnte man feststellen, dass die alte Session auf den „Durchbruch von RV“ erfüllt war. Es sah aus, als sei keiner durchgekommen.

In dieser Asche der ersten „Szene“ rührte sich aber wieder Leben. Lothar wandte sich zwar seiner vorherigen spirituellen Linie zu, aber Gunther trainierte gelegentlich und ganz nebenbei den einen oder anderen Interessenten, der bei ihm auflief. Darunter zum Beispiel Stefan Klemenc aus Augsburg, der sich vorher im schamanischen Bereich einen Namen machte und nun auch wertvolle Arbeit für die RV-Szene leistet. Er verwaltet das aktuelle Internet-Forum der Remote Viewer seit 2007.

Ich selbst wurde im Februar 2000 von alten Freunden angerufen, ihnen doch mal dieses Remote Viewing zu zeigen. Bei diesem Treffen lernte ich auch meine jetzige Frau kennen, die mich dazu brachte, die Lehrbücher zu schreiben. Woraus natürlich noch mehr entstand. Im Frühling 2000 erschien dann endlich „Tanz der Dimensionen“ im

Kopp-Verlag und nun interessierten sich mehr und mehr Leute für dieses „Remote Viewing". Manche kamen zu Trainings, manche schrieben sogar selbst Bücher darüber. Plötzlich entfaltete sich wieder eine Szene, ganz ohne Zwang.

Dem trugen wir bereits Pfingsten 2000 Rechnung. Zu diesem Zeitpunkt fand in Töplitz bei Berlin das erste „Treffen unabhängiger Remote Viewer" statt, zu dem sogar einige derjenigen angereist kamen, die in Amerika gelernt hatten und ihre direkten Schüler, die heute „die zweite Generation in Deutschland" heißt. Im nächsten Jahr machten wir das gleich noch einmal. Seitdem gab es mehrere dieser Treffen, wenn auch nicht in jedem Jahr, und der Ort wechselte ebenfalls. Aber die Zahl der Remote Viewer, die sich aus nah und fern einfanden (sogar aus Österreich, Bulgarien und der Schweiz!) stieg ständig. 2006 waren es schon über vierzig. Natürlich ist die Zahl der Leute, die mit Remote Viewing befasst sind, erheblich höher, aber wir hatten nur die angeschrieben, die uns namentlich bekannt waren. Das soll sich aber ändern. Diese Treffen sollen in Zukunft allen Interessierten zugänglich gemacht werden. Nur der Ort ist noch unklar. Informationen dazu entnehmen Sie bitte unseren Internet-Seiten oder fragen Sie einfach mal an.

Aus den Treffen heraus entstanden neue Bücher, die zusammenfassten, was die Teilnehmer berichteten. Besonderen Einfluss darauf hatte die Bar, an der abends bis in die späte Nacht diese Erlebnisse und Erkenntnisse berichtet wurden. Wir nannten sie ob dieser abgefahrenen Themen bald „Die Bar am Ende des Universums" und das wurde auch der Titel der Buchreihe, in der man viele dieser Beiträge nachlesen kann.

Fotos dieser Bar existieren kaum, es gibt eine ungeschriebene Vereinbarung, dort möglichst keine Bilder zu machen. Ich kann Ihnen aber so viel verraten: sie existiert tatsächlich und ist im gemütlichen Stil der Fünfziger Jahre eingerichtet. Natürlich mit echtem antiquarischen Mobiliar.

Wie schon erwähnt, führte die weitere Entwicklung dazu, dass bald sehr viele Leute Remote Viewing anboten oder auf ihren Internetseiten vermeldeten, sie würden es anwenden. Bei näherem Hinschauen war oft wenig von der Methode zu erkennen. Man hatte lediglich über das, was man vorher medial gemacht hatte, nun das neue, Erfolg versprechende Mäntelchen gestülpt.

Im Oktober 2007 trafen sich nicht nur deshalb zwölf kompetente Remote Viewer an einem Ort mit interessantem Flair: einem ehemaligen Stasi-Domizil an einem See in der Nähe Berlins. Wir beschlossen eine einheitliche Darstellung und Ausführung der Methode und eine gemeinsame Entwicklung durch Veranstaltungen und vergleichbare Seminarinhalte. Die Remote Viewing-Akademie war geboren. Sie finden sie im Internet unter www.rv-akademie.com und dort auch alle wichtigen Termine und sonstigen Informationen.
Das als kurzen Abriss, man könnte noch sehr viel berichten, aber dieses Buch ist ohnehin schon zu dick. Deshalb klappe ich an dieser Stelle die Tastatur zu und verbleibe

herzlichst,

Manfred Jelinski, August 2008

Nachtrag 2015 zur weiteren Auflage

Haben wir es geschafft? Ist Remote Viewing jetzt in der Gesellschaft angekommen? Immer mehr Menschen möchten lernen, wie man mit der Intuition gezielt umgeht. Ich bin auch von Vorträgen und größeren Veranstaltungen nicht verschont geblieben. Seit 2009 gibt es ein englisches Online-Magazin, „Eight Martinis", in dem sich auch deutsche Beiträge finden lassen. Die Funktionsweise des Gehirns in einer Session konnte ich inzwischen weiter klären, was in Einsteiger-Ausbildungen sehr praktisch ist, weil die Beteiligten den Vorgang dann viel besser akzeptieren können. Die Qualität der eigenen Ausführung ist von Anfang an sehr hoch. Kein Vergleich zu früher in den 90ern.

Viele, viele Projekte sind inzwischen realisiert worden, von mir und von einigen anderen, Reisen ins Innere und in kosmische Weiten durchgeführt worden, genau so wie banale Suchaktionen und die Aufklärung vieler Geheimnisse. Davon zum Beispiel mehr im diesjährigen Buch aus der „Bar am Ende des Universums". Inzwischen der vierte Anflug. Es macht sich. Wir schwimmen weiter.

Bis bald vielleicht,

Manfred Jelinski, Juni 2015

Quellenangaben

Nach Rubriken sortiert

Remote Viewing:

Swann, Ingo: Natural ESP, The ESP and its Raw Characteristics, 1987 Bantam Books, Inc., New York, deutsch im Verlag Hermann Bauer, Freiburg i. Breisgau 1994

Swann, Ingo: Remote Viewing: The Real Story; 1996, Internet: http: // www.mindspring.com/~biomind/pages/Real Story html.

Swann, Ingo: Penetration, 1998 bei Ingo Swann Books, P.O.Box 2875, Rapid City, South Dakota 57709-2875

Schnabel, Jim: Remote Viewers, 1997, bei Bantam Doubleday Dell Publishing Group,Inc., New York, deutsch: „Geheimwaffe Gehirn" 1998 bei Bettendorf´sche Verlagsanstalt, München

Marrs, Jim: Alien Agenda, 1997 bei HarperCollins Publishers, Inc., New York

Brown, Courtney,Ph.D.: Cosmic Voyage, 1997 bei ONYX; Penguin Books USA Inc., New York, deutsch: „Kosmische Begegnung" im Knaur-Verlag, München 1997

Brown, Courtney,Ph.D.: Cosmic Explorers, July 1999 bei DUTTON; Penguin Putnam Inc., New York

McMoneagle, Joseph W.: Mind Trek, 1993/1997 bei Hampton Roads Publishing Company, Inc., Charlottesville, Virginia, deutsch: „Mind Trek" im Omega Verlag, Düsseldorf 1998

McMoneagle, Joseph W.: The Ultimate Time Machine, 1998 bei Hampton Roads Publishing Company, Inc. Charlottesville, Virginia

Morehouse, David: Psychic Warrior, 1996 bei St. Martin's Press, New York, deutsch: „Im Tunnel der Zeit" im Bastei-Varlag Gustav H. Lübbe GmbH & Co, Bergisch Gladbach 1998

Graff, Dale E.: Tracks in the Psychic Wilderness, 1998 bei Element Books Inc., Boston

Katra, Jane, Ph. D. und Targ, Russel: Miracles of Mind, 1998 bei New World Library, Novato, Kalifornien

Journal Of Scientific Exploration, Vol. 10, No. 1, Spring 1996

The Anomalist 1995 Nr. 2, New York

Gruber, Dr. Elmar R.: Die PSI-Protokolle, 1998 bei Langen Müller in der F. A. Herbig Verlagsbuchhandlung GmbH, München

Ostrander, Sheila und Schroeder, Lynn: Handbook of Psychic Discoveries, 1974, deutsch im Heyne Verlag, München 1987

Bender, Prof.Dr. Hans: Unser sechster Sinn, 1971 bei Deutsche Verlagsanstalt GmbH Stuttgart und Rowohlt 1972, Hamburg

Lammer, Helmut und Lammer, Marion: Verdeckte Operationen, 1997, F.A. Herbig Verlagsbuchhandlung GmbH, München

Meckelburg, Ernst: PSI-Agenten, 1994, Albert Langen/ Georg Müller Verlag in der F. A. Herbig Verlagsbuchhandlung GmbH, München

Mohr, Bärbel: Bestellungen beim Universum, 1998, Omega Verlag, Düsseldorf

Transition 3000, Zeitschrift der „Internationalen Nachrichtenagentur der Grenzwissenschaften“ 1996/ 1997, Hamburg

ISFR News, Technical Remote Viewing Forum, Newsletter März 1998, Hamburg

Stubblebine, Major General Albert N.: Lecture on Remote Viewing as A Research Tool, 25.5.1992, Int. Symposium on UFO Research by The Int. Ass. For New Science, Denver, Colorado

Rowland, Keith et al:

Transcripts of The Art Bell Show with Ed Dames, 1996-1998, http://bbs.rowlandnet.com/cgi-bin/WebX?14@@.ee74bbf/0 u.a.(leider ändern sich Internetadressen ständig)

Keith, Jim: Bewußtseinskontrolle, 1998, Edition Jonathan May, Peiting

Und natürlich:

Verschiedene Autoren: **Die Bibel,** Jahrhunderte und mehr vor und nach der Zeitenwende, Div. Verlage.

Außerdem danke ich dem **Wilhelm Heyne-Verlag** für seinen Versuch, in dem Buch „Weltalmanach des Übersinnlichen“ (The World Almanac of the Strange. 1982) für den Versuch, Remote Viewing in der Übersetzung als „Fern-Sehen“ zu etablieren. („Fernwahrnehmung“ wird sich auch nicht durchsetzen.)

Video-Produktionen zum Thema Remote Viewing:

Schnabel, Jim und Eagles, Bill: The Real X-Files, 1994, Channel 4 International, BBC, London, deutsch bei TransVison, Husum 1998 und als „Die Psi Agenten des Pentagon“ im Jochen Kopp Verlag, Rottenburg, 1999

Gazecki, William: Technical Remote Viewing, Introductory and Intermediate Module, 1997, bei PSI TECH, Beverly Hills, Kalifornien
Eichelbeck, Reinhard: Die Erde, der Himmel, und die Dinge dazwischen. NDR 1991
Jelinski, Manfred: Das Ende aller Geheimnisse, TransVision & Transition 3000 1997,
Bauer, Christian: Projekt Stargate, Kabel 1/ Vox 1997
Wartmann, Thomas: Geheimwaffe 7. Sinn, 1998 für GEO, Premiere & Gruner + Jahr, Hamburg
Jelinski, Manfred: Erkenntnisse aus dem Unsichtbaren, 1998, TransVision

Klangproduktionen zur Unterstützung von Remote Viewing:

„Mind Food – Transcendence“, Hemi-Sync-CD, 1997 bei Interstate Industries, Inc., Lovingston, Virginia, in Deutschland bei Earth Pulse

Prophezeiungen:

Berlitz, Charles: Weltuntergang 1999, 1981/1983, in der Droemerschen Verlagsanstalt Th. Knaur Nachf., München
Hewitt,V.J.: Der Nostradamus Almanach 1984, im Wilhelm Goldmann Verlag, München
Mann, A.T.: Millenium Prophcies, 1992, bei Element Books, London, deutsch als „Prophezeiungen zur Jahrtausendwende“, 1993, im Scherz Verlag Bern, München, Wien.
Van Helsing, Jan: Buch 3 Der dritte Weltkrieg, 1996 im Ewertverlag S.L. Gran Canaria
Berndt, Stephan: Prophezeiungen zur Zukunft Europas, 1997/1998 im G. Reichel Verlag, Weilersbach
Heesemann, Michael und Schnyder, Henri: Die kommende Weltkrise, 1999, im G. Reichel Verlag, Weilersbach
Böckl, Manfred: Prophezeiungen für das neue Jahrtausend, Sibylle von Prag, Malachias, Johannes von Jerusalem und Alois Irlmaier, 1998 im SüdOst Verlag GmbH, Waldkirchen
Tollmann, Alexander und Edith: Das Weltenjahr geht zur Neige: Mythos und Wahrheit der Prophezeiungen, 1998, bei Böhlau Verlag GmbH & Co KG, Wien, Köln, Weimar.

Verschiedenes:

Bischof, Marco: Biophotonen, das Licht in unseren Zellen, 1995 bei Zweitausendeins, Frankfurt am Main

Moody, Dr. med. Raymond A.: Leben nach dem Tod, 1977, Rowohlt Verlag, Hamburg

Von Rétyi, Andreas: Geheimbasis Area 51, 1998, Jochen Kopp Verlag, Rottenburg

Heerd, Ulrich (Hrsg.): Das HAARP Projekt, 1998, Edition Neue Energien, Peiting

Begich, Nick: Angels don't play this HAARP, 1994,Video und Buch, Buch in deutsch 1995 bei Zweitausdendeins, Frankfurt am Main

Gribbin, John: Auf der Suche nach dem Omega Punkt, 1987, R. Piper GmbH & Co KG, München

Sheldrake, Rupert: A New Science Of Life, 1982, Blond & Briggs Ltd.,London, deutsch als „Das schöpferische Universum" im Goldmann Verlag, München

Sheldrake, Rupert: The Presence of the Past,1988, bei Times Book, New York, deutsch als „Das Gedächtnis der Natur" bei R. Piper GmbH & Co.KG, München 1993

Sheldrake, Rupert: Seven Experiments That Could Change the World, 1994, bei Fourth Estate Ltd., London, als „Sieben Experimente, die die Welt verändern könnten" im Scherz Verlag, Bern, München, Wien, 1994

Sheldrake, Rupert und Fox, Matthew: Die Seele ist ein Feld, 1998, im Scherz Verlag, Bern, München, Wien

Sheldrake, Rupert und Fox, Matthew: The Physics of Angels, 1996, HarperSanFrancisco, deutsch als „Engel, die kosmische Intelligenz" im Kösel-Verlag GmbH & Co., München

Hawking, Stephen W.: A Brief History of Time: From The Big Bang to Black Holes, 1988, bei Bantam Books, New York, deutsch als „Eine kurze Geschichte der Zeit" im Rowohlt Taschenbuch Verlag GmbH, Reinbek bei Hamburg

Hawking, Stephen W.: Ist alles vorherbestimmt? Sechs Essays.1996 im Rowohlt Taschenbuch Verlag GmbH, Reinbek b. Hamburg

Tolstoy, Nikolai: The Quest for Merlin, 1985, bei Hamish Hamilton Verlag, London, deutsch als: „Auf der Suche nach Merlin", beim Eugen Diederichs Verlag & Co KG, München 1987

Hoagland, Richard C. : The Monuments of Mars, 1992 bei North

Atlantic Books, Berkeley, Kalifornien, deutsch als „Die Mars Connection“, Video und Buch in der Bettendorfschen Verlagsanstalt GmbH, München 1994

Zeitschriften, Newsticker und andere Quellen:

UFO-Kurier, Kopp-Verlag, Rottenburg. Ausgaben 1996-1998
Kopp-Dossier, Kopp-Verlag, Rottenburg. Ausgaben 1999
Magazin 2000/2000 plus, ARGO-Verlag, Neuss, Ausgaben 1992-1999
TRANSITION 3000 GRENZWISSEN,I*D*Publishing Verlags oHG, Hamburg, Ausgaben 1995-1997
ISFR-News, Marcus Boldt, Hamburg, Ausgaben 1998/1999
Spektrum der Wissenschaft, Ausgaben 1997/98
"Wer ist Alexander Aandersan?" von Marie Kuerti, Prospekt 1997,
Esotera, Verlag Hermann Bauer KG, Freiburg, Ausgaben 1995-1999
Husumer Nachrichten, SHZ-Verlag, Husum/Flensburg 1996-1999
Der Spiegel: SPIEGEL-Verlag, Hamburg, Ausgaben 1995-2006
UFO-nachrichten: Karl L. und Anny Veit, Ventla-Verlag,Wiebaden, Nachfolger. Ausgaben 1994- 1996
Zeitgeist, holos medien & consulting, Stuttgart, Ausgaben 1998/1999
raum&zeit, EHLERS-Verlag GmbH,Dietramszell, Ausgaben 1995-1999
DEGUFORUM, Deutschsprachige Gesellschaft für UFO-Forschung e.V. Bad Kreuznach, Ausgaben 1994-2000
DER STERN, Hamburg, Ausgabe 35/98 und diverse 1997-1999
PSITECH Newsletter, PSITECH, Lecture on Remote Viewing by Gen. Stubblebine 1992
UFO Magazine, Sunland CA(USA),Vol 12, No4 1997
Leading Edge, Leading Edge Research Group, Yelm, Washington, Nr. 108
Durchbrüche und Zusammenbrüche 1999 bis 2003, FID Verlag GmbH, Bonn
Chronik '98, Chronik Verlag im Bertelsmann Lexikon Verlag, Güterloh 1999/ RTL 1999
The Anomalist, Patrick Huyghe & Dennis Stacy, Jefferson Valley NY and San Antonio, <texas, Nr. 1/1994
Skeptical Inquirer, New York, USA, Press information for immediately Release Jun 1st, 1995

Jules Verne, SF-Writer, Pcychic or Remote Viewer? By J.McMoneagle 1996
Firmenprospekt NATHAL 1997, Prof.Dr. Gertje Lathan, Wuppertal
Ein Computerdialog durch die Zeit, Ken Webster in: Die Vertikale Ebene, 2001 Franfurt/Main 1995
Außersinnliche Wahrnehmung und Computer, Keiko Sei, Prag 1992 veröffentlicht von: Europäisches Medienkunstfestival Osnabrück 1992
Journal of Scientific Exploration, Stanford, California, USA, 1997-1999
PM-Magazin, Gruner & Jahr, Hamburg, 1992-1999
Wenn der Mond die Sonne frißt,Winfried Noé in: Com!online 8/99
Fortean Times, John Brown Publishing, London, UK, 1996-1999
GEO/GEO-WISSEN, Gruner und Jahr AG&Co, Hamburg, 1987-1998
Faktor X, Marshall Cavendish, International, Schwäbisch Hall, 1997/1998

Internet:

Gary D. Goodwin: Modified mercali disaster scale ratings 1996
Courtney Brown: www.farsight.org 1996-1999
Bild-Zeitung, www.bild.de/news/aktuell/komet12/komet12.html 12.3.1997
Art Bell: www.artbell.com 1996-1999
NASA: www.nasa.gov, diverse Fotos und Stellungnahmen 1996-1999
Possibilitics: file:///C/possibly.htm
Comet News: www.halebopp.com 1997/1998
New Comet Hale-Bopp Images: http://praxis.pha.jhu.edu 1997
Hale Bopp Update: www.eso.org/Comet-hale-bopp/ 1997
Der Spiegel: www.spiegel-online.de 1997-2008
CRV- Recent Developments in Remote Viewing, www.ameritel.net1998
Malin Space Science Systems, http://barsoom.msss.com 1997/1998
Karin Nagel: Durchgaben 1996/1997, http://members.aol.com/geistwesen/zukunft/ Oder: www.rat.de/spirituell/
Prophecy at: http://wwww.rmplc.co.uk/eduweb/sites/sbs777/prophecy/revbook/revbook.html, The seven seals, article 1997

Für neueste Informationen oder ein persönliches Remote Viewing-Training schauen Sie bitte mal herein:

www.rv-akademie.com (früher: www.rv-akademie.de)
Internationaler Arbeits- und Lehrverbund für Remote Viewing im deutschen Sprachraum

www.rv-akademie.com/index.php/training
Ausbildung zum Remote Viewer, Training und Betreuung

www.remoteviewing.de
1. REMOTE VIEWERS STORE: Bücher, Videos, Zubehör.
Portofreier Versand innerhalb Deutschlands

www.remoteviewer.de
Bücher über Remote Viewing portofrei innerhalb Deutschlands

www.remoteviewing-news.de
Online-Magazin für Nachrichten zum Thema Remote Viewing, diverse Autoren,

www.rv-forum.de
Forum für Remote Viewer

www.kondor.de
Stefan Klemenc RV-Internetpräsenz

www.remote-viewing.net
Dirk Rödels RV-Internetpräsenz

www.thetawaves.de
Diskussionsplattform auch für Remote Viewing

www.endedesuniversums.info
Die Bar, in der sich Remote Viewer treffen und Erlebnisse austauschen, real und virtuell.

www.eightmartinis.com
englischsprachiges RV-Onlinemagazin auch als Download

Weitere Bücher über Remote Viewing bei

Die Bar am Ende des Universums

Worüber sprechen Remote Viewer, wenn sie sich treffen, wenn sie in einer Bar irgendwo in diesem Universum zusammensitzen?
Kommen Sie mit auf die Reise ans Ende des Universums, in die Bar, in der die Remote Viewer erzählen.
Es gibt diese Bar wirklich, und sie ist keine Hafenbar, in der Kapitäne im Ruhestand ihr Garn spinnen. Alles in diesem Buch ist wahr, dafür stehen die beteiligten Autoren, und wenn sie (nur) eine Theorie entwerfen, dann sagen sie das auch. Die legendäre erste Ausgabe dieser Buchreihe

1. Anflug:
M. Jelinski (Hrsg.) 2003, Paperback,
220 Seiten, viele Abbildungen
€ 17,80 ISBN 978-3-933305-16-9

2.Anflug:
M. Jelinski (Hrsg.) 2007, Paperback,
286 Seiten, viele Abbildungen
€ 17,80 ISBN 978-3-933305-17-6

3.Anflug:
M. Jelinski (Hrsg.) 2011, Paperback,
260 Seiten, viele Abbildungen
€ 17,80 ISBN 978-3-933305-22-0

Guido Schmidt: Schatzsucher der Matrix

Guido Schmidt sucht verlorene Gegenstände, Schmuck und Täter und schickt aufgrund von Sessionergebnissen Taucher tief hinab in die Irische See. Und er findet.
Ein Buch voller Abenteuer, aber auch voll kritischer Diskussion der Probleme von Remote Viewern als Schatzsucher der Matrix.

2004, Hardcover, 200 Seiten, viele Fotos
€ 17,80 ISBN 978-3-933305-19-0

Manfred Jelinski: Tanz der Dimensionen

Remote Viewing in Deutschland

Das erste umfassende deutsche Standardwerk über Remote Viewing. Remote Viewing in der Praxis, Forschungsergebnisse aus dem Gehirnlabor, Erfahrungsberichte, Projekte, Zusammenfassung der wichtigsten Erkenntnisse der amerikanischen Remote Viewer.

2000/2008, Paperback, 420 Seiten, viele Bilder und Skizzen
€ 24,90 ISBN 978-3-933305-15-2

Manfred Jelinski: Schritte in die Zukunft

Remote Viewing und die Gesetze der Veränderung

Was heißt "Wünschen" und "Beeinflussen"? Strategien zur Ermittlung der Zukunft und Interaktion mit der Matrix. Gesetze und Möglichkeiten.

2001/2002 Paperback, 224 Seiten, viele Abbildungen
€ 17,80 ISBN 978-3-933305-10 -7

Manfred Jelinski: Sportwetten mit Remote Viewing

Unterhaltsam, ertragreich und nicht ohne Tücken
Die inzwischen jahrzehntelangen Erfahrungen mit Remote Viewing haben gezeigt, dass man diese Technik zur Auffindung verborgener Information beinahe für jeden Zweck benutzen kann – warum also nicht auch für das Glücksspiel oder die Börse?

2009, Paperback, 180 Seiten, viele Abbildungen
€ 12,90 ISBN 978-3-933305-21-3

Frank Köstler: Geheimnisse des Remote Viewing

Auf der Spur der Matrix

Praxis des Selbststudiums mit Tipps und Hilfen sowie Beispielen aus eigener Erfahrung.

2002, Paperback, 244 Seiten, viele Abbildungen
€ 17,80 ISBN 978-3-933305-09-1

Frank Köstler: Der verborgene Plan

Jeder Remote Viewer hat sie bereist, die Datenmatrix, diese geheimnisvolle Ordnung hinter den Kulissen unseres Alltags. Einem Strickmuster vergleichbar, durchwebt sie Raum und Zeit. Alles scheint von ihr bestimmt. Frank Köstler ist ihrer Chiffrierung nach-gegangen. Seine Recherchen führen zu einem erstaunlichen Fazit.

2006, Paperback , 350 Seiten, Abbildungen
€ 19,90 ISBN 978-3-933305-20-6

Frank Köstler: Verdeckte Ziele

RV, Massenbewusstsein, Targetschutz

Nachdem Frank Köstler einige Zeit Remote Viewing praktiziert hatte, störten ihn die Warnungen anderer Viewer über Niemandsländer der Matrix. Er ist trotz allem hinausgegangen: auf den Mond, auf den Mars, in UFOs und andere „verbotene Zonen". Frank Köstler steht mit beiden Beinen auf der Erde und hatte nie viel für Verschwörungstheorien übrig. Er versucht, so distanziert wie möglich seine sehr beunruhigenden Ergebnisse zu erörtern.
2003, Paperback , 220 Seiten,
€ 17,80 ISBN 978-3-933305-18-3

Frank Köstler: Alltägliche Wunder

Serien und das Gesetz der Anziehung ... ein Buch zum Staunen.

In diesem umfassenden Buch werden erstmals Ereignisse, Orte und Personen im Zusammenhang einer hintergründig wirkenden Kraft dargestellt. Sie ist seit Jahrtausenden bekannt, hat sogar in Physik und Biologie Einzug gehalten.
Dinge passieren oft mehrmals kurz hintereinander. Flugzeugabstürze, Bahnunfälle, oft auch Kleinigkeiten im Alltag.
Dies wird an einer Vielzahl unterschiedlicher Beispiele des Weltgeschehens aufgezeigt und untersucht. Grund ist eine versteckte Kraft gegenseitiger Anziehung. Gleiches wird überall miteinander verbunden. Es wird Zeit, diese Kraft sinnvoll für das eigene Leben einzusetzen.
Die Autoren stoßen mit der Sicht der Remote Viewer in ein wenig bekanntes Gebiet vor.
2010, Paperback , 270 Seiten, viele Abbildungen
€ 19,90 ISBN 978-3-933305-23-7

Manfred Jelinski: Remote Viewing - das Lehrbuch

Einführung in die Technik des Remote Viewing
Das einzige in Deutschland veröffentlichte Buch, das diese Technik des Hellsehens ausführlich erklärt!

Teil 1 : Stufe 1-3
Paperback 240 Seiten, viele Abbildungen
Überarbeitung 2012
€ 17,80 ISBN 978-3-933305-08-4

Der zweite Teil des Lehrbuches über Remote Viewing führt uns über die rein deskriptive Phase der Stufen 1-3 hinaus nun direkt hinein in die "Schatzkammer der Matrix". Dieses Buch versteht sich als Fortsetzung des ersten Teils und setzt die dort beschriebenen Schritte und Hintergründe voraus.

Teil 2 : Stufe 4+5, überarbeitete Fassung
Paperback 282 Seiten, viele Abbildungen
€ 19,90 ISBN 978-3-933305-12-1

Band 3 dieses fundamentalen Lehrbuches beendet mit der Beschreibung der Stufe 6 die Erklärung des investigativen Remote Viewing. Der Interessent findet erstmals für diesen Protokollabschnitt eine klare und übergreifende Systematik für die verwendeten Techniken und Werkzeuge. Neben der Ermittlung von vergangenen und zukünftigen Geschehnissen werden auch die geografische Ortung und die Persönlichkeitsanalyse eingehend behandelt.
Dieses Buch versteht sich als Fortsetzung des zweiten Teils und setzt die dort und im ersten Teil beschriebenen Schritte und Hintergründe voraus.

Teil 3 : Stufe 6
Paperback 210 Seiten, viele Abbildungen
€ 17,80 ISBN 978-3-933305-13-8

Manfred Jelinski: Remote Viewing - das Lehrbuch Teil 4

Es gibt erheblich mehr über Remote Viewing zu sagen, als man öffentlich zuzugeben wagt. Band 4 dieses fundamentalen Lehrbuches wendet sich den aktiven Techniken zu. Das Wissen um Begegnungen in der Matrix, Remote Influence und Schutzfunktionen werden umso wichtiger, je mehr Menschen Remote Viewing lernen.
Dieses Buch versteht sich als Fortsetzung des dritten Teils. Damit ist das letzte, verborgene Kapitel von "Tanz der Dimensionen" veröffentlicht.
Teil 4: Interaktive Prozesse und Remote Influence
Paperback, 290 Seiten, viele Abbildungen
€ 29,90 ISBN 978-3-933305-14-5

Manfred Jelinski: Die Grauen in Louisas Landschaft

Der Albtraum beginnt mit der Nachricht vom Flugzeugabsturz. Louisa Lohmann muss nach New York, um die Leichen ihrer Eltern zu identifizieren. Sie bemerkt, wie sie beobachtet wird. Selbst in ihrem Geist nistet sich etwas ein. Als sie herausfindet, womit sich ihr Vater beschäftigt hat, ist sie bereits verzweifelt auf der Flucht. Manchmal glaubt sie, entkommen zu sein, aber als ihr Geliebter von einem dunklen Objekt entführt wird, begreift sie, dass sie nicht einmal in ihren intimsten Momenten allein waren.
Um ihn zu retten, geht sie in die Matrix und landet in einem gespenstischen Szenario, dessen Spielregeln ihr völlig unbekannt sind.
Der erste deutsche Remote Viewing-Thriller.

Roman, Paperback, 210 Seiten
€ 11,90 ISBN 978-3-933305-84-8

Durch Remote Viewing kamen wir von einer ganz neuen Seite zu der Theorie des Universums, die in der wissenschaftlichen Welt immer mehr Verfechter unter den Physikern und Mathematikern hat, nämlich dass wir nur in einer von unzähligen wahrscheinlichen Welten leben. Über dieses „Universum nebenan“ lässt sich viel spekulieren. Was aber wäre, wenn man sich die Mühe machte, mittels einer Handlung den Gesetzmäßigkeiten nachzugehen?
Es gibt einige Leser, die Romane ablehnen, weil sie meinen, nur in Sachbüchern würden „Wahrheiten“ stehen. Ein Roman muss sich ebenfalls in seiner Welt beweisen, besonders, wenn man die Handlung sehr weit spannt.
Hier ist ein Versuch dazu, der die Praxis im Umgang mit parallelen Welten untersucht.
Was wäre, wenn es gelänge, in andere Wahrscheinlichkeiten zu reisen? Das ist der Inhalt der groß angelegten Multiversen-Romanserie

Wahrscheinliche Welten

Von M.O. Jelinski

Erster Zyklus (5 Bände): "Die Bücher Mühlheim"
Das geheime Tor der alten Mühle
265 Seiten, gebunden, mit Give-away "Alte Wassermühle in NF" 2003
ISBN 978 3-933305-55- 8 € 15,90
Das Tor der Dinosaurier
280 Seiten, gebunden, mit Mini-CD "FPM auf der Elektrischen Ranch"
2004 ISBN 978- 3-933305-56-5 € 15,90
Der Gesang der toten Welten
280 Seiten, Softcover, 2005 ISBN 978- 3-933305-58-9 € 9,90
Wahrscheinlich Ferien auf dem Mars
260 Seiten, Softcover, 2007 ISBN 978- 3-933305-63-3 € 9,90
Der Untergang von Mühlheim
271 Seiten, Softcover, 2008 ISBN 978- 3-933305-64-0 € 9,90

Zweiter Zyklus (5 Bände): „Die Hüter der Wahrscheinlichkeit“
Der Plan der Engel
270 Seiten, Softcover 1. Auflage 2010 ISBN 978- 3-933305-85-5 € 11,90
Verschollen im Abgrund
250 Seiten, Softcover 1. Auflage 2011 ISBN 978- 3-933305-86-2 € 11,90
Die Spur im Niemandsland
250 Seiten, Softcover 1. Auflage 2013 ISBN 978- 3-933305-87-9 € 11,90
In Vorbereitung: **Das Vermächtnis des Chaos** erscheint voraus. 2015